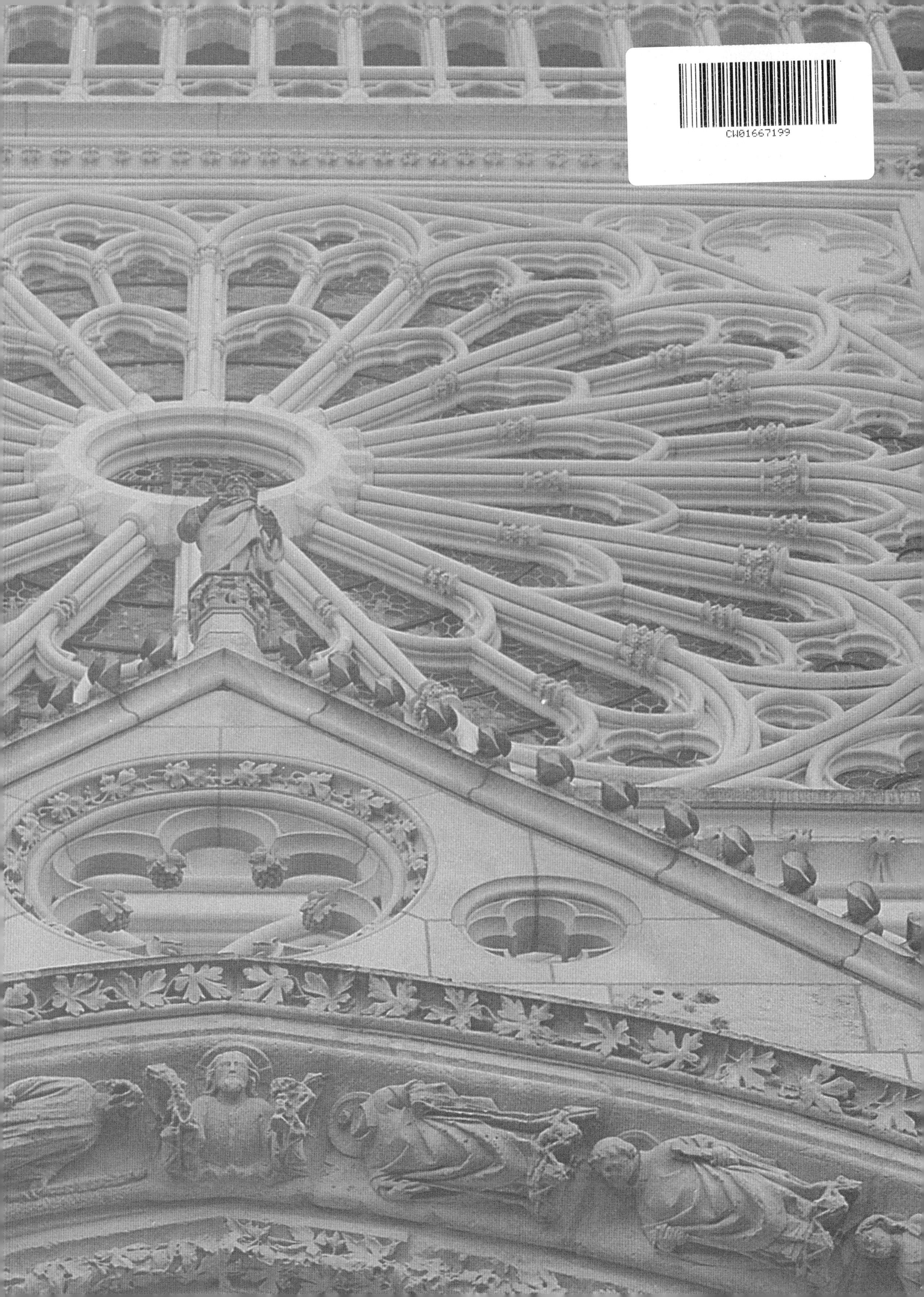

CW01667199

La cathédrale de Poitiers

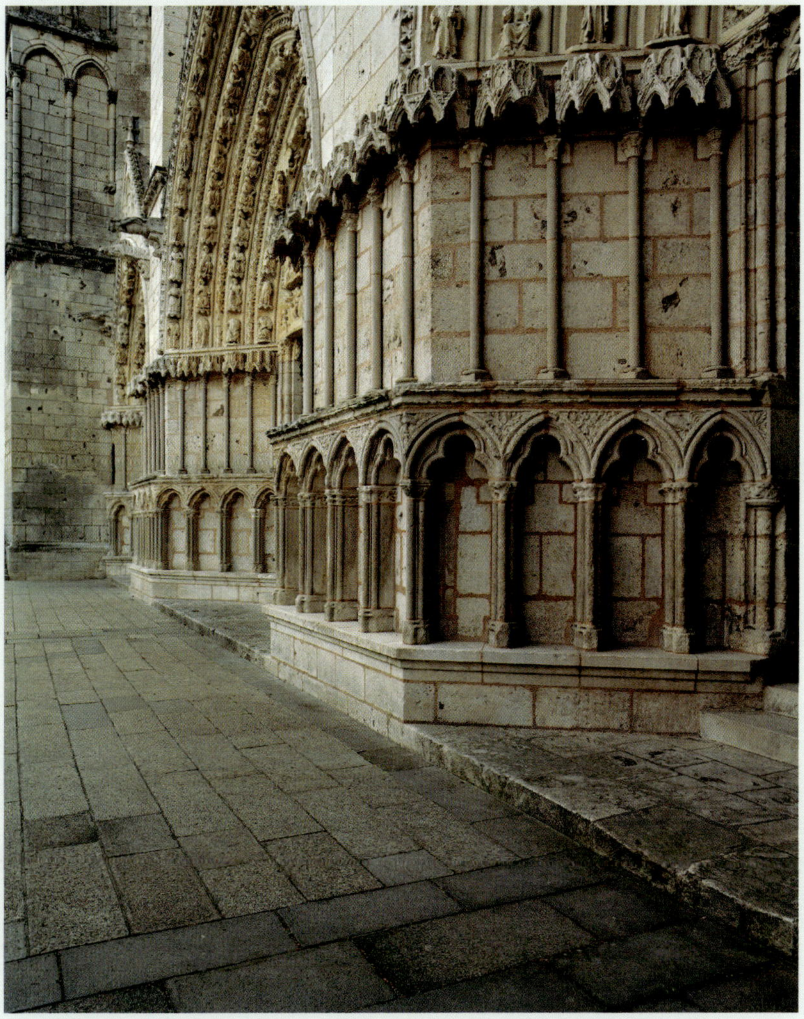

Le temps qu'il fait

Nous remercions vivement le Ministère de la culture et de la communication — Direction régionale des affaires culturelles de Poitou-Charentes — pour le soutien qu'il a apporté à la publication de cet ouvrage. L'éditeur remercie également Anne-Marie Brochard qui en a assuré la coordination et Agnès Guénolé pour son travail de préparation de la copie et de documentation.

CRÉDITS PHOTOGRAPHIQUES :

Christian Barbier, Conservation départementale des Antiquités et Objets d'Art de la Vienne : 82, 83, 84, 85
Alain Dagorn, Service Régional de l'Inventaire : 140 g.
Marc Deneyer : couverture, gardes et pages 66 g., 68, 69, 71, 80, 88, 89, 91, 93, 138
Bénedicte Fillion-Braguet : 155
François Jeanneau : 151 dr., 154
Médéric Mieusement, Médiathèque du Patrimoine : 151 g.
Olivier Neuillé, Médiathèque François-Mitterrand, Poitiers : 41, 43
Bernard Renoux : 55
Christian Rome, Service Régional de l'Inventaire : 66 dr., 67 g., 68, 69, 129, 131, 132, 133, 134, 136, 139, 140 dr., 141, 144
Christian Vignaud, Musées de Poitiers : 7
© Service Régional de l'Inventaire : 17, 48, 51, 50 dr., 52-54, 65, 75, 86, 88-90, 92, 93, 96-109, 146, 147, 149, 156 g.
Numérisations François Diot : 113-116, 117 dr., 118, 120, 123-125
© Centre d'études supérieures de civilisation médiévale : 50 g., 53, 56, 67 dr., 117 g., 121, 122, 156 dr.
© Bibliothèque Nationale de France : 31

Conception, réalisation graphique : LE TEMPS QU'IL FAIT, Cognac
Impression : IMPRIMERIE C.M.P., Magnac-sur-Touvre
Brochage : G. B. FAÇONNAGE, Angoulême
IMPRIMÉ EN FRANCE

www.letempsquilfait.com

© Les auteurs & Le temps qu'il fait, 2006
Tous droits réservés.

SOMMAIRE

UN NOM TRANSPARENT

par Denis Montebello

Écrivain

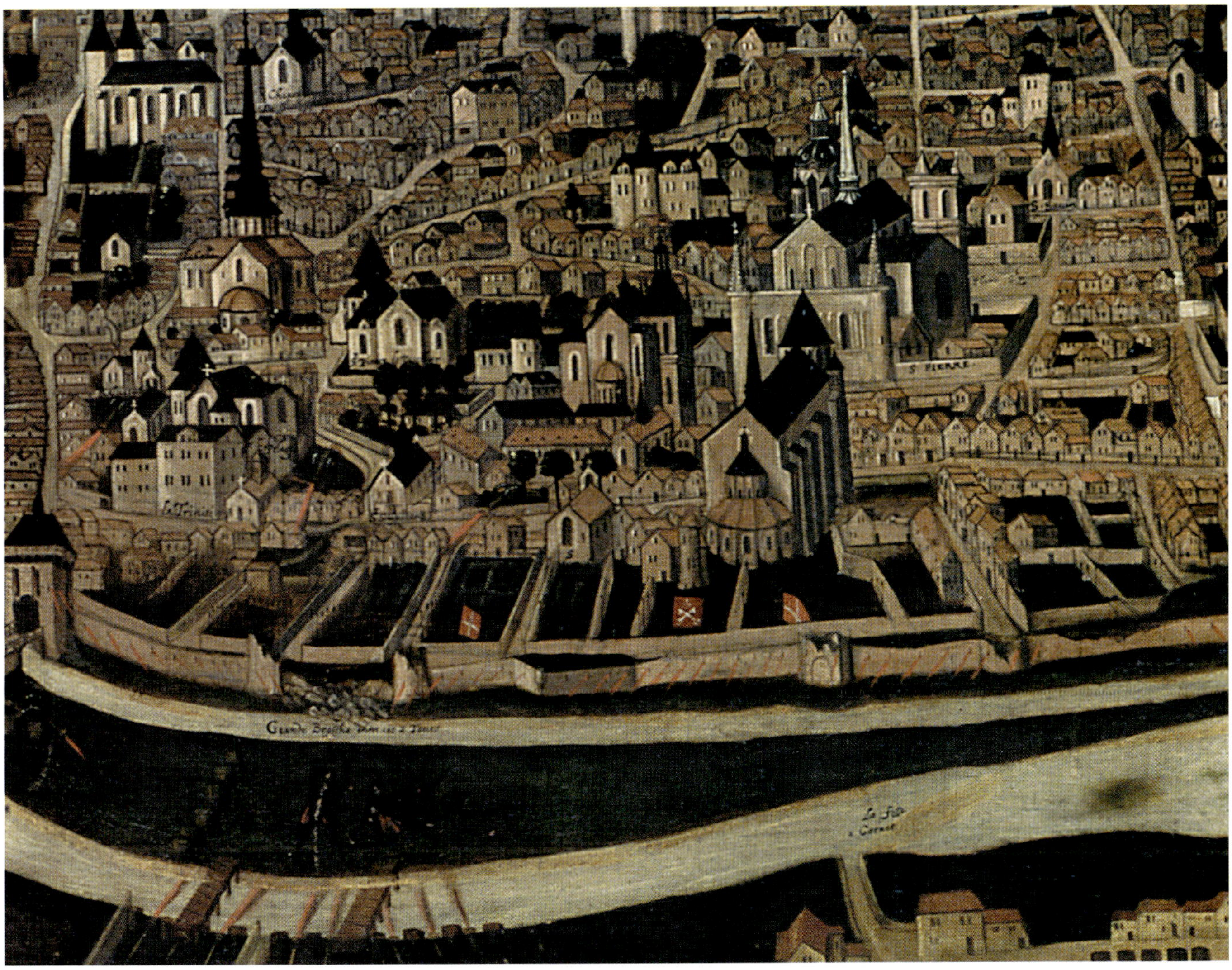

Sur quelle pierre fut bâtie cette cathédrale — au-dessus de quelle église primitive, de quels bâtiments gallo-romains —, il ne m'appartient pas de le dire.

Si j'écris qu'elle s'est édifiée sur un jeu de mots, une figure de rhétorique, je prétends détenir de cette maison la clef, je me proclame, sinon majordome, du moins huissier à verge : je donne des baguettes pour me faire battre.

Celui qui franchit les portes de la cathédrale se moque, et il a raison, de mes antanaclases, de cette annomination que produit sans savoir, ou en sachant très bien, vu qu'il est le Fils du Dieu vivant, Jésus quand il fait de ce Pierre la pierre ; ou, ce qui revient au même, il trouve à ce Monsieur Loyal qui l'effraie avec ses figures, qui lui interdit l'entrée du Royaume des Cieux, « un air bien déloyal ».

Au pèlerin qui me montre la sortie avec son bâton je n'ai rien à répliquer. Celui qui ignore dans quel sang bouillonnant il fut fondé n'a pas voix au chapitre. Il n'a qu'à s'écarter. On poursuivra donc sans lui.

Aucune volonté de nuire, bien au contraire (et contrairement au procédé déloyal qui consiste à jouer sur le nom du pauvre Monsieur

Loyal) dans cette remotivation du nom propre.

Jésus a, comme l'enfant, une confiance illimitée dans le langage, il a peine à croire que *Pierre* puisse nous mentir sur son sens. Il a ce *sentiment étymologique* que l'on rencontre dans le peuple et sous la plume des poètes.

On ne compte pas les *vies* inventées. Sur la base de ressemblances formelles. Les romans nés de rapprochements hasardeux, de traductions erronées. Saint Aignan réputé guérir la teigne, Claire invoquée contre les maladies des yeux, voilà comment on lutte, au moyen de quelles légendes, contre l'opacité du nom. Comment, par quel miracle, un signe linguistique vide se voit soudain rempli de sens.

Si le destin n'est pas écrit, c'est là qu'il s'écrit. Qu'on travaille comme Jonas à se défaire de son nom ou qu'on s'efforce comme Pierre de lui ressembler. Qu'on habite son nom ou que *dans* lui on voyage, comme on dit ici qu'on rêve.

La vie est une navigation, et c'est ce que rappelle la cathédrale avec ses trois vaisseaux. Ils nous montrent la voie. Nous l'indique aussi, sur le mur du collatéral nord, le labyrinthe qu'un stylet a tracé dans la pierre. Dans la pierre de Saint-Pierre. Nous y reconnaissons notre errance, les monstres à affronter. Baleine ou bien folie. C'est cela qui est représenté ici. Face à l'autel dans la nef sur la droite. Si c'est la seule trace visible du labyrinthe qui existait au sol, c'est d'abord une ébauche, l'esquisse d'un parcours. Vestiges où mettre nos pas. Nos mots.

Les mots ont une forte tendance à la démotivation. De transparents, petit à petit et sans qu'on s'en aperçoive, ils deviennent opaques. C'est contre cela que l'enfant joue. Avec le langage ou en traçant sa marelle. Contre l'exil et pour regagner l'Éden.

C'est contre cela, contre la nuit descendue dans les mots, que Jésus parle à Pierre. Il efface la limite entre nom commun et nom propre. Pierre se retrouve chargé de sens. Investi d'une mission. C'est pourquoi cet acte de nomination est un acte fondateur.

Et nous qui l'entendons, nous sommes cette pierre. Ce palet qui est l'âme peu à peu délivrée de la chair et du sang. Qui avance dans ce labyrinthe en forme de croix latine. L'âme qu'il faut arracher au ventre de la baleine et conduire jusqu'au ciel.

Quand on est le fils de Jonas on n'a pas pour vocation l'Hadès. On laisse derrière soi, sous ses pieds, la Cité de la mort. On marche, avant même qu'il ne soit « descendu aux Enfers » et ressuscité, à la suite de son Maître. De lui on accepte la clef. Le pouvoir, parce qu'on a soi-même coupé les liens avec le sang et la chair, et parce qu'on n'en connaît plus d'autres, et tant pis si l'étymologie est fausse, que ceux de la religion. Dont on veut croire, quand on s'appelle Pierre et qu'on s'est délivré du sang et de la chair, qu'elle est ce qui relie l'homme à Dieu, ce qui unit les croyants. Qu'elle vous autorise à « lier » ou à « délier », à condamner ou à absoudre : à arracher les élus à l'empire de la mort, temporelle et surtout éternelle, pour les faire entrer dans le Royaume des Cieux.

Que cette pierre soit Pierre, le seul Pierre ou la « confession » qu'il vient de faire, ou que cette pierre « figure » les martyrs, les prophètes, les disciples ou l'ensemble des croyants, elle est symbole. Elle rassemble. Non seulement ceux qui viennent ici chercher, dans la pénitence et la prière, le salut, mais aussi ceux qui laissent derrière eux la mort. Dont on sait, grâce aux poètes, qu'elle est ce qui « désassemble ».

Oui, la pierre figure. C'est une figure. Et c'est ce que Simon veut dire en prenant le nom *spirituel* de Pierre. Pierre est son nom de plume, écrirait l'écrivain. Le nom de *Plume* que se choisit Henri Michaux quand il abandonne ce nom vulgaire, Michaux, ce nom qui lui colle à la peau ; quand il se débarrasse de la *colle* qu'il entend dans ce nom : de la chaux, du ciment, du mortier. Celui qui refuse les appartenances, qui rêve d'une « cathédrale sans religion » a enfin trouvé *son* nom. Comme Simon fils de Jonas quand il prend le nom plus léger, plus aérien de Pierre. Pierre est un nom inspiré. Et par le Saint Esprit.

Denis Montebello

Ill. de la page précédente : François Nautré (1619) : Poitiers assiégé par les protestants de l'amiral Gaspard de Coligny en 1569. © Musées de Poitiers. (Ph. Christian Vignaud).

HISTORIQUE

par Robert Favreau

Directeur honoraire du Centre d'Études Supérieures de Civilisation Médiévale de Poitiers

Si la cathédrale semble avoir toujours été implantée dans le quartier qui est le sien actuellement, il est certain qu'elle a connu au moins trois phases successives, église des premiers siècles, église romane, église gothique. Centre du diocèse, siège de l'évêque, elle est desservie par la communauté de clercs qui entoure et assiste le prélat, mais va devenir de plus en plus l'église du chapitre cathédral, au point qu'au cours des derniers siècles avant la Révolution l'évêque en sera souvent singulièrement absent. Elle a connu aussi nombre d'aménagements ou réaménagements, que l'on saisit mieux à mesure que les documents se font plus nombreux. L'essentiel de la documentation est naturellement dans le fonds de l'évêché et du chapitre cathédral[1], un fonds qu'exploiteront les historiens bénédictins, dom Claude Estiennot fin XVIIe siècle[2], et dom Léonard Fonteneau fin XVIIIe siècle[3]. Le millier de pages de l'*Histoire de la cathédrale de Poitiers* publié par l'abbé Auber en 1848 et 1849[4], reste le travail encore le plus élaboré sur le monument, même s'il convient de le reprendre et d'en préciser les sources que l'auteur n'indique pas.

Bulletin et *Mémoires de la Société des Antiquaires de l'Ouest* sont abrégés *: B.S.A.O. et M.S.A.O.*

La collection de documents rassemblés par le bénédictin Dom Fonteneau est conservée à la Médiathèque François-Mitterrand de Poitiers. Elle sera citée seulement Dom Fonteneau, avec le tome et la page.

1. Archives départementales de la Vienne, G 1-482.
2. Bibl. nat. de France, ms. lat. 17041, temporel de l'évêché, et ms. lat. 17042, évêques de Poitiers en ordre chronologique.
3. Dom Fonteneau, t. 3, chapitre cathédral, 1581-1661 (47 pièces) et évêché, 1061-1505 (128 pièces) ; t. 54, p. 73 et suiv., cathédrale.
4. *M.S.A.O.*, 1re série, t.15, 1848, p. XXXIII, 1-478, ill. et t. 16, 1849, 614 p., ill.

I • De saint Hilaire à la cathédrale gothique

1. Les premiers siècles

Le quartier qui sera celui de la cathédrale est, aux Ier-IVe siècles, un quartier d'habitation et d'artisanat, bien repéré par les fouilles. Au début ou dans le deuxième quart du IVe siècle, on construisit la première enceinte qui, sur le flanc est du promontoire poitevin, s'arrêtera à environ 150 mètres du Clain. C'est dans cette partie basse de la ville fortifiée que s'élèvera alors le premier groupe épiscopal, dont l'histoire vient d'être radicalement renouvelée par une thèse de doctorat[5]. Le baptistère fut installé dans une demeure privée gallo-romaine, dans laquelle on remania le *balneum* privé où on installa un bassin surchauffé. La première cathédrale fut sans doute construite dans la seconde moitié du IVe siècle, à l'ouest/nord-ouest du baptistère, au-dessus d'anciens bâtiments gallo-romains, d'une orientation légèrement différente, que l'on avait arasés, construction de qualité, d'une vingtaine de mètres de large, pour quarante mètres de long au plus, avec un possible chevet débordant. Les fouilles, qu'il faudrait poursuivre, n'ont dégagé qu'une partie du mur de la façade occidentale, approximativement à la hauteur de l'actuelle entrée, par la rue Jean-Jaurès, du Musée Sainte-Croix. Au Ve ou au début du VIe siècle on rasa la maison privée où avaient été célébrés les premiers baptêmes, pour élever un baptistère proprement dit — l'actuel baptistère Saint-Jean-Baptiste —, grand édifice rectangulaire, peut-être divisé en deux salles, avec une petite annexe à l'est ; on

5. Brigitte Boissavit-Camus, *Le quartier épiscopal de Poitiers. Essai de topographie historique d'un secteur urbain (IVe-XIIe siècle)*, thèse de doctorat d'Histoire soutenue à l'université de Tours, le 19 décembre 2001.

établira ensuite deux annexes rectangulaires, au nord et au sud. Au VIIe siècle on reprit la partie orientale, on transforma les annexes rectangulaires latérales en absides semi-circulaires ; au siècle suivant l'édifice fut surélevé, et au XIe on achèvera le narthex. La maison de l'évêque a dû compléter ce groupe de la cathédrale et du baptistère. Si les notables habitaient encore le haut du plateau, on pourrait tirer argument de la situation de ce premier quartier chrétien dans la partie basse de la cité pour penser que le christianisme a pu s'implanter au départ parmi les gens de condition simple.

Au VIe siècle Grégoire de Tours rapporte qu'au milieu du IIIe siècle sept hommes, ordonnés évêques, furent envoyés prêcher dans les Gaules, et parmi eux Martial chez les Limousins[6]. Au Xe siècle on fera de Martial l'enfant qui présente les pains et les poissons lors de la Multiplication des pains, un parent de Pierre, qui l'aurait baptisé, l'enfant qui tient la serviette du Lavement des pieds, un témoin de l'Ascension et de la Pentecôte, enfin l'envoyé de Pierre pour évangéliser l'Aquitaine : Limoges mais aussi Angoulême, Saintes, Bordeaux, etc. Plusieurs conciles de 1023 (Poitiers) à 1031 (Bourges, Limoges), se prononceront pour l'apostolicité de Martial[7]. Au XIIe siècle sont dressés des catalogues des évêques de Poitiers, qui mentionnent huit évêques avant Hilaire, ce qui pourrait conduire au moins à la première moitié du IIIe siècle[8].

Au début du XIVe siècle apparaît, dans les œuvres du dominicain Bernard Gui, alors prieur du couvent de Limoges[9], la légende que reprennent des lettres de Charles VII et de Louis XI[10] et les archives du chapitre cathédral[11], et que popularise Jean Bouchet au XVIe siècle[12] : Pierre apparut à Martial, sur la place publique où il prêchait l'évangile au peuple de Poitiers. Du lieu même où est la cathédrale une voix se fit entendre : « Martial, je suis ton maître, Jésus, qui t'annonce qu'aujourd'hui mon bien aimé apôtre Pierre a été crucifié pour mon nom à Rome, et veux qu'en l'honneur et mémoire de son martyre tu fasses bâtir ici une église en son nom ». Nous aurions donc à Poitiers « l'église cathédrale la plus ancienne de France, fondée et bâtie au même temps du martyre du prince des apôtres sous le nom duquel elle a été consacrée »[13].

Or il faut dire que Martial a dû venir à Limoges entre le début du IIIe et le début du IVe siècle[14], qu'on ne connaît pas d'évêque à Bordeaux avant 314, à Angers avant 375, qu'à Tours où, d'après Grégoire de Tours, aurait été envoyé Gatien, le deuxième évêque connu est ordonné en 337[15], qu'Hilaire même, premier évêque assuré de la liste épiscopale de Poitiers, était adulte quand il fut baptisé[16]. On doit plutôt s'en tenir à la constitution d'une Église de Poitiers au cours de la première moitié du IVe siècle, sans exclure que l'évangile y ait été annoncé un peu plus tôt. Aucune certitude, en tout cas, n'existe avant Hilaire. Aucune probabilité non plus de persécutions et de martyrs dans la genèse de l'Église de Poitiers : le récit du martyre de Simplicien décapité sur l'ordre de son père Justin, gouverneur de la ville de Poitiers, pour avoir refusé de sacrifier aux idoles, n'a aucun fondement historique, même si Simplicien apparaît — tardivement — dans les

6. Grégoire de Tours, *Histoire des Francs*, t. I, trad. Robert Latouche, Paris, 1963 (Les classiques de l'histoire de France au Moyen Âge, 27), p. 54-55.
7. R. Limousin-Lamothe, *Le diocèse de Limoges des origines à la fin du Moyen Âge*, Paris, 1951 (Coll. d'histoire des diocèses de France, dir. E. Jarry), p. 23-25.
8. Louis Duchesne, *Fastes épiscopaux de l'ancienne Gaule*, t. 2, *l'Aquitaine et les Lyonnaises*, 2e éd., Paris, 1910, p. 75-77.
9. Bernard Gui, *Nomina ac gesta Lemovicensium episcoporum*, et *Tractatus de sanctis qui ornant Lemovicensem dioecesim*, dans Philippe Labbe, *Novae bibliothecae manuscriptorum librorum*, Paris, 1657, t. 1, p. 629 et t. 2, p. 265. Dès le XIIe siècle Pierre le Vénérable dit l'Église de Poitiers fondée par saint Martial, mais sans donner de détail (*Patr. lat.*, t. 189, c. 770).
10. Lettres de 1422, 1440 1470 : Dom Fonteneau, t. 54, p. 57, et dom Chamard, « Histoire ecclésiastique du Poitou », dans *M.S.A.O.*, 1er s., t. 37, année 1873, p. 75.
11. En 1486 le chapitre s'affirme « fondé dans le sang bouillonnant de Pierre, prince des apôtres » (Arch. dép. Vienne, G 177, p. 120).
12. Jean Bouchet, *Annales d'Acquitaine*, Poitiers, 1524, fol. 6 v°.
13. Arch. dép. Vienne, G 179, p. 91, lettres royaux du 23 août 1627. Priorité d'ancienneté déjà citée dans les lettres royaux de 1422 (Dom Fonteneau, t. 54, p. 57).
14. R. Limousin-Lamothe, *op. cit.*, p. 27.
15. L. Duchesne, *op. cit.*, p. 60, 63, 79, 302.
16. *De Trinitate*, livre VI, § 21

calendriers poitevins au 31 mai, et s'il a eu une église placée sous son patronage à peu de distance au sud du baptistère[17].

Hilaire est donc le seul point de départ historiquement fondé de l'Église de Poitiers, ce qui n'exclut pas la possibilité qu'il ait eu un ou plusieurs prédécesseurs. À vrai dire il s'agit d'une si remarquable personnalité qu'elle a donné dès le départ au siège de Poitiers un éclat incomparable. Nous savons par saint Jérôme qu'Hilaire était natif de Poitiers — entre 310 et 320 –, issu d'une bonne famille de la ville. Il reçut une solide éducation, à Poitiers et sans doute à Bordeaux, se maria, eut une fille Abra, chemina peu à peu vers la foi chrétienne et fut baptisé, par Maximin de Trèves au dire de Loup de Ferrières qui écrit cinq siècles plus tard. Il fut élu évêque par le clergé et le peuple de Poitiers vers 350, et s'affirma tôt comme un ferme défenseur de la foi catholique, car en 355, au lendemain du concile arien de Milan, ce fut autour de lui que se groupèrent les évêques de Gaule pour faire front contre la politique religieuse de l'empereur Constance. Cette fermeté lui valut l'exil en Asie mineure pendant quatre ans (356-360), au cours desquels il se familiarisa avec la théologie de l'Église d'Orient et rédigea son œuvre majeure, le *De la Trinité*. De retour dans son diocèse il continua à œuvrer pour une foi orthodoxe, et mourut en novembre 367 ou janvier 368. À la fin du siècle Sulpice Sévère écrit : « Tout le monde reconnaît que notre Gaule est redevable au seul Hilaire du bonheur qu'elle eut d'être délivrée du crime d'hérésie ». Excellent styliste, fort savant, remarquable orateur — « le Rhône de l'éloquence latine » dit Jérôme –, il savait habilement persuader, et eut une action importante en Gaule et au-delà : Rufin d'Aquilée le qualifie, avec Eusèbe de Verceil, de « magnifiques lumières du monde »[18]. Outre son apport théologique, il a donné, dans son *Commentaire sur l'évangile de Matthieu* « la première explication suivie composée en Occident et par un Latin d'un texte de la Bible ». Dans son *Traité des mystères*, il a donné le fruit de ses homélies pour l'édification des fidèles, peut-être à l'usage des prêtres de son diocèse. Il a été, comme le rappelle Isidore de Séville, le premier créateur d'hymnes liturgiques en Occident, même si les Gaulois ne semblent pas y avoir été excessivement sensibles[19]. On sait aussi qu'il accueillit Martin et fut à l'origine de la première communauté monastique de Gaule à Ligugé. Il semble bien qu'il vivait en communauté avec ses clercs, « le collège de frères » dont parle Sulpice Sévère[20], probablement à proximité de son église cathédrale et de la maison où étaient alors célébrés les baptêmes. Il fut enterré hors les murs, dans l'église qu'il avait fondée pour sa sépulture, qui prendra le nom de Saint-Hilaire-le-Grand.

L'évêque joue à l'époque mérovingienne, un rôle très important dans la cité. Marovée, au VIe siècle, défend les Poitevins contre les gens du roi Gontran, intervient auprès de Childebert II pour faire diminuer le poids de la fiscalité, en particulier pour les veuves, les orphelins, les vieillards. Fortunat, évêque au début du VIIe siècle, fut un poète longtemps renommé, dernier témoin de la culture classique, qu'il avait étudiée à Ravenne. Le futur saint Léger fut confié par son oncle Didon, successeur de Fortunat, à un prêtre très érudit qui assura plusieurs années sa formation ; il rejoignit ensuite les clercs qui vivaient avec son oncle et suivaient une même discipline. Lors des fouilles de 1984-1987, préalables à la construction de l'Espace Mendès-France, on a mis à jour pour la période VIIe-VIIIe siècle, une unité de type collectif qui pouvait être un bâtiment d'assistance plutôt que la maison de l'évêque ; entre le VIIIe et le début du XIe siècle se trouvera là un édifice très important, certaine-

17. *Bibliotheca sanctorum*, II, Rome, 1968, col. 1194.
18. Sulpice SÉVÈRE, *Historia sacra*, *Patr. lat.*, 20, col. 155 ; Rufin d'AQUILÉE, *Historia ecclesiastica*, *Patr. lat.*, 21, col. 502.
19. X. LE BACHELET, « Hilaire (saint) », *Dictionnaire de théologie catholique*, 6-2, Paris, 1920, c. 2388-2462 ; Charles KANNENGIESSER, « Hilaire de Poitiers (saint) », *Dictionnaire de spiritualité*, 7-1, Paris, 1969, c. 466-499.
20. Sulpice SÉVÈRE, *Vie de saint Martin*, t. 1, éd. Jacques Fontaine, Paris, 1967 (Sources chrétiennes, 133) ; t. 2, 1968 (Sources chrétiennes, 134), p. 547 ; Rudolf LORENZ, « Die Anfänge des abendländischen Mönchtums im 4. Jahrhundert », *Zeitschrift für Kirchengeschichte*, 77, 1966, p. 13.

ment à étage, avec au rez-de-chaussée une grande salle de plus de 140 m^2 : on a proposé d'y voir une nouvelle résidence construite pour l'évêque[21]. Au cours du VIIe siècle l'évêque Ansoald fonda le premier hôpital connu à Poitiers, placé sous le patronage de saint Luc, au carrefour, pense-t-on, des rues de la cathédrale et Pascal-Le-Coq[22]. On dénombre une quinzaine d'églises, à Poitiers, datant de cette époque, toutes situées dans la partie basse de la ville. On ne saurait trop insister sur l'importance qu'aura, dans le quartier, l'abbaye Sainte-Croix, fondée par sainte Radegonde, entre cathédrale-baptistère et enceinte, et l'église Sainte-Radegonde, hors les murs, élevée par la sainte reine et moniale pour sa sépulture. L'église Saint-Michel, qui fera partie du quartier de la cathédrale, remonte aussi à l'époque mérovingienne, comme le montre son abside semi-circulaire à l'intérieur, heptagonale à l'extérieur, trouvée lors de fouilles au 66 rue des Feuillants.

En 768 apparaît pour la première fois, dans un diplôme de Pépin le Bref pour l'abbaye de Saint-Denis, le patronage de l'Église de Poitiers, Saint-Pierre[23]. Avec l'installation à Poitiers d'une lignée de comtes de Poitou l'évêque paraît, à partir du milieu du IXe siècle, avoir un rôle bien amoindri en la ville. Il garde, en revanche, toute son autorité religieuse en son diocèse : visites pastorales, connues dès le VIe siècle, réunion de synodes réguliers, organisation du diocèse, tandis que commence à paraître en pleine lumière le chapitre cathédral. Un prêtre du chapitre cathédral est cité dans un diplôme de Charles le Chauve du 9 mai 862 ; le 30 août 878 le pape Jean VIII confirme à l'évêque de Poitiers la libre gestion des biens de son église « après consultation et accord des chanoines de son chapitre, selon la coutume ancienne »[24], et le 13 mai 906 l'évêque Frotier réunit en son église cathédrale une assemblée synodale avec ses chanoines et les curés des paroisses rurales[25] ; un acte de 938-949 mentionne à nouveau un synode général diocésain, tenu « selon la coutume des pères anciens »[26]. Saint Léger, neveu de l'évêque Didon est, au VIIe siècle, le premier archidiacre connu, avant qu'il ne devienne évêque d'Autun. On trouve au Xe siècle un, puis deux et enfin trois archidiacres, dont les circonscriptions territoriales sont citées en 1019-1033, Brioux, Thouars et Poitiers[27]. Des fonctions s'individualisent au sein du chapitre cathédral. Au cours du Xe siècle on y trouve un trésorier, un doyen, un sous-doyen, un chantre, un prévôt[28], à côté de simples chanoines[29]. Pour autant évêque et chapitre agissent de concert, et l'évêque prend soin de signaler qu'il agit « avec le conseil » de ses chanoines[30].

Le Xe siècle, qui est à Poitiers période d'active reprise après la tourmente des invasions normandes[31], voit, outre l'apparition d'une première organisation du chapitre, deux créations importantes de l'évêque et de son chapitre. D'abord c'est à une véritable nouvelle fondation et à une dotation que l'évêque Frotier II et son trésorier puis archidiacre Richard procèdent pour Saint-Cyprien, première abbaye d'hommes de Poitiers, citée de façon éphémère au début du

21. *Patr. lat.*, 96, col. 336. Vie de saint Léger par l'abbé Ursin ; Direction régionale des Affaires culturelles, Centre de documentation de la direction des Antiquités ; Brigitte BOISSAVIT-CAMUS, *Le quartier épiscopal de Poitiers...*, p. 525-526 et 528-529.
22. *Chartes de l'abbaye de Nouaillé de 678 à 1200*, éd. dom Pierre de MONSABERT, Poitiers, 1936 (Arch. Histor. Poitou, 49), n° 1, p. 1-3.
23. *Monuments historiques*, éd. Jules TARDIF, Paris, 1866 (Archives de l'Empire. Inventaire et documents), p. 51-52.
24. *Recueil des actes de Charles II le Chauve*, éd. Georges TESSIER, t. II, Paris, 1952 (Chartes et diplômes relatifs à l'histoire de France publiés par les soins de l'Académie des Inscriptions et Belles-Lettres, p. 46-47) ; *Patr. lat.* 126, col. 796 : *cum consulto consensuque suae Ecclesiae canonicorum, ut prisca consuetudo dignoscitur.*
25. *Chartes... de Nouaillé* (n. 22), n° 34, p. 62.
26. Jean BESLY, *Evesques de Poictiers avec les preuves*, Paris, 1647, p. 44 ; *Cartulaire de l'abbaye de Saint-Cyprien de Poitiers*, éd. Louis REDET, Poitiers, 1874 (Arch. histor. Poitou, 3), n° 184, p. 118.
27. *Ibid.*, n° 4, p. 6 (932), n° 118, p. 87 (932-936) etc., n° 184, p. 119 (938-949, deux archidiacres), n° 178, p. 115 (974 ou 5, trois archidiacres), n° 185, p. 120 (1019-1033).
28. Toutes ces mentions se trouvent dans le cartulaire de Saint-Cyprien.
29. *Cartulaire... Saint-Cyprien*, éd. REDET, n° 24, p. 28, en 923-936 : *Frodoicus, presbiter, canonicus Sancti Petri.*
30. *Ibid.*, n° 183, p. 117, *cum consilio seniorum ecclesie Santi Petri* (932-936).
31. *Patr. lat.*, 126, col. 796, lettre de Jean VIII, en 878, en faveur de « l'Église de Poitiers, qui a longtemps souffert de l'hostilité des païens ».

IXe siècle. « Édifiée » par Frotier, placée « sous l'autorité de Saint-Pierre », elle est consacrée solennellement en 936[32]. L'abbé de Saint-Cyprien aura par la suite une place au chœur de la cathédrale. En second lieu l'église Notre-Dame-la-Grande, première église du haut de la cité fortifiée, apparaît au Xe siècle, avec un chapitre à la tête duquel est un abbé, comme une fondation de l'évêque et du chapitre cathédral. Launon, qui est cité par les chanoines de la cathédrale dans les années 930, est dit ensuite « abbé du chapitre de Notre-Dame et archidiacre de l'église Saint-Pierre », à peu près exactement pendant le deuxième tiers du siècle[33]. L'église Notre-Dame sera dite par la suite « fillole » de la cathédrale[34], l'évêque nommera l'abbé qui devra être chanoine de la cathédrale et qui aura une des maisons canoniales du chapitre cathédral. Si, en cette fin du Xe siècle on ignore à peu près tout de ce qu'était la cathédrale, on voit mieux ceux qui la font vivre, évêque et chapitre.

2. La cathédrale romane

Si on admet que la première cathédrale a été construite à proximité immédiate du baptistère, il faut se demander de quand date son transfert à son emplacement actuel. Dans sa thèse sur le quartier épiscopal, Brigitte Boissavit-Camus écrit que la cathédrale a pu être reconstruite à la période carolingienne près de son emplacement primitif, ou encore à l'emplacement de la cathédrale gothique, ce qui lui semble moins probable parce qu'elle aurait été alors « très éloignée de la nouvelle résidence de l'évêque ». Nous savons qu'à la suite d'un incendie qui toucha une grande partie de la cité en 1018, le duc Guillaume le Grand « agrandit et embellit le siège de Saint-Pierre et les autres églises et son palais »[35]. L'évêque Isembert procéda à la dédicace de sa cathédrale le 7 octobre 1024 ou plutôt 1025 (un dimanche), en présence du duc et, probablement, au moins de l'archevêque de Tours[36]. Brigitte Boissavit-Camus indique à cette occasion que « la cathédrale romane a sans doute été construite ou reconstruite à l'emplacement de la nef de la cathédrale gothique ou de son collatéral sud ». Il est certain que l'incendie a causé des dégâts considérables, que la restauration fut assez importante pour demander six à sept ans, qu'elle alla de pair, selon Adémar de Chabannes, avec agrandissement et embellissement, et fut assez conséquente pour appeler une nouvelle consécration. On peut penser qu'Adémar, un contemporain, aurait signalé une reconstruction à un nouvel emplacement, et pencher, de ce fait, plutôt pour une importante restauration à l'emplacement qu'avait alors la cathédrale carolingienne. On notera que, dans ces années 1024-1025 ont lieu grands travaux et dédicaces aux cathédrales de Chartres et d'Angers, objet de correspondance de leurs évêques avec l'évêque de Poitiers et le duc d'Aquitaine.

Le quartier est assurément un quartier ecclésiastique. Entre la cathédrale et le baptistère, dont les salles sont couvertes alors de peintures murales romanes, s'élèvent les églises de Notre-Dame-entre-églises, Saint-Hilaire-entre-églises, Saint-Martin-entre-églises. Celle de Saint-Hilaire fut érigée en église paroissiale le 22 mai 1096, à la requête de Geoffroy, chantre de la cathédrale[37]. À la toute proche abbaye Sainte-Croix et à son abbatiale romane est jointe, pour le personnel de l'abbaye, l'église Saint-Austregesile. Un peu plus loin on a, au sud l'église Saint-Simplicien, et au nord l'église Saint-Michel, dont il reste des murs romans,

32. *Cartulaire... Saint-Cyprien*, éd. Redet, *passim*, et notamment n° 3, p. 5, *de potestate Sancti Petri*, et n° 4, p. 5-6 (dédicace).
33. *Ibid.*, n° 4, 24, 62, 65, 87, 117, 159, 163, 178, 184, 265 ; 285, 364, 401, 403 (vers 965, *Launus abbas ex canonica Beate Marie et archidiaconus ecclesie Sancti Petri*), 404, 423.
34. Dom Fonteneau, t. 54, p. 60.
35. Ademar de Chabannes, *Chronique*, éd. Jules Chavanon, Paris, 1897 (Coll. de textes pour servir à l'étude et à l'enseignement de l'Histoire), p. 182 ; *Ex brevi chronico Autissiodorensi*, dans *Recueil des historiens des Gaules et de la France*, 10, Paris, 1874, p. 271.
36. *The Letters and Poems of Fulbert of Chartres*, éd. Frederick Behrends, Oxford, 1976, n° 110, p. 196 ; Victor Mortet, *Recueil de textes relatifs à l'histoire de l'architecture et à la condition des architectes en France au Moyen Âge, XIe-XIIe siècles*, Paris, 1911, p. 63, dit la lettre d'excuse de Fulbert de Chartres de 1024 ; Alfred Richard, l'historien des comtes de Poitou (I, p. 177, n. 1) propose 1024 ou 1025. Brigitte Boissavit-Camus, *Le quartier épiscopal...*, p. 530-533.
37. Arch. dép. Vienne, G suppl. 12 ; l'église a été reconstruite au XIXe s.

l'une et l'autre à proximité de l'enceinte, à l'ouest l'église Saint-Savin, à l'est, mais hors les murs, l'église Sainte-Radegonde, reconstruite au XIe siècle, consacrée en 1099.

À partir des environs de l'an mil les limites du diocèse sont stables. Dans le courant du XIe siècle les archidiaconés sont divisés en archiprêtrés ou doyennés. De 969 à 1087 les cinq évêques de Poitiers qui se succèdent auront tous été d'abord archidiacres, responsabilité qui prépare directement au gouvernement d'un grand diocèse. Mais surtout de 975 à 1086 le siège est tenu par trois évêques, Gislebert, Isembert I, Isembert II, qui se succèdent d'oncle à neveu, situation sans équivalent dans les diocèses voisins, sans qu'on puisse parler d'ingérence comtale[38]. Ils ont une forte implantation à Chauvigny et à Angles, qui seront deux des seigneuries principales du temporel épiscopal[39]. Il ne semble pas pour autant que ces évêques aient été inférieurs à leur tâche, et cette succession familiale les aura tenus à l'écart de la simonie, si fréquente alors. Il n'empêche. Lorsque mourut Isembert II, l'abbé de Saint-Cyprien, Rainaud, une personnalité de grande envergure reconnue de tous, intervint vigoureusement pour empêcher que le siège ne passât au neveu d'Isembert II, Isembert le jeune, archidiacre mais marié et père de famille, et pour faire élire son disciple et ami l'archidiacre Pierre, fils de Geoffroy Ier de Chauvigny. Pierre II (1087-1115) sera un modèle de prélat réformateur et est vénéré comme bienheureux. Des évêques de qualité lui succéderont, tenant leur charge comme Pierre II, sans compromission avec les ducs d'Aquitaine, que ce soit Guillaume IX le Troubadour, à la conduite matrimoniale scandaleuse, ou Guillaume X, qui soutint le pape Anaclet contre Innocent II, pape reconnu par la majorité de l'Église de France, à l'instigation du saint abbé de Clairvaux, Bernard.

Le légat Girard, évêque d'Angoulême, était en France le principal soutien d'Anaclet. En 1131 il se rendit dans la cathédrale, y prononça un violent réquisitoire contre les adversaires d'Anaclet ; le doyen de la cathédrale, Gaubert, entraîna le chapitre dans le même camp et fit mettre en pièces l'autel sur lequel saint Bernard avait officié lorsqu'il était venu à Poitiers plaider pour Innocent II. L'évêque Guillaume Adelelme fut chassé de son siège et le chapitre cathédral élit Pierre de Châtellerault, chanoine de la cathédrale, grand oncle du comte de Poitou, prélat fantoche sur l'action duquel on ne sait rien[40]. L'évêque légitime retrouva d'ailleurs son siège dès qu'en Aquitaine cessa le schisme (1135). Le 8 août 1137, Louis VII et Aliénor furent sacrés en la cathédrale duc et duchesse d'Aquitaine.

Depuis le XIe siècle au moins le temporel de l'évêché et du chapitre a été scindé en deux menses. L'évêque ne semble plus avoir d'intérêts dans la cité même de Poitiers à la différence du chapitre, dont dépendent la plupart des églises paroissiales de la ville. La coutume veut qu'il soit chanoine et ait une prébende[41], mais s'il fait donc partie du chapitre, celui-ci a désormais sa vie propre sous la direction de son doyen. Le pape, en 1075, le comte de Poitou en 1081 s'adressent au chapitre cathédral en tant que tel[42]. Les offices paraissent tous établis : doyen, sous-doyen, chantre, sous-chantre, trésorier, cellérier, chevecier, chapelain[43], maître-école[44], avec les dignités d'archidiacres, d'abbé de Notre-Dame, d'abbé de Saint-Cyprien. Le chapitre s'affirme aussi comme le collège épiscopal habituel de l'évêque. En juillet 1137, à Bordeaux, Louis le Jeune, qui vient d'épouser Aliénor, héritière de l'Aquitaine, accorde à toutes les Églises

38. Georges PON, dans *Le diocèse de Poitiers*, dir. R. FAVREAU, Paris, 1988, p. 38.
39. Jacques DUGUET, « La famille des Isembert, évêques de Poitiers et ses relations (Xe-XIe siècles »), *B.S.A.O.*, 4e s., t. II, 1971, p. 163-186.

40. Alfred RICHARD, *Histoire des comtes de Poitou*, 778-1204, II, Paris, 1903, p. 23-24.
41. J. BESLY, *Evesques*... (n. 26), p. 58.
42. *Sacrosancta concilia*, éd. Philippe LABBE et Gabriel COSSART, t. 10, Paris, 1671, c. 47 ; *Recueil des documents relatifs à l'abbaye de Montierneuf de Poitiers (1076-1319)*, éd. François VILLARD, Poitiers, 1973 (Arch. Histor. Poitou, 59), n° 10, p. 20.
43. *Cartulaire... Saint-Cyprien*, éd. REDET (n. 26), n° 210, p. 137 (1019-1027) ; *Cartulaire de l'abbaye de Saint-Amant-de-Boixe*, éd. André DEBORD, Poitiers, 1982 (Soc. archéol. et histor. Charente), n° 119, p. 158-159 (1099).
44. Arch. dép. Vienne, G 154 (1153).

de la province ecclésiastique de Bordeaux la liberté d'élire canoniquement leurs prélats, et renonce à percevoir, à titre de « régale », les revenus des évêchés pendant leurs vacances, privilège que confirment les papes Lucius en 1143 et Adrien IV en 1154-1159[45].

Les synodes diocésains continuent à se tenir en la cathédrale[46], où les chanoines assurent naturellement le service quotidien des heures. Mais Poitiers est aussi au XIe siècle le siège de nombreux conciles. Conciles de paix du début du siècle, d'abord en 1000, en 1010, rehaussé par une translation du corps de saint Maixent, en 1032, en 1036[47], puis lorsque commencera le mouvement dit de la réforme grégorienne en la seconde moitié du siècle, conciles de réforme sous la présidence de légats pontificaux, en 1075 pour examiner la valeur canonique du second mariage du duc d'Aquitaine, en 1075 ou 1076 pour juger des errements de Bérenger de Tours au sujet de la présence réelle dans l'eucharistie, en 1078 pour réprimer simonie, concubinage des clercs, cumuls, en 1100 pour juger de la conduite du roi qui vit en adultère avec la femme du comte d'Anjou, en 1106, 1109. Le concile de 1078 se tint le premier jour à la cathédrale, le second à Saint-Hilaire, et promulgua dix canons, dont quatre sont passés dans le Code de droit canon. Le concile de novembre 1100 qui réunissait 80 évêques et abbés, eut lieu en la cathédrale. Le comte de Poitou intervint en force pour empêcher l'excommunication du roi, quelques évêques, de nombreux clercs, et la plupart des laïcs quittèrent la cathédrale ; ceux qui étaient restés excommunièrent le roi, un homme du peuple jeta « des parties supérieures de l'église », galeries ou tribune, une pierre qui blessa un clerc, le sang coula, le tumulte se généralisa. Les pères du concile demeurèrent cependant fermes, à l'instigation notamment de Bernard, futur fondateur de Tiron, et de Robert d'Arbrissel, qui allait peu après fonder Fontevraud[48]. C'est peut-être parce que le diocèse n'avait pas connu de prélats simoniaques, qu'« au plus vif de la réforme les légats pontificaux choisirent Poitiers pour lieu de réunion de synodes »[49]. C'est sûrement parce que la cité fut « au XIe siècle une des capitales de la restauration de la discipline ecclésiastique » et, fin XIe-XIIe siècles, le premier foyer de formation de collections canoniques en Aquitaine[50].

Quelques noms peuvent être avancés à propos de cet éclat de Poitiers à la fin du XIe et dans la première moitié du XIIe siècle. D'abord celui de l'évêque Pierre II[51], un prélat aussi savant que sage, pieux, ferme par rapport au pouvoir comtal, et après lui ses successeurs Guillaume Adelelme, Grimoard seul moine qui soit, en ce temps, monté sur le siège de Poitiers-, ou le très savant Gilbert de La Porrée (1142-1154), qui fut écolâtre de la cathédrale vers 1117 avant d'enseigner à Chartres et à Paris, « une des plus grandes lumières de la théologie préscolastique..., pierre de scandale (par sa subtilité) pour les esprits plus conservateurs comme saint Bernard, Pierre Lombard et d'autres »[52]. Avec Pierre II surtout son ami Rainaud, maître-école renommé avant de se faire moine à La Chaise-Dieu, d'y devenir prieur, et être enfin élu abbé de Saint-Cyprien, ce qui lui donnait siège au chœur de la cathédrale ; il était si érudit et si sage que, dans les conciles, on lui confiait le soin de présenter les causes. Baudri de Bourgeuil en fait un vif éloge[53], comme il loue l'archidiacre Raoul,

45. Dom Fonteneau, 3, p. 275-277 ; 2, p. 13-16 ; Arch. dép. Vienne, G 177, p. 77-78 ; *Arch. histor Gironde*, 23, 1883, n° 9, p. 3-4.
46. J. Besly, *Evesques...* (n. 26), p. 57.
47. *La chronique de Saint-Maixent 751-1140*, éd. Jean Verdon, Paris, 1979 (Les classiques de l'histoire de France au Moyen Âge, 33), p. 109, 115, 117.
48. *Sacrosancta concilia* (n. 42), t. 9, col. 780-781, 914, 937-938 ; t. 10, col. 346, 366-368 (concile de 1078), col. 720-722 (concile de 1100), col. 746-762.
49. Gabriel Le Bras, « L'activité canonique à Poitiers pendant la réforme grégorienne (1049-1099) », *Mélanges offerts à René Crozet*, éd. Pierre Gallais et Yves-Jean Riou, Poitiers, 1966, p. 237.
50. *Ibid.*, p. 237-239. L'auteur cite quatre collections pouvant venir de Poitiers.
51. George T. Beech, « Biography and the Study of 11th Century Society. Bishop Peter II of Poitiers 1087-1115 », *Francia*, 7, 1979, p. 101-121.
52. H. C. Van Elswijk, *Gilbert Porreta. Sa vie, son œuvre, sa pensée*, Louvain, 1966 (Université catholique de Louvain ; *Spicilegium sacrum Lovaniense*. Études et documents, 33), p. 9, 24, etc.
53. *Corpus des inscriptions de la France médiévale. I. Poitou-Charentes. 1. Ville de Poitiers*, éd. Robert Favreau et Jean Michaud, Paris et Poitiers, 1974, n° 263, p. 28-29 ; *Les œuvres poétiques de Baudri de Bourgueil 1046-1130*, éd. Phyllis Abrahams, Paris, 1926, p. 73.

« lumière du clergé de Poitiers »[54]. Guillaume est maître-école du chapitre en 1093[55], et en 1111 meurt à Asti, de retour de Jérusalem, un autre chanoine de Saint-Pierre, André, sur la tombe duquel les miracles se multiplient[56]. Laurent, chanoine de la cathédrale en 1127, sera qualifié de maître vers 1135, devient doyen, est l'auteur du *Planctus* de Gilbert de La Porrée[57], et deviendra évêque de Poitiers en 1159.

3. la cathédrale gothique

On avait peut-être trouvé la cathédrale romane trop modeste lors du sacre en ses murs de Louis VII et d'Aliénor comme duc et duchesse d'Aquitaine le 8 août 1137[58]. On pouvait mesurer l'année suivante la montée en force des citoyens de Poitiers lorsqu'ils prenaient l'initiative de créer une commune pour s'administrer eux-mêmes. En 1152 Aliénor se séparait de Louis VII et épousait Henri Plantagenêt qui devenait, deux ans plus tard roi d'Angleterre. Le roi Henri allait, dans les années 1160, faire entourer la ville d'une grande enceinte englobant les bourgs de Saint-Hilaire, de Montierneuf, de Sainte-Radegonde. Le quartier de la cathédrale s'en trouva fortement modifié, même s'il garda sa tonalité de quartier « ecclésiastique ». C'est dans ce contexte d'expansion de la cité et de progression de ses élites, tant ecclésiastiques que civiles, que va s'ouvrir le chantier d'une reconstruction complète de la cathédrale, pour lui donner l'ampleur convenant à une grande capitale régionale, et à l'église-mère d'un très vaste diocèse, et la faire bénéficier de la nouvelle façon de construire, « gothique », dira-t-on bien plus tard, qui s'affirme alors.

Jean Bouchet, dans ses *Annales d'Aquitaine*, déclare que c'est le roi Henri II qui, à la demande de sa femme, Aliénor, fit commencer la nouvelle cathédrale[59]. Que le chantier ait bénéficié de l'aide financière du roi, et plus tard des autres comtes de Poitou, rois de France ou princes du sang comme Alphonse de Poitiers, c'est possible, et même probable, mais ils ne semblent pas avoir été les promoteurs et principaux acteurs du chantier. L'aide des fidèles est aussi très vraisemblable, mais nous n'avons aucune indication à ce sujet. Il faut plutôt examiner le rôle de l'évêque et celui de son chapitre.

L'évêque est élu par le chapitre. Succèderont à Gilbert de La Porrée Chalon, un archidiacre, Laurent, un doyen du chapitre, plus tard, Guillaume III Tempier, chanoine régulier de Saint-Hilaire-de-la-Celle, et au XIIIe siècle deux membres du chapitre, Guillaume et Philippe. Ce privilège a été confirmé par Adrien IV (1154-1159)[60]. Pourtant l'intervention du pouvoir royal est aussi évidente dans plusieurs cas. Ainsi Henri II a-t-il tenté, en 1159, d'imposer aux évêques de la province de Bordeaux le choix de Jean de Sié, écolâtre de Poitiers, pour le siège de Bordeaux ; devant leur ferme refus, il dut reculer mais il obtint l'année suivante le siège de Périgueux pour son candidat[61]. Son influence a sûrement joué pour la nomination au siège de Poitiers, en 1162, de l'anglais Jean Bellesmains, alors trésorier d'York, homme « fort lettré » et de grande éloquence[62], qui occupera le siège plus de vingt ans avant d'être nommé à Lyon, et d'un ancien notaire de la cour, Richard d'Ilchester, comme archidiacre de Poitiers (1163) où il sera son principal agent[63]. Othon de Brunswick, alors comte de Poitou, empêchera en 1197 la consécra-

54. *Ibid.*, n° III, p. 94. Il est cité comme archidiacre en 1081 (*Recueil... Montierneuf...* [voir n. 42], n° 10, p. 19-20), en 1085 (Arch. histor. Poitou, I, p. 17).
55. Arch. dép. Vienne, 1 H 7/1 ; Bibl. nat. France, n. a. lat. 2414, fol. 5.
56. *La chronique de Saint-Maixent...* (n. 47), p. 183.
57. N. M. Haring, « Epitaphs and necrologies on bishop Gilbert II of Poitiers », *Archives d'histoire doctrinale et littéraire du Moyen Âge*, Paris, 1970, p. 57-62.
58. A. Richard, *Histoire des comtes de Poitou...* (n. 40), I, p. 61.
59. Jean Bouchet, *Les annales d'Acquitaine*, Poitiers, 1524, fol. 62 v°.
60. *Archives historiques de la Gironde*, 23, 1883, n° 2, p. 3-4.
61. A. Richard, *op. cit.* (n. 40), I, p. 126, 131.
62. Ph. Pouzet, *L'anglais Jean de Bellesmains (1122-1204 ?), évêque de Poitiers puis archevêque de Lyon (1162-1182... 1182-1193)*, Lyon, 1927.
63. Charles Duggan, « Bishop John and archdeacon Richard of Poitiers. Their roles in the Becket dispute and its aftermath », *Thomas Becket. Actes du colloque international de Sédières 19 au 19 août 1973*, publ. par Raymonde Foreville, Paris, 1975, p. 74-75.

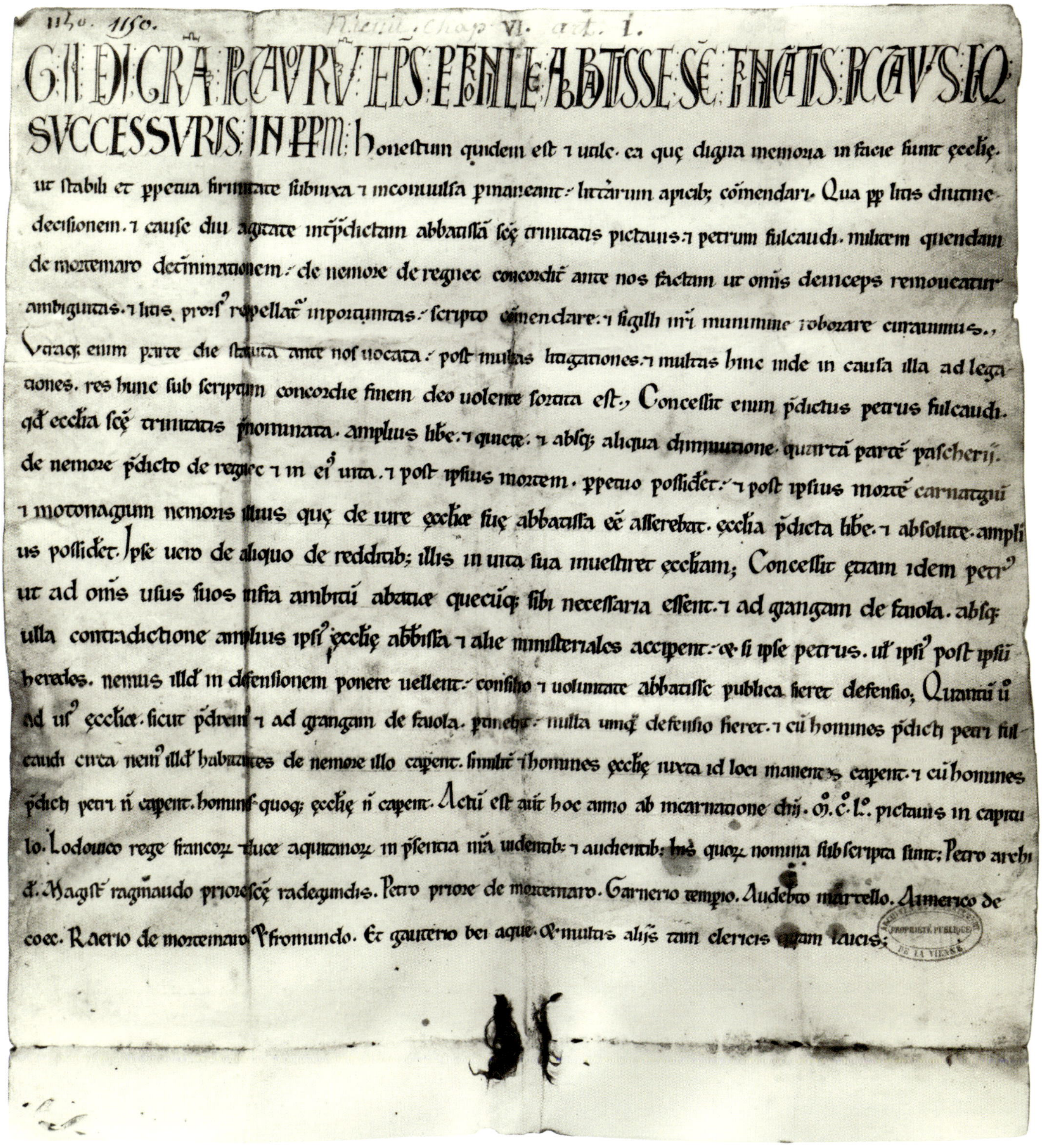

Règlement par Gilbert de La Porrée, évêque de Poitiers, d'un différend au sujet d'un bois entre Pétronille, abbesse de la Trinité de Poitiers, et Pierre Foucaud, chevalier de Morthemer, 1150.

Adresse en lettres majuscules abrégées :

GISLEBERTUS DEI GRATIA PICTAVORUM EPISCOPUS PETRONILLE ABBATISSE SANCTE TRINITATIS PICTAVIS EIQUE SUCCESSURIS IN PERPETUUM

Archives départementales de la Vienne (Pièces originales antérieures à 1200, carton 12, dossier 5, pièce 4).

tion d'Adémar du Peirat, qui dut se rendre à Rome pour y être ordonné. L'arrivée sur le siège poitevin de l'archidiacre de Sens, Jean de Melun en 1235 est sans doute liée aussi à des interventions auprès des chanoines. La structure du diocèse ne change pas à cette époque, mis à part la division du doyenné de Thouars et la création d'un doyenné de Bressuire fin XIIe siècle. Ce qui change, c'est l'indépendance accrue de l'évêque par rapport à son chapitre. Le pape Lucius III lui a reconnu en 1185 le droit de nommer le prévôt du chapitre, et de désigner un chanoine dans chacune des églises collégiales du diocèse ainsi qu'au Dorat[64]. Mais surtout l'évêque cesse de s'appuyer sur ses archidiacres qui, nommés à vie, pouvaient ne pas être à sa convenance, et crée un official pour rendre la justice en son nom, et une charge de vicaire général pour le seconder et le suppléer en son absence[65]. C'est peut-être dans le même esprit que Jean de Melun obtient du pape en 1253 la permission de diviser en deux le trop vaste archidiaconé de Brioux, cinq cents paroisses et cent vingt abbayes et prieurés[66]. En fait la division ne se fit pas, mais le rôle des archidiacres va de plus en plus se limiter à des visites de leur circonscription : à Poitiers ils ne seront plus que des dignitaires du chapitre cathédral, non des adjoints de l'évêque. Ce fut aussi à cette époque que s'introduisit la pratique de la prise de possession solennelle du nouvel évêque, ou « entrée » : la première mention en est en 1236 pour un rite essentiel de l'entrée, le port de l'évêque par quatre barons entre Notre-Dame-la-Grande et la cathédrale[67].

Trois textes font état de la part prise à cette époque par l'évêque dans l'entretien de la cathédrale. À la mort de Gilbert de La Porrée en 1154 le doyen du chapitre Laurent fit son éloge dans un *Planctus* où, au milieu des louanges de circonstance il donne des détails précis : « Il achetait des vêtements précieux, des habits de soie et autres ornements de diverses espèces, dont il ornait le temple. Son argent était transformé en vases pour le Seigneur et en divers ustensiles pour les ministres, et la parure de l'autel était ornée d'élégantes figures. L'or aussi était tantôt façonné en plaques, tantôt réduit en poudre pour colorer les vases du chapitre. Tu le verrais s'adoucir en fils, être tordu en fibres et employé dans les tissus par la main des artistes. Enfin, afin que même ce qui ornait ses doigts serve à la gloire du Seigneur, il fit fondre ses bagues en un calice qu'il embellit de pierres précieuses... Il aurait voulu couvrir les murs d'or, répandre sur le pavement des pierres précieuses, afin de pouvoir chanter avec confiance aux noces de l'époux et de l'épouse : Seigneur, j'ai aimé la beauté de ta maison et le lieu où ta gloire habite ». Il donna en outre à la bibliothèque de la cathédrale un ensemble inestimable de volumes divins qu'il avait réunis avec beaucoup de peine en diverses provinces avant son accession à l'épiscopat[68]. Le deuxième document est de 1213 : l'évêque Maurice de Blason s'engage à faire refondre à ses dépens les cloches de la cathédrale qui sont presque toutes rompues[69]. Le troisième texte est celui que donnent Jean Bouchet dans les *Annales d'Aquitaine*, et après lui le *Gallia christiana* et dom Estiennot : Jean de Melun — évêque de 1235 à 1257 — « fit faire les stalles du chœur, les chandeliers autour de l'autel majeur, auquel il ajouta beaucoup d'autres ornements »[70]. Vases et vêtements liturgiques, par Gilbert, cloches par Maurice, stalles et maître autel pour Jean, c'est exactement ce que les textes décrivent à partir du XIVe siècle comme obligations de l'évêque envers son église cathédrale : vases et vêtements liturgiques, nappes, courtines pour les célébrations au grand autel d'une part, entretien des

64. *Cartulaire de l'évêché de Poitiers ou Grand-Gauthier*, éd. L. Redet, Poitiers, 1881 (Arch. Histor. Poitou, 10), n° 1, p. 1-3.
65. Première mention d'un official, 5 déc. 1242 (*Cartulaire de l'abbaye de Notre-Dame de la Merci-Dieu...*, éd. Étienne Clouzot, Poitiers, 1905 [Arch. histor. Poitou, 34], n° 16, p. 16), du vicaire général -*gerens vices... episcopi*, le 28 mars 1260 (Edgar Boutaric, *Saint Louis et Alphonse de Poitiers...*, Paris, 1870, p. 424-427), qui est aussi archiprêtre de Dissay.
66. Arch. dép. Vienne, G 1.
67. Dom Fonteneau, t. 3, p. 319. Premier récit complet en 1307 pour Arnaud d'Aux (Arch. dép. Vienne, G 1).
68. N. M. Haring, « Epitaphs... » (n. 57), p. 70-71.
69. Dom Fonteneau, t. 2, p. 41-42.
70. Jean Bouchet, *Les Annales d'Aquitaine*, Poitiers, 1524, fol. 72 v°.

cloches et clochers d'autre part[71]. Si c'était déjà le partage des charges au XIIe siècle, alors il faut dire que tout ce qui concernait la cathédrale en tant que bâtiment, hormis les clochers, était de la responsasbilité du chapitre cathédral.

Le chapitre cathédral est, au XIIe siècle, une entité bien distincte de l'évêque. Il nomme les évêques — il en prend en ce siècle au moins huit sur douze en son sein —, il assure la gestion du diocèse et sa juridiction lorsque le siège est vacant et prétend même connaître des causes ecclésiastiques en l'absence de l'évêque[72]. À son départ pour la Terre Sainte l'évêque Guillaume unit quatre églises au chapitre et en donne deux au chevecier pour le luminaire de la cathédrale en 1122[73], Chalon adjuge au chapitre la terre de Chambrechon en 1155[74] et son successeur Laurent lui donne les « pensions » de certaines églises[75]. Dans les années soixante du siècle, lorsque le chantier de la cathédrale est ouvert, le chapitre ne manque pas, semble-t-il, de ressources. En 1081 il avait reçu du comte les revenus de la foire du Jeudi Saint qui se tenait *ante portam Sancti Petri et ad arcum et circum, circa penes Sancti Petri monasterium*, devant la porte (occidentale), « à l'arc » et autour des demeures canoniales[76]. « L'arc » était-il une galerie ouverte devant la porte de la cathédrale, comme on l'a proposé, ou le porche d'un enclos canonial, suite du bâtiment mérovingien trouvé par les fouilleurs entre le Vieil Evêché et la rue Pascal Le Coq ? Le *Planctus* de Gilbert de La Porrée par le doyen Laurent nous dit que l'évêque « édifia des maisons, les entoura de murs, comme édifiant pour nous une cité nouvelle, une cité fortifiée, la ville de notre force... »[77]. Le « nous » doit concerner le chapitre auquel préside Laurent. Il y a donc sans doute eu une installation nouvelle de maisons canoniales, auxquelles pourraient appartenir les sculptures romanes trouvées au 20, place de la cathédrale qu'Emile Ginot identifiait à l'archidiaconé de Poitou[78], et peut-être passage d'une vie communautaire, le *monasterium* cité en 1081, à une vie plus séculière, avec maisons individuelles, les *domos* du milieu du XIIe siècle. Il reste évidemment la liturgie commune des heures, et les assemblées capitulaires où l'on traite des affaires du chapitre. Tous les offices paraissent dès lors acquis, les trois hebdomadiers cités pour la première fois vers 1183[79] devant correspondre au service de semaine qu'on leur connaît par la suite. Il y a encore une juridiction commune de l'évêque et du chapitre, mais il faut en 1249 la médiation de l'évêque d'Orléans pour régler ce qui est du ressort de l'official et du ressort du chapitre et partager les revenus[80].

Il faudra attendre la période suivante pour que les textes nous éclairent sur le fonctionnement du chapitre, et sur tout ce qui faisait la vie de la cathédrale. On voit déjà que celle-ci tirait aussi renom des reliques qu'elle possédait, reliques de la barbe de saint Pierre, que saint Hilaire aurait rapportées de Rome à son retour d'exil et pour lesquelles le duc d'Aquitaine Guillaume le Grand fit faire un petit coffre d'or couvert de pierres précieuses et orné d'un gros saphir, reliques de sainte Florence, convertie par saint Hilaire au cours de son exil, revenue avec lui en Poitou, recluse à Comblé, qu'Isembert Ier fit venir à la cathédrale[81], reliques de saint Thomas Becket ramenées de

71. Arch. dép. Vienne, G 178, p. 27-54, 110-114, 127-130, etc. On peut y ajouter deux faits. À la mort de l'évêque Jean du Bellay (1479) procès fut intenté à ses héritiers pour paiement des réparations que l'évêque aurait dû faire à son temporel ; les héritiers contestèrent la plupart des demandes, non « la mise couchée du grox clocher » car celle-ci figurait, dans les statuts, à la charge de l'évêque (Robert Favreau, « L'entretien du temporel épiscopal. L'exemple de Poitiers au XVe siècle, B.S.A.O., 4e s., t. 9, 1968, p. 459) ; le successeur de du Bellay, Guillaume de Clugny, fit dès son entrée en charge recouvrir le clocher de la cathédrale et en fit réparer la charpente, pour une somme de 60 livres (Poitiers, Médiathèque, collection Ledain).
72. Arch. dép. Vienne, G 177, p. 93-94, 18 mai 1130.
73. *Ibid.*, G 180, p. 225-226 et carton 1, dossier 4, pièce 1 bis.
74. Dom Fonteneau, 2, p. 23-26. Chambrechon, cne Biard.
75. Arch. dép. Vienne, Carton 1, dossier 4, pièce IV.
76. *Recueil... Montierneuf...*, éd. Villard (n. 42), n° 10, p. 20.
77. N. M. Haring, « *Epitaphs...* » (n. 57), p. 71.
78. *B.S.A.O.*, 3e série, t. 5, 1919-1921, p. 674, 735.
79. Arch. dép. Vienne, carton 1, dossier 4, pièce IV. Les revenus propres des hebdomadiers sont mentionnés vers 1270 (*Cartulaire de l'évêché de Poitiers...*, éd. Redet, [n. 64], n° 38, p. 50-58).
80. *Ibid.*, n° 26, p. 35-37, 30 juin 1249.
81. Dom Fonteneau, 54, p. 62, où il est dit aussi qu'Henri II et Aliénor enrichirent ce reliquaire, *ibid.*, p. 63 et *Vies des saints...* par les RR. PP. Bénédictins de Paris, Paris, 1956, 12, p. 13.

Cantorbéry par l'évêque Jean Bellesmains en 1174, et par lui placées en la cathédrale[82]. Le chroniqueur anglais Roger de Hovedene mentionne aussi la présence en la cathédrale d'une croix de bois dite de saint Martial; des pleurs auraient coulé sur le visage du crucifié par trois fois : à la mort d'un évêque de Poitiers, au départ de l'évêque Jean Bellesmains promu au siège de Lyon, et à la mort, le 31 janvier 1197 à Poitiers, de Guillaume de Longchamp, évêque d'Ely, chancelier du roi Richard[83].

II • De la fin du XIIIe siècle au début du XVIe siècle

1. Les évêques progressivement de plus en plus absents

Une vacance de deux ans avait suivi la mort de Jean de Melun, une vacance de huit ans suivit celle d'Hugues de Châteauroux. Du coup le pape intervint, et, en décembre 1279, nomma au siège de Poitiers un franciscain flamand, Gautier de Bruges, qui était depuis 1272 à la tête de la province de France. Gautier affirma, avec détermination, les droits de l'Église face aux empiètements continus des agents royaux, ce qui lui valut bien des difficultés, mais il fut aussi un remarquable organisateur et un saint pasteur. Il dressa un état de son diocèse, assura de régulières visites pastorales, réunit plusieurs synodes, réorganisa les collégiales poitevines. Après sa mort des miracles furent obtenus sur son tombeau, et il fut vénéré comme bienheureux. Son successeur, Arnaud d'Aux, était cousin du pape Clément v, et son neveu, Fort d'Aux, lui succéda. Les deux évêques suivants sont issus du chapitre, l'un Jean de Lions, abbé de Notre-Dame-la-Grande, l'autre Aimeri de Mons, official, et aussi docteur en droit civil et en droit canon. C'est à Bertrand de Maumont que reviendra de procéder enfin à la dédicace de la cathédrale le 17 octobre 1379. Mais surtout, c'est alors le départ d'une succession d'évêques mêlés à la politique, employés par le roi et par le duc Jean de Berry, comte de Poitou. Quatre d'entre eux seront ainsi chanceliers de Jean de Berry. Le plus représentatif de ces évêques « politiques » est Simon de Cramaud, docteur en droit canon, maître des requêtes de l'hôtel du roi et conseiller au parlement, conseiller et chancelier de Jean de Berry, successivement évêque d'Agen, de Béziers, de Poitiers, patriarche d'Alexandrie et administrateur de l'évêché d'Avignon, évêque de Carcassonne, archevêque de Reims, cardinal, puis à nouveau évêque de Poitiers, ardent défenseur des libertés de l'Église de France et un des principaux artisans du concile de Pise de 1409. Il en est de même après la fin de l'apanage. Hugues de Combarel fait carrière à la Cour des aides, tout en étant successivement évêque de Tulle, de Béziers, de Poitiers (1424-1441), Guillaume Gouge de Charpaignes, est conseiller du roi au Parlement et maître des requêtes en même temps que sous-chantre du chapitre cathédral avant de devenir évêque de Poitiers (1441-1448), Jacques Jouvenel des Ursins est président de la Chambre des Comptes, avocat du roi au Parlement, avant d'être évêque de Poitiers (1449-1457) et patriarche d'Antioche; c'est à cette époque le dernier que l'on voit résider ordinairement au palais épiscopal. La nomination de deux bénédictins, Jean du Bellay, abbé de Saint-Florent-lès-Saumur, et Pierre d'Amboise, abbé de Saint-Jouin-de-Marnes, n'en fera pas des pasteurs plus présents en leur diocèse : le premier continue à résider à Saint-Florent, le second à Saint-Jouin ou au château de Dissay[84].

En 1317 l'immence diocèse de Poitiers a été démembré pour former les deux nouveaux

82. Raymonde Foreville, « La diffusion du culte de Thomas Becket dans la France de l'Ouest avant la fin du xiie siècle », *Cahiers de civilisation médiévale*, 19, 1976, p. 355.
83. *Chronica magistri Rogeri de Hovedene*, éd. William Stubbs, 4, Londres, 1871 (Rerum britannicarum Medii Aevi scriptores), p. 17; *Dictionary of National Biography*, éd. Sidney Lee, 12, Londres, 1909, p. 111-114.

84. Christine Jamet, *Étude sociale des évêques de Poitiers du XIIIe à la fin du XVe siècle*, Poitiers, mémoire de maîtrise, 1980; *Le diocèse de Poitiers*, dir. R. Favreau, Paris, 1988 (Histoire des diocèses de France, 22), p. 55-56, 69-70, 83-87, 348-349 (bibliographie).

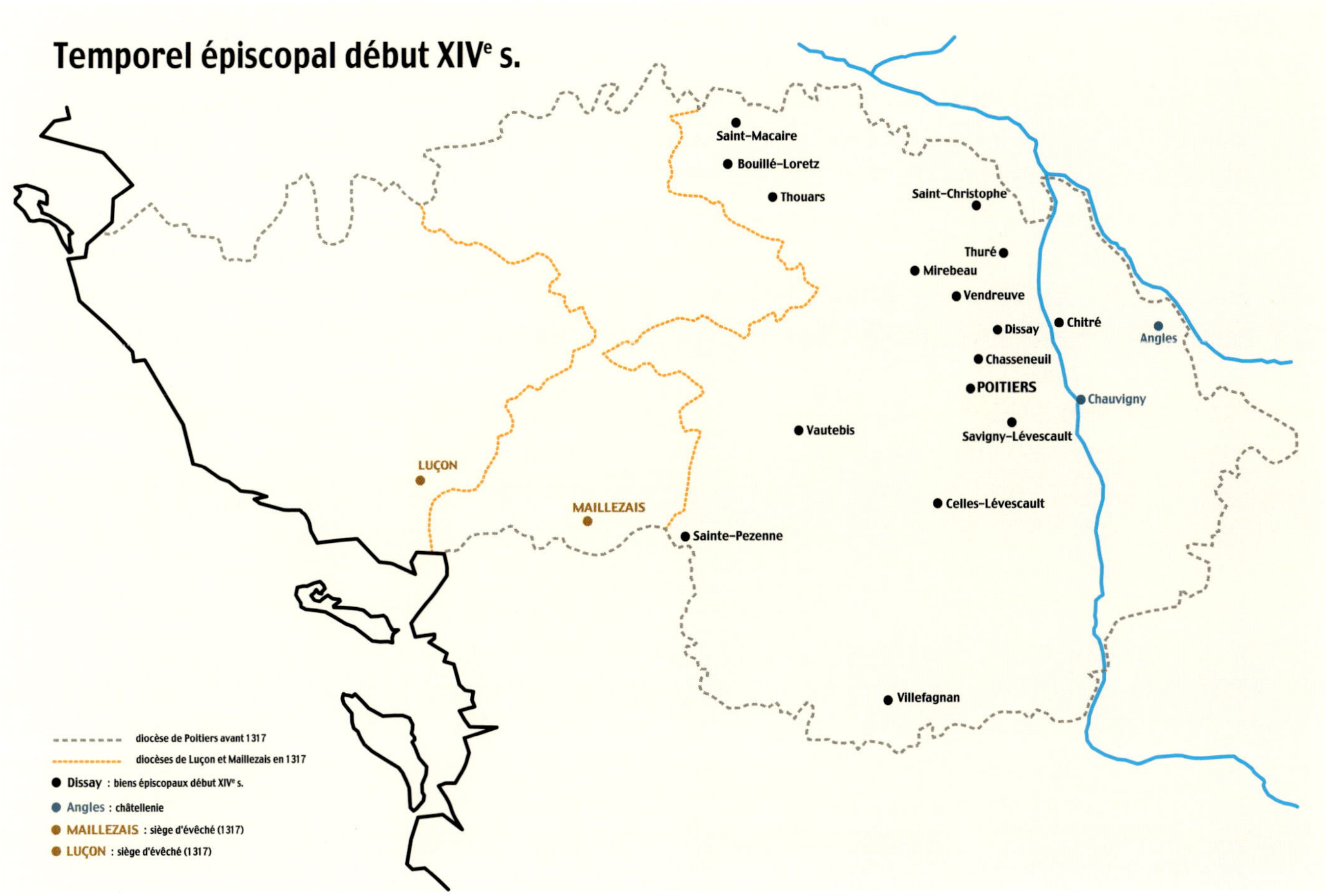

diocèses de Luçon et Maillezais. Dans ses nouvelles limites le diocèse de Poitiers reste important, avec 750 paroisses, 34 abbayes, 275 prieurés, et toutes les collégiales de l'ancien diocèse[85]. Les ressources de la mense épiscopale en sont évidemment très diminuées. À son arrivée sur le siège de Poitiers en 1306 Arnaud d'Aux doit payer au Saint-Siège 4400 florins — le droit correspond à une année de revenus environ —, ses successeurs ne paieront plus, après 1317, que 2800 florins[86]. Il n'en reste pas moins que la mense épiscopale assure de confortables revenus, non pas 2800 livres comme devrait le faire penser la décime payée par l'évêque, qui est de 280 livres, mais bien plutôt 4000 livres[87]. Destructions de la guerre de Cent Ans et absentéisme de plus en plus fréquent d'évêques « politiques » à partir du principat de Jean de Berry, vont avoir pour effet un médiocre entretien de ce temporel épiscopal, que l'on connaît d'ensemble par le relevé qu'en a fait Gautier de Bruges au début du XIVe siècle[88]. Ce n'est pas simple coïncidence si les procès pour insuffisance d'entretien du temporel intentés par le nouvel évêque à son prédécesseur ou à ses héritiers apparaissent à la fin du XIVe siècle et ne vont cesser dès lors[89]. Les revenus tirés du service du roi ou des princes confortent d'autant plus l'état de l'évêque qu'ils n'ont pas de contrepartie de charges comme ceux de la mense. Itier de Martreuil touche 8 francs par jour de présence à la cour du duc de Berry et nous savons qu'il y est présent en 1399 sauf quinze jours, en 1400, en 1401 : une année à la cour c'est près

85. Robert Durand, « Jean XXII et le Poitou », *B.S.A.O.*, 4e s., 9, 1967-1968, p. 91-152.
86. *Taxae pro communibus servitiis...*, éd. Hermann Hoberg, Cité du Vatican, 1949 (Studi e Testi, 144), p. 95 ; *Regestum Clementis papae V*, 8, Rome, 1892, appendice I, p. 281, 282, 284.
87. Arch. dép. Vienne, G 189 ; Dom Fonteneau, 2, p. 162 (19 août 1382). En 1416 Simon de Cramaud sera exempté relativement à son évêché de Poitiers de la règle limitant à 6000 livres le total du revenu des bénéfices dont pouvait jouir un cardinal en dehors de son titre cardinalice (*Cartulaire de l'évêché de Poitiers* [n. 64], p. 238-241).
88. *Cartulaire de l'évêché de Poitiers* (n. 64), p. 339-381.
89. Robert Favreau, « L'entretien du temporel épiscopal, l'exemple de Poitiers au XVe siècle », *B.S.A.O.*, 4e s., 9, 1967-1968, p. 443-466.

de 3 000 livres[90]. Son successeur Gérard de Montaigu est retenu en 1404 par le duc d'Orléans comme son conseiller, à la pension annuelle de 1 000 livres[91]. Vienne la fin du xve siècle, et c'est aussi le cumul de bénéfices qui accroîtra la fortune de l'évêque. Pierre d'Amboise cumule ainsi avec l'évêché de Poitiers les abbayes de Saint-Jouin-de-Marnes, Saint-Laon de Thouars, Lyre, Ferrières, et les prieurés de Rouvres et de Parthenay-le-Vieux, et son successeur Jean de La Trémoïlle tient les abbayes de la Grainetière, Saint-Michel-en-l'Herm, Saint-Laon de Thouars, et le prieuré de La Réole. À l'élection de ce dernier, en 1505, élection entachée de manœuvres et de promesses simoniaques, il y aura, dans la cathédrale, tant d'hommes d'armes que les chanoines eurent peine à y trouver place. Lui succèdera en 1507 son neveu, Claude de Tonnerre ou de Husson, évêque de Sées en 1502 à 23 ans, au terme d'une élection qui vit des affrontements armés et des blessés dans la cathédrale, avec la présence des sénéchaux de Poitou et de Toulouse, des baillis de Troyes et de Berry, de l'archevêque de Sens — oncle de Claude de Tonnerre —, des évêques d'Autun et de Tournai, et du prince de Talmont, chargés de signifier aux chanoines quel devait être le bon choix. À Claude de Husson succèdera Louis de Husson, âgé de 17 ans, qui ne sera jamais sacré car il ne sera que diacre, et onze ans plus tard, en 1532, le cardinal Gabriel de Gramont, déjà évêque de Couserans, Tarbes et Bordeaux[92].

Charges politiques, cumuls, les évêques sont de plus en plus souvent absents de leur diocèse, dont la gestion sera assurée par leurs « vicaires généraux »[93], tout comme, à la tête de l'administration civile, le sénéchal est remplacé par son lieutenant général. Il fait, après son élection, son « entrée » solennelle : réception à Notre-Dame-la-Grande, procession le lendemain jusqu'à la cathédrale porté sur une « cathèdre » par quatre seigneurs (Lusignan, Châtellerault, Parthenay, Belleville), serment devant les grandes portes d'observer les droits de l'Église de Poitiers, grand-messe, réception au chapitre, repas en l'hôtel épiscopal[94]. On le voit lever à cette occasion un droit de joyeux avènement, de 1500 livres en 1403[95]. Il a droit à une prébende du chapitre cathédral à condition d'avoir payé les droits d'entrée[96]. Il doit dix repas aux chanoines aux vigiles et fêtes de Noël, Pâques, Pentecôte, la Saint-Pierre-et-Saint-Paul, la Toussaint, et quelques autres dons de vin ou de céréales. Il est tenu à faire aumône publique en sa maison épiscopale, et il préside un certain nombre de fêtes de l'année liturgique, dont le Jeudi Saint où il bénit le saint chrême. Ses obligations vis-à-vis de la cathédrale restent de deux ordres : la fourniture de tous les ornements, vases et vêtements liturgiques pour le service du grand autel, la réparation et entretien des cloches et clochers[97]. Ainsi s'expliquent les armes de Pierre d'Amboise et de Jean de La Trimouille sur la tour nord de la façade[98]. Ainsi peut-on observer dans les inventaires du trésor de la cathédrale, un vaisseau creux d'argent doré, avec un crucifix, donné par Aimeri de Mons, une « chapelle » de damas brodée d'or — une chapelle correspond à tout ce qui est nécessaire pour un service, aubes, amicts, chasuble, dalmatiques, étoles, manipules — donnée par Fort d'Aux, une chapelle blanche en étoffe de damas, donnée par Bertrand de Maumont, une chapelle rouge brodée d'or et une chapelle de couleur rouge ardent, don de Simon de Cramaud, trois nappes pour le grand autel qu'a fait faire, « comme il y est tenu », Girard de Montaigu, une très belle chape où est figurée presque toute la Bible en images, enrichie d'un

90. Arch. nat., KK 253, fol. 6 v°-7, 40 v°; KK 254, fol. 6 v°, 39 r° et v°, 63 v°-64, 91, 119.
91. Bibl. nat. de France, P. O 2003, Montagu, n° 59.
92. *Le diocèse de Poitiers* (n. 84), p. 86-87, 114, 349 (bibliographie).
93. Le terme apparaît en 1312 (*Cartulaire de l'évêché de Poitiers* [n. 64], n° 115, p. 166).
94. *Ibid.*, n° 68, p. 105-107; Dom Fonteneau, 54, p. 68-69, 81-84.
95. Arch. dép. Vienne, G 1.
96. *Ibid.*, G 3, vers 1460.
97. *Ibid.*, G 178, p. 27-54, 110-130; Dom Fonteneau, 2, p. 395-402, 407-411 (gros clocher); Arch. dép. Maine-et-Loire, H 1923, cahier, vers 1482, fol. 5 v° : l'évêque reconnaît devoir, selon les statuts, l'entretien du gros clocher.
98. Abbé Auber, *Histoire de la cathédrale de Poitiers*, II, Poitiers et Paris, 1849 (*M.S.A.O.*), p. 185.

magnifique orfroi, don d'Itier de Martreuil[99], une chapelle de velours et deux chapes blanches de boucassin fournies par Pierre Trousseau, deux chasubles rouges données par Gérard de Montaigu[100], une chape dite de l'arbre de Jessé battue d'or avec la généalogie de la Vierge en personnages, don de Jean du Bellay[101]. Peu d'évêques, d'après les textes conservés, feront pour la cathédrale plus que ce qui relevait de leurs obligations. Avec la tenue de quelques synodes, la présidence de quelques grandes fêtes — quand l'évêque ne se fera pas remplacer —, ce sera bientôt toute la part prise par l'évêque dans sa cathédrale.

2. Le chapitre de plus en plus présent dans la vie de la cathédrale

Avec l'arrivée sur le siège épiscopal de Gautier de Bruges, plusieurs statuts réorganisent le chapitre (1290, 1291, 1294). Est conservé le livre des statuts, couvert en cuir rouge, qui donne les textes des XIIIe et XIVe siècles, et on a également des statuts de la fin du XVe siècle[102]. Ainsi peut-on avoir pour cette époque une vue d'ensemble de l'organisation du chapitre.

En 1290 le nombre des chanoines a été fixé à 24, soit 18 chanoines prébendés, y compris l'évêque qui a voix délibérative mais ne préside jamais, bien qu'il y ait la préséance, et 6 chanoines semi-prébendés, qui viennent d'une petite église Saint-Sixte et ont fusionné avec le chapitre cathédral. Les semi-prébendés, dits aussi de Saint-Sixte, doivent être prêtres et ont plein droit de chanoine, tant au chœur qu'au chapitre. À la tête du chapitre il y a les dignitaires, qui ont revenus et maisons distincts. Le premier dignitaire est le doyen, qui est élu par le chapitre. Une bulle de Clément V de 1305 lui a retiré les droits de visite qu'il avait dans le diocèse, mais lui a, en compensation, donné le doyenné de Mareuil[103]. Vingt-et-une églises paroissiales de Poitiers — en sont exceptées celles du bourg de Saint-Hilaire — et quatorze hors de la cité lui sont sujettes; il en réunit les curés chaque année en l'église Saint-Jean (le baptistère) le lendemain du synode diocésain. Il installe les abbesses de Sainte-Croix et de la Trinité ainsi que le prieur de Saint-Hilaire-de-la-Celle[104]. Viennent ensuite le chantre, le maître-école, le prévôt, qui sont élus par l'évêque et le chapitre, le sous-doyen, nommé par le doyen, le sous-chantre nommé par le chantre, le chevecier à la désignation de l'évêque. L'évêque seul confère les personnats, archidiaconats de Poitiers, de Brioux et de Thouars, abbatiat de Notre-Dame-la-Grande, archiprêtrés de Dissay et de Poitiers, « abbaye » de Saint-Jean-Baptiste, qui est office simple. Ont seul droit au chapitre les chanoines prébendés et qui ont reçu les ordres sacrés[105]. Les abbés de Saint-Cyprien et de Saint-Benoît semblent avoir eux aussi siège au chœur, mais ne sont pas prébendés.

Deux dignités sont supprimées au XIVe siècle. D'abord celle du maître-école, qui n'avait pas de prébende annexée et qui depuis le début était uniquement dotée de biens du chapitre. L'écolâtre n'avait qu'un petit service, qui était assuré en fait par un clerc ou prêtre du chœur; on voit, à l'occasion d'un conflit en 1291 qu'il assurait jadis la juridiction du chapitre. En 1351 le chapitre, considérant que tant du fait des guerres, notamment du pillage de la ville par les Anglo-Gascons en 1346, que de l'épidémie de peste noire, les revenus ont diminué d'un tiers au point qu'il n'a pas été possible cette année de payer la décime — d'où suspension du chapitre et interdit prononcé sur la cathédrale... —, décide la suppression de la dignité d'écolâtre et en rattache les revenus à la bourse du chapitre; quinze ans plus tard une

99. *Ibid.*, p. 140, 143-146 (inventaire de 1406).
100. *Ibid.*, p. 147, adjonctions à l'inventaire après 1420.
101. Arch. dép. Vienne, G 190, inventaire de 1681.
102. Arch. dép. Vienne, G 182, le « livre rouge », 34 ff, parchemin; Dom Fonteneau, 2, p. 51-58, 69-72 et 54, p. 57 et sq.; *Thesaurus novus anecdotorum...*, éd. E. Martene et U. Durand, 4, Paris, 1717, col. 1071-1072.
103. *Cartulaire de l'évêché de Poitiers* (n. 64), n° 52, p. 80-83.
104. Arch. dép. Vienne, G 177, p. 232-233; G 185, registre du synode du doyen; G 182, fol. 8 r° et v°.
105. *Ibid.*, G 182, fol. 8 v°-9; Dom Fonteneau, 2, p. 75-76.

bulle d'Urbain v confirme cette suppression. Au xve siècle les revenus de la charge d'écolâtre sont affectés aux chapelains et bacheliers[106]. L'office de chevecier relevait de l'évêque. Le chevecier avait la garde du trésor, la moitié des offrandes faites à la relique de la barbe de saint Pierre, les oblations en cire et luminaire ; il fournissait le luminaire, le pain nécessaire pour les messes, et avait la direction des coutres. En 1389, pour mettre fin à des litiges au sujet des revenus de la cour de l'officialité dont le chapitre réclamait le quart, le pape Clément vii supprima l'office de chévecier et en incorpora les revenus à la mense capitulaire[107].

L'évêque, et sans doute aussi les chanoines devaient à l'origine chanter ou faire chanter les grands-messes du chœur. Pour se libérer de cette obligation Simon de Cramaud fondera en 1388 six hebdomadiers[108]. Le chapitre a dû y participer car deux de ces hebdomades sont unies au doyenné et au sous-doyenné, et ce sont l'évêque et le chapitre ensemble qui nomment les « quatre hebdomadiers cardinaux », ou hebdomadiers simples. Ceux-ci sont dits chanoines hedomadiers et portent les habits de chanoines. À tour de rôle ils assurent les grands-messes au maître-autel, sont chargés de l'eau bénite le dimanche et doivent aussi à certaines fêtes commencer et terminer les heures canoniales. En 1490 on voit que les hebdomadiers sont curés de l'église paroissiale Saint-Michel[109].

Le chapitre comprend en outre tout un personnel de bas-chœur, qui, avec les hebdomadiers, participe directement au service liturgique, les chapelains et bacheliers. Un acte de 1370 en cite nommément douze auxquels s'ajoute « une copieuse multitude d'autres chapelains et bacheliers »[110]. Un autre acte de 1424 donne vingt-sept

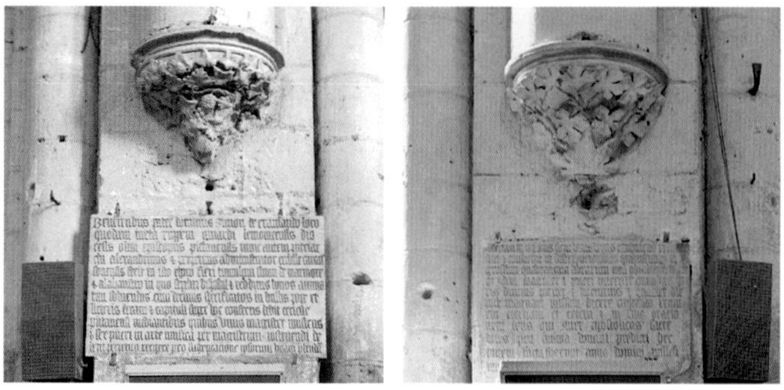

Fondation de la psallette

noms[111]. Ils doivent assister aux heures canoniales, aux grands-messes, participer aux anniversaires, fondations, processions, et ne peuvent s'absenter sans congé des chanoines[112]. Comme leur service laissait souvent à désirer, le chapitre a décidé en 1440 de nommer « vicaires perpétuels » douze d'entre eux, prêtres ou au moins établis dans les ordres, aptes à la lecture et au chant, qui seraient chargés plus expressément du service relevant des chapelains[113]. Auxiliaires de plus en plus indispensables au regard d'une moindre participation des chanoines, ces clercs du bas-chœur ont parfois posé des problèmes aux chanoines, qu'ils prennent l'argent de fondations pieuses sans remplir les obligations de messes auxquelles il est affecté, que leur conduite morale soit repréhensible ou qu'ils troublent le bon ordre dans la cathédrale[114].

Simon de Cramaud a fondé le 10 octobre 1402 une psallette ou maîtrise de chant, comprenant un maître et six enfants ; il l'a dotée d'une prébende et de tous ses revenus ; il a fait réparer la maison que le chapitre affectait à la psallette et a fourni au départ lits, linge, robes ; le maître devra enseigner aux jeunes enfants l'art du chant et de la musique[115]. Maître et enfants seront tenus, comme le rappelle l'inscription toujours en place sur les piliers nord-est et sud-est auxquels se terminent aujourd'hui les stalles, d'« être présents à toutes les heures diurnes et nocturnes, et chanter chaque jour

106. Dom Fonteneau, 2, p. 61-67, 103-108, 109-114 ; 191-194, autre acte de suppression en 1402 ; Arch. dép. Vienne, G 189 (bulle d'Urbain V) ; G 379, compte de 1432-3.
107. *Cartulaire de l'évêché de Poitiers* (n. 64), n° 129, p. 197-205 et n° 130, p. 205-207 ; Dom Fonteneau, 2, p. 115-138.
108. Dom Fonteneau, 54, p. 66.
109. Arch dép. Vienne, G 184 (hebdomadiers).
110. Dom Fonteneau, 2, p. 134.

111. Arch. dép. Vienne, G 177, p. 127.
112. *Ibid.*, p. 128-130.
113. *Ibid.*, G 180, p. 227-228.
114. *Ibid.*, G 327 (1532) ; Dom Fonteneau, 2, p. 403 (1530).
115. *Cartulaire de l'évêché de Poitiers* (n. 64), n° 132, p. 208-213, et n° 133, p. 213-215 (confirmation papale du 23 janvier 1404).

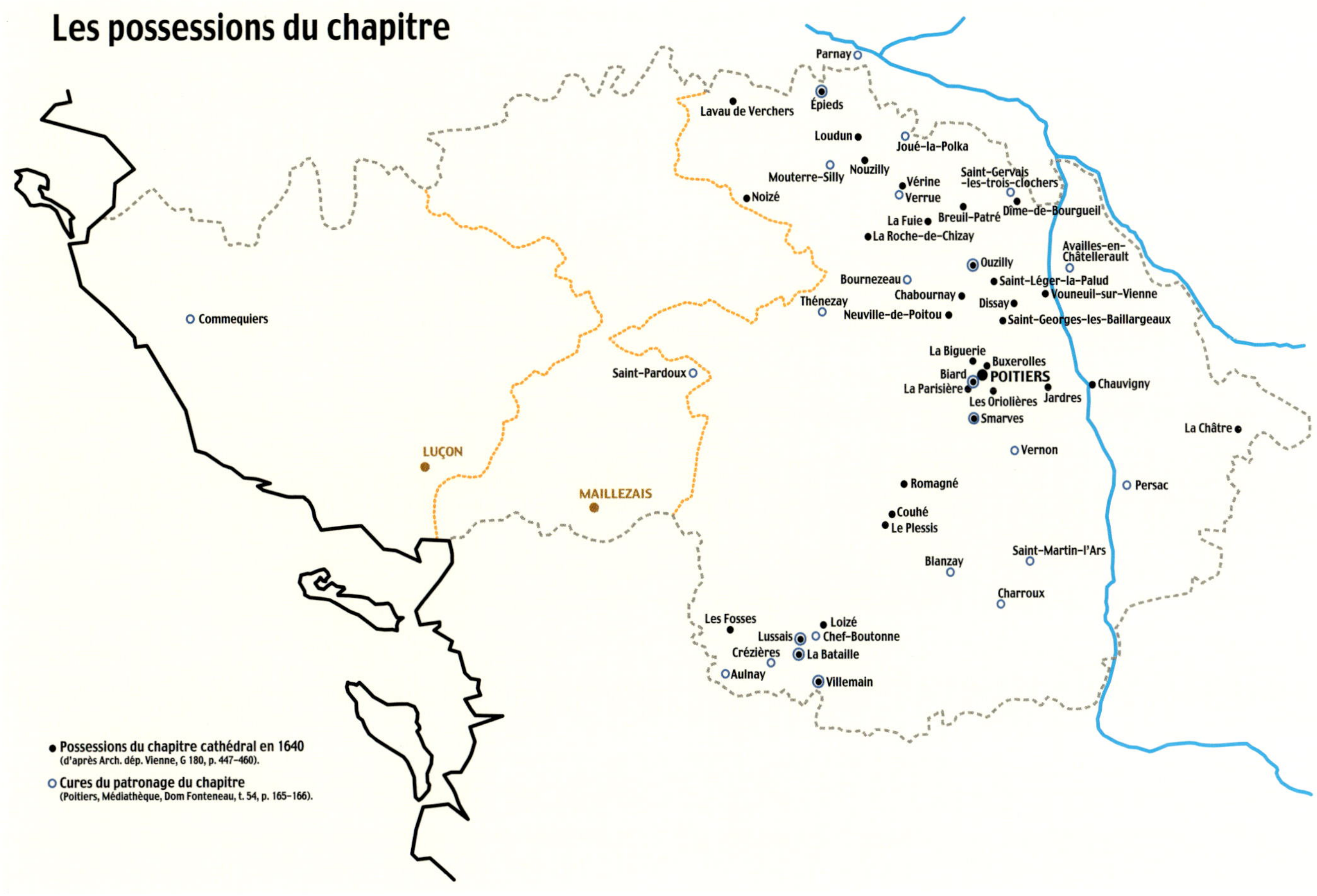

après la grand-messe un *Requiem* avec une oraison » pour l'âme du fondateur[116]. Cramaud se réservait la nomination du maître, qui, après son décès, passerait au chapitre. C'est la première des psallettes qui vont être établies au XVe siècle à Poitiers et en Poitou[117].

Il faut enfin ajouter à ce personnel qui assure le service de la cathédrale les neuf coutres, à qui reviennent les tâches matérielles, la sonnerie des cloches, le nettoyage, la garde de l'église de jour comme de nuit[118]. Par privilèges royaux ils sont exemptés d'aides et de tailles ainsi que du guet et garde des portes de la ville[119].

Tout nouveau chanoine doit payer des droits d'entrée : une cuisse de froment de revenu et 20 livres, d'après un statut de décembre 1322, pour le pain distribué aux chanoines[120], une belle chape à ses armes qu'il portera aux fêtes[121], et il doit aussi fonder un anniversaire, ce qui revient à assigner 50 s. de revenu annuel[122]. Pour toucher les revenus de sa prébende il doit résider au chapitre six mois dans l'année, commençant le 1er janvier, à la suite ou par intervalles, à moins qu'il ne soit aux écoles ; par un mois on entend quatre semaines (statut de 1291)[123]. Le chanoine touche encore les distributions quotidiennes lorsqu'il est présent aux principaux offices de la journée, moyen imaginé par le saint évêque de Chartres Yves, au début du XIIe siècle pour encourager une assistance plus régulière aux offices. Il touche une part des anniversaires s'il y

116. A. De Longuemar, *Épigraphie du Haut Poitou*, Poitiers, 1864 (*M.S.A.O.*, 1er s., t. 28, année 1863), p. 231-232.
117. Robert Favreau, « Orgues et psallettes à Poitiers à la fin du Moyen Âge », *B.S.A.O.*, 4e s., t. 12, 1973, p. 47-64.
118. Arch. dép. Vienne, G 180, p. 456.
119. Dom Fonteneau, 2, p. 225-226 (lettres du 8 mars 1427) ; 54, p. 79 (privilège de 1448).
120. Arch. dép. Vienne, G 182, fol. 26 v° ; en juillet 1322 il est seulement question de 10 livres et une cuisse de froment ou 10 livres (Dom Fonteneau, 2, p. 91-92).
121. Arch. dép. Vienne, G 3 (vers 1492 ; G 179, p. 195 (1439).
122. Dom Fonteneau, 2, p. 91-92 (2 juillet 1322).
123. Robert Favreau, « La résidence dans les chapitres du diocèse de Poitiers au Moyen Âge », dans *Crises et réformes dans l'Église de la Réforme grégorienne à la préréforme*, Paris, (Congrès national des Sociétés savantes, 1990, Avignon), p. 45.

participe, est aussi payé pour sa présence aux « festages », aux processions. Vers 1492 le doyen a chaque année, toutes charges payées, environ 500 livres, le chantre 400, le prévôt, le sous-doyen, le sous-chantre chacun 300, chaque chanoine 200 ou plus ; l'évêque a alors, charges payées, environ 3 000 livres, ce qu'il juge bien peu « pour son estat… et pour l'honneur et auctorité de son église »[124]. Les dignitaires ont leurs revenus propres. Les autres chanoines se partagent les revenus de la mense capitulaire, et peuvent, quand vaque une prébende, une maison canoniale, faire option, dans l'ordre de leur ancienneté, si cette prébende est plus avantageuse et si cette maison vacante leur convient mieux[125]. Il y a une bourse commune, qui permet de payer distributions quotidiennes et pain du chapitre ; en 1382 elle est estimée valoir 2 000 livres, c'est-à-dire la moitié de la valeur de la mense épiscopale[126]. L'évêque, on l'a dit, a la charge de tout ce qui concerne grand autel et cloches. Toutes autres réparations nécessaires à la cathédrale, et autres ornements, vases et livres liturgiques sont payés par le chapitre. Pour y faire face, de toute ancienneté on a réservé une autre mense et table appelée la fabrique, alimentée par les gros et distributions des chanoines absents, les droits d'entrée des chanoines, le droit de luminaire levé sur tous les bénéfices du diocèse de Poitiers, et aussi des diocèses de Luçon et de Maillezais érigés en 1317, les oblations des fidèles ; les chanoines instituent un fabriqueur et un receveur. Les revenus de la fabrique sont estimés vers 1492 à 1 200 livres[127]. Relèvent de l'ensemble du chapitre quatre églises paroissiales, Saint-Sulpice de Charroux, Saint-Pierre d'Aulnay, Saint-Honoré de Thénezay, Notre-Dame d'Availle en Châtelleraudais[128]. Un certain nombre de chanoines augmentent leurs revenus en exerçant des charges royales ou ecclésiastiques et en cumulant cures ou autres bénéfices. En 1491 une bulle de Sixte IV a permis aux chanoines et autres membres du chapitre de tenir des cures sans être obligés à résidence[129].

Les chapelains et bacheliers n'ont que de très modestes revenus, une mense particulière, une prébende, mais ils ont droit aux distributions, et sont donc, comme les chanoines, *de puncto*, c'est-à-dire rémunérés en fonction de leur présence duement constatée par le « pointeur ». Ils touchent 2 deniers chaque fois qu'ils disent et chantent au chœur les matines, quand ils participent à la grand-messe, aux vêpres, aux anniversaires célébrés au chœur, et 1 denier pour une vigile et une messe[130]. Étant chargés du chant, on les dit aussi choristes.

3. Dans la cathédrale

La cathédrale est le point central de la « première entrée » par laquelle le nouvel évêque prend possession de son siège. L'évêque doit jurer de respecter les statuts et privilèges du chapitre devant la grande porte, avant qu'elle ne soit ouverte ; à son entrée, alors qu'il est porté par les quatre barons, il doit sonner d'une petite cloche neuve qu'il aura fait faire, puis il dit la messe et est installé au chapitre[131]. Dans le chœur, il a la première place à droite. Il célèbre en personne les messes de grandes fêtes de l'année liturgique, Noël, Pâques, Pentecôte, la Saint-Pierre-Saint-Paul, patrons de la cathédrale (29 juin), la Toussaint ; la bénédiction solennelle des Rameaux lui revient[132], et le jeudi saint il consacre le saint chrême et assure le sermon[133]. Il réunit chaque année en la cathédrale deux synodes auxquels assistent tous les curés et abbés du diocèse, à la Pentecôte et après la

124. Arch. dép. Vienne, G 3. En 1382 les estimations sont moindres, 250 à 300 livres pour le doyen, 100 livres pour un chanoine (Dom Fonteneau, 2, p. 162-165).
125. Dom Fonteneau, 2 p. 89-90.
126. *Ibid.*, p. 162.
127. Arch. dép. Vienne, G 3. L'institution de la fabrique doit être antérieure à 1317. Le livre rouge cite les *operarii sive procuratores fabrice* (*ibid.*, G 182, fol. 12).
128. Arch. dép. Vienne, G 182, fol. 8 ; la chapellenie du château d'Aulnay est à la collation du maître-école (*ibid.*, fol. 9).

129. *Ibid.*, G 180, p. 239-252.
130. Arch. dép. Vienne, G 177, p. 130, 9 mars 1424.
131. *Cartulaire de l'évêché de Poitiers* (n. 64), p. 105-107 ; Dom Fonteneau, 54, p. 68-70, 81-84 ; Arch. dép. Vienne, G 182, fol. 10.
132. Arch. dép. Vienne, G 3, fin XVe s.
133. Arch. dép. Vienne, G 178, p. 127-130.

Saint-Luc (18 octobre). Le rassemblement a lieu le mercredi ; le jeudi le vicaire de l'évêque introduit les participants dans la cathédrale ; l'évêque arrive, précédé de quatre acolytes, deux avec des cierges, un avec la croix, un avec l'encensoir, et accompagné d'un diacre qui porte l'évangéliaire. Après la bénédiction de l'évêque, la lecture de l'Evangile, l'hymne *Veni creator*, l'évêque, ou celui à qui il en a confié la charge, exhorte les présents à la foi et aux bonnes mœurs, puis sont discutées les questions synodales qui occupent aussi le vendredi, avec nouvelle instruction de l'évêque ; un dernier rassemblement a lieu le samedi[134]. Une douzaine de statuts synodaux des XIIIe-XVe siècles nous sont conservés, mais seuls ceux de la fin du XIIIe et du début du XIVe siècle sont publiés[135]. L'évêque sera encore présent en sa cathédrale pour les ordinations, dont on connaît le déroulement par le pontifical de Poitiers, sans que les textes, par ailleurs, ne nous fournissent d'indications.

C'est incontestablement le chapitre qui, quotidiennement, « habite » la cathédrale. La séparation d'avec l'évêque est de plus en plus nette à partir du début du XIVe siècle : bulle de Clément V, dite « la Clémentine », du 11 août 1307, distinguant la juridiction de l'évêque de celle du chapitre[136], absence de plus en plus fréquente des évêques à compter de la fin du XIVe siècle. Les chanoines prennent les décision principales dans leurs chapitres généraux, tenus initialement quatre fois l'an[137], puis, à partir de la « Clémentine », deux fois seulement, fête des Saints-Innocents (28 décembre) et lendemain de la Saint-Pierre-et-Saint-Paul (29 juin) ; l'évêque y assiste s'il le veut, et y a voix de chanoine, il a le premier siège et parle en premier[138], mais on ne l'y voit guère en fait après le pontificat de Gautier de Bruges. C'est évidemment dans la cathédrale que les chanoines procèdent à l'élection de l'évêque, lors de la vacance du siège[139]. Pour les XIVe et XVe siècles un évêque sur trois est pris en son sein. C'est dire que les interventions du pape ou les « recommandations bénignes en faveur de personnes méritantes et dévouées au bien public » que la Pragmatique Sanction de Bourges de 1438 permet au roi ou aux princes, ont dû influer souvent sur les choix, jusqu'au Concordat de Bologne de 1516 qui donnera la nomination des évêques au roi.

Il y a une hiérarchie de fêtes, et donc de solennité de l'office, fêtes présidées par l'évêque, fêtes « à chantre », «à sous-chantre », «à tronc ». Pour les fêtes solennelles il peut y avoir cinq chapiers, dont deux pour encenser, et quatre ou six diacres et sous-diacres au grand autel, avec plusieurs clergeons ; aux jours ordinaires il y a seulement le prêtre qui dit la messe au grand autel, un diacre, un sous-diacre, un chapier au chœur, un autre qui commence les heures, un ou deux clergeons. Les ornements blancs sont de futaine ou de boucassin, les ornements rouges de damas, les ornements noirs d'ostade[140]. Cette prescription doit viser les ornements les plus simples, car l'inventaire des vêtements liturgiques de 1406 et d'environ 1420 donne des étoffes beaucoup plus précieuses, dons des évêques — c'était leur obligation pour le service du grand autel — mais aussi des chanoines, qui devaient donner une chape lors de leur entrée au chapitre : chape rouge brodée d'or en étoffe de Chypre par le chantre Guillaume Jude, en étoffe de Lucques par Nicolas Poterel, chanoine, chape de diverses couleurs en étoffe de Venise par le doyen Pierre Vassal, plusieurs chapes bleues en étoffe de Lucques, chape de drap d'or mêlé de rouge, enrichie d'un très bel orfroi, par le chanoine Pierre Barraud[141].

134. Poitiers, Médiathèque, ms 39 (163), pontifical de Poitiers, XIVe s., fol. 112-119 v° (ordre du synode).

135. Le ms. Reg. lat. 1065 de la Bibliothèque Vaticane conserve huit statuts inédits de la fin du XIVe et du début du XVe siècle (j'en ai préparé l'édition). Les statuts de Jacques Jouvenel des Ursins (1449-1457), aussi inédits, sont conservés dans le ms. lat. 13912 de la Bibliothèque nationale de France.

136. Arch. dép. Vienne, G 182, fol. 28-32 ; Dom Fonteneau, 2, p. 77-86. L'évêque sera amené à dédommager le chapitre qui perdait là une fonction — et des revenus — d'importance (*ibid.*, p. 97-101, en 1340 ; Arch. dép. Vienne, G 3, en 1389).

137. Arch. dép. Vienne, G 182, fol. 10 v°.

138. Dom Fonteneau, 2, p. 81.

139. C'est le chapitre qui administre l'évêché *sede vacante* (Arch. dép. Vienne, G 3, 1456-1457).

140. Arch. dép. Vienne, G 3, vers 1492.

141. Auber, *Histoire de la cathédrale* (n. 98), p. 145-147. Le fait qu'il doit s'agir souvent de chapes données à l'entrée au chapitre est indiqué par le don d'une pièce de soie noir en damas donnée par le prévôt Jean Tudert « au lieu de sa chape ».

Mais certains chanoines ont enrichi le trésor bien au-delà de leur obligation, ainsi d'Ascelin Reine ou Roine, chanoine et archidiacre de Poitiers, qui donne un ostensoir d'argent doré, deux chasubles rouge cramoisi, une très belle « chapelle » de drap d'or mêlée de rouge remarquable par le travail de ses figures, et deux très belles chapes d'étoffe rouge semées de fleurs en manière de soleils ; également premier chapelain de Jean de Berry et trésorier de Saint-Hilaire il avait aussi enrichi le trésor de Saint-Hilaire d'émaux et d'une chape de velours cramoisi dite chape de Jésus[142].

Comme les distributions quotidiennes sont faites en fonction de la présence, le « livre rouge » précise que chanoines et clercs ne peuvent entrer au chœur pour les heures de l'office que jusqu'au 3e ou 4e verset du psaume, que les chanoines doivent participer à la messe au moins à partir de la fin de l'évangile[143]. Les statuts de la cathédrale de la fin du xve siècle indiquent les temps où l'on doit être assis, debout, à genoux, prescrivent une stricte psalmodie à l'unisson et l'absence de bavardage dans le chœur, interdisent aux chapelains ou autres clercs du chœur de dire leurs heures et oraisons particulières pendant l'office ; nul ne peut sortir du chœur sans cause raisonnable une fois l'office commencé ; aucune célébration ne doit avoir lieu dans la cathédrale pendant que la messe est dite au grand autel ; au chœur comme dans les processions des vêtements « honnêtes », allant jusqu'aux talons, et des surplis propres sont exigés ; pour les chanoines l'entrée au chœur pour matines et vêpres doit se faire avant le 3e verset du premier psaume, pour la messe avant l'épître[144]. Nous ne savons presque rien des détails des grandes fêtes de l'année. Un compte fait état du foin fourni pour les sièges du chœur à la fête de Noël[145], d'un millier d'oublies (petits gâteaux) distribué — comme dans les autres églises — pour la Pentecôte[146]. Ce que l'on voit surtout, à travers les comptes de la grande bourse et les comptes des chapelains, c'est que toute une série de fondations existe pour célébrer de façon plus solennelle certaines grandes fêtes, l'Ascension, la dédicace de la cathédrale, mais aussi des fêtes de dévotion particulières. Le plus notable en ce domaine est la solennisation des différentes fêtes mariales, Conception, Nativité, Purification, Annonciation, Visitation, Notre-Dame de Pitié, Assomption. Mais on célèbre aussi les fêtes de Saint-Pierre-et-Saint-Paul, Saint-Pierre-aux-liens, l'Exaltation de la Sainte Croix, et des saints et saintes Cyprien, Maurice, Benoît, Simon et Jude, Nicolas, Martin, Catherine, Thomas « le martyr » (Becket), René, Barbe, Louis, Joseph[147]. À plusieurs reprises on voit ces fêtes fondées en même temps que des anniversaires, c'est-à-dire sans doute dans des testaments.

L'inventaire du trésor de la cathédrale établi en 1406 et complété peu après fait état non seulement des « chapelles » et divers vêtements liturgiques, mais des « reliques et autres joyaux d'or et d'argent », qui restent d'importance malgré le sac de la ville par les Anglo-Gascons de Derby en 1346, à la suite duquel la cathédrale fut « totalement dépouillée de ses ornements, châsses, chapes, livres, calices, croix et de son or et de son argent »[148]. On dénombre onze reliquaires : barbes de saint Pierre — châsse superbement enrichie de pierres précieuses par le duc Jean de Berry —, chef de saint André, soulier de saint Pierre, soulier de saint Martial, côtes de sainte Madeleine et de saint Grégoire, os du bras de saint Junien, reliques de Jacques, Simplicien, Florence et autres[149]. Ces châsses ne sont montrées qu'aux grandes fêtes[150]. On trouve aussi huit croix d'or ou d'argent, neuf calices d'argent, un bâton de chantre en argent, des chandeliers d'argent, une crosse d'argent, une autre « crosse de cuivre pour les Innocents », — c'est-à-dire pour la fête parodique des Saint Innocents où l'on crée un évêque de comédie —, cinq mitres, etc.

142. *Ibid.*, et *Documents pour l'histoire de l'église de St-Hilaire de Poitiers*, éd. Louis Redet (*M.S.A.O.*, année, 1852, p. 145, 149, 151).
143. Arch. dép. Vienne, G 182, fol. 9.
144. *Thesaurus novus anecdotorum*, éd. Emond Martene et Ursin Durand, 4, Paris, 1717, col. 1071-1076.
145. Arch. dép. Vienne, G 318.
146. *Ibid.*, G 317.
147. *Ibid.*, G 318 et 379.
148. Dom Fonteneau, 2, p. 103, 17 novembre 1351.
149. Auber, *Histoire de la cathédrale* (n. 98), p. 139-141.
150. Arch. dép. Vienne, G 189.

Les grands temps liturgiques ne sont pas seulement l'occasion de fêtes solennelles et d'ostensions de reliques, ils s'accompagnent aussi de processions : translation et mort de saint Hilaire, Avent et Carême (trois et sept processions), Rameaux, Saint-Marc, les trois processions noires des lundi, mardi et mercredi de la deuxième semaine après Pâques[151], les trois processions des Rogations les trois jours avant l'Ascension[152]. Ces processions se font en différentes églises, Saint-Hilaire, Saint-Cyprien, Saint-Cybard, Biard. Il faut y ajouter deux processions qui concernent toute la ville : celle du miracle des clés, rappelant la protection de la ville par Marie, le lundi de Pâques, et celle du 12 août, vigile de sainte Radegonde, commémorant la reprise de la Normandie sur les Anglais[153]. Un accord règlera en 1450 les rangs pour les processions et prières publiques entre les chanoines de la cathédrale et ceux de Saint-Hilaire-le-Grand : dans la procession ils marcheront sur le même rang, les premiers à droite, les seconds à gauche ; la bannière et la croix de Saint-Hilaire sont portées juste devant celles de la cathédrale ; dans le chœur ceux de la cathédrale sont à droite, ceux de Saint-Hilaire à gauche[154].

La cathédrale est évidemment aussi un lieu privilégié pour les cérémonies publiques. C'est le cas de la première entrée de l'évêque, des entrées des rois. Ce sera aussi le cas pour l'inauguration de l'université en février 1432. Après l'assemblée générale constitutive du 1er février au chapitre de Saint-Hilaire-de-la-Celle, le maire, Maurice Claveurier, fera annoncer le lendemain, jour de marché, à son de trompette, une procession solennelle en la cathédrale, avec toutes les églises de la ville et les corps constitués, Parlement et autres : après l'évangile le prieur du couvent des frères prêcheurs, Pierre Carrelure, y fera « une solennelle et notable prédication »[155]. Messieurs de l'université envisageront de confier au chapitre cathédral leur coffre commun[156], et un peu plus tard lui demanderont de placer leur bibliothèque en la chapelle des apôtres — bras droit du transept[157].

Il faut encore évoquer un autre domaine de la vie de la cathédrale, celui de la célébration d'un grand nombre d'anniversaires et de messes particulières. Ces anniversaires, ce sont ceux que les nouveaux chanoines doivent fonder à leur entrée au chapitre, et ce sont les dispositions prises par évêques, dignitaires ou simples chanoines pour mieux assurer le repos de leur âme et sans doute aussi un peu manifester leur fortune et la qualité de leur rang social. Dans les comptes des chapelains en 1432-1433 on distingue anniversaires ordinaires et extraordinaires, et on met à part les anniversaires fondés par le cardinal Simon de Cramaud, dont le coût est presque égal au coût de la trentaine d'anniversaires extraordinaires ; en 1463-1464, dans les comptes des mêmes chapelains on relève 716 messes, payées chacune 2 s. 1 d.[158], mais ce n'est pas un chiffre complet car on n'y trouve pas la messe quotidienne chantée fondée par Simon de Cramaud ni la messe quotidienne du pardon avec sonneries[159]. En 1543-1544 dans les comptes de la grande bourse, donc des chanoines, on dénombre 160 anniversaires ordinaires et 134 extraordinaires[160]. Un anniversaire solennel comporte vigile, messe des morts, sonnerie de la grosse cloche[161]. Par testament du 12 mars 1539 (n.s.) le chanoine Antoine de Fougères fonde une messe chaque jour au grand autel, un anniversaire au jour de son obit, avec 30 services à partir dudit jour et 8 000 messes

151. Ces processions noires sont ainsi appelées parce que les fidèles en signe de pénitence revêtent des habits noirs. *Rituale romanum...*, éd. Joseph Catalani, Rome, 1757, t. II, p. 195.
152. *Ibid.*, G 318 et G 379, fol. 13, 59 v°.
153. Dom Fonteneau, 54, p. 61, 71.
154. *Ibid.*, 2, p. 245-250.

155. *Procez verbal de l'establissement de l'Université de Poictiers...*, à la fin de l'édition de 1644 des Annales d'Aquitaine de Jean Bouchet, p. 3.
156. *Ibid.*, p. 12, 17 juillet 1432.
157. Poitiers, Arch. comm., Reg. délib. 3, p. 32, 2 décembre 1438.
158. Arch. dép. Vienne, G 379, 13 v°-16, 28 v° (1432-1433) ; 16 v°-29 (1463-1464).
159. *Ibid.*, G 318.
160. *Ibid.*, G 318. Les messes des anniversaires sont payées 10 sous ou 4 sous 2 deniers ; en ce dernier cas le célébrant est assisté de diacre, sous-diacre, deux chapiers.
161. *Ibid.*, G 179, p. 199-201, fondation d'anniversaire par le prévôt Florent d'Allemagne le 30 juin 1511.

basses, un anniversaire le jour de la mort de son frère, Adam, également chanoine[162]. Même si ces chiffres manquent de précisions pour permettre une vue d'ensemble, il est certain qu'il y a, dans la cathédrale, outre la messe du chapitre, un certain nombre d'autres messes, dites notamment par les chapelains. Il faut se représenter une grande activité quotidienne et un calendrier complexe dans la cathédrale, entre les heures de l'office et la messe du jour, les fêtes célébrées de façon solennelle, les anniversaires, les diverses messes simples ou chantées, les processions. De façon générale les chanoines présents touchent 5 sous pour chaque fête, chapitre général, procession, les semi-prébendés n'ont que moitié de la somme ; les distributions varient pour les anniversaires.

On commence, pour cette période, à connaître l'organisation interne de la cathédrale. Le maître-autel doit être au fond du chœur, les chanoines prennent place dans les stalles du XIIIe siècle, aux places assignées pour ceux qui tiennent les offices ou personnats, par ordre d'ancienneté pour les autres. Un jubé isole désormais le chœur, mur de fermeture comportant trois arcades de chaque côté de la porte à l'ouest[163], stalles, murs et grilles pour le reste ; Jean du Bellay (1462-1479) a fait faire la belle porte de l'aile gauche du chœur, dont un dessin du XVIIe siècle nous permet d'admirer l'élégance[164]. Le mur de clôture à l'ouest porte, à gauche, une horloge[165], et, sans doute, à droite de petites orgues qui pourraient être celles qui sont citées pour la première fois en 1364. De nouvelles orgues étaient en cours d'achèvement au moment où l'évêque Jacques Jouvenel faisait son testament en juin 1456. Il s'agit cette fois d'un orgue monumental, avec deux grosses tourelles soutenues par des piliers en pierre, contenant chacune trois trompes de 32 pièces, plus de 3 000 tuyaux et un positif de 8 jeux : son auteur est le bénédictin Pierre de Montfort, qui sera plus tard qualifié de

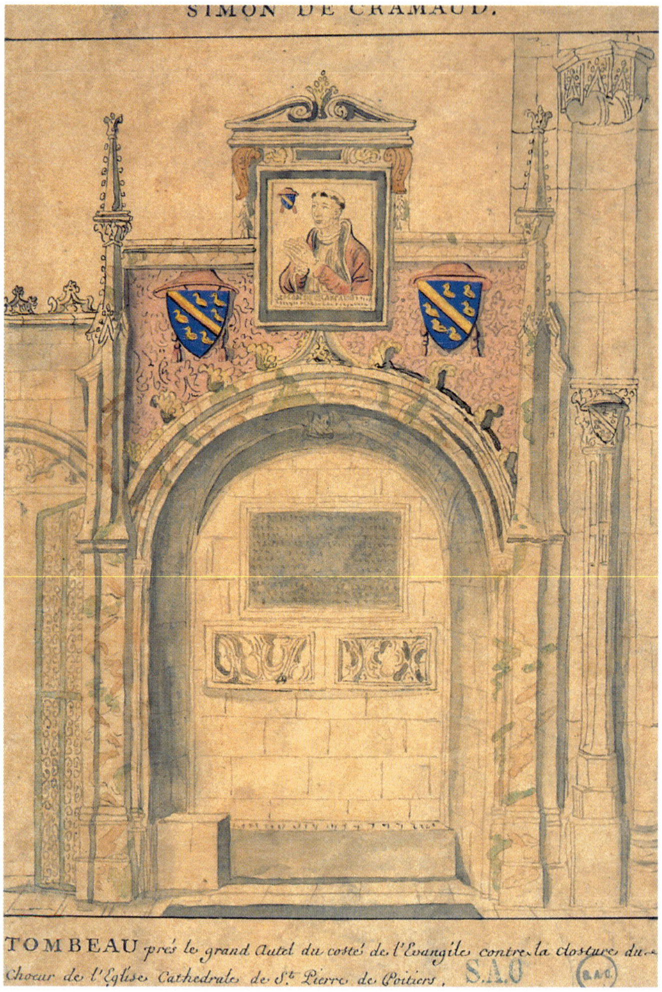

Monument de Simon de Cramaud († 1423)

prieur de Saint-Porchaire et d'organiste du roi[166]. En liaison avec le grand nombre d'anniversaires et fondations de messes à partir du XIIIe siècle, les autels se sont multipliés dans la cathédrale. C'est au moment du pillage de la cathédrale en 1562 qu'on pourra le mieux les connaître et les présenter. Les textes des XIVe et XVe siècles en mentionnent déjà plus d'une douzaine.

La cathédrale abritait encore un grand nombre de sépultures, que signalaient épitaphes, pierres tombales ou gisants, parfois avec des mausolées monumentaux. On a gardé les épitaphes d'Arnaud, Fort, Pierre-Raymond et Guillaume d'Aux sous-chantre[167] ; dans le bras droit du transept se trouvaient la sépulture de marbre noir de l'évêque Itier de Martreuil,

162. *Ibid.*, p. 207-214.
163. Poitiers, Médiathèque, ms. 547 (3), n° 297 ; *B.S.A.O.*, 3e s., t. 5, 1919-1921, p. 83.
164. Bibl. nat. de France, ms. lat. 17042, p. 401.
165. *Ibid.*
166. R. Favreau, « Orgues et psallettes à Poitiers... » (n. 117), p. 48-50.
167. Poitiers, Médiathèque, ms. 547 (t. 3), n° 285-286, 297.

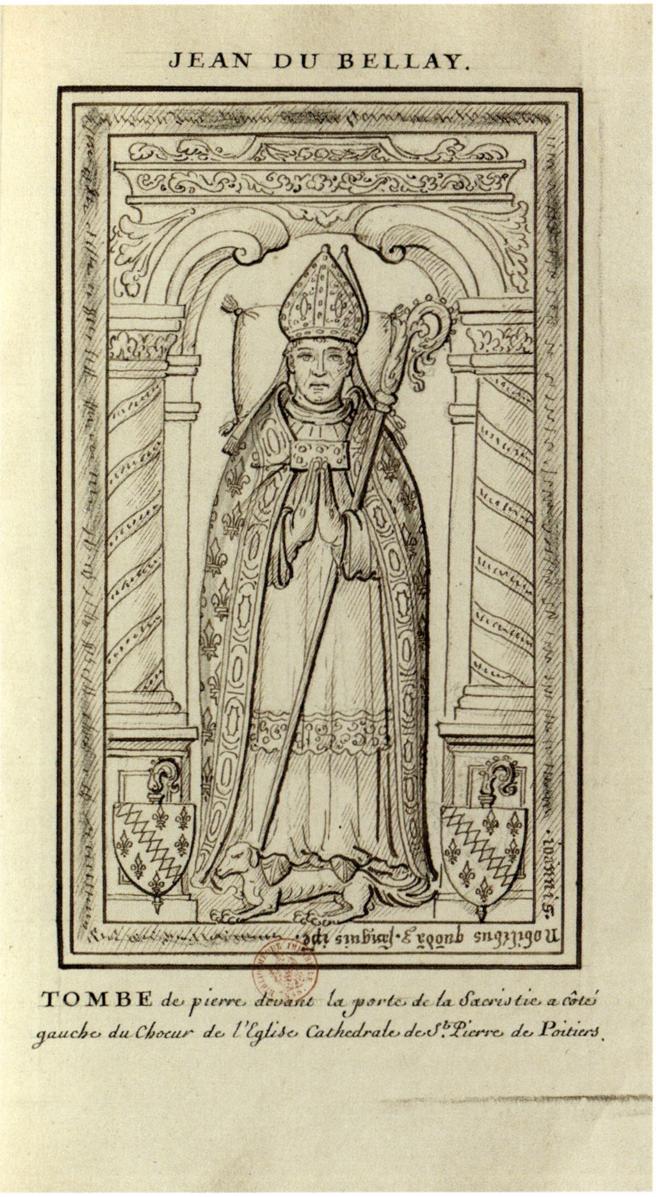

Tombe de Jean du Bellay (†1479)

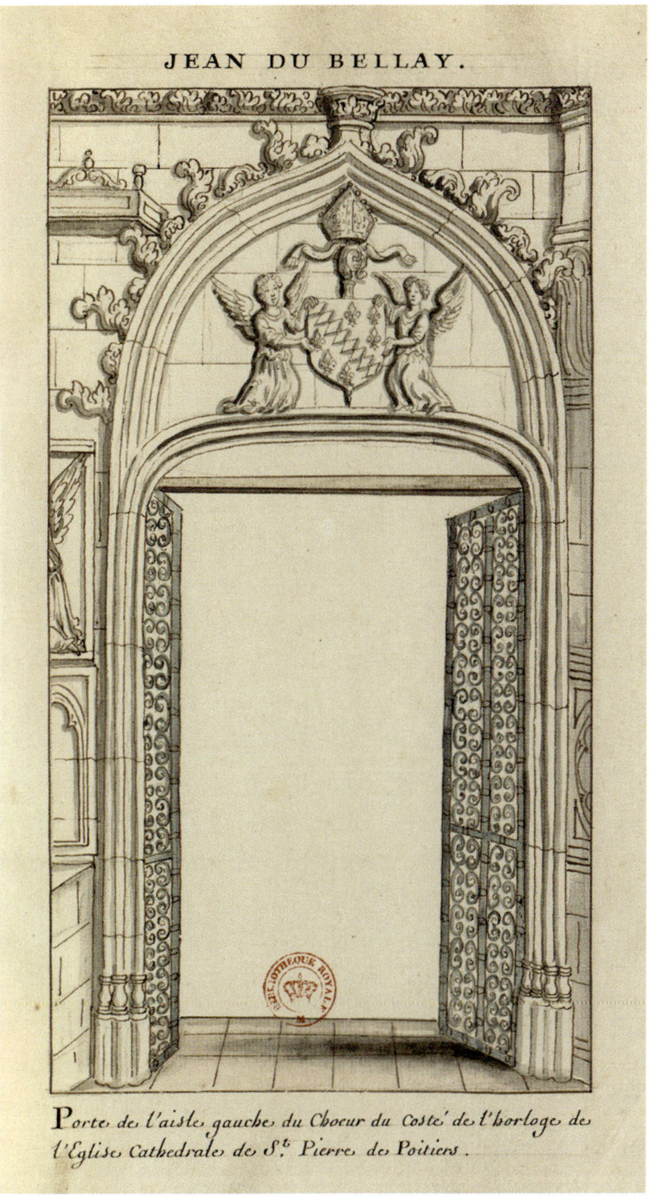

Porte du chœur, côté nord, par l'évêque Jean du Bellay

représenté en gisant d'albâtre blanc, et celle de maître Hugues Thomas, chantre, tombe élevée sur trois piliers de pierre[168]. Contre le mur de clôture du chœur, du côté nord étaient la plaque tombale de l'évêque Aimeri de Mons dans un enfeu, et du même côté, dans la chapelle de Saint-Hilaire, dans la chapelle des évêques — croisée nord du transept —, la plaque tombale de son successeur Bertrand de Maumont, devant la porte de la sacristie la plaque tombale de l'évêque Jean du Bellay[169]. Deux évêques avaient leur sépulture dans le chœur même : à gauche, le cardinal Simon de Cramaud, dalle de marbre noir et gisant en albâtre dans un enfeu[170], et, près du grand autel également, probablement à droite, sépulture d'Hugues de Combarel[171]. Dignitaires et simples chanoines se faisaient

168. Dom Fonteneau, t. 2, p. 479. Testament d'Hugues Thomas, chantre de Saint-Hilaire et chanoine de Sainte-Radegonde le 26 septembre 1351 : il sera enterré à la cathédrale près de son grand oncle (Arch. dép. Vienne, G 180, p. 21-32.

169. Bibl. nat. France, ms latin 17042, p. 269, 411 ; Dom Fonteneau, t. 54, p. 80.

170. Bibl. nat. France, ms lat. 17042, p. 307 ; « *ymago de albastro... super tumulum marmoreum* », et Poitiers, Médiathèque, t. 2, p. 511-512 ; Albert Chatelet, « Le tombeau d'un commensal du duc de Berry », dans *Pierre, lumière, couleur. Études d'histoire de l'art du Moyen Âge en l'honneur d'Anne Prache*, Paris, 1999, p. 405-411. Un mémoire du XVIIIe s. dit le mausolée de Cramaud situé dans le mur du chœur au-dehors (Dom Fonteneau, t. 54, p. 80).

171. Bibl. nat. France, ms lat. 17042, p. 371.

aussi enterrer en la cathédrale, isolément ou près de la tombe d'un frère ou d'un oncle; un droit était perçu à cette occasion au profit du chapitre[172].

Aimeri de Mons a procuré aux chanoines un lieu de réunion ou chapitre comme l'indique son épitaphe. Simon de Cramaud a fait construire le corps de bâtiment adossé au mur nord-est de la cathédrale, comme le signalent ses armes[173]. De ce côté une porte menait « aux cloîtres » qui abritaient aussi des logements canoniaux[174]. Plus à l'ouest une autre porte était dite porte Saint-Michel : elle menait vers l'église paroissiale Saint-Michel, dont la cure avait été unie aux chanoines hebdomadiers en 1470[175], et vers le couvent des Carmes. À la façade la grande rosace a bénéficié de l'aide financière de l'évêque Jean du Bellay (1461-1479), qui y a placé ses armes[176]. De ce côté se trouvaient le palais épiscopal, l'aumônerie de la cathédrale et de nombreuses maisons canoniales; le doyen conférait l'église paroissiale Saint-Savin dont le titulaire était présenté alternativement par les abbés de Saint-Savin et de Saint-Maixent. Au sud une porte menait au baptistère par un passage le long duquel on trouvait les églises Notre-Dame, Saint-Hilaire et Saint-Martin-entre-églises; le baptistère était devenu une église paroissiale Saint-Jean-Baptiste, et un peu plus au sud la modeste église paroissiale Saint-Simplicien se rattachait aussi au quartier de la cathédrale. Au sud-est une dernière porte donnait accès à l'abbaye Sainte-Croix et aux deux petites églises de Saint-Hilaire-de-très-la porte et de Saint-Austregesile sises en son enceinte; sur la paroisse Saint-Oustrille ou Austregesile se trouvait l'aumônerie Saint-Jacques-de-La-Vergne fondée par le chanoine maître Pierre de La Vergne. De nombreuses abbayes ou établissements religieux avaient aussi hôtels à Poitiers : beaucoup de ceux-ci, tels ceux de l'abbaye de Saint-Maixent (dans la rue de ce nom) et du prieur de la Maison-Dieu de Montmorillon[177] se trouvaient dans le quartier de la cathédrale.

III • Du pillage de 1562 à la Révolution

1. Une suite inégale de prélats

Pendant les trois quarts du XVIe siècle le siège épiscopal est tenu par des prélats qui occupent souvent d'autres sièges, sont fort peu présents dans leur diocèse, et il connaît de longues vacances. Ainsi de Claude de Longwy, cardinal de Givry (1541-1551), aussi évêque de Périgueux et de Langres, sous lequel furent promulguées les constitutions synodales de 1544; au bout de dix ans il céda le siège de Poitiers à un parent, Jean d'Amoncourt, vicaire général de Langres, en échange de l'abbaye de Longuay. Amoncourt fit son entrée solennelle le 25 août 1555, puis repartit pour Langres où il mourra en 1559. Son successeur, Charles Peyrusse d'Escars, ne prit possession du siège, lui aussi, que quatre ans après son élection, et l'abandonna quatre ans plus tard pour l'évêché de Langres. Après une vacance de trois ans le pape nomma un moine bénédictin, Jean de Fay, qui prit possession par personne interposée, un an plus tard. En mars 1577 Geoffroi de Saint-Belin, abbé commendataire de Saint-Savin, devenait évêque de Poitiers. Pendant trente-cinq ans « il administra obscurément peut-être, mais du moins fort consciencieusement, le diocèse qui lui était confié »[178].

Dans l'histoire de la cathédrale le pillage systématique de l'église par les huguenots en

172. Arch. dép. Vienne, G 179, p. 207, 215; G 189 (1284).
173. René Crozet, *Textes et documents relatifs à l'histoire des arts en Poitou (Moyen Âge - Début de la Renaissance)*, Poitiers, 1942 (Arch. histor. Poitou, 53), p. 97, n° 402 : « la sacristie », dit l'auteur; sans doute plutôt les actuelles sacristie et salle capitulaire et la belle salle de l'étage.
174. Arch. dép. Vienne, G 180, p. 91-94, 6 mars 1366 (n. s.) : porte des cloîtres. Les cloîtres occupaient l'emplacement de la petite cour extérieure nord, et de l'actuel presbytère. Le livre rouge (XIVe s.) parle des logis des chanoines *in claustro ecclesie Pictavensis vel circa* (G 182, f. 8).
175. Arch. dép. Vienne, G 184.
176. R. Crozet, *Textes...* (n. 172), p. 146-147, n° 574.
177. Arch. dép. Vienne, G 179, p. 191, G. 351 : il était en la grand-rue.
178. Jacques Marcadé, dans *Le diocèse de Poitiers* (n.38), p. 114.

mai 1562 est une date majeure. Le coût des réparations est estimé le 1er octobre suivant à plus de 43 600 livres[179]. Les titres avaient été brûlés[180], seul un gros saphir bleu était resté au trésor après l'enlèvement des reliquaires et objets liturgiques[181]. Il fallait renouveler le mobilier, acheter tout ce qui était nécessaire pour le service divin, calices, croix, livres, vêtements, etc. L'évêque dut obtenir du roi l'autorisation de vendre jusqu'à 200 arpents de bois de haute futaie[182]. Et comme à cette même époque les exigences fiscales de la royauté étaient très grandes, la situation sera longtemps difficile. Le siège de la ville par Coligny en 1569 ajouta aux malheurs de la ville. Des traces de boulet subsistent dans le mur oriental droit de la cathédrale, et le gros clocher fut « grandement endommagé »[183].

Dans la première moitié du XVIIe siècle Henri-Louis Chasteigner de La Rocheposay (1612-1651) a assuré la bonne gestion dont son vaste diocèse avait besoin après les crises du siècle précédent[184]. Il eut longtemps de bonnes relations avec le chapitre mais celles-ci se gâtèrent au moment de la Fronde. Il fit transférer à La Roche-Posay le tombeau qu'il s'était préparé à la cathédrale[185], et se retira dans le château épiscopal de Dissay où il passa les deux ou trois dernières années de sa vie[186]. Son successeur, Antoine Barberini (1651-1657), neveu du pape Urbain VIII, n'est même pas venu à Poitiers[187]. Le 1er avril 1658 Alexandre VI nommait Gilbert de Clérambault, prêtre du diocèse de Luçon, docteur en droit canon, au siège de Poitiers. Celui-ci prit possession le 15 mars suivant[188], bien que le concile de Trente eut ordonné que la prise de possession se fasse dans les trois mois. Son pontificat est une succession de conflits avec le chapitre. Dès juillet 1659 le chapitre se plaint des empiètements des officiers de l'évêque sur sa propre juridiction. L'évêque refusa d'obser-ver le partage de juridiction décidé par la « Clémentine » qu'il avait pourtant juré d'observer : des lettres royaux de 1666 lui reconnurent juridiction sur tous les ecclésiastiques de son diocèse, y compris les chanoines, tout en maintenant le chapitre en possession de sa juridiction sur tout son personnel et d'avoir à cet effet un auditeur, que l'évêque choisirait parmi les deux chanoines qui lui seraient présentés. Clérembault refusera malgré toutes les sommations de désigner l'auditeur que le chapitre finira par nommer lui-même. Les vicaires généraux interdisent en 1665 aux chanoines de publier toute prière générale sans leur permission. Surtout de bout en bout l'évêque refusera de fournir les ornements du grand autel à sa charge. Il ne tiendra pas de synode, ne célèbrera pas aux fêtes solennelles en sa cathédrale, usera même de l'autorité du roi pour faire exiler par lettres de cachet trois des plus zélés pour le bien de l'Église. Par testament de 1677 il avait demandé à être inhumé en la cathédrale ou en l'église de Palluau où était inhumé son frère le maréchal de Clérembault. Lorsqu'il mourut en son palais épiscopal le 4 janvier 1680 un conflit surgira avec la famille sur la cérémonie des funérailles : il faudra attendre le 18 février pour qu'un accord soit trouvé et que l'évêque soit inhumé à la cathédrale[189]. La situation sera plus calme au XVIIIe siècle, qui ne connaît que quatre évêques, ayant tous une expérience pastorale. On citera en particulier Jean-Claude de La Poype de Vertrieu (1702-1732) et Martial-Louis de Beaupoil de Saint-Aulaire (1759-1798), l'un et l'autre de remarquables pasteurs[190].

179. Arch. dép. Vienne, G 181, p. 77-120.
180. *Ibid.*, G 180, p. 325-326, et 181 ; p. 73.
181. *Ibid.*, G 14, 14 mai 1637.
182. Dom Fonteneau, t. 2, p. 595-598.
183. *Ibid.*, p. 188.
184. Marcelle FORMON, « Henri-Louis Chasteigner de La Rocheposay évêque de Poitiers (1612-1651), *B.S.A.O.*, 4e s., 3, 1955, p. 165-231, dit que Chasteigner était coadjuteur depuis 1607. Dom Fonteneau (t. 3, p. 75) transcrit une requête du chapitre datée du 13 avril 1611 pour qu'il y ait un coadjuteur « attendu l'infirmité du vieil âge » de Geoffroi de Saint-Belin.
185. Arch. dép. Vienne, G 179, p. 285-288, premier testament de 1638 (inhumation demandée à la cathédrale), et G 14, second testament de 1649 (tombe installée à La Rocheposay) ; Dom Fonteneau, t. 54, p. 385 (autorisation du chapitre d'avril 1649 pour le transfert du tombeau).
186. *Ibid.*, p. 394-395.
187. *Ibid.*, p. 67.
188. *Ibid.*, p. 475-479, 485-617 ; G 181, p. 525-528.
189. Dom Fonteneau, t. 54, p. 477-479, 485-617 ; Arch. dép. Vienne, G 4 et 14.
190. Jacques PAULZE D'IVOY DE LA POYPE, « Un évêque de Poitiers au XVIIIe siècle. Mgr Jean-Claude de La Poype de Vertrieu », *M.S.A.O.*, 2e s., 11, 1888, p. 64-462 : Jacques MARCADE, « Le diocèse de Poitiers à la fin de l'Ancien Régime », *B.S.A.O.*, 4e s., 17, 1984, p. 423-456.

Les obligations de l'évêque vis-à-vis de sa cathédrale sont celles-là même qui existent depuis la séparation de la mense épiscopale et de la mense capitulaire, où l'évêque s'est vu attribuer plus des deux tiers du revenu de l'Église cathédrale. Il doit y tenir son synode[191], auquel assistent les curés du diocèse, les chanoines de la cathédrale, seize abbés, le prieur de la Maison-Dieu de Montmorillon[192]. Au vrai on n'en trouve plus de cités après ceux de 1598, 1601, 1602, 1613, 1627[193]. Surtout, en raison de sa part prépondérante dans le partage des revenus il doit tout le service divin de la cathédrale. Pour se décharger de l'obligation de célébrer chaque jour en personne les évêques — en l'espèce Simon de Cramaud à la fin du XIVe siècle — ont établi six hebdomadiers qu'ils payent, à charge de dire toutes les messes les jours où ils n'officient pas, y compris les grands messes des fêtes solennelles et épiscopales que les évêques doivent célébrer en personne[194]. L'évêque doit encore fournir tout ce qui est nécessaire à la célébration au grand autel : ornements, ciboires, croix, calices, chandeliers, bassins, encensoirs, missels et autres livres liturgiques, tapis, dais, nappes, serviettes, parements hauts et bas du grand autel, aubes, amicts, étoles, manipules, ceintures, chasubles, courtibauds, dalmatiques[195]. Vêtements et parements doivent être des cinq couleurs marquées dans les rituels (rouge, blanc, bleu, violet, noir), et en outre être de qualités différentes selon la hiérarchie des célébrations : taffetas pour les féries et fêtes simples, drap plus riche pour les fêtes à tronc et à sous-chantre, drap d'or précieux pour les fêtes épiscopales et à chantre, velours ou soie noire pour les anniversaires du grand ordre, ostade noire pour les anniversaires du petit ordre[196]. Le détail que donne Henri-Louis Chasteigner de La Rocheposay en 1637 est impressionnant : quatre chapes, une chasuble et quatre dalmatiques de damas rouge enrichi de velours, quatre chapes de damas blanc enrichi de velours violet et passements d'or, une chasuble et quatre dalmatiques à croix violette, trois chapes de velours violet, une chape, une chasuble, deux dalmatiques et un devant d'autel de damas bleu, deux devant d'autel, un grand dais de velours rouge pour le grand autel, une garniture de velours violet pour la chaire à prêcher, un grand dais de velours violet pour la procession du Saint-Sacrement, deux petits dais de damas rouge, une custode d'argent et or vermeil, un tabernacle de bois doré pour le grand autel, un reliquaire...[197]. Il s'agit donc de sommes considérables — il est demandé à Clérembault 18 000 livres en 1669 pour une « chapelle complète »[198] — qui finiront par être négociées, 3 000 livres en 1687 parce que l'évêque est resté peu de temps en charge, 6 000 livres en 1718, autant proposé en 1734, somme jugée alors trop faible par le chapitre[199]. Un arrêt du parlement en 1735 fixera à 3 000 livres ce que doit payer l'évêque pour les ornements[200]. Un autre document de 1573 ajoute aux renseignements précédents des parures de courtines de damas rouge, blanc, bleu, deux tapis pour mettre sur les bancs des diacres, sous-diacres et autres assistants à la messe, un tapis sur la chaire du célébrant, deux tapis honorables pour mettre devant et dessous l'évêque, le doyen et autres dignitaires, des oreillers pour les bras et les genoux de chaque chanoine, un tapis — 3 m 50 de long — à mettre derrière l'évêque[201]. Et naturellement l'évêque doit entretenir le gros clocher et les cloches, ce qui n'est jamais contesté[202].

Lorsque l'évêque prend place au chœur ou assiste au chapitre, il doit laisser rochet et camail de son ordre pour revêtir aumusse et surplis d'un simple chanoine, sauf autorisation particulière du clergé[203]. Quand il célèbre il est accompagné

191. Dom Fonteneau, t. 54, p. 393.
192. *Ibid.*, p. 70.
193. Arch. dép. Vienne, G 2, mention des synodes du 24 mai 1601 et du 9 mai 1602 ; J. Marcade, dans *Le diocèse de Poitiers* (n. 38), p. 138 ; Dom Fonteneau, t. 3, p. 31-51 (22 octobre 1598).
194. Dom Fonteneau, t. 54, p. 393, 616.
195. *Ibid.*, p. 393.
196. *Ibid.*, p. 169, 393-394, 575, 616.

197. Arch. dép. Vienne, G 14. Il a aussi donné des chapes et autres ornements en 1616, en 1620 (*ibid.*, G 327).
198. Dom Fonteneau, t. 54, p. 575.
199. *Ibid.*, p. 627-629 ; 699-701, 753.
200. Arch. dép. Vienne, G 178, p. 331-333.
201. Dom Fonteneau, t. 2, p. 596.
202. Une des cloches est appelée Saint-André (Arch. dép. Vienne, G 181, p. 61-64, en 1571).
203. Arch. dép. Vienne G, 2, en 1613, 1659 ; Dom Fonteneau, t. 54, p. 743-745, en 1732.

de deux archidiacres et siège à droite, vers l'autel[204]. On peut penser qu'il célèbre habituellement aux grandes fêtes liturgiques, car l'absence en 1660 de l'évêque Clérembault est remarquée et blâmée[205].

2. Le chapitre « maître chez lui »

En 1659 une procession extraordinaire est ordonnée, en accord du chapitre avec les vicaires généraux, en l'honneur de la canonisation de saint Thomas de Villeneuve. Une bannière placée au lieu le plus honorable du chœur est déplacée par les chanoines, d'où procès intenté par l'évêque au chapitre. Les chanoines déclarent au cours de l'instance qu'ils ont toute autorité en la cathédrale et que les vicaires généraux n'y ont aucun pouvoir[206].

L'église cathédrale est dite en 1640 composée de 82 membres qui doivent vaquer continuellement au service divin : outre l'évêque, le doyen, le chantre, le prévôt, le sous-doyen, le sous-chantre, les trois archidiacres, l'abbé de Notre-Dame-la-Grande, dix-sept chanoines prébendés, six chanoines semi-prébendés, quatre chanoines hebdomadiers, dix-huit chapelains et bacheliers du bas chœur, six chantres, un maître de psallette et six enfants de chœur, un prêtre sacristain pour la garde des ornements, trois cloîtriers, un organiste, neuf coutres[207]. À l'origine les dignitaires étaient aussi chanoines prébendés ; au XVIIe siècle les dignités ne sont que des canonicats *ad effectum*, qui donnent les honneurs du chœur, mais non l'entrée et voix délibérative au chapitre si le dignitaire n'est pas aussi prébendé, distinction sans doute apparue ou renforcée du fait de l'octroi de canonicats par grâces expectatives ou par droit d'avènement pour l'évêque et pour le roi ; les dignitaires n'ont pas communauté de biens avec le chapitre, leurs revenus sont distincts, leurs maisons ne sont pas sujettes à option[208]. Les abbés de Saint-Cyprien et de Saint-Benoît, l'abbé de Saint-Jean (le baptistère), les archiprêtres de Mortemer et de Dissay ont aussi place au chœur. Les États d'Orléans de 1560 ont imposé à chaque église cathédrale de réserver une prébende à un docteur en théologie, qui devra prêcher chaque dimanche et aux fêtes solennelles, et une autre prébende pour rémunérer un précepteur qui aura charge d'enseigner gratuitement les jeunes enfants de la ville[209] ; en 1633 une prébende sera unie à la prévôté[210]. Les chapelains et bacheliers ont compte à part et assemblées propres, qui doivent être présidées par un chanoine. Les assemblées des chapelains et bacheliers se font à issue de matines, de la grand-messe, de vêpres, en la sacristie, en la chapelle de Saint-André (bras nord du transept), puis le plus souvent en la chapelle des apôtres (bras sud du transept) qualifié en 1682 et années suivantes de « lieu ordinaire » ; en novembre 1644 il a été décidé que l'assemblée se fera chaque samedi après matines[211]. Chanoines hebdomadiers, choristes, maître de psallette sont ordinairement des chapelains. Les coutres ont charge de coucher dans l'église pour garder les ornements et les reliques, de nettoyer, de sonner les cloches ; ils jouissent d'une prébende ; leurs offices sont laïques et héréditaires et depuis 1718 ils peuvent se faire remplacer[212].

Il n'y a pas de curé. Le doyen, ou à son défaut, un membre du chapitre, administre les sacrements aux chanoines et autres sujets de l'église[213]. Les chanoines hebdomadiers sont curés de Saint-Michel et de Notre-Dame-entre-églises[214]. Plusieurs délibérations capitulaires règlent la bonne tenue des sujets du chapitre, et en particulier des chapelains. Il est défendu « de se promener dans l'église, d'y causer et de s'y entretenir », de faire de la cathédrale un passage pour

204. *Ibid.*, p. 172.
205. *Ibid.*, p. 504.
206. Arch. dép. Vienne, G 4.
207. *Ibid.*, G 189.

208. *Ibid.*, G 181, p. 163-177 (1664).
209. *Ibid.*, G 327, et G 179, p. 1-37 (le théologal).
210. *Ibid.*, G 328.
211. *Ibid.*, G 385 et 386.
212. *Ibid.*, G 180, p. 456 ; Dom Fonteneau, t. 54, p. 79
213. Dom Fonteneau, t. 54, p. 79
214. *Ibid.*, p. 203.

abréger son chemin. Il convient de rejeter habits indécents et qui ne soient de couleur noire ; on portera toujours en la ville l'habit long, la tonsure cléricale proportionnée à l'ordre où l'on est, les cheveux courts, les perruques modestes pour ceux qui s'en servent, leur emploi étant dès lors subordonné à une permission expresse. L'entrée des cabarets et autres lieux publics, les jeux de hasard sont interdits. On ne doit tenir en sa maison aucune femme « suspecte », quel que soit son âge[215]. Les chapelains sont rappelés à leur devoir, car souvent ils touchent les revenus sans assurer les services fixés par les fondations de messes et anniversaires. Ils devront fournir les titres de leurs bénéfices ; les jours et heures où chaque chapelain doit faire célébrer messe ou autre prière seront arrêtés par le chapitre, transcrits dans le livre du scribe, marqués dans un tableau mis dans la sacristie ; ornements et luminaire sont à la charge des chapelains, pour les autels dont ils sont titulaires[216]. Sur la conduite des chanoines eux-mêmes nous n'avons que la dénonciation d'abus faite en 1610 par l'un d'entre eux, Sébastien Rouil[217]. Il leur est reproché de se dispenser de porter la chape, alors que l'usage ancien, à Poitiers comme à Bordeaux, est d'avoir surplis, aumusses et bonnets carrés de la veille de Pâques à la Toussaint, rochet, chape et capuchon noir à partir de la Toussaint : les chanoines invoquent la présence au pays de nombreux protestants, le port de la chape ne pouvant que provoquer de grandes risées dans le peuple. Reproche encore, le cumul de plusieurs canonicats, d'où de fréquentes absences, au point qu'au service « le plus souvent ne se trouve que trois ou quatre chanoines dans le chœur » : les chanoines répliquent que le compte des présences aux matines, à la grand-messe et aux vêpres est tenu par le marelier. L'assertion est cependant confirmée par un jugement du chapitre de 1618, qui ordonne la saisie du temporel de l'abbé de Saint-Jean et de l'aumônier de Saint-Mathurin qui ne résident plus au chapitre depuis 18 à 20 ans et plus ; de même plusieurs hebdomadiers habitent hors la ville et se font remplacer pour leur office ; parfois le chœur est entièrement dégarni de personnes[218]. En outre certains dignitaires ou chanoines « vont ordinairement par la ville en habit indécent, ayant un manteau court, des peccadilles au collet avec les rotondes empezées, jarretières de tafetas pendantes et rubans de couleur sur leurs souliers... Ayans leurs maisons dans l'enclos et près de ladite église cathédrale, [ils] tiennent bals en leurs maisons et permettent que pour aller audit bal, masquarades et ballets qui se jouent esdites maisons, que les hommes et femmes qui vont auxdits ballets passent et repassent par le dedans de ladite église tant de nuit que de jour et font laisser les portes de ladite église ouvertes, contre l'honneur de Dieu, mépris ecclésiastique et au grand scandale du peuple ». On ne généralisera pas une situation donnée en un temps encore troublé, où des chanoines assurent la garde des portes de la ville. La contre-attaque des chanoines reprochant à maître Sébastien Rouil de ne pas vivre honnêtement et de fréquenter les tavernes[219], ne lave pas pour autant les chanoines du reproche d'avoir sans doute tenu parfois un train de vie trop « séculier ».

La vocation du chapitre reste l'office divin. Des lettres royaux du 3 novembre 1582 ont prescrit d'adopter le calendrier grégorien, et donc de passer du 9 au 20 décembre. Le chapitre cathédral obtempère et décide que le 9 décembre sera le 3e dimanche de l'Avent et que le lendemain sera compté pour le 20 décembre, fête de saint Fortunat[220]. Le concile de Bordeaux de cette même année avait prescrit l'emploi au plus tard à l'Avent 1583 des livres liturgiques réformés par le pape Pie v suivant le vœu du concile de Trente. C'est seulement le synode de 1602 qui décidera,

215. Arch. dép. Vienne, G 189, 30 juin 1659 ; G 190, 29 décembre 1689 ; Dom Fonteneau, t. 54, p. 653-654. Cas du mariage d'un chapelain en 1675, Arch. dép. Vienne, G 177, p. 185.

216. Arch. dép. Vienne, G 190, 29 décembre 1684 ; Dom Fonteneau, t. 54, p. 691, 29 décembre 1711.

217. Arch. dép. Vienne, G 181, p. 567-599 ; Dom Fonteneau, t. 54, p. 85-89. Le chanoine dénonciateur sera frappé jusqu'au sang, alors qu'il portait surplis, à l'entrée du lieu où se tenait le chapitre.

218. Dom Fonteneau, t. 3, p. 181-182.

219. *Ibid.*, p. 149-152, lettres royaux du 1er février 1613 obtenues par le chapitre.

220. Dom Fonteneau, t. 54, p. 145-152

pour le diocèse, l'acceptation du rituel romain. Le chapitre cathédral donna son accord en 1603 sous réserve de certaine correction[221]; mais en juin 1637 il statue encore que l'office sera célébré dans le diocèse selon le rite du concile de Trente[222]. En effet de tout temps le chapitre a eu « droit et coutume » de définir, chaque année l'office qui sera observé dans le diocèse et aussi dans les diocèses de Luçon et de Maillezais[223], d'autoriser les translations de fêtes, d'approuver l'édition d'un nouveau bréviaire; en cette dernière occasion, en 1764, il est précisé que l'évêque devra fournir au chapitre quatre graduels, huit processionnaux, six antiphonaires, six psautiers, trente missels, deux rituels, un bréviaire et un diurnal pour chaque chanoine du haut chœur, chaque hebdomadier, chaque prêtre servant à l'autel, et pour la psallette[224]. On sonne les matines en toutes saisons à 5 h, mais à 4 h lorsqu'il y a un office plus long en Carême, en Avent, aux fêtes solennelles; prime commence à 8 h et finit à 8 h 30, la grand- messe est dite ensuite; le premier coup des vêpres est à 2 h et il est renouvelé à 3 h[225]. Un calendrier permet de suivre jour après jour les fêtes, messes des défunts, anniversaires, processions, synodes, chapitres généraux[226]. Dans le chœur le livre de plein chant est attaché avec une chaîne de fer[227]; des feuillées sont installées à la SS. Pierre-et-Paul et à la fête de Saint-Pierre-aux-liens, une grille avec charbon est apportée chaque jour au chœur en hiver[228]. Si les messes aux différentes chapelles ne sont plus dites avec régularité, les anniversaires, les messes « manuelles » des défunts, les « festages » sont observés avec soin, car sujets à distributions à tous les présents. Le livre calendrier des anniversaires, du XVIIe siècle, énumère ainsi 32 messes « manuelles », 92 anniversaires, 28 « festages »[229], et Dom Fonteneau au siècle suivant parle de plus de 150 anniversaires et « festages » fondés par les évêques et les chanoines[230]. Le compte de la grande bourse de 1543-1545 montre la présence à chacun de ces anniversaires ou « festages » d'une quinzaine de chanoines[231]. Fondations de messes, fêtes, anniversaires se poursuivront naturellement jusqu'à la fin de l'Ancien Régime. L'anniversaire fondé par maître Guillaume Sacher, sous-chantre, en 1581, se distingue par son originalité : il prévoit, sur deux jours, un concours pour les meilleures compositions d'hymnes en vers latins ou français — sans préférer le latin au français ni le français au latin — « tous bons catholiques »[232]. La messe votive du Saint-Sacrement fondée chaque dimanche à 8 h 30 à la chapelle Saint-André par l'évêque Chasteigner de La Rocheposay en 1635 illustre une dévotion alors très répandue[233]. Le chanoine « théologal » doit prêcher chaque dimanche et aux fêtes solennelles et faire trois fois par semaine une leçon publique sur l'Ecriture; le sermon précédé d'une sonnerie, a lieu à 8 h. Au XVIIIe siècle sa charge se réduit à une prédication à une dizaine de fêtes solennelles[234]. Il y a aussi prédication ordinaire en Avent et en Carême, confiée, semble-t-il, aux dominicains et aux franciscains[235]. Les processions constituent toujours une composante forte de la prière des chanoines : celles de l'Avent, du Carême (cinq), des Rameaux, des petites (les trois jours après le 2e dimanche qui suit Pâques) et des grandes Rogations (les trois jours avant l'Ascension) scandent l'année liturgique; une procession générale du Saint-Sacrement a lieu le jeudi après la fête de la Trinité. Des processions ont lieu en l'honneur de saint Hilaire (mort et translation), de sainte Radegonde, de saint Marc. Il faut y

221. Arch. dép. Vienne, G 2. Le roi donnera son accord en mars 1606, le Parlement en juillet 1606 « sans préjudicier aux droictz du roy, franchises et libertés de l'église gallicane ».
222. Dom Fonteneau, t. 54, p. 122.
223. Arch. dép. Vienne, G 327, 18 avril 1532.
224. Arch. dép. Vienne, G 2; G 181, p. 1-2; G 178, 10 janvier 1662 (opposition à l'impression parce que ne sont pas mentionnés les synodes des diocèses de Luçon et de Maillezais ni le synode du doyen, et parce que sont supprimées certaines fêtes comme Saint-Simplicien.
225. Dom Fonteneau, t. 54, p. 219.
226. *Ibid.*, p. 109-144.
227. Arch. dép. Vienne, G 327, 5 juin 1617.
228. *Ibid.*, G 326, 1632-1633, et Dom Fonteneau, t. 54, p. 216. L'archidiacre de Poitou fournit à Noël le bois de chauffage qui brûle en la chambre des comptes près de la sacristie (G 179, p. 53-54, janvier 1652).
229. *Ibid.*, G 186.
230. Dom Fonteneau, t. 54, p. 72.
231. Arch. dép. Vienne, G 318 : entre 11 et 21 chanoines.
232. *Ibid.*, G 179, p. 217-226.
233. *Ibid.*, G 14.
234. *Ibid.*, G 179, p. 1-37; Dom Fonteneau, t. 54, p. 76.
235. Arch. dép. Vienne, G 327, 30 mars et 21 décembre 1617.

joindre les processions générales en la ville : le lendemain de Pâques pour célébrer le miracle des clés, le 12 août pour la délivrance de la Normandie, le 7 septembre, fête de saint Cloud, en souvenir de la levée du siège de la ville en 1569.

À ces vingt-six processions énumérées en 1632-1633[236], on ajoutera une exposition du Saint-Sacrement et un *Te Deum* en la cathédrale le 28 octobre décidés par Henri-Louis Chasteigner de La Rocheposay pour commémorer la prise de La Rochelle en 1628[237]. De cérémonies religieuses on passe à des cérémonies plutôt publiques : entrée du roi Henri III avec son épouse à Poitiers en 1577 et remise du collier de l'ordre de Saint-Michel le 29 septembre, en la cathédrale, à Philippe II roi d'Espagne, François d'Alençon, Louis et François de Bourbon, trois processions générales « pour la santé du roi, conservation de l'État et autres nécessités du royaume » en 1627, deux pour « la santé du roi et disposition du temps » en 1629[238], service pour la reine Marie-Thérèse en 1683, pour le dauphin en 1711, pour le dauphin duc de Bourgogne en 1712, pour Louis XIV en 1715[239], prières publiques pour les victimes de la guerre contre l'empire en 1735, pour le rétablissement de la santé du roi en 1774, *Te Deum* pour la naissance du dauphin en 1781, pour la naissance du duc de Normandie en 1785[240]. Ces processions générales, auxquelles assistent toutes les collégiales ainsi que les ordres mendiants, sont décidées par le chapitre, les prières publiques publiées par l'évêque avec l'accord du chapitre, et on se dispute pour savoir qui aura la charge de la dépense jusqu'à ce que le roi décide en 1735 que les frais des services solennels, *Te Deum* et autres cérémonies en la cathédrale seront partagés par moitié entre l'évêque et le chapitre[241]. Les conflits de préséance se sont terminés au profit de l'Église : chanoines de la cathédrale avant les maires et échevins et les officiers du siège présidial[242], évêque avant le recteur de l'université[243].

Très sourcilleux sur ses droits — il dépose plainte en 1737 contre l'évêque qui a publié un mandement permettant l'usage des œufs en Carême sans en parler au chapitre et en omettant la clause « après en avoir conféré avec nos vénérables et très chers frères les doyens etc »[244] —, le chapitre apparaît comme le véritable « maître » en la cathédrale. La prééminence de l'évêque est toujours respectée, mais celui-ci est parfois très peu présent à Poitiers, et, pour les meilleurs pasteurs, doit s'employer aux besoins d'un vaste diocèse.

3. La cathédrale

Le chapitre doit entretenir l'église, le parvis, la grande place où se tient la foire du Jeudi-Saint[245]. Le parvis a deux entrées à l'ouest, une au nord ; il est entouré de murs contre lesquels sont des bancs de pierre ; entre les deux entrées occidentales, face à la grande porte est une chaire de pierre de taille en forme de tribune à laquelle un escalier de sept à huit marches donne accès. Ce parvis, dans lequel on voit plusieurs tombes, est nettoyé chaque année pour le jour de la Fête-Dieu[246]. Jusqu'en 1562 une grande croix existait devant la grande porte[247]. La tour nord abritait l'horloge et les trois cloches, petite cloche dite cloche de prime, la Madeleine, la Saint-André. Dans la tour sud fut installée en juillet 1734, aux frais de Mgr Foudras de Courcenay le gros bourdon qui était réservé aux grandes solennités, et qui remplaçait la grosse cloche donnée au XVe siècle par Guillaume Gouge de Charpeignes[248]. Avant

236. *Ibid.*, G 319, fol. 139-140.
237. Dom Fonteneau, t. 54, p. 71 et 136. On notera une association de prières entre les chapitres cathédraux de Poitiers et de La Rochelle en 1669 (Arch. dép. Vienne, G 179, p. 185).
238. Dom Fonteneau, t. 54, p. 134 et 242 ; Arch. dép. Vienne, G 177, p. 255-261.
239. *Ibid.*, G 178, p. 348-349.
240. *Ibid.*, G 14, 15, 178, p. 337-338.
241. *Ibid.*, G 4.
242. Dom Fonteneau, t. 3, p. 201-204 (1625-1627).
243. Arch. dép. Vienne, G 14, 29 janvier 1713 ; dans ce même acte l'évêque fonde un discours latin à la louange de Louis le Grand, le 14 mai, jour de son avènement à la couronne, qui sera prononcé par le recteur.
244. *Ibid.*, G 290.
245. *Ibid.*, G 189 (1640).
246. Dom Fonteneau, t. 54, p. 241 ; Arch. dép. Vienne, G 326 (1633, 1649). Le pavé fut refait en 1777 (*ibid.*, G 191).
247. Dom Fonteneau, t. 12, p. 478.
248. Dom Fonteneau, t. 54, p. 211 ; Auber, *Histoire de la cathédrale*... (n. 4), I, p. 406-407.

de sonner prime à 7 h 30 on ouvrait les portes[249]. Un incendie dû à l'imprudence de l'organiste, le 26 décembre 1681, détruisit les grandes orgues et endommagea la rosace au-dessus de la grande porte : le chapitre passa le 2 juillet 1687 marché de 1 800 livres avec François Le Duc dit Toscane, maître architecte et entrepreneur demeurant à Saint-Maixent pour rétablir la rose en son état antérieur et restaurer la galerie qui la soutenait[250].

Les orgues détruites par les huguenots en 1562 devaient être celles construites par le bénédictin Pierre de Montfort à la fin des années 1450 : le procès-verbal des dommages dus au sac de 1562 en donne la description[251]. Marché fut passé le 2 octobre 1611 par l'évêque Geoffroi de Saint-Belin et son chapitre avec Crespin Carrelier, facteur d'orgues, né à Laon, demeurant à Rouen, pour fournir un grand corps d'orgues avec son positif et le placer dans l'ancien buffet au-dessus de la grande porte. Le travail est vérifié le 27 avril 1613 par Jean Titelouze, chanoine et organiste de Notre-Dame de Rouen et Florent Bienvenu, chanoine de Notre-Dame de Laon et organiste de la Sainte-Chapelle de Paris[252]. Le chapitre envoya encore un messager à maître Carrelier à Rouen le 28 septembre 1617 sans qu'on en sache la raison[253]. Ces orgues, qui passaient pour « une des plus belles pièces du royaume » disparurent donc en décembre 1681. Il fallut près d'un siècle pour qu'on les remplaçât. En 1770 le roi avait accordé une somme de 100 000 livres sur la loterie de piété, à raison de 10 000 livres par an à partir de 1771 ; le 10 décembre 1777 marché fut passé avec Pierre Vétault, maître architecte, demeurant à Poitiers paroisse Notre-Dame-de-la-Chandelière, pour construire une tribune en voussure dans toute la largeur de l'église sur les grandes portes de l'entrée pour remplacer la tribune détruite par l'incendie de 1681 ; les travaux furent terminés en 1782[254]. Marché fut passé le 13 avril 1787 avec François-Henri Clicquot, facteur d'orgues du roi, pour un grand instrument que livrera son fils en 1791.

Grâce au don du roi de 1770 l'architecte Pierre Vétault fit les balustrades en pierre des galeries tout autour de l'église ; en 1780 la balustrade est terminée[255]. En 1783 marché fut passé avec le milanais Antoine Raineri pour blanchir l'église à deux ou trois couches, ce qui fut fait en six mois. Dans le même ensemble de travaux les sept portes de la cathédrale furent peintes, au-dehors en « couleur d'olive un peu claire », au-dedans en gris[256].

Le chœur de la cathédrale occupe trois travées, autant que la nef si on réserve la travée du grand orgue. C'est dire son développement. Le procès-verbal des dommages causés par les protestants, d'octobre 1562, indique qu'autour du chœur il y avait une cloison de pierre de taille, « faite de maçonnerie moderne à claire-voie » ; de chaque côté il y avait neuf « dossiers, tabernacles et entrepieds » où étaient disposées, au dehors des images du Sauveur et de huit apôtres, au-dedans des images de quatre apôtres et de cinq saints, chacune de trois pieds de haut. Dans le chœur, entre le pilier et la porte d'entrée face à la sacristie il y avait une sépulture d'évêque couché sur une table de marbre noir, avec chasuble, mitre, mains jointes, et contre le pilier la statue en pierre fine du pays du cardinal Simon de Cramaud[257]. Le grand autel était en 1562 au fond du chœur ; le trésor protégé par trois portes, était sur le grand autel, derrière lequel il y avait un retable en bois. Un gros cierge brûlait jour et nuit devant le maître-autel[258]. À proximité se trouvaient deux petits autels, dits l'autel des enfants de la psallette et

249. Dom Fonteneau, t. 54, p. 215.
250. *Ibid.*, p. 80 et 628 ; Arch. dép. Vienne E4 23/82 : je remercie le Père Yves Blomme de m'avoir fourni cette référence.
251. Dom Fonteneau, t. 2, p. 514.
252. *Ibid.*, p. 131-148. Les détails techniques sont donnés et commentés par Jean-Albert Villard, dans *Cathédrale de Poitiers 1787 à 1790. L'orgue de François-Henri Clicquot facteur d'orgues du roy*, Poitiers, 1994, p. 32-37.
253. Arch. dép. Vienne, G 327.
254. *Ibid.*, G 191.
255. *Ibid.*, En juin 1780 la balustrade est dite nouvellement construite, et on la complète par celle de la travée au-dessous de la grande rose omise dans le premier marché.
256. *Ibid.*, G 191
257. Dom Fonteneau, t. 2, p. 511 et 481 (sépulture de Cramaud en marbre noir, près du grand autel).
258. *Ibid.*, Dom Fonteneau, t. 54, p. 60.

l'autel de Cramaud, ainsi que la chaire épiscopale. Deux grandes grilles de 11 et 9 m de large et 1 m 60 de haut, coupées de deux portes, sont dites situées « devant le grand autel » : il faut sans doute les placer entre le déambulatoire et le chœur[259]. Dans le chœur même, outre les stalles, il y avait 8 pupitres avec des livres qui y étaient fixés par des chaînes de fer ainsi qu'un grand pupitre de fer où se lisaient collectes et oraisons[260]. Le jubé fermait le chœur à l'ouest. On accédait à sa partie supérieure par un escalier à vis compris dans une tour sur laquelle étaient figurées onze « images » en pierre de prophètes et autres ; on y trouvait à gauche l'horloge, à droite les petites orgues, entre les deux une chapelle haute Saint-Michel[261]. Ces petites orgues étaient « à deux paremens, tous dorés et azurés, étant en un beau et riche enchassement de bois », avec de nombreux tuyaux, tous d'étain, d'une hauteur de six pieds (vers 1 m 85)[262]. Geoffroi de Saint-Belin et les députés du chapitre passèrent marché le 21 décembre 1610 avec Crespin Carrelier, facteur d'orgues de Rouen pour de nouvelles petites orgues à installer en un buffet de bois haut de 6 m 50, large de près de 4 mètres, à fixer sur le jubé et le pilier sud-ouest du transept[263]. Mais ce marché ne fut pas réalisé[264]. Au-dessus de la porte du jubé donnant accès au chœur il y avait une Crucifixion avec la Vierge et saint Jean, les quatre évangélistes figurés en demi-taille au bout de chaque partie de la croix, et on y voyait par-dessus un Dieu de la Résurrection[265]. À droite et à gauche de l'entrée étaient une statue de saint Pierre et une statue de saint Paul, de plus de deux mètres de haut. Près de la statue de Pierre se trouvait un tronc pour les offrandes destinées à l'œuvre de l'église[266]. Devant le jubé il y avait deux autels, l'un à gauche, avec une grande statue de la Vierge à l'Enfant et cinq anges — chapelle Notre-Dame-du-Tronc, dite aussi Sainte-Marie Majeure ou des châsses —, l'autre à droite avec une image de la Nativité, saint Joseph assis, l'âne, le bœuf, Marie couronnée par un ange : c'était l'autel de Notre-Dame-des-Gésines[267].

On doit à Henri-Louis Chasteigner de La Rocheposay des changements fondamentaux dans le chœur. Le 12 octobre 1617 le chapitre autorise tailleur de pierre et maçons à bâtir une loge dans les cloîtres pour travailler aux grands travaux que l'évêque veut faire au grand autel[268]. Au 1er avril le calendrier du chapitre cathédral indique qu'en 1623 l'évêque refit entièrement le maître-autel, qui fut placé non dans le fond du chœur mais au début de la croisée du transept[269], à l'imitation de ce qui existait à Saint-Pierre du Vatican. Le jubé, qui devait être encore en bien mauvais état fut transporté au fond du chœur à l'est, le chœur débordant dès lors sur la moitié de la première travée orientale, tandis qu'une grille de fer fermait le chœur à l'ouest[270]. Le 5 juillet 1715 monseigneur Jean-Claude de La Poype-de-Vertrieu posait les premiers fondements d'un nouveau maître-autel « à la romaine », autel qui fut consacré le 16 mai 1716 et qui se trouvait à la croisée du transept[271]. C'est l'état que donnent les trois plans du XVIIIe siècle conservés à la Médiathèque de Poitiers[272]. Cet autel restera en place jusqu'aux transformations apportées au chœur par Mgr Pie. Les stalles furent, dans cette disposition, au fond du chœur, y compris au côté est, de part et d'autre de l'entrée.

Les deux chapelles latérales du transept sont bien identifiées. Dans le bras droit (sud) du transept la chapelle des apôtres était fermée par une clôture de pierre de taille, grilles, poutre de fer. Elle contenait deux autels avec retables en

259. *Ibid.*, Dom Fonteneau, t. 2, p. 471, 481, 483.
260. *Ibid.*, p. 470, 473
261. *Ibid.*, p. 474, 500, 597.
262. *Ibid.*, p. 515.
263. Arch. dép. Vienne, G 181, p. 127-130. L'évêque devait payer 1 000 l., le chapitre 2100. Le grand orgue (1612-1613) coûtera 6 800 l.
264. J.-A. Villard, *Cathédrale*... (n. 251), p. 36.
265. Dom Fonteneau, t. 2, p. 497-498.
266. Arch. dép. Vienne, G 189, 16 septembre 1370.
267. Dom Fonteneau, t. 2, p. 499, t. 54, p. 77 ; Arch. dép. Vienne, G 174.
268. Arch. dép. Vienne, G 327.
269. M. Formon, « Henri-Louis Chasteigner... » (n. 183), p. 19.
270. Poitiers, Médiathèque, ms. 547 (t. 3), n° 297 ; Auber, *Histoire de la cathédrale de Poitiers*, II, p. 323-325.
271. J. Paulze d'Ivoy de La Poype, « Un évêque... » (n. 189), p. 182 ; Dom Fonteneau, t. 54, p. 700 (dépenses : plus de 1 000 livres).
272. F/4, n° 3597 (plan Dupré, fin XVIIIe s.) et n° 3600, plan daté de 1769 ; F/5, plan grand format ci-contre.

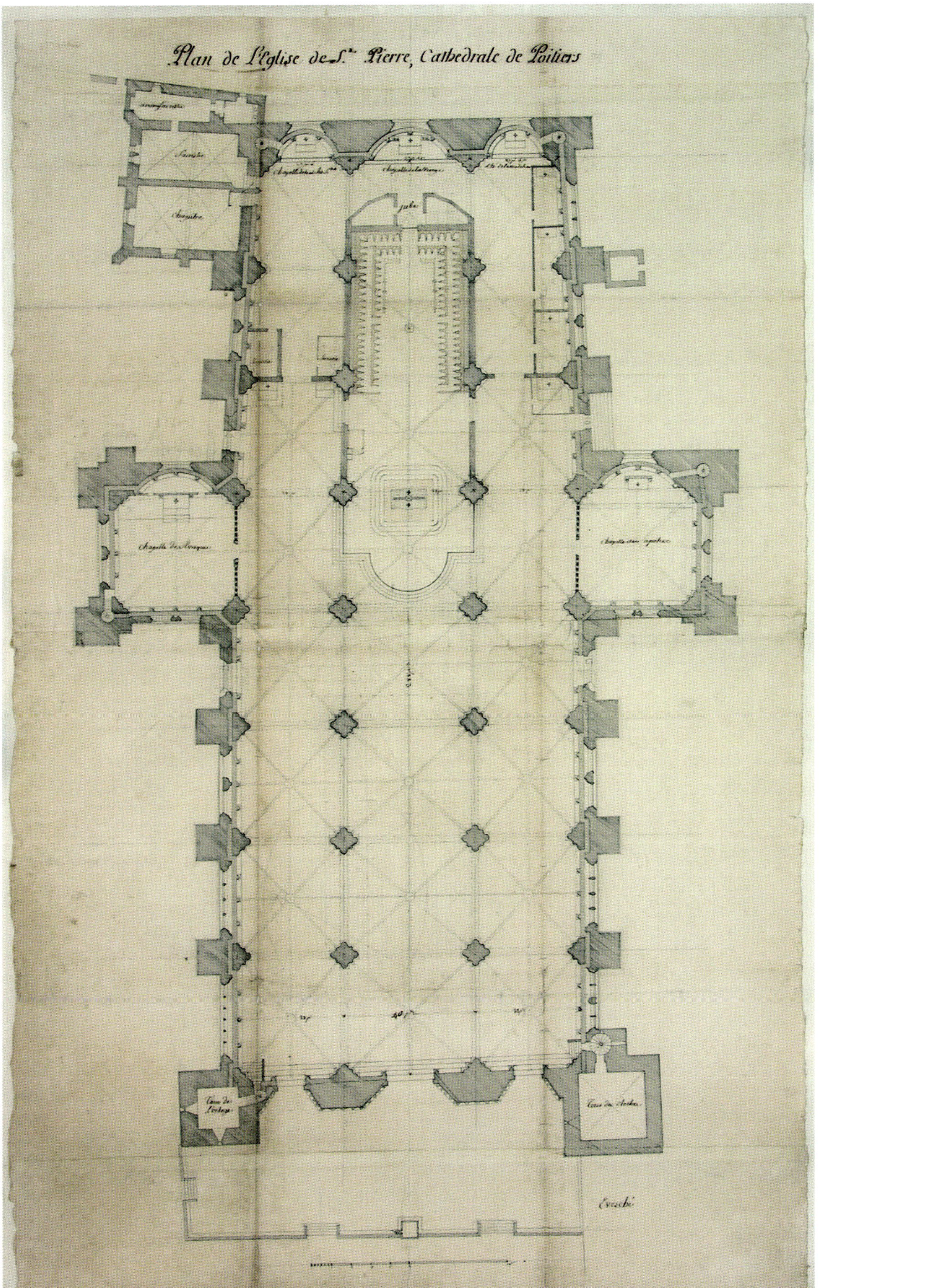

Plan du XVIIIe s. Poitiers, Médiathèque François-Mitterrand.

pierre, l'un, qui devait être l'autel primitif, placé dans le mur est, orné de trois statues d'évêques et archevêques[273], l'autre édifié en 1351 en l'honneur de saint Louis, évêque de Marseille[274], premier autel en entrant, orné des statues de saint Louis de Marseille et de saint Yves avocat (canonisé en 1347). On ignore le patron de l'autel principal, mais il pourrait s'agir de saint Thomas Becket, qu'un texte de 1443 situe dans la chapelle des apôtres[275]. L'évêque Geoffroy de Saint-Belin fit orner cette chapelle de statues des douze apôtres, et y fut inhumé (1611) en un simple tombeau de pierre portant seulement ses armes[276]. La chapelle abritait encore les mausolées de l'évêque Itier de Martreuil, du chanoine Hugues Thomas, la tombe du chanoine Jean de Menoc, du chanoine hebdomadier Jean Filoleau († 1580). Sur le mur ouest on peut encore lire une inscription latine en marbre commémorant la construction du tombeau en marbre de Balthazar Prévost, sieur de La Tricherie, prieur de Château-Larcher et de Lussac, qui se trouvait en l'église paroissiale voisine de Saint-Simplicien[277].

La chapelle du bras gauche (nord) du transept était elle aussi fermée. Elle est appelée chapelle Saint-André, mais aussi, au XVIIIe siècle chapelle des évêques car ce sera le lieu ordinaire de leur sépulture au XVIIe et au XVIIIe siècle. Henri-Louis Chasteigner de La Rocheposay l'avait fait entièrement restaurer et orner de peintures[278], et il y avait, dans un premier temps, fait placer le tombeau qu'il s'était préparé. Il y avait fondé en 1618 et 1634 six messes par semaines, puis, en 1635, une septième, le dimanche, en l'honneur du Saint-Sacrement[279], époque où allait être établie à Poitiers une Compagnie du Saint Sacrement, tandis qu'en 1642 le chapitre déciderait d'un office du Saint-Sacrement chaque jeudi[280].

Si l'on suit l'ordre de visite des experts chargés d'évaluer les dégâts après le sac de mai 1562, on a, dans le déambulatoire une série d'autels : après le bras droit du transept, chapelle Saint-Christophe, fermée de deux portes de fer, avec autel en pierre, retable en bois, et sépulcre de Brizay[281], puis successivement le long du mur sud, chapelles et autels de Sainte-Catherine, de Saint-Jacques (le Majeur), de Saint-Martial, avec cloisons de pierre de taille, balustres et pilastres. Elles furent saccagées en 1562[282]. Le long du mur oriental on avait à droite (sud-est) l'autel de la Madeleine, au centre l'autel de Notre-Dame-du-Pardon, à gauche l'autel Saint-Laurent. On fit décorer en 1780 les chapelles de la Madeleine et de Saint-Laurent et on y fit placer en 1783 deux pierres d'autel venant de l'hôpital général[283]. Du côté nord la chapelle souterraine Saint-Sixte avec son autel roman est bien identifiée, mais la situation est plus incertaine : autel Notre-Dame-la-Blanche près des cloîtres, autel Notre-Dame l'Ancienne ou des Cloîtres derrière la porte des cloîtres, tandis qu'on a, en appendice, à partir de l'est, chambre des comptes avec « privés » (toilettes), sacristie, chapitre, coutrerie, et cloîtres ; il y a un autel dans le « revestouer » ou sacristie, et dans la coutrerie[284]. Pour les chapitres généraux on tend la salle du chapitre de tapisseries[285]. Au début du XVIIIe siècle on redistribua les chapelles dont le service

273. Dom Fonteneau, t. 2, p. 462-463, 478, 487-488, 509.
274. Arch. dép. Vienne, G 180, p. 21-32.
275. Autel de saint Thomas le martyr cité dans le livre rouge (Arch. dép. Vienne, G 122, fol. 14), en 1397 (*ibid.*, G 1359), en 1434 (*ibid.*, G 180, p. 67-68), en 1565 (*ibid.*, G 180, p. 138). Arch dép. Vienne, G 176.
276. Dom Fonteneau, t. 54, p. 243.
277. Auber, *Histoire de la cathédrale* (n. 98), p. 320-321 et Longuemar, *Épigraphie du Haut-Poitou*, Poitiers, 1864 (*M.S.A.O.*, t. 28, 1863), p. 314.
278. Dom Fonteneau, t. 54, p. 117.
279. Arch. dép. Vienne, G 14. La fondation de messe de juillet 1618 dit la chapelle « de nouveau par luy faict faire et clorre » (mais elle avait déjà une porte en 1562), et un autre document (n. 277) place en 1623 la réfection du maître-autel, la restauration et peinture de la chapelle Saint-André, tout en indiquant que l'évêque avait fondé à l'autel de Saint-André une messe quotidienne (ce qui n'est avéré qu'à partir de 1634 et 1635).
280. Dom Fonteneau, t. 54, p. 134.
281. Dom Fonteneau, t. 2, p. 463, 479, 487.
282. *Ibid.*, p. 464, 480. L'autel Saint-Martial est cité en 1451 (Arch. dép. Vienne, G 187). Le calendrier du chapitre note au 25 juillet une messe fondée fin XVe s. à l'autel de Saint-Christophe et de Saint-Jacques (Dom Fonteneau, t. 54, p. 127) et un document de 1599 place une chapelle Sainte-Florence entre les chapelles Saint-Martial et Sainte-Catherine (Arch. dép. Vienne, G 179, p. 239).
283. *Ibid.*, G 191 ; Dom Fonteneau, t. 2, p. 464-465, 480, 485-486.
284. Arch. dép. Vienne, G 180, p. 91-94, 123 ; Dom Fonteneau, t. 2, p. 470-471, 480.
285. Arch. dép. Vienne, G 326, juillet et décembre 1648.

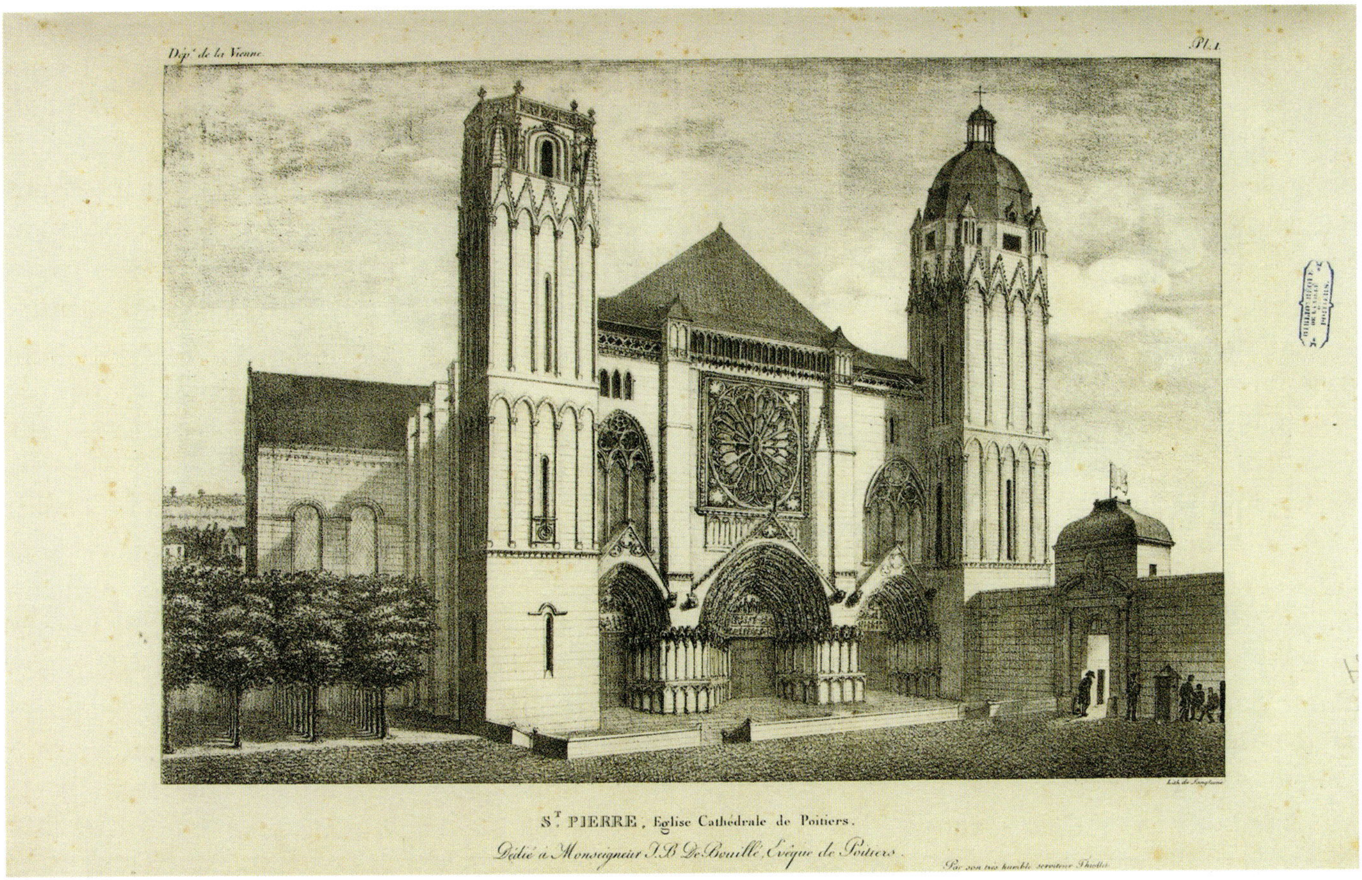

Façade de la cathédrale. Lithographie de Thiollet (début XIXe s.). Médiathèque François-Mitterrand, Poitiers.

était fait à des autels qui avaient été supprimés ; sont ainsi connus comme disparus les autels du jubé, Saint-Michel, Notre-Dame-du-Tronc ou -des-châsses, Notre-Dame-des-Gésines, et les autels Notre-Dame-des-châsses ou de prime et Notre-Dame-la-Blanche[286]. En mai 1735 on faisait faire des réparations au lieu où se tenait le chapitre[287]. En avril 1776 on passa avec l'architecte Pierre Vétault marché pour la construction de la sacristie avec des latrines et un corridor, en appentis le long du mur nord, du côté de la petite cour[288]. Une déclaration royale avait, le 10 mars 1776, interdit les sépultures dans les églises, ce qui sera dès lors observé sauf pour les évêques. Un des derniers témoignages de ces inhumations dans la cathédrale reste celui de l'inhumation de Mme de Blossac, épouse du comte de Blossac, intendant de Poitou, morte le 3 avril 1764. Une plaque de marbre blanc fixée sur le pilier sud-ouest du carré du transept, près du tombeau, rappelle ses mérites, « une foi ferme, une piété constante, une charité inlassable ». Dès lors les sépultures se feront toutes dans le cimetière contigu, à l'emplacement du jardin du presbytère construit autour de 1835[289].

Après le pillage de 1562 on n'avait trouvé au trésor qu'un gros saphir bleu que H.-L. Chasteigner de La Rocheposay fera monter sur une châsse par lui offerte à la cathédrale[290]. En 1564-1566 l'évêque fut autorisé à vendre des bois de haute futaie jusqu'à 10 000 livres tournois pour employer aux réparations et à l'achat d'ornements et objets liturgiques, calices, croix, paix, livres liturgiques, chapes, dalmatiques, parements d'autel, courtines, etc.[291]. Chanoines ou particuliers s'emploieront aussi à embellir la cathédrale. Un tableau de la Nativité et de l'Ascension, conservé actuellement en la sacris-

286. Dom Fonteneau, t. 54, p. 696-697.
287. Arch. dép. Vienne, G 181, p. 615-622. Les boiseries doivent être de cette date.
288. Arch. dép. Vienne, G 191.
289. AUBER, *Histoire de la cathédrale* (n. 98), p. 410.
290. Arch. dép. Vienne, G 14, 14 mai 1637.
291. Dom Fonteneau, t. 2, p. 585-598.

tie, a été donné par maître Pierre Fauconnier, chanoine hebdomadier, en mémoire du doyen Bertrand de Kneringuen, écuyer, ambassadeur du roi François Ier en Allemagne, abbé de Saint-Satur de Bourges, prieur de Parthenay-le-Vieux, mort à Paris en février 1548 et de Louis Fardeau, écuyer, seigneur de Bors, chanoine prébendé, mort en 1567 ; le donateur, Pierre Fauconnier, dit de Fardeau qu'il a été son maître, et il demandera à être inhumé près de lui, devant l'autel de Notre-Dame-des-Gésines, lors de sa mort survenue entre le 25 septembre et le 23 décembre 1569[292]. Au mur sud du déambulatoire on peut encore voir deux tableaux, l'un de 1590, consacré à la glorification de l'Eucharistie, œuvre de Jacques de Jax, peintre de Poitiers[293], l'autre de 1598, qui a pour sujet la Résurrection, donné par le chantre de Saint-Pierre-le-Puellier Toussaint Johannet, fait par Nicolas Pinson, qu'on sait marié à Catherine Mervache[294]. Au début du XVIIe siècle l'agonie de Jésus au jardin des Oliviers est peint sur le mur sud à gauche de la porte de Sainte-Croix[295], et en face, à droite de la porte des cloîtres le premier chapelain René Lorin fera, dans les années 1670, peindre une Sainte Famille. De passage à Poitiers en 1638 Léon Godefroy écrivait : « L'église Saint-Pierre est très belle et très grande. Cette église est peinte en quelques endroits »[296]. Les chanoines continueront à devoir, à leur entrée, une chape, et certains feront des donations plus importantes, tel Christophe Fauveau, docteur en théologie, official, qui donne chasuble, étole, amict, aube, mais aussi deux chandeliers, un calice, une patène et deux burettes, le tout en argent[297]. À l'évêque de fournir la grande sacristie, au chapitre la petite sacristie pour les messes basses de fondation[298]. Sans être aussi riche qu'au début du XVe siècle le « trésor » apparaît bien fourni à nouveau à la fin du XVIIe et au début du XVIIIe siècle[299] : 48 chapes, 15 chasubles, 30 dalmatiques, 16 parements et 24 courtines d'autel, 3 croix, 5 calices avec patènes et deux chandeliers en argent, etc. En 1701 et 1720 on note dix tapisseries de haute lisse, quatre pour le haut des stalles, trois pour le chœur, trois pour le jubé, plus trois autres tapisseries à personnages, l'une avec saint Pierre, une autre avec une grande croix rouge et les instruments de la Passion, et deux tapisseries de soie, à fleurs vertes et aurore et à personnages pour le devant et le dessus de l'autel de la sacristie. On sait que le roi, en quête d'argent, exigera des chapitres qu'ils portent une partie de leur argenterie à la monnaie pour les fondre[300]. Le trésor de la cathédrale aujourd'hui ne peut rendre compte de ce que fut le trésor au Moyen Age et sous l'Ancien Régime.

Les reliquaires étaient une partie à part de ce trésor. Ils furent systématiquement détruits par les protestants en 1562. En 1602 Geoffroy de Saint-Belin obtint de l'abbaye de Saint-Denis une relique de la tête de saint Hilaire, qu'il fit placer dans une belle châsse en argent qu'Henri-Louis Chasteigner de La Rocheposay enrichit d'une mitre en argent. Ce dernier donna un très beau reliquaire en argent en forme de livre pour accueillir la barbe de saint Pierre, et y fit placer le saphir seul épargné en 1562. L'abbesse de Fontevraud fit don d'un reliquaire avec des reliques des saints martyrs Théodore, Lelie, Euphémie, et M. de La Meilleraie, maréchal de France, donna en 1657 un coffret d'ébène avec chérubins d'argent, où, parmi les reliques, on avait celles de saint Théodore martyr que le Père Joseph de Morlay, capucin avait apportées de Rome et dont il lui avait fait don. On gardait encore à la cathédrale des reliques des saints

292. AUBER *Histoire de la cathédrale*, I (n. 4) p. 432-439 ; *Gallia christiana*, II, c. 1218 (inscription de Kneringuen à la cathédrale) ; Arch. dép. Vienne, G 180, p. 331-345.
293. Joseph SALVINI, « Jacques de Jax, peintre poitevin », *B.S.A.O.*, 4e s., t. 4, 1958, p. 579-587, ill.
294. *M.S.A.O.*, 2e s., t. 30, 1906, p. 608. En 1581 Alexandre et René Mervache, maîtres orfèvres à Poitiers, travaillent pour la cathédrale (Dom Fonteneau, t. 3, p. 15-16).
295. D'après le plan de 1769 la peinture devait se trouver en la chapelle dédiée à saint Christophe, que l'on invoquait pour être protégé de la mort subite.
296. Léo DESAIVRE, « Deux voyageurs en Poitou au XVIIe siècle : Dubuisson-Aubenay et Léon Godefroy », *B.S.A.O.*, 2e s., t. 9, 1901-1903, p. 651.
297. Arch. dép. Vienne, G 179, p. 289-290, 31 décembre 1639.
298. Dom Fonteneau, t. 54, p. 557.
299. Inventaires de 1681, 1701, 1720, Arch. dép. Vienne, G 190.
300. Arch. dép. Vienne, G 191, en 1759.

martyrs Maxime, Juvénal, Innocent, Sylvie[301]. Lorsqu'arrivera la Révolution l'église cathédrale fera encore bonne figure, malgré le traumatisme de 1562 qui la priva de ses titres et d'une grande partie des richesses dont les siècles antérieurs l'avaient pourvue.

4. Le quartier

Le quartier reste, par excellence, un quartier ecclésiastique, avec les églises paroissiales déjà indiquées de Saint-Michel, Saint-Savin, Notre-Dame, Saint-Hilaire et Saint-Martin-entre-églises, Saint-Jean-Baptiste (le baptistère), Saint-Simplicien, l'abbaye Sainte-Croix et son église paroissiale Saint-Austregesile.

L'hôtel le plus important est assurément le palais épiscopal. Il abrite des services propres à la juridiction et à l'administration du prélat : le secrétaire de l'évêque expédie environ 430 lettres en l'année avril 1543-mars 1544 — dont 41 pour l'accession à la prêtrise[302]. L'official siège au palais, où se trouvent prison et salle de torture. On note aussi des services domestiques, cuisine, fournil, grenier, fenil, puits, et naturellement une chapelle (avec cheminée) que l'évêque consacre en 1717[303], une chambre du trésor, des salles de réception, chambres et retraits, et un jardin[304].

Le chapitre déclare, en 1640, avoir en la ville 41 logis, tant bons que chétifs, et 4 jardins[305]. La déclaration des logis canoniaux en 1701 précise les emplacements : doyenné, sous-doyenné, sous-chantrerie, entre baptistère et église Saint-Simplicien, chantrerie et maison de la psallette en la rue qui va de Saint-Pierre à Sainte-Radegonde, prévôté rue Saint-Maixent, logis des archidiacres devant la cathédrale et tirant vers Saint-Savin, maison abbatiale de Notre-Dame-la-Grande rue Saint-Fortunat avec une entrée Grand-Rue, etc.[306] ; aux logis des chanoines prébendés s'ajoutent les quatre logis des hebdomadiers, les douze logis des choristes chapelains, et divers logements des desservants de chapelles à la cathédrale. Il faut y joindre les hôtels qu'abbayes et divers établissements ecclésiastiques de la région ont autour de la cathédrale, le collège universitaire Saint-Pierre, l'aumônerie Saint-Pierre-le-Grand qui doit être la suite de l'aumônerie fondée au VIIe siècle par Ansoald[307]. Dépend aussi de la cathédrale une aumônerie Saint-Mathurin, située dans le faubourg Saint-Saturnin ; elle fut détruite lors du siège de 1569 et seule la chapelle fut alors reconstruite[308]. Quartier de gens d'Église le quartier de la cathédrale va se trouver totalement bouleversé par la tourmente révolutionnaire.

Robert Favreau

301. Dom Fonteneau, t. 54, p. 63, 80, 120.
302. Arch. dép. Vienne, G 1.
303. Dom Fonteneau, t. 82, fol. 135 : autel Saint-Hilaire-et-Saint-Martin.
304. R. Favreau, « L'entretien du temporel épiscopal... » (n. 89), p. 457-459 ; Arch. dép. Vienne, G 182, f. 12 ; Dom Fonteneau, t. 54, p. 78, 505. En 1701 le personnel de l'hôtel épiscopal compte 13 personnes (Arch. dép. Vienne, G 14).
305. Arch. dép. Vienne, G 189.
306. *Ibid.*, G 190.
307. Elle doit être en la Grand-Rue. En 1533 un enfant exposé sur le pavé de la cathédrale lui est confié (Arch. dép. Vienne, G 327).
308. Arch. dép. Vienne, G 179, p. 95-97, 127-131.

POITIERS, CATHÉDRALE SAINT-PIERRE
Présentation architecturale

par Claude Andrault-Schmitt

Professeure d'Histoire de l'art médiéval à l'Université de Poitiers, C.E.S.C.M.

La cathédrale de Poitiers est un bel édifice gothique, lumineux, imaginé au milieu du XIIe siècle, bâti avec ambition et réalisé progressivement d'est en ouest. Si la lecture de ses assises de pierre de taille ou l'interprétation des détails de son exécution suscitent un grand intérêt historique et archéologique, ces démarches ne doivent pas masquer d'indéniables qualités esthétiques. Une approche globale met en évidence un programme réfléchi. L'œuvre se situe sans conteste au sein du « style gothique angevin » (terme préférable à celui de « gothique Plantagenêt »[1]), qui reçoit dans la capitale du Poitou des inflexions spécifiques et parfois surprenantes. Elle proclame son originalité grâce à une association particulière entre un plan en croix latine privilégiant l'unité quadrangulaire principale, des voûtes d'ogives bombées, un triple vaisseau formant halle, des murs épais divisés en plusieurs étages par leur décor.

Le chantier, l'initiative

Phénomène en définitive assez rare pour un bâtiment de cette importance, l'indigence des sources nous prive de points de repère historiques sûrs. Même remarque pour la place de l'édifice dans le quartier épiscopal à l'époque de sa construction, ou pour l'existence de cathédrales antérieures qui jalonnent normalement les siècles séparant l'époque de la christianisation de la décision de mettre en place un nouvel édifice : aucune trace archéologique probante n'a pu être relevée. Le monument lui-même doit donc être sollicité pour préciser son inscription dans la chronologie, ce qui est loin d'être un handicap, car les indices sont multiples : aux formes et structures de l'architecture, à la facture de la sculpture et aux caractéristiques des modes de construction s'ajoutent les éléments les plus anciens de la vitrerie et quelques inscriptions.

En ce qui concerne la décision initiale, une mention issue des *Annales d'Aquitaine* de Jean Bouchet (1525) est toujours abondamment citée. Si elle indique que « le dict Henry, a la requeste de madame Alienor son espouse, fist commancer le beau et sumptueux edifice de l'Eglise cathedrale », elle pose deux questions bien différentes qu'il reste nécessaire de distinguer : celle de la date de mise en chantier d'une part, celle de la responsabilité de la décision et de sa signification politique d'autre part. Pour la première, la référence doit être prise pour ce qu'elle est : assez vague, au sein d'une liste qui concerne les années 1161-1163. Pour la deuxième, on imagine aisément qu'il était plus glorieux de citer le roi et l'illustre Aliénor que d'obscurs ecclésiastiques, surtout dans la perspective d'un traitement de l'histoire par années (nécessairement rapportées à des règnes) et en regard de la mentalité du XVIe siècle dont les chroniqueurs s'intéressent surtout à la monarchie : il ne faut pas faire d'anachronismes[2]. Comme tous les souverains, les Plantagenêt ont

1. Question magistralement étudiée par André Mussat : *Le style gothique de l'ouest de la France, XIIe-XIIIe siècles*, Paris, 1963. Du même auteur : « L'espace et le temps Plantagenêt : les problèmes d'une architecture », *Y a-t-il une civilisation du monde Plantagenêt*, Cahiers de Civilisation médiévale, t. 29, Poitiers, 1986, p. 119-127. Plus récemment : Yves Blomme, *Anjou gothique*, Paris, 1998. L'expression « style angevin » tient compte des lieux de naissance et d'invention des formes les plus significatives (en ajoutant le Maine à l'Anjou *stricto sensu*). Inutile de rappeler que la diffusion de la voûte à la mode angevine est loin de s'identifier aux territoires de l'espace Plantagenêt : l'Angleterre et la Normandie en sont exclues, ce qui n'est pas peu, car l'entourage actif était en majorité anglais ou normand, très peu angevin, et pas du tout poitevin.

2. De toute façon, s'il y a eu des « patrons », il ne faudrait pas les assimiler à nos « mécènes », « commanditaires », ou « donneurs d'ordres » contemporains.

davantage favorisé les monastères que les cathédrales, et la capitale du Poitou ne les retient alors que très peu (notons les solennités ou événements de 1152, 1159, 1166-1167, 1168, qui concernent plus souvent l'un ou l'autre que l'un et l'autre[3]).

Un faisceau de présomptions conduit à un début situé entre 1154 et 1162, chaque historien de l'art réagissant selon sa sensibilité, ses propres conceptions de l'histoire des formes et ses estimations des durées nécessaires. En amont, on ne peut guère aller plus haut : en 1154 meurt l'évêque Gilbert de La Porrée, homme âgé et brillant théologien, en place depuis 1142 mais natif de la ville où il fut quelque temps chanoine, qui s'est préoccupé de divers aménagements (intérieurs, pour le trésor liturgique, extérieurs, pour l'habitat canonial formant un enclos) ne supposant *a contrario* aucun geste décisif pour l'implantation de la cathédrale elle-même (sinon sa préparation). Ensuite il est possible d'imaginer une activité d'une dizaine d'années (entre cinq et douze ans ?) avant que ne soit posée la clef de voûte de la travée orientale du centre qui porte le millésime de 1167, à lire de façon circulaire : IN QUO A (nno) MCLXVII (fig. 1)[4]. On voit par les formes que cette date concerne probablement l'achèvement et la mise en service de plusieurs travées ; elle est confirmée par le style et surtout l'iconographie du grand vitrail de la Crucifixion : si les représentations d'un roi, d'une reine et de leurs enfants, malgré les restaurations, peuvent bien se rapporter à Aliénor et Henri, il faut penser aussi à la grande dévotion qu'avait pour la croix le nouvel évêque, l'Anglais Jean de Canterbury, dit Bellesmains, nommé par Henri II en 1162[5]. On ne peut sérieusement attribuer à cette personnalité des plus estimable la décision de construire, car sa marge de manœuvre aurait été bien courte avant 1167 : il fallait préparer le financement, puis les fondations rattrapant la déclivité du terrain. Force est donc d'attribuer l'initiative à l'un des prélats qui se sont succédé rapidement pendant la crise qui a précédé son arrivée, voire plutôt à l'ensemble des chanoines, les deux hypothèses se rencontrant autour du nom de l'évêque Laurent (1159-1161), parce qu'il fut préalablement chanoine (1127) puis doyen du lieu (1148)[6].

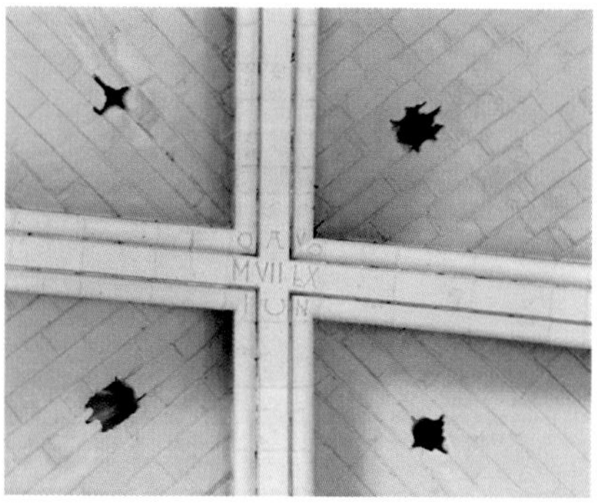
Fig. 1

Que signifie ce repère de 1154-1167 dans l'histoire de l'architecture gothique ? Le style gothique « à la française » s'affirme alors dans le domaine des concurrents capétiens. Les cathédrales de Sens et de Noyon en donnent deux versions différentes (sans ou avec tribunes), toutes deux intéressantes pour l'avenir, grâce à l'association entre des suites de voûtes d'ogives non bombées et des structures pyramidales permettant le surgissement d'un haut vaisseau doté de son clair-étage. En 1163 est organisée à Saint-Germain-des-Prés une cérémonie de nature politique qui rassemble de nombreux seigneurs et prélats autour du roi, sous le prétexte de la consécration d'une abbatiale (sans doute terminée depuis quelque temps[7]) ; au même moment sans doute, est entamée la construction de Notre-Dame de Paris, qui va se dérouler de façon exactement parallèle à celle de Saint-Pierre de Poitiers, avec de plus grands moyens et

3. Avant la rupture avec Aliénor (1173), respectivement : le mariage, la réunion de l'ost pour l'expédition de Toulouse, un voyage à Grandmont en Limousin et sur les marches d'Auvergne, la remise de Poitiers à Aliénor à l'occasion de la rébellion de Lusignan.

4. *Corpus des inscriptions de la France médiévale. I. Poitou-Charentes. 1. Poitiers*, CNRS - Université de Poitiers, 1974, Textes établis par Robert Favreau et Jean Michaud, p. 2. La date de 1167 correspond à la naissance de Jean (en décembre, à Oxford) : jusque là, Aliénor elle-même était occupée en Angleterre par ses nombreuses maternités. Mais elle s'installe à Poitiers l'année suivante.

5. Claude Andrault-Schmitt, « Le mécénat architectural en question : les chantiers de Saint-Yrieix, Grandmont et Le Pin à l'époque de Henri II », *La cour Plantagenêt*, Martin Aurell dir., Civilisation médiévale VIII, Poitiers, 2000, p. 235-276.

6. Hypothèse avancée par Bénédicte Fillion, *Deux chantiers cathédraux du premier gothique de l'Ouest, Saint-Maurice d'Angers et le chœur de Saint-Pierre de Poitiers*, thèse de doctorat, université de Poitiers, 1999, sous la direction de Marie-Thérèse Camus. Elle est appuyée par le sujet de l'une des trois verrières orientales, consacrée à la vie de saint Laurent.

7. Philippe Plagnieux, « L'abbatiale de Saint-Germain-des-Prés et les débuts de l'architecture gothique », *Bull. mon.*, t. 158-I, Paris, 2000.

une rapidité étonnante pour l'ampleur choisie. Depuis peu ont été posées au cœur du domaine familial Plantagenêt les voûtes d'ogives des cathédrales d'Angers et du Mans, qui se sont adaptées sur chacun des deux sites à d'anciennes parois, et n'ont donc pas révolutionné les types des églises de l'Ouest malgré un double intérêt, technique et esthétique. Et il ne semble pas qu'à cette époque les constructeurs du Poitou aient abandonné les thèmes principaux que l'on regroupe sous le terme « d'art roman ».

Dans le silence qui entoure les personnalités et les initiatives, comment interpréter la rupture que représentent pour la région les choix architecturaux adoptés pour l'église-mère ? Jamais le couple formé du commanditaire et de l'architecte n'a été si difficile à cerner ; rarement pourtant il n'a engendré de solution aussi exceptionnelle, sans passé ni avenir.

Le chantier, son déroulement pendant une centaine d'années

L'étude récente de Yves Blomme[8] a permis de faire avancer l'interprétation des enseignements révélés par les parois, les voûtes, les combles. À partir de la mise en place du chevet et des travées orientales, la progression s'est réalisée évidemment vers l'ouest, avec des étapes qui ont pris des rythmes très différents : tentons de les résumer.

La chapelle Saint-Sixte, installée sous le collatéral nord du chevet, représente-t-elle un vestige d'une ancienne cathédrale ou une première étape ? Elle ne forme pas fondation pour le grand édifice, et ses caractéristiques sont trop sobres pour supporter une datation précise. Son vaste berceau témoigne d'une reprise qui a permis de l'enfermer sous le nouveau sol. On peut très bien y voir un oratoire fonctionnant pendant les premières années des travaux, destiné à remplacer des chapelles en démolition ou à protéger des objets liturgiques[9].

Pour tous les archéologues qui se sont penchés sur la question, il apparaît que l'angle sud-est a été implanté préalablement, et peut-être même une partie importante du gouttereau sud, englobant la petite porte Sainte-Croix (les entrées sont généralement programmées en fonction des étapes prévues, pour des raisons pratiques évidentes)[10]. Remarquons qu'ainsi a été épargné dans un premier temps le côté nord, c'est-à-dire l'aire contenant la chapelle Saint-Sixte (aussi bien que l'enclos canonial nouvellement aménagé ?), et qu'à partir de ce point le mur sud n'est vraiment pas rectiligne : là sont révélés les problèmes de chantier compréhensibles, rendant compte soit d'une difficulté ou erreur d'appréciation, soit de l'existence de bâtiments antérieurs, soit de la recherche de fondations stables, soit encore, plus probablement, de plusieurs de ces facteurs.

L'ensemble du mur plat du chevet et des dernières travées qu'il termine (deux centrales, deux au sud, deux au nord) montre en général une belle cohérence par les formes employées : bases, baies plein cintre (il ne faut évidemment pas retenir dans ce catalogue les fenêtres à réseaux de pierre modernisées lors de réfections), voûtes quadripartites, nervures larges (à plate-bande ou en triple tore)... Conjointement avec le voûtement des parties orientales, s'est poursuivie l'implantation du premier niveau des parois latérales, assurée d'abord jusqu'aux portes Saint-Jean et Saint-Michel qui sont situées dans la dernière travée de la nef. Pour cette phase, vraisemblablement prolongée par le voûtement du bras sud, adoptons par commodité la date moyenne donnée par la clef de voûte déjà signalée, soit 1167.

Puis, assez rapidement, le chantier a concerné les parties hautes du transept et des travées le prolongeant vers l'ouest, le couvrement de cette partie centrale ainsi que la presque totalité du

8. Yves Blomme, « La construction de la cathédrale Saint-Pierre de Poitiers », *Bulletin monumental*, 1994, p. 7-64 ; du même auteur, *Poitou gothique*, Paris, 1993.

9. S'appuyant sur des sondages limités, Camille de La Croix avait cru voir en avant de cette structure une abside mérovingienne ainsi qu'un sol du XIe siècle : *Mélanges archéologiques. La chapelle Saint-Sixte et les cathédrales de Poitiers*, Poitiers, 1907. Débat dans Y. Blomme, « La construction... », p 11-13.

10. B. Fillion (*Deux chantiers...*, p. 318) a bien montré que certaines assises de ce gouttereau sont venues se caler contre celles du chevet, pour un ajustement qui relève moins de la progression du chantier que des contraintes techniques résultant de la dénivellation topographique.

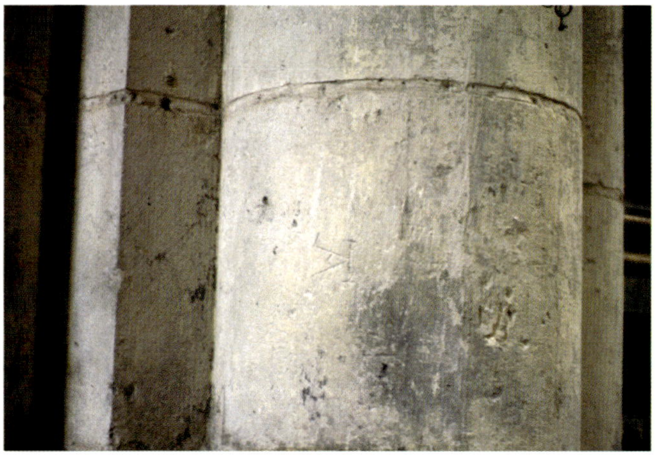

Fig. 2

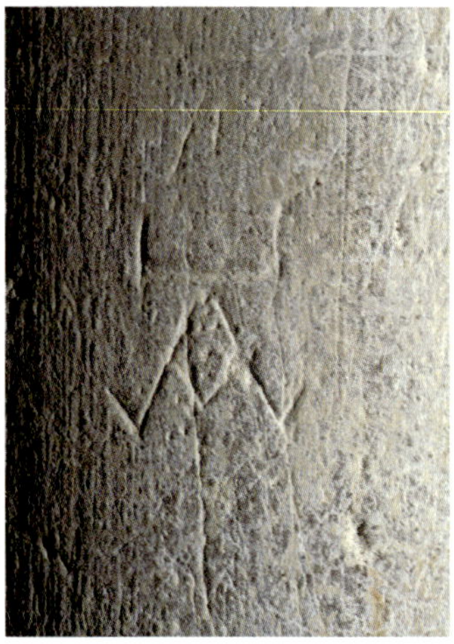

Fig. 3

périmètre en commençant par le nord (y compris la base des tours de façade), comme l'attestent, entre autres éléments, de nombreuses marques lapidaires (fig. 2 et 3), soigneusement gravées[11]. Si les parties basses de l'ensemble sont réalisées avec les mêmes intentions et les mêmes formes de détail qu'au départ, le voûtement révèle un changement. La technique de montage devient plus ingénieuse, plus systématique et plus régulière, selon l'évolution constatée au même moment à Angers. Les nervures diagonales (ogives) sont complétées par des nervures transversales et longitudinales (liernes) rejoignant la clef des arcs (fig. 4). Les voûtains sont posés *entre* les nervures, qui pénètrent donc leur maçonnerie, et non plus *par dessus* les nervures, par conséquent dépourvues d'un rôle porteur. Tous les profils, constitués d'un simple tore, sont amincis et standardisés, ce qui a dû profiter, comme partout, à l'économie et à la rapidité du chantier.

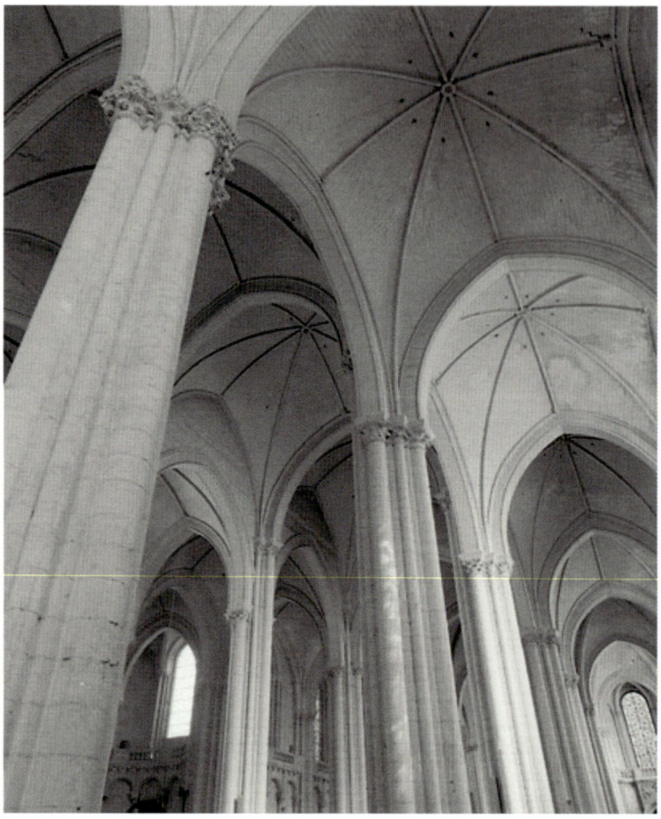

Fig. 4

On peut imaginer qu'alors les débats furent vifs, car c'est ensuite la conception du jeu des volumes qui change : on lit au-dessus des arcs des sortes de tympans qui compensent des différences de hauteur entre les travées, particulièrement entre vaisseau central et collatéraux (la partie centrale dominant maintenant de près de 3,50 m). La rectification apparaît plus importante encore dans les combles : on voit bien que les constructeurs sont revenus vers l'est pour modifier ce qui était en place, c'est à dire surélever le mur plat du chevet par un pignon à registre d'arcatures, édifier au revers de ce pignon une impressionnante double file d'arcs brisés s'appuyant sur les sommets des supports principaux (on a l'impression d'être devant deux ponts monumentaux aux arches très brisées : fig. 6) et, sans doute, abandonner un projet de tour de croisée qui avait été conduit

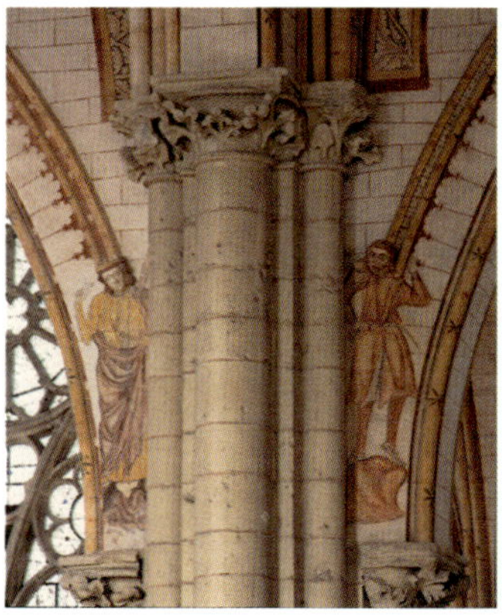

Fig. 5

11. M. l'abbé Auber, *Histoire de la cathédrale de Poitiers*, Poitiers-Paris, 1849, 2 tomes, chapitre XIII ; Xavier Barbier de Montault, « Mémoire sur les signes lapidaires des monuments religieux, civils et militaires de la ville de Poitiers, *Mémoire de la Société des Antiquaires de l'Ouest*, t. XXV, 1858-1859, p. 79-81. Étude plus récente réalisée par Bénédicte Fillion, qui a repéré cent vingt-quatre marques différentes : état de la question présenté devant la *Société des Antiquaires de l'Ouest*.

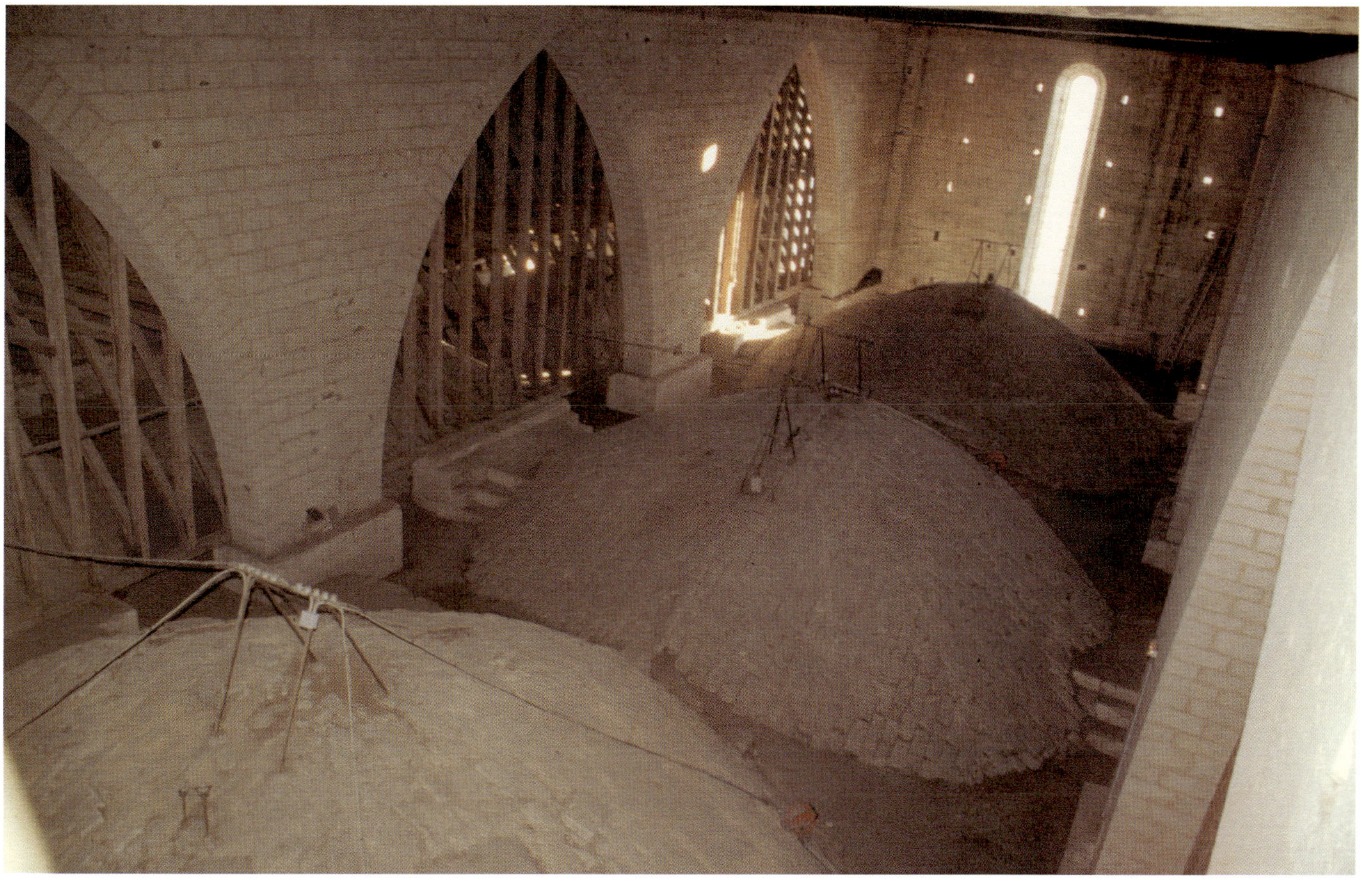

Fig. 6

assez loin (avec tourelle d'escalier en vis). En conséquence, il a fallu enlever les premières charpentes et toitures, à l'origine très articulées en pavillons travée par travée, et très proches de l'extrados des voûtes, puis, bien avant d'installer le grand toit à double pente, accrocher dans les premières assises des grandes arches des combles un couvrement provisoire dont se voient encore les solins[12].

La campagne de construction concernant la modification de la silhouette correspond à un mouvement général au sein de l'architecture gothique (construction du chevet de la cathédrale de Laon), qui pourrait bien, au-delà de nécessités techniques probables, refléter le souhait d'ajuster la majesté du volume à celle du pouvoir épiscopal renforcé par les conciles (Latran III et IV). Elle est datée à la fois par le style des arcatures de la partie supérieure du pignon et par les analyses de dendrochronologie concernant la charpente (bois abattus à partir de 1191[13]). L'unité et la monumentalité étaient ainsi considérablement accrues, en adaptant les parties hautes antérieurement composées à la forte accentuation du vaisseau central, mais on avait peut-être aussi gagné en efficacité (du point de vue de la couverture et de l'écoulement des eaux de pluie) et surtout en stabilité, car les lourdes structures de pierre des combles de la partie orientale pèsent désormais sur les supports, dont elles maintiennent les écarts comme un chaînage, alors qu'à l'ouest, dans la nef, les vaisseaux plus récents s'épaulent de façon plus pyramidale et donc moins audacieuse.

Si autour de 1190-1215 les inflexions de chantier ont été majeures d'un point de vue technique et esthétique, elles ne correspondent pas à des interruptions subies ou à des lenteurs conjoncturelles. En revanche, dans le second quart du XIIIe siècle, des difficultés matérielles ont dû entraîner des

12. Hypothèses fort convaincantes de B. Fillion, *Deux chantiers...*, p. 361-366. L'auteure a approfondi depuis ses arguments (publications à venir).

13. Les datations des bois révèlent une mise en place très lente, ce qui corrobore l'hypothèse du besoin d'une étape provisoire supplémentaire. Analyses de dendrochronologie effectuées en 1999 pour François Jeanneau, Architecte en chef, par Christophe Perrault et Olivier Girarclos (Laboratoire de Chrono-Écologie de l'université de Besançon).

ruptures, puis des maladresses dans l'achèvement des parties occidentales. Il faut dire que désormais régnait la mode du gothique « à la française », rendue inévitable par l'aspect séduisant des formes « rayonnantes » autant que par son rapport avec une dynastie capétienne dominante : la coïncidence de l'expansion de l'*opus francigenum* avec le règne de Louis IX et l'extension de son autorité en France et en Europe ne sont plus à démontrer. Les années trente furent celles de l'implantation du chevet de la cathédrale de Tours, mais également celles du premier chantier de type « rayonnant » ou « capétien » en Poitou, mené par les cisterciens de Valence près de Couhé-Vérac (1230-1239)[14]. Certes, on a fait venir à la cathédrale de Poitiers des sculpteurs excellemment formés et de valeur internationale, qui avaient dû s'exercer à Reims, Bourges ou Paris, pour exécuter les sculptures des trois tympans, mais l'architecture était moins adaptable. Il faut dire également que la façade, telle qu'elle avait été implantée, ne pouvait être comparée à une façade « harmonique » du type de celle de Notre-Dame de Paris, en raison de ses deux tours inégales, fermées et hors œuvre (ne pesant pas sur les structures intérieures) : la première, au nord, n'ayant été prévue à l'origine que pour un accent modeste, tandis que celle du sud, ou « grosse tour », était conçue comme un vrai clocher. À ces difficultés d'adaptation à un goût nouveau se sont superposés des problèmes graves (politiques et économiques ?) qui se révèlent dans le bâti. Par exemple, on voit bien que la construction de la deuxième travée du sud s'est interrompue au niveau de sa coursière de circulation, et qu'un projet de baies traditionnelles a été abandonné au profit d'une grande verrière à remplage rayonnant. En face, la grande arcade séparant le vaisseau central du collatéral nord est malencontreusement dissymétrique. Peut-être doit-on verser à ce dossier également les caractères d'inachèvement de la zone des portails : absence de statues au-dessous des dais architecturés, absence de polychromie, repentirs dans les rampants des gables...

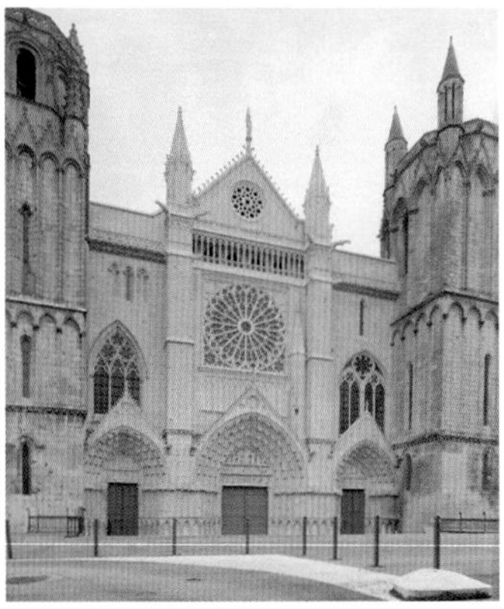
Fig. 7

Au cours d'une période difficile à déterminer, en tous les cas avant que ne s'achève le XIIIe siècle, la dernière étape majeure du chantier s'est appliquée au complément des murs latéraux des deux premières travées, au voûtement correspondant et à la poursuite de l'édification des tours. Le dernier étage de la tour nord ou « tour neuve » n'appartient qu'au début du XVIe siècle, tandis que le pignon surmontant la rose centrale et sa galerie sont à mettre au crédit des restaurateurs du XIXe siècle (fig. 7).

Le parti architectural, définition

Les difficultés d'achèvement ne doivent pas entacher notre perception, qui nous conduit nécessairement à la démarche créatrice du premier architecte.

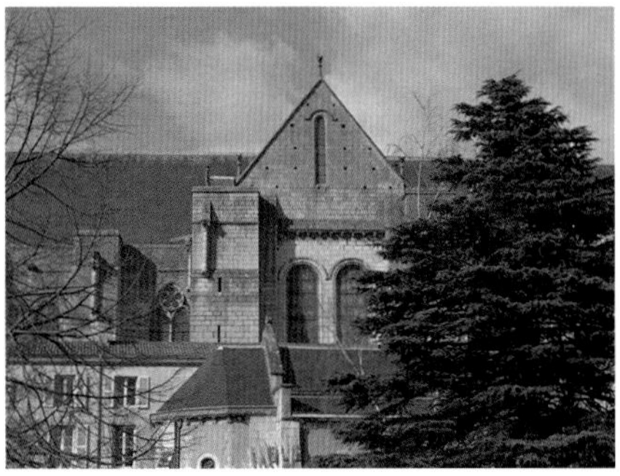
Fig. 8

Le plan forme une croix latine au transept peu accentué, présentant vers l'extérieur des murs plats (fig. 8). Le volume quadrangulaire principal composé de trois vaisseaux s'élargit d'est en ouest (de 31 m à 35 m), ce qui était prévu dès l'origine par l'ouverture des angles orientaux, et convient assez bien à l'élévation, plus importante également vers l'ouest (de 23 m à plus de 28 m), comme si le resserrement de l'espace devait

14. Claude ANDRAULT-SCHMITT, « L'abbaye de Valence et le style gothique des cisterciens », *Isabelle d'Angoulême, comtesse-reine, et son temps*, Civilisation médiévale, V, Poitiers, 1999, p. 97-110, et « Les églises cisterciennes du Poitou. L'invention architecturale et l'émergence d'un réseau européen (1129-1277) », *Revue historique du Centre-Ouest*, t. I, Poitiers, 2002, p. 11-103.

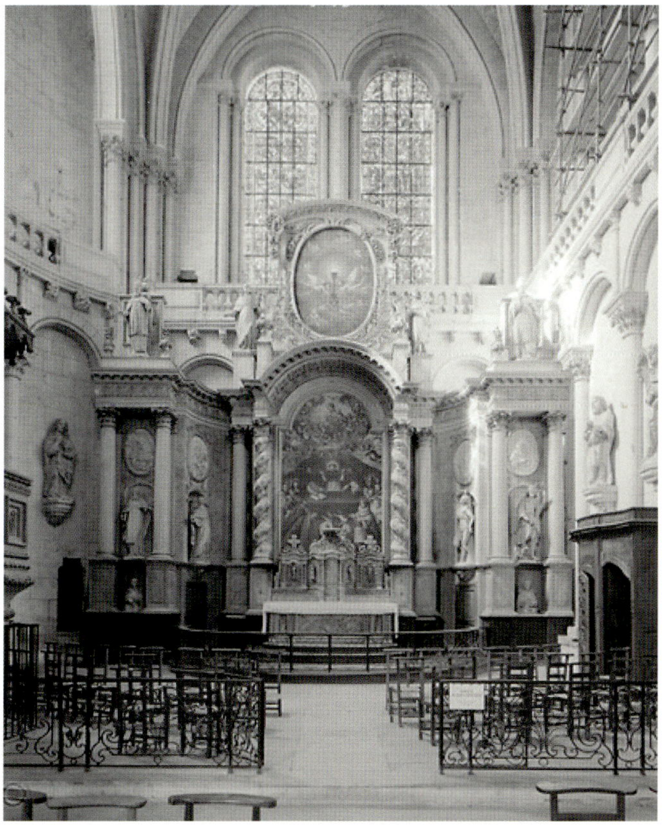

Fig. 9

compenser l'absence d'articulation par des chapelles individualisées. Des absidioles existent cependant : ce sont des hémicycles dissimulés extérieurement dans l'épaisseur des murs, tant au chevet que dans les parois orientales des bras du transept, tous voûtés d'un cul de four nervuré adapté au couvrement généralisé.

Le transept est peu marqué, aussi bien parce que chaque bras est limité à une travée (fig. 9) que par le système des ouvertures : les deux portes latérales principales ne sont pas ouvertes dans ses façades nord et sud mais dans les dernières travées de la nef, sous la forme des porte Saint-Jean (face à l'église du même nom) et porte Saint-Michel (richement décorée, à l'usage des fidèles, mais non achevée). Cette singularité s'explique sans doute moins par le souci de ne pas accentuer le bras transverse de la croix ou par l'adaptation au réseau des rues qu'à une réflexion sur l'utilisation liturgique de l'édifice, les circulations latérales se réalisant toujours en avant du chœur des chanoines.

Bien qu'il convienne à une conception générale empreinte de rigueur géométrique, le chevet plat séduit et surprend à la fois. Extérieurement

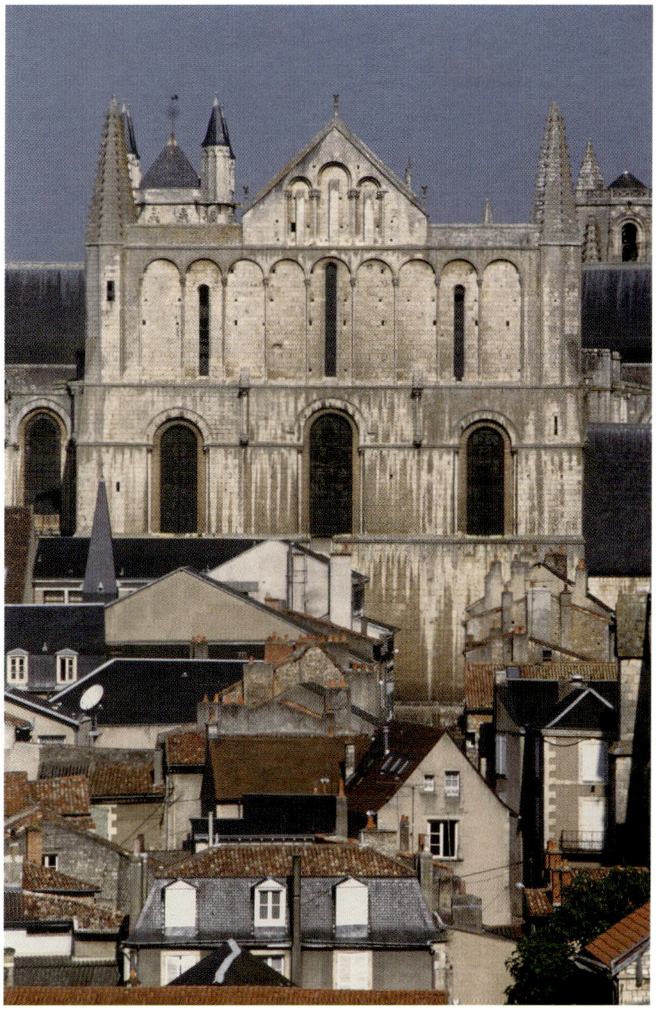

Fig. 10

(fig. 10), son aspect monumental (environ 40 m de haut) impressionne, même si on lui enlève en pensée le dernier niveau qui ne semble pas avoir été initialement prévu. Ses assises de pierre de taille témoignent d'une technique éprouvée. Sa lisibilité demande un certain décryptage : en bas, une partie entièrement aveugle correspond à l'encagement des absides ; l'étage moyen affirme sa prééminence par ses trois vastes baies en plein cintre, très peu ornées, dont l'élément central possède un tracé légèrement surhaussé qui lui donne une qualité de géométrie raffinée ; plus haut, le pignon décoré d'arcatures, moins sévère, dissimule la grande salle des combles et ne participe donc pas de l'espace intérieur. Notons les différences de traitement entre cette paroi et les gouttereaux qui s'y rattachent, car les baies orientales se singularisent par les angles vifs de leur découpe, le dessin de leur cintre, le calibre de leurs claveaux, leurs colonnettes de

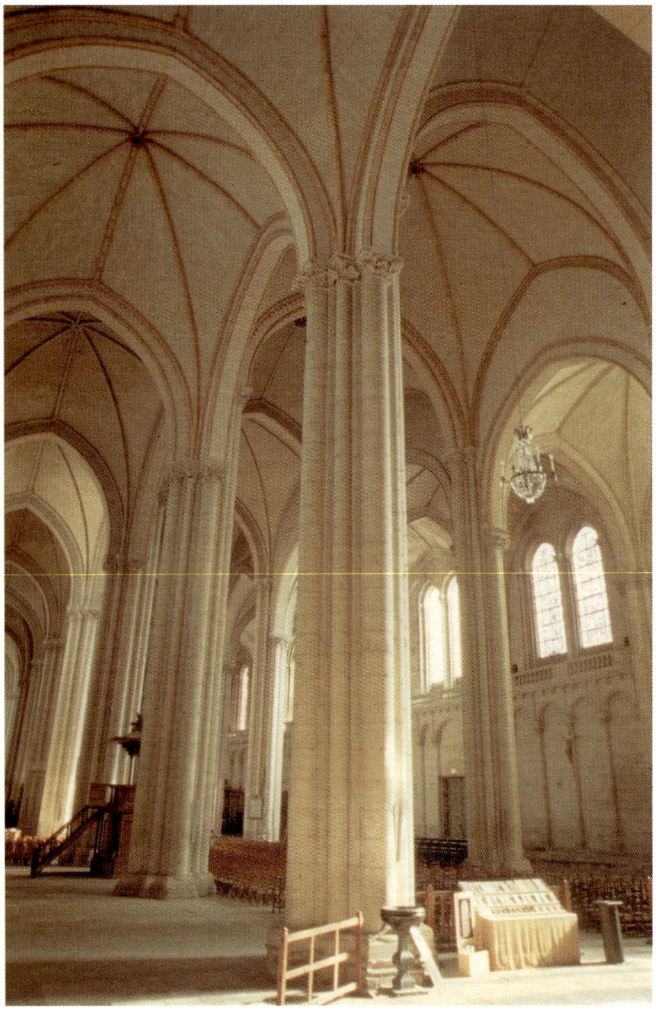

Fig. 11

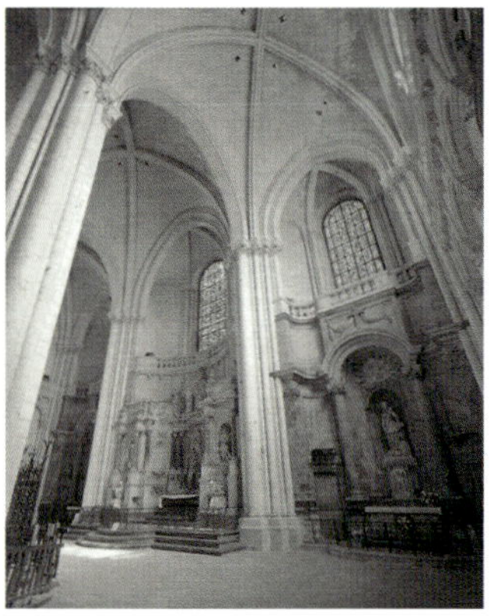

Fig. 12

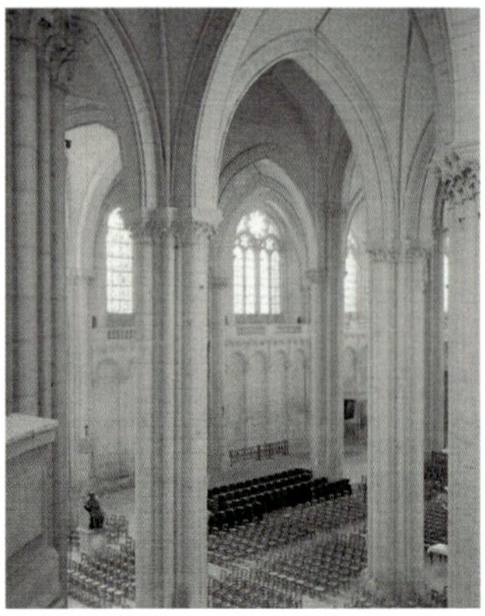

Fig. 13

piédroits et le léger cordon engendré par le niveau des petits chapiteaux de ces supports : fruit d'une période plus férue de classicisme antiquisant ou/et désir d'ennoblir ce côté ?

À l'intérieur, l'ensemble est voûté par un appareil complet de voûtes d'ogives dont la projection donne travée par travée un plan pratiquement carré. Elles sont toutes bombées, selon le système angevin, c'est-à-dire que la clef centrale est placée bien plus haut que les clefs des arcs qui la limitent. Toutes sont portées à une grande hauteur, avec des différences mineures qui ne contredisent jamais la définition dite « d'église-halle ». Pour la technique et l'aspect, les différences ont été déjà relevées : à l'est, deux larges ogives non pénétrantes, soit en plate-bande, soit en trois tores (fig. 1 et 12) ; au centre et à l'ouest, des ogives pénétrantes en simple tore sont complétées par des liernes qui démultiplient visuellement les voûtains, donnant huit compartiments. Partout l'écriture est parachevée par des moulurations latérales, ou légers formerets caractéristiques de l'architecture gothique.

Piles et arcs scandent l'espace en ouvrant largement les volumes les uns sur les autres (fig. 11). Les grandes arcades (séparant vaisseau central et collatéraux) et les arcs doubleaux (dans le sens transversal) possèdent un tracé brisé qui permet une élévation plus importante et une structure plus solide. Pour leurs supports a été adoptée une composition traditionnelle, en adéquation avec la réception des quatre parcours : quatre demi-colonnes adossées sur un noyau cruciforme. S'ajoutent naturellement les colonnettes nécessaires à la réception visuelle des ogives, logées dans les angles (fig. 14 et 15). Le décor historié a été banni des chapiteaux, au profit de végétaux plus aptes à souligner les articulations de l'architecture, selon des solutions propres au premier gothique.

Les murs gouttereaux assurent l'éclairement, qui, pour indirect qu'il soit dans sa définition technique (il ne parvient au vaisseau central qu'au travers des grandes arcades), est abondant. Ils se décomposent en deux niveaux. En bas, la paroi est renforcée par une arcature, dont les chapiteaux sont également porteurs de colonnettes qui les relient à une corniche à modillons : les occasions de sculpture sont donc multipliées. À mi hauteur, le mur s'amincit grâce à l'aménagement d'un passage assurant la circulation, ou coursière (la balustrade n'est pas médiévale). À cet endroit se révèle pleinement la science du constructeur, car la coursière

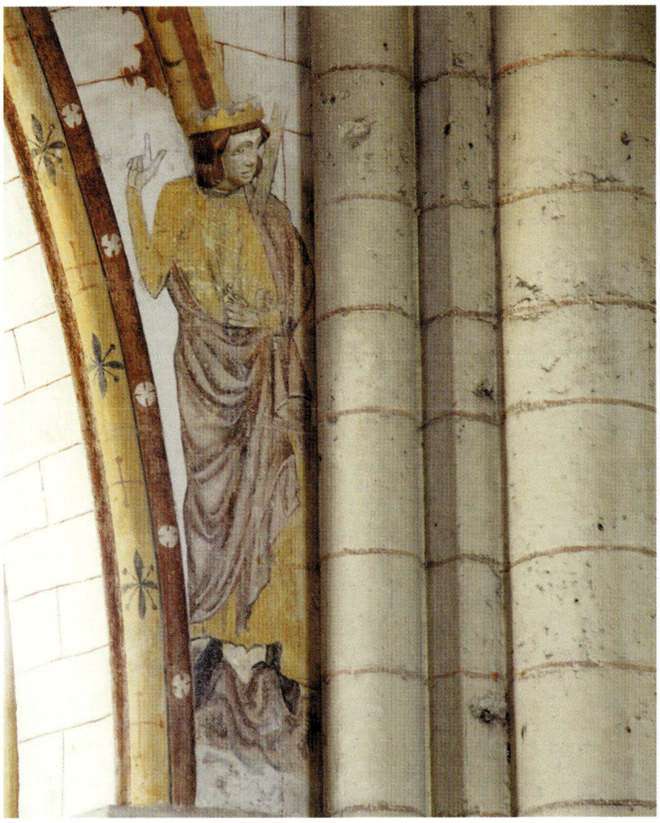

Fig. 14

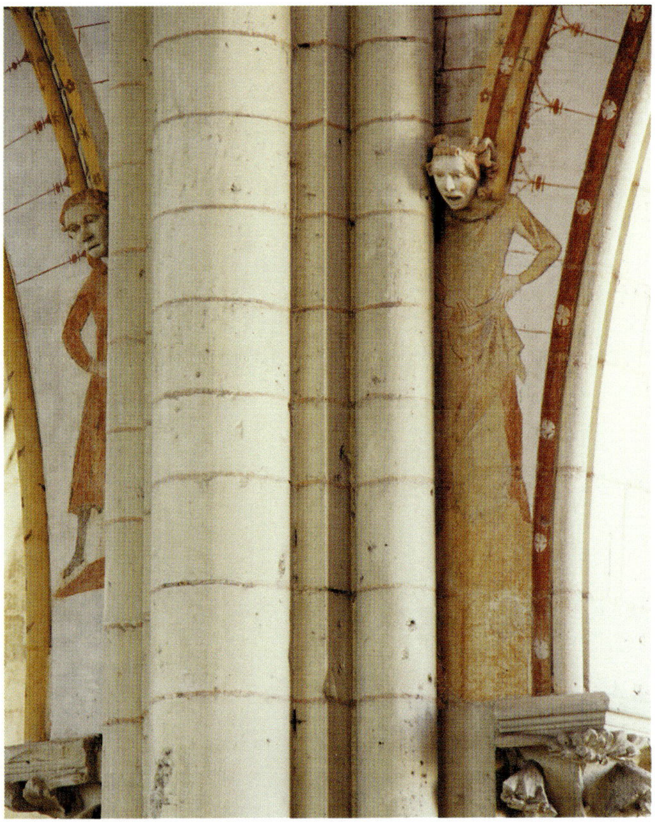

Fig. 15

fait tout le tour de l'édifice (fig. 11 à 13)[15]. Qui plus est, son parcours ne passe pas droit dans le noyau des piles, ce qui aurait obligé à les renforcer, mais en fait le tour dans l'épaisseur des murs, travée après travée. Au-dessus, les baies échancrent fermement chaque unité murale définie par les profonds arcs formerets qui correspondent à la largeur de la coursière ; à l'exception des dernières campagnes, elles ont été construites selon les choix du premier architecte, c'est-à-dire par paire. Que les profils aient d'abord été conçus en plein cintre (à l'est) puis avec un tracé brisé (à partir du transept) est un détail qui témoigne d'une progressive adaptation à la mode en vigueur : on remarquera surtout le premier jeu des formes, qui associe tracés plein cintre pour les arcs à valeur ornementale (baies, portes, arcatures) et tracés brisés pour les arcs à valeur structurale (grandes arcades, arcs doubleaux, grands arcs formerets), selon un principe caractéristique de certains domaines du premier gothique, comme le gothique angevin ou le premier gothique cistercien.

À l'extérieur, entre les importants contreforts montant de fond, les baies jumelles issues des premières campagnes apparaissent comme le motif essentiel d'animation, avec les minces corniches qui reproduisent les niveaux intérieurs. Quelle que soit leur forme, elles sont toutes soulignées d'une mince archivolte, formant en général sourcil. Le cordon ainsi dessiné au départ des cintres, parfois continu, sert comme au chevet de niveau de base pour installer des éléments assez surprenants : des colonnes sur dosserets qui jalonnent l'ensemble du périmètre (fig. 16). Ces supports juchés en encorbellement sont effectivement reliés aux chéneaux et constituent des porte-gargouilles (dont certains ont perdu leur fonction depuis la surélévation du pignon et la ligne définitive de la toiture). Mais, de ce fait, les parois latérales acquièrent en hauteur une certaine puissance, avec des renforts et des parapets pesant verticalement au-dessus du voûtement.

L'analyse des murs latéraux a mis en évidence les circulations de mi hauteur et de hauteur. Là

15. Y compris au revers de la façade, aujourd'hui dissimulé derrière la tribune de l'orgue : Y. Blomme, « La construction… », p. 44.

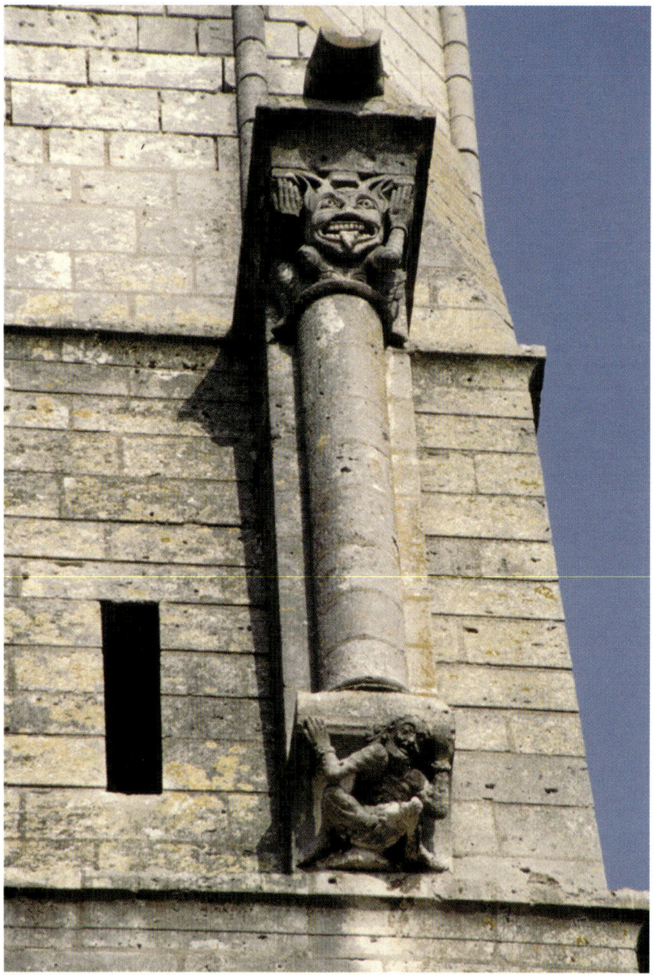

Fig. 16

encore, comme pour les piles, les ogives, les arcatures et les baies, le système est complet, et se conforme aux intentions initiales ou presque. Ainsi, on remarque l'importance des escaliers en vis menant jusqu'aux combles, faciles à ménager dans les murs épais, et qui desservent tous la coursière au passage : à ceux de la façade (en annexe de la tour au nord, à l'est de la tour au sud) et des angles du chevet s'ajoute un escalier dans chaque bras du transept (cependant mal terminé dans sa partie supérieure).

Il n'a pas été trop difficile de moderniser les travées occidentales par quelques accents empruntés au gothique à la française : de belles fenêtres à motifs gigognes de lancettes et d'oculus polylobés répondent à la rose de la façade, dont on a souvent souligné le rapport avec celles du transept de Notre-Dame de Paris. Mais dans ce domaine, il faudrait se livrer à une complexe critique d'authenticité : d'une part la rose de façade a été entièrement restituée au XIXe siècle, d'autre part certaines des fenêtres situées au centre ou à l'ouest de l'édifice ont été reprises au cours des siècles.

Le parti architectural, interprétation

L'originalité du parti architectural ressort des effets produits par l'association des caractères, mais il faut également souligner l'absence de postérité, sans doute explicable par le fait qu'il n'était pas possible de procéder à une adaptation par réduction exacte. Certes, quelques-uns des éléments ont pu inspirer les constructeurs des alentours, qu'on peut imaginer fortement impressionnés : le vaste chevet plat pour l'église de Vaussais aussi bien que pour l'allongement de la collégiale limousine de Saint-Junien; l'association des trois vaisseaux encadrés par des gouttereaux en deux niveaux pour l'église du Puy-Notre-Dame, qui s'inscrit davantage dans les séries du gothique angevin; la conception des gouttereaux et de la coursière pour la collégiale de Sainte-Radegonde, toute proche et menée probablement par les mêmes exécutants…

Si la cathédrale de Poitiers reste un hapax, on peut en revanche la replacer plus facilement qu'on ne l'a dit à son époque, à condition de moins considérer l'œuvre finie que les motivations de l'architecte par rapport aux aspirations de son temps.

Comme tout autre réalisation, elle est nécessairement en partie conservatrice. On a évoqué la culture régionale, et l'habitude de monter également les hauteurs respectives des vaisseaux qui se contrebutent mutuellement, en supprimant tout étagement et toute structure pyramidale. Il est vrai que cette option nous prive d'arcs-boutants, et donc d'une image traditionnellement associée au nouveau style, ce qui est perceptible déjà chez Jean Bouchet (qui jugeait le chantier inachevé pour cette raison), mais procède d'idées reçues, heureusement balayées par les études les plus récentes : il existe plusieurs types de gothique, tous aussi estimables. La tradition est davantage représentée sans doute par la forme des piles, qui gardent une articulation logique : mais cette rigueur n'est-elle pas liée à la nécessité d'ouvrir de façon équivalente dans les quatre directions cardinales, en donnant un nouveau sens aux demi-colonnes ?

Il est évident d'autre part que le thème de la paroi divisée par une coursière de circulation correspondant à de vastes formerets est inspiré des églises romanes à file de coupoles comme la cathédrale d'Angoulême et l'abbatiale de Fontevraud, soit directement, soit indirectement par le truchement de la cathédrale d'Angers, qui est l'exemple véritablement fondateur du style angevin. Seulement, tous les autres édifices utilisant cet élément sont des églises à vaisseau unique : ce n'était pas une moindre audace que de l'adapter à une église-halle pourvue de collatéraux. De la même façon, la coursière de circulation n'est pas inédite, mais l'architecte lui a donné une autre valeur de modernité et de technicité en lui donnant un parcours libérant les supports, annonçant longtemps en avance les triforiums du gothique méridional (cathédrale de Limoges).

Avec le mur épais, est donc menée une réflexion qui conduit d'une culture régionale (au sens le plus large) à une réinterprétation. Ceci dit, il s'agit de l'un des thèmes en vogue pendant le dernier tiers du XIIe siècle, qu'il faut associer à une conjonction d'aspirations, parfois paradoxale : l'ostentation révélée par les moyens nécessaires à l'achat et au transport d'une grande quantité de pierre, le développement de l'art de la taille, l'austérité d'une époque marquée par un nouveau monachisme, la réaction à une trop grande lisibilité des volumes, la surenchère par rapport à l'art de la construction militaire. Entre autres parallèles : bien loin de là, la cathédrale de la Seu d'Urgel, considérée comme romane, est élevée au même moment selon les mêmes principes, avec une absidiole intérieure dissimulée extérieurement par la partie basse de l'abside et des circulations *intra-muros* reliées par des escaliers en vis logés dans les angles.

Une comparaison avec les cathédrales anglaises, naturellement suggérée par la nomination de Jean de Canterbury en 1162, a été le plus souvent écartée. Il est vrai qu'il est difficile d'envisager le débarquement conjoint d'un évêque et de son architecte, encore moins une mise en place des fondations tellement rapide qu'elle ressortirait du miracle. Cependant, on observera des coïncidences entre les articulations de notre cathédrale et celles des édifices anglais construits autour de 1200, qui doivent de nombreuses caractéristiques à des habitudes antérieures connues par l'archéologie : chevet plat, élévation poursuivie de façon abrupte jusqu'au chevet, collatéraux continus terminés par un hémicycle dégagé dans un mur droit, façade occidentale élargie par de petites tours hors œuvre, équivalence entre la grande longueur de la partie réservée au chœur liturgique à l'est du jubé et celle de la nef proprement dite… Par rapport à ces traits, les importantes différences concernent tout ce que nous avons coutume de rassembler sous le nom de « style » : conception de l'étagement, technique des voûtes, forme des piles, arcatures, chapiteaux… Évoquons donc pour le moins une culture commune, qui pourrait provenir d'une réflexion sur les usages liturgiques : même si tout lien direct semble devoir être écarté avec l'arrivée de l'évêque Jean, il est utile de rappeler que l'adoption des usages liturgiques de Old Sarum (ancien site de Salisbury) a conforté, amplifié et quelque peu uniformisé des schémas anglo-normands jusque là sporadiquement utilisés (dont le chevet plat…). Malheureusement, nous ne disposons pas des mêmes sources (ancien mobilier, archéologie des niveaux de sol, rituels…) que les historiens de l'art anglais, et notre cathédrale est largement une coque vide par rapport à la réalité médiévale.

Si Saint-Pierre de Poitiers montre une solution inédite mais bien insérée dans les interrogations de son temps, c'est aussi et surtout par les recherches concernant la fluidité de l'espace. Il s'agit de résoudre la dialectique continuité / articulation. Comme à Laon, où un long chevet à pignon est venu remplacer l'hémicycle, l'unité a été accentuée par l'inflexion apportée vers 1200, avec suppression des accents prévus (sur la croisée) et simplification de la silhouette sous le toit unique à deux versants. Comme à Bourges, où le déambulatoire n'est pourvu que de simples niches, on se préoccupe partout à la même époque d'éviter la fragmentation donnée par des chapelles rayonnantes. C'est encore la cathédrale de Bourges qui révèle le désir de minorer le transept, qui disparaît complètement, donnant à l'ensemble un aspect de carène renversée, tandis que la cathédrale de Sens avait adopté dès le milieu du XIIe siècle une solution proche de celle de Poitiers, avec des bras réduits. Il faut penser que, alors que la silhouette extérieure était chargée de représenter l'autorité et la puissance de l'évêque et du chapitre, l'espace intérieur était lié à un certain type de fonctionnement liturgique, soumis alors à une nouvelle conception des rapports entre les deux communautés, laïque et ecclésiastique. C'est au sein de toutes ces tendances que se comprend l'adoption du chevet plat transformé en somptueux écran par le soleil levant, même s'il faut ajouter à l'explication des réponses plus spécifiques aux problèmes posés par le lieu, comme l'aspect de rempart (ligne intérieure à une centaine de mètres en avant de la ligne effective du rempart contemporain), ou encore, bien sûr, la correspondance avec le système des voûtes. Enfin, on peut évoquer la démarche de l'architecte de Chartres, qui s'est situé du côté de la tradition pour les articulations du plan (qui devait respecter une partie des fondations anciennes), mais en inventant une conception modulaire rigoureuse par l'association d'une unité de travée à une unité de voûte.

La conclusion d'une étude comparative renforce les premières impressions sur la singularité des choix. En effet, si la modification de la silhouette par la mise en évidence d'une plus grande unité résumée par le grand toit a des équivalents dans l'histoire des cathédrales à la fin du XIIe siècle, la décision d'installer le somptueux chevet plat, qui apparaît évidemment dès les premières assises du sud-est, donc au milieu du siècle, est bien la première de ce type[16] ! Bien avant Chartres (1194) et Bourges (vers 1190), où la démarche a été conduite en réfléchissant sur les possibilités de l'ogive à la française, le génie de l'architecte de la cathédrale de Poitiers a été de mettre au point un parti architectural utilisant enfin au mieux toutes les facilités offertes par la voûte de type angevin, technique qui jusqu'alors avait été choisie pour ne pas modifier les schémas d'élévation donnés par les habitudes ou le bâti ancien. La question qu'il s'est posée était la suivante : comment faire donner à la voûte bombée sa meilleure et plus neuve expression esthétique en renouvelant les structures ? Avec son œuvre, la voûte d'ogives angevine n'avait plus la palme de l'adaptabilité, mais celle de l'invention. Car il a eu l'idée de juxtaposer les travées voûtées, comme autant de cellules creuses ouvertes les unes sur les autres, et en les alignant à la fois transversalement et longitudinalement. Pour être juste, il faut signaler quelques autres réussites dans ce domaine, essentiellement dans les belles salles de malades du domaine Plantagenêt, Hôpital Saint-Jean à Angers (vers 1180) ou Maison-Dieu du Coëffort au Mans (œuvre un peu plus tardive mais plus traditionnelle) : dans ces triples vaisseaux séparés par deux files de colonnes, dont les parois simples sont scandées par des colonnes non engagées, la virtuosité est associée à une nécessité fonctionnelle autant qu'à l'absence de tradition à respecter ; élaborer une cathédrale, et celle d'un diocèse aussi vaste, représentait un tout autre enjeu.

Grâce à des moyens plastiques et des trouvailles qui n'étaient pas ceux de ses concurrents (et peut-être même pas les siens sur ses autres chantiers), l'inventeur de la cathédrale de Poitiers a atteint un but recherché par tous les constructeurs de monuments religieux de son époque : cerner et manifester la *lux continua*, la lumière qui baigne également et abondamment les volumes, répondant aux aspirations des théologiens. N'est-ce pas, en même temps que le signe de la réussite de l'artiste, la meilleure preuve que le monument s'inscrit résolument au sein de l'architecture « gothique » ?

Claude Andrault-Schmitt

16. Dans le répertoire architectural roman français, et sans exclure une possibilité d'élargissement des comparaisons grâce aux édifices disparus, on ne peut guère verser au dossier que le parallélisme avec le chevet de la cathédrale de Périgueux (ancienne cathédrale Saint-Étienne), qui fermait une structure en vaisseau unique à file de coupoles, à peine (ou pas) antérieure (peu avant 1163).

CÉLÉBRER DANS LA CATHÉDRALE

par Monseigneur Albert Rouet

archevêque de Poitiers

La liturgie forme un tout, car elle est l'œuvre d'un peuple. Son nom l'indique : il lui faut le concours d'un peuple et d'un peuple qui accomplit une œuvre, son travail. De quel peuple s'agit-il ? De l'Église, que Saint Pierre déjà, reprenant un titre donné à Israël, appelle « le Peuple de Dieu »[1]. Ce peuple très particulier ne doit son existence ni à la race, ni au vouloir de l'homme, mais à Dieu qui l'appelle : « Qui nous a sauvés et appelés d'un saint appel »[2]. Ce Peuple tient son origine de la convocation qu'il entend et accueille. L'Église : celle que Dieu convoque.

Un peuple

Peuple de la foi, sans frontière, son originalité vient aussi de ce que chaque membre apporte aux autres une fécondité que l'Esprit du Christ lui donne, au point que « vous êtes membres les uns des autres »[3], tous forment un seul corps, le Corps du Christ qui unit les chrétiens dans sa communion. Voilà pourquoi la liturgie est une œuvre commune. C'est d'abord l'Église qui célèbre.

À la différence d'une masse ou d'une foule inorganisée, ce Peuple est structuré. Il possède une organisation propre dont la source réside dans le Christ qui appelle tous les hommes. Cette structure ne légitime pas son pouvoir selon les capacités ou les mérites humains. Elle exprime que le Christ même constitue la « Tête de son Corps ». Quand Saint Paul évoque les « ligaments » qui assurent à ce Corps cohésion, unité, adaptation[4], il en parle en termes de construction et de services. L'évêque qui préside la liturgie rassemble le peuple qui lui est confié dans la communion du Christ, afin que la prière de tous entre dans l'amour du Christ pour son Père. L'évêque lui-même, par son ordination, est envoyé à une Église particulière pour qu'elle vive sa mission de témoigner de l'Évangile, dans la communion de toutes les autres Églises.

Un travail

Ce Peuple de Dieu a un travail, **une œuvre,** à accomplir. La foule, un jour, demande à Jésus ce qu'elle doit faire pour travailler aux œuvres de Dieu. Et le Christ de répondre : « L'œuvre de Dieu, c'est de croire en Celui qu'il a envoyé »[5].

Le premier travail de la liturgie consiste donc dans l'œuvre de la foi, donc d'entendre la Parole de Dieu pour qu'elle habite la vie des croyants, de recevoir le Corps du Christ dans l'Eucharistie. Cet acte de foi édifie l'Église, il façonne le peuple des croyants. Dans l'Eucharistie les chrétiens reçoivent de devenir davantage ce qu'ils sont déjà, le Corps de Jésus Christ pour la vie du monde : « Devenez ce que vous êtes » (saint Augustin).

Ce travail fondamental requiert bien des collaborations depuis entretenir, fleurir, orner le lieu de prière, assurer les lectures, la chorale, l'organiste... Plus chacun joue son rôle sans empiéter sur celui des autres, plus l'assemblée en bénéficie. Celle-ci manifeste son accord, elle écoute, chante, se lève, s'incline, processionne et exprime sa foi par l'*Amen* qu'elle prononce : « C'est bien sûr ».

Extraits de la Bible :

1. Première épître de saint Pierre, chap. 2, verset 10.
2. Deuxième épître de saint Paul à Timothée, chap. 1, verset 9.
3. Épître de saint Paul aux Romains, chap. 12, verset 5.
4. Épître de saint Paul aux Éphésiens, chap. 4, verset 16.
5. Évangile selon saint Jean, chap. 6, versets 28-29.

Une telle œuvre s'accommode aussi mal de l'indifférence de la passivité. Le croyant n'est pas un consommateur. Il est, chacun pour sa part, acteur de la liturgie à laquelle il participe. D'où l'importance des services qui aident un groupe à se constituer en assemblée, mieux même en communauté qui partage la responsabilité de la foi. Celui qui préside n'agit pas seul : il réunit visiblement dans une même prière tant d'actes différents. Loin d'imposer ses goûts, il officie en fédérant.

Ce travail demande à être repris à chaque célébration. Ce n'est pas parce que la chorale a bien chanté un dimanche que la qualité ne risque aucune baisse ! Dans le cadre des rites liturgiques dont la structure centrale remonte à l'âge apostolique, il est nécessaire de garder une certaine souplesse pour s'adresser à l'assemblée, pour la stimuler ou l'apaiser. Chaque liturgie est unique ; elle demande préparation, répétition : elle est précisément « à faire ».

La beauté

En cela, une liturgie s'apparente à une œuvre d'art, disons plus modestement qu'elle est un « artisanat », une manière de produire de la beauté. Car la beauté évoque l'indéfinissable qui unit le mystère de l'homme, sa dignité à faire advenir, à la tension vers Dieu qui échappe à toute description. La beauté offre le chemin du mystère. Elle attire, comme le Christ « élevé de terre »[6] attire par la splendeur de son offrande.

Sans parler immédiatement de la cathédrale on peut souligner déjà quelques contraintes imposées par la taille d'un bâtiment. Une sonorisation de qualité est indispensable, sinon la majorité de l'assemblée n'entend rien. Un éclairage doit normalement permettre une luminosité diversifiée : focalisée sur un point, diffuse ou éclatante. Il reste encore bien des progrès à faire pour jouer de la lumière, ce que nos devanciers faisaient déjà en tablant sur le nombre de lampes et de cierges.

Les dimensions de l'édifice exigent des objets qui se voient de loin, une grande hostie, un calice haut, sinon dès la moitié de la nef plus personne ne voit ! Les gestes, les déplacements demandent une ampleur proportionnée à l'espace. Il faut donc un chœur qui permette d'habiter l'espace. Faute de ces attentions, **la beauté liturgique,** devenue imperceptible, ne joue plus son rôle attirant, quelle que soit par ailleurs la beauté architecturale. Une assemblée qui ne voit rien s'émiette en individus qui prient chacun de leur côté, ainsi la prière d'une même communauté est-elle rendue moins tangible. On ne peut attendre de chaque personne de compenser par une oraison privée le manque de qualité du rassemblement qu'une liturgie doit effectuer.

Dans la cathédrale

La nature du lieu et sa composition imprime à la liturgie une marque précise. Il suffit de présider une célébration pour percevoir combien l'environnement influence la manière de célébrer : une église sans pilier, ronde, ou une nef romane aux piliers massifs n'établissent pas entre l'officiant et l'assemblée les mêmes contacts. Se voir face à face, être en demi-cercle, ou avoir devant soi quelques paroissiens disséminés change considérablement la relation entre les fidèles et les acteurs de la liturgie. Des architectures peuvent interdire, faute d'espace, des cérémonies que le large plateau d'édifices moins beaux favorise admirablement. Ainsi l'aménagement de certains chœurs empêche d'y conférer aisément une ordination : trop de marches, pas de lieux où l'ordonné puisse se tenir allongé sur le sol…

La cathédrale possède ses exigences. Première église du diocèse, église-mère de toutes les églises, elle est d'abord l'église de l'évêque. Elle contient donc le siège unique dans tout le diocèse, d'où prêche en principe l'évêque, la cathèdre qui a donné son nom à l'édifice.

6. Évangile selon saint Jean, chap. 12, verset 32.

Une église particulière, un évêque, une cathédrale. Tout est placé sous le signe de l'unité, unité dans la foi, charité dans la communion, réconciliation espérée d'une humanité réconciliée. Mais avant tout « un seul Seigneur, une foi, un baptême, il n'y a qu'un Dieu et Père »[7]. Le signe d'un évêque dans la cathédrale évoque la dimension d'unicité de Dieu et de la foi.

Pour autant la cathèdre ne saurait atténuer la présence de l'autel majeur. Signe du Christ qui s'est offert lui-même en son propre corps, l'autel central est à la fois tombeau (il contient les reliques de saints), table de la Cène du Jeudi-Saint, pierre du sacrifice marquée de cinq croix en mémoire des cinq plaies du Christ. L'autel préside, au centre, visible.

L'autel, la cathèdre et la nef, lieu de l'assemblée. La liturgie cathédrale se déroule dans un triangle : l'évêque va de la cathèdre à l'autel, de la cathèdre vers son peuple pour prêcher, de l'autel vers l'assemblée pour donner la communion. On voit déjà que ces déplacements, outre la place nécessaire pour que leur ampleur ait un sens, inscrivent dans la liturgie les trois charges de l'évêque : il enseigne, d'où le siège doctoral de la cathèdre, il sanctifie par la célébration eucharistique, il conduit son peuple dans les processions à la suite du Christ (la croix ouvre la marche).

La liturgie cathédrale est une suite de mouvements bien visibles. La cathédrale est faite pour y marcher : les processions en font le tour, les acteurs liturgiques se déplacent. Une ordination sacerdotale fait évoluer dans le chœur beaucoup d'intervenants.

Occuper l'espace

La cathédrale est vaste. On s'y perd un peu. Dès le vingtième rang de chaises, l'assemblée voit mal. Aujourd'hui pourtant l'électricité aide plus que les lumignons d'hier ; il reste la distance. Nous avons pour une grande part perdu les réactions des liturgies anciennes. En effet, aujourd'hui, deux cents personnes dans la nef donnent une impression désolante de vide. En d'autres temps aussi, l'assemblée était restreinte : de nombreuses gravures en font foi. La cathédrale, sans chaise ni banc, permettait de déambuler. La liturgie venait parmi les fidèles, comme actuellement, pendant la Vigile pascale, la procession introduit l'assemblée et les célébrants, avec leur cierges allumés, à la suite du cierge pascal ; l'évêque parcourt la foule (car cette nuit la cathédrale est pleine !) les catéchumènes viennent recevoir le baptême...

Pourquoi bougeons-nous si peu ? Quelle rigidité nous bloque sur place ? Ne serions-nous plus le peuple de l'Exode, marchant à la suite du Christ ? Je me souviens d'une célébration avec une centaine de jeunes musiciens. Du baptistère à la chaire, de la chapelle du Saint Sacrement au pied du grand vitrail, puis devant l'autel : les jeunes habitaient l'espace. À eux cent, ils emplissaient la cathédrale. Nuance : la **remplir** est une question de nombre, d'assemblée de grandes fêtes (Noël, Vigile pascale) ou d'occasions solennelles. « **Emplir** » un espace ne joue pas sur la quantité des présents, mais sur la qualité de la présence. Le nombre est ici second par rapport à la qualité des gestes, à leur beauté.

La taille de l'édifice a peu à voir avec la population de la ville : trop petite pour accueillir toute le monde, trop vaste pour les célébrations paroissiales ! C'est donc autre chose qui est en vue : il s'agit de donner à un peuple l'envie de se lever et de marcher, donc de sentir que la parole le soulève et que l'Eucharistie l'envoie humaniser le monde. La grandeur de la cathédrale affirme avec raison la démesure de l'espérance.

De nombreux acteurs

Quand l'évêque officie, il rassemble pour l'eucharistie le peuple qui lui est confié. L'Église se donne à voir, elle s'expose pour mieux se

7. Épître de saint Paul aux Éphésiens, chap. 4, versets 5-6.

faire connaître. D'où l'intérêt d'inscrire les places respectives non d'abord selon une conception de pouvoir hiérarchique, mais à partir « de la diversité de dons dans le même Esprit »[8].

Que voit-on d'abord ? La source, l'origine : autour de l'autel qui est le Christ, l'évêque est assis et il rappelle, par l'ordination reçue, que le Christ est la Tête de l'Église. Autour de sa cathèdre, siègent les prêtres (les stalles rappellent le collège des chanoines célébrant l'office de la prière). La place des prêtres est importante, pour deux raisons : collaborateurs directs de l'évêque dans le ministère issu des apôtres, ils irriguent le peuple croyant de la grâce sacramentelle du Christ. Ensuite, ces prêtres forment un corps unique, le **presbytérium,** qui appartient à l'Église locale, en montre la permanence et la mission fidèle. Les évêques passent, le *presbytérium* reste !

Puis les diacres : comme l'indique leur nom de « serviteurs », ils effectuent le service de la Parole en lisant l'Évangile, et celui de l'Eucharistie en préparant l'autel et distribuant la communion. Ils montrent ainsi que, dans l'Église tout entière servante comme le Christ, « c'est le même Dieu qui agit en tous et pour tout »[9].

Les ministres ordonnés, évêque, prêtres et diacres ne célèbrent pas sans le peuple ainsi que le disait déjà au IVe siècle Saint Jean Chrysostome. L'assemblée délègue aussi une part de ses responsabilités à des officiants dont elle reconnaît la qualité artistique : ainsi pour la Maîtrise, chœur d'enfants assistés par des adultes et les organistes, surtout le titulaire du grand orgue, le célèbre Clicquot, et celui de l'orgue de chœur. Par sa beauté, la musique soutient la prière sans remplacer le chant de l'assemblée. Elle entraîne à une plus juste ferveur.

8. Épître de saint Paul aux Romains, chap. 12, versets 4-6.
9. Première épître de saint Paul aux Corinthiens, chap. 12, verset 6.

Autour de l'autel, ceux qu'on appelait « les enfants de chœur » et qui sont souvent des jeunes, accompagnent les déplacements en portant la croix et les cierges, préparent les encensements (ce vieux rite qui indique la montée de la prière vers Dieu) et les objets nécessaires à la liturgie. Leur connaissance du déroulement de la liturgie, leur manière de se situer dans l'espace, sont essentiels pour créer l'impression de dignité indispensable en un tel lieu.

Il convient également de citer des acteurs qui interviennent dans la liturgie. Les lecteurs par exemple, et ceux dont le visage n'apparaît pas : les personnes qui composent le décor floral, celles qui s'occupent de la sacristie ou qui, les jours d'affluence, accueillent les fidèles (il faut même veiller aux consignes de sécurité).

Une liturgie cathédrale occupe beaucoup d'intervenants, même quand elle se veut simple. Ce nombre n'est pas qu'un souci de faste, finalement très mondain. Il signifie la participation active du Peuple de Dieu. Le clergé et les fidèles ne restent pas immobiles face à face, la liturgie fait apparaître la diversité des fonctions dans l'Église. Cette multiplicité utile à la communauté croyante, souligne aussi les différents aspect de la mission de l'Église : chargée de la Parole de Dieu, elle est une Église du dialogue ; Peuple où chacun à sa place, elle symbolise une humanité où tout homme exercera sa fécondité sociale ; Temple de l'Esprit, elle célèbre l'Eucharistie « pour la vie du monde »[10]. La liturgie établit l'Église dans sa mission et la liturgie cathédrale l'effectue dans le lieu premier de l'Église diocésaine : une seule communion et une même mission.

Temps et circonstances

La liturgie s'inscrit dans un espace consacré pour écrire sur la terre la vocation de la création à être récapitulée dans le Christ, afin de devenir un pays de fils du même Père, une terre de

10. Évangile selon saint Jean, chap. 6, verset 51.

frères. Elle se déroule également dans le temps et de deux manières.

Le temps est une durée. Un flux annuel qui résume la vie du Christ, de son attente (l'Avent) à sa naissance et son baptême ; de sa montée à Jérusalem (Carême), à sa mort, sa Résurrection et son Ascension ; de la Pentecôte à l'espérance de son retour glorieux. À chaque grand moment, le temps s'ouvre à la présence de l'éternité qu'il porte. Aussi les offices pontificaux[11] sont-ils célébrés aux grandes fêtes : Noël, la Vigile pascale (où tout le centre de Poitiers vient à la cathédrale), l'Ascension, la Pentecôte...

Le temps apporte également des circonstances particulières. C'est à la cathédrale que l'évêque célèbre les ordinations de prêtres, confirme les adultes de son diocèse. C'est là que se tiennent les rassemblements diocésains (rencontre des religieuses, fêtes de l'église locale...). La cathédrale sert aussi pour des liturgies à grande participation de fidèles, comme certaines profession de foi.

L'Église est mêlée inévitablement à la vie de la cité. Parce qu'elle est l'église de l'évêque, des cérémonies y sont prévues avec les autorités du pays : le 11 novembre, des obsèques de personnes ayant exercé une large responsabilité... La cathédrale retrouve alors une des fonctions anciennes qu'elle a toujours tenues, celle de la principale église d'une cité, d'un pays. Dans une République laïque où l'État est propriétaire des cathédrales, il est normal, en plein respect des opinions et croyances de chacun, que la dimension religieuse constitutive de l'homme puisse être honorée si la demande en est adressée à l'Église catholique. En ces occasions, sans jouer à la série des « autorités civiles, militaires et religieuses », autre chose est indiqué : l'intégration de l'existence des chrétiens, sans récupération ni prosélytisme, à la vie de la cité.

11. L'évêque est « *pontife* » en signe du Christ-médiateur qui fait seul le pont entre Dieu et les hommes : Première épître de saint Paul à Timothée, chap. 2, verset 5.

Célébrer en la cathédrale de Poitiers

À Poitiers, on descend à la cathédrale. Contrairement à d'autres villes où l'on monte vers l'église-mère qui domine le paysage, Poitiers abrite sa cathédrale au flan du plateau qui s'incline vers le Clain. Ce lieu mal choisi pour un si grand édifice, puisqu'il a fallu araser une partie du versant et combler l'autre afin d'obtenir une assise plane, a été voulu. Il garde l'inscription de la première communauté chrétienne parmi les petits commerçants et les humbles gens de la cité gallo-romaine. J'aime descendre à la cathédrale : son emplacement historique donne une bonne orientation à l'Église.

De la place du parvis, on pénètre de façon peu commode : il faut descendre, remonter, franchir un portail et aussitôt redescendre. On fait plus attention où on met les pieds qu'à l'entourage. Ce n'est sans doute pas un inconvénient de rappeler physiquement qu'il vaut mieux, dans la vie, savoir où on met les pieds si on veut aller vers Dieu. Bien sûr, la « vraie » raison est d'ordre architectural, mais les sermonnaires médiévaux goûtaient de telles comparaisons.

N'oublions cependant pas de regarder. Nous héritons de la cathédrale telle qu'elle est, après des siècles de travaux. Or cet héritage nous livre à l'entrée et au fond, deux surfaces planes : il n'y a pas d'abside. De ce fait, les tympans de la façade droite annoncent le vitrail qui préside à l'édifice. Il en résulte quatre crucifixions et quatre ascensions pour un même message. Pour rejoindre Dieu, le croyant passe par le chemin du Christ : qui donne sa vie la gagne[12]. Cette voie est manifeste pour le vitrail : la croix ouvre la route de l'ascension et, déjà, Pierre et Paul y sont engagés.

Revenons à la façade : si Marie connaît l'assomption, c'est bien parce qu'elle s'est laissée donner par son Fils en croix[13]. L'apôtre Thomas,

12. Évangile selon saint Marc, chap. 8, versets 34-38.
13. Évangile selon saint Jean, chap. 19, verset 27.

dans la légende, sacrifie l'argent pour bâtir une demeure au ciel. Quant au tympan central, il rappelle que le jugement qui ajuste au Christ exalté après sa crucifixion, dépend de la charité avec laquelle chacun traite les affamés, les prisonniers, les malades[14].

Un même programme iconographique enserre le lieu de la liturgie. Or l'Eucharistie faite « en mémoire du Christ » célèbre en acte **cette route de la charité** que décrivent les tympans et le vitrail central. Les représentations constituent une liturgie figurée qui entourent la liturgie à vivre. Chacun sait ce qu'il vient célébrer : la vie du Christ pour vivre à sa suite. D'entrée de jeu et en finale.

Sur cet axe, l'autel central est décentré. Au centre, à la croisée des transepts, comme le cœur de la croix que dessine dans la pierre l'architecture de la cathédrale. Et pourtant décentré : des tympans qui décrivent au dehors la marche des chrétiens vers leur ascension avec Christ, jusqu'au vitrail où le Ressuscité monte vers son Père, l'autel est une étape. Il n'est pas le terme du chemin et dans les deux sens. Car l'eucharistie célébrée sur l'autel conduit au Royaume de Dieu dont elle est le Repas annonciateur ; et elle envoie (« Allez dans la paix du Christ ») construire un monde selon l'amour de Dieu. Amour dont elle est le sacrement essentiel.

Cette cathédrale chante déjà un monde de résurrection, mais dans une histoire de violence, de mesquinerie et parfois de beauté. Les chanoines détruisirent les verrières pour mieux voir ; les boulets de Coligny martelèrent le fronton ; la chapelle du Saint Sacrement expose tous les attributs de l'apologétique de la Contre-Réforme (ici, le mot est exact) ; la chapelle du Sacré-Cœur rappelle une dévotion si juste mais si souvent déformée... Toute liturgie récapitule cette histoire de la foi parmi tant d'histoires des hommes... L'évêque, au début de la célébration, s'adresse à cette humanité en lui disant : « La paix soit avec vous ! » Tels sont les premiers mots du Ressuscité à ses disciples[15]. La cathédrale affirme la solidité de cette transfiguration.

***

C'est jour de fête. Ce matin, le soleil levant jette dans la cathédrale les couleurs du grand vitrail. Les premiers fidèles arrivent bien avant l'heure, pour occuper une « bonne place ». La Maîtrise répète une dernière fois. Le bourdon sonne gravement puisque l'évêque vient célébrer, ensuite le carillon l'accompagne. Par ses sept portes la cathédrale accueille les chrétiens de Poitiers et ceux qui sont de passage. La Maîtrise va revêtir les aubes. Les diacres s'activent autour de l'autel.

Puis éclate le timbre particulier du Clicquot, à la fois clair et réservé, allègre et pudique. La procession sort de la sacristie, fait le tour par le fond. En tête, la croix qui est la clef du chemin, puis le clergé et l'évêque qui bénit la foule. Chacun se signe, comme au baptême : encore un geste d'entrée.

Arrivé à l'autel, l'évêque le salue, enlève sa mitre et remet sa crosse : que vaut devant le Christ qui sacrifie sa vie, la couronne royale du Peuple de Dieu et peuple sacerdotal[16] ? Il n'y a plus besoin du bâton de marcheur quant l'autel présente le but de l'existence : faire de sa vie une offrande d'amour, une eucharistie. Tant de beauté dans la vie du Christ se révèle comme le Visage de Dieu parmi les hommes : l'évêque encense l'autel, puis la croix — celle du vitrail.

Il gagne alors sa cathèdre, salue le Peuple que le Christ, unique Pasteur, lui a confié : « La Paix soit avec vous... ». Alors un monde renouvelé se lève.

Mgr Albert Rouet

14. Évangile selon saint Matthieu, chap. 25, versets 31-46.

15. Évangile selon saint Jean, chap. 20, verset 19.
16. Première épître de saint Pierre, chap. 2, verset 9.

LES STALLES

par Yves Blomme

Professeur à l'Université Catholique de l'Ouest à Angers

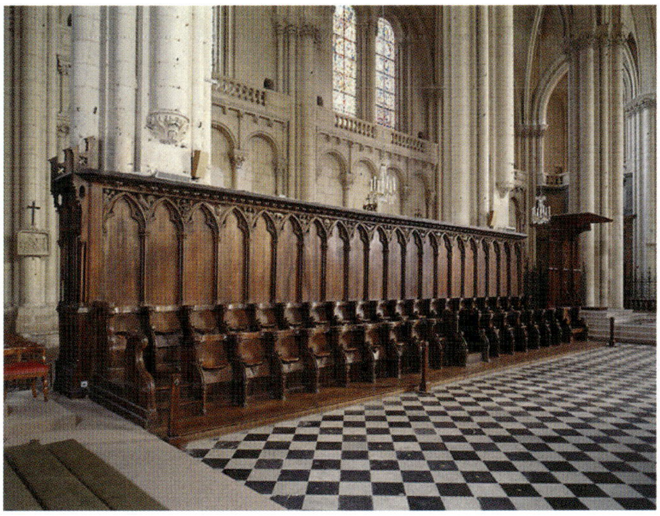

Fig. 1

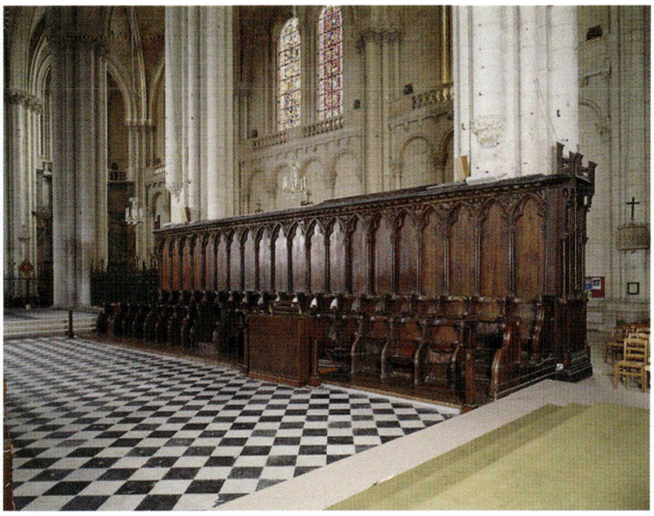

Fig. 2

La cathédrale abrite un groupe de stalles qui comptent parmi les plus anciennes de France. Ces stalles occupent actuellement la première travée du chœur, où elles forment deux ensembles de 37 sièges chacun (fig. 1 et 2). Elles se retrouvent ainsi approximativement dans leur position d'origine, depuis qu'entre 1858 et 1864 le sanctuaire a été réaménagé dans le goût néo-gothique par Mérindol, à l'instigation de Mgr Pie. En fait, ainsi qu'il a été montré plus haut par M. Robert Favreau[1], cette disposition n'est que l'ultime avatar de bien des bouleversements. Un nombre indéterminé de stalles ont été perdues au cours des siècles. Ainsi, on en comptait encore 98 sur les plans du XVIIIe siècle, dont 16 à l'est étaient en retour d'angle, où on avait transporté le jubé. Elles ne sont plus que 84 sur un plan de 1801. Quant à Lassus, il prétend n'en avoir vu que 70 lors de sa visite de 1842. On remarque aujourd'hui que, si les séries des écoinçons s'achèvent logiquement vers l'ouest par un demi motif sculpté d'un ange de profil, c'est une figure mutilée que l'on rencontre à l'autre extrémité, témoignant ainsi que l'ensemble se prolongeait jadis de ce côté[2].

Les 74 sièges, remarquablement conservés, sont séparés par des parcloses identiques, à l'exception de rares éléments remplacés ou complétés à basse époque. Le bas de la parclose est limité par une colonnette polygonale surmontée d'un chapiteau à crochets. La partie médiane est moins épaisse, afin de recevoir, sur son retrait le siège abaissé. Elle est limitée par un rampant fortement mouluré qui s'achève par une belle volute de feuillage formant appui-main, et que la moulure qui porte la colonnette supérieure vient baguer à sa naissance. Les colonnettes hautes sont cylindriques et surmontées de chapiteaux plus développés et plus variés qu'en bas. Ils incluent, entre de gros boutons d'angle, des petites feuilles polylobées contre la corbeille. Deux remarques sont déjà possibles : l'alternance des colonnettes cylindriques et polygonales est très répandue au XIIIe siècle, depuis son emploi

1. Voir plus haut, p. 30. Sur les stalles de Poitiers, voir : Élisa Maillard, *Les sculptures de la cathédrale Saint-Pierre de Poitiers*, Poitiers, 1921, p. 131-155.

2. Nous numérotons les stalles, ainsi que les écoinçons, d'ouest en est.

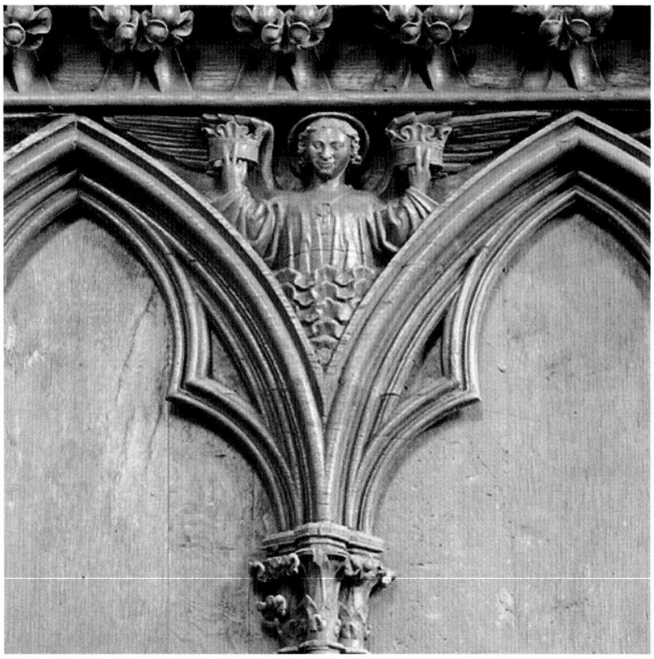

Fig. 3

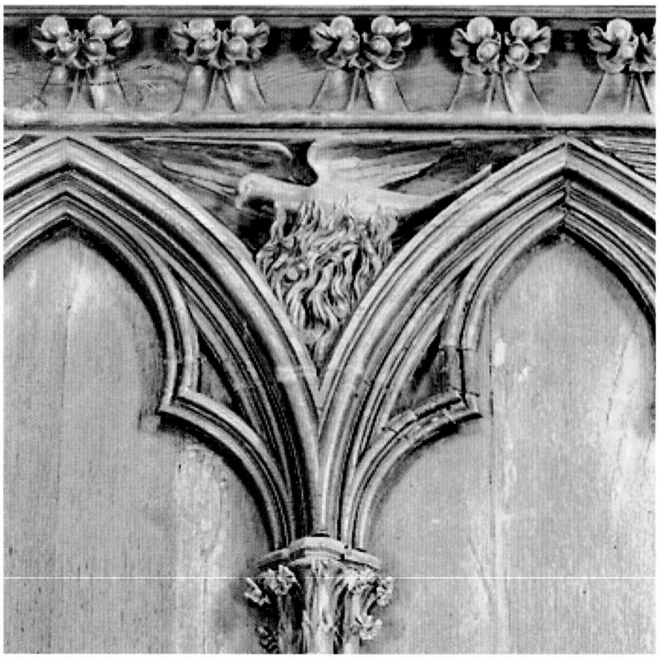

Fig. 4

qui a caractérisé la nef de Chartres. D'autre part, cette parclose est très comparable au dessin qu'a fait figurer Villard de Honnecourt à la planche 54 de son célèbre album, ce qui ne saurait surprendre ; toutes les parcloses ayant à partir de là, et pour longtemps, un dessin comparable[3]. À la variété des volutes des appuis-main, répond celle des miséricordes. On prendra garde que seulement 52 d'entre elles sont d'origine. En effet, 22 ont été remplacées à basse époque (10 au nord et 12 au sud), et on les reconnaît facilement : d'une part, les miséricordes tardives sont nettement plus saillantes mais moins larges ; d'autre part, leur motif sculpté figure des masques plus ou moins grotesques, consiste en un cul-de-lampe de feuillage volumineux et plus grossièrement traité, ou bien encore en un cul-de-lampe nu. Sur les miséricordes du XIIIe siècle, les motifs végétaux sont très variés. Les sculpteurs ont cherché à représenter un grand nombre d'espèces, probablement d'après nature. Leur thème de prédilection reste la petite feuille polylobée qui à cette époque envahit le rang inférieur des corbeilles des chapiteaux gothiques. Une fois — sur la 6e stalle haute du côté sud — le sculpteur s'est accordé la fantaisie d'un masque de feuillage, thème alors en vogue. Les jouées sont simplement traitées comme des parcloses un peu plus développées. Certaines ont été remplacées, ou simplement couronnées par de grosses volutes au XVIIe siècle.

Les rangées supérieures des stalles sont surmontées de deux séries de vingt hauts dossiers. Chaque dossier est constitué par une arcade trilobée portée par un faisceau de trois colonnettes encadrant un panneau nu. Entre les arcades, et sous la forte moulure sommitale ornée de gros crochets gothiques, les écoinçons s'ornent d'une extraordinaire variété de thèmes sculptés qui sont la gloire des stalles de Poitiers. On remarque tout de suite qu'un motif d'écoinçon sur deux est constitué par un buste d'ange qui paraît jaillir des nuées, et qui tient dans ses mains deux couronnes fleuronnées (fig. 3). Les ailes déployées du personnage remplissent parfaitement l'espace triangulaire de l'écoinçon. Le motif, qui est représenté vingt-deux fois, aurait pu engendrer la monotonie si les sculpteurs n'avaient fait montre d'une grande variété d'inspiration qui se manifeste dans les vêtements, les chevelures, et aussi par les positions des mains. Plus précisément, les personnages de la rangée nord sont dans l'ensemble plus placides que leurs vis-à-vis. Les plis des vêtements sont moins tourmentés et les sourires moins rigides. Le thème de l'ange couronnant un

3. *Carnet de Villard de Honnecourt.* Introduction et commentaires par A. Erlande-Brandenburg, Régine Pernoud, Jean Gimpel, Roland Bechmann, Paris, 1986, pl. 54.

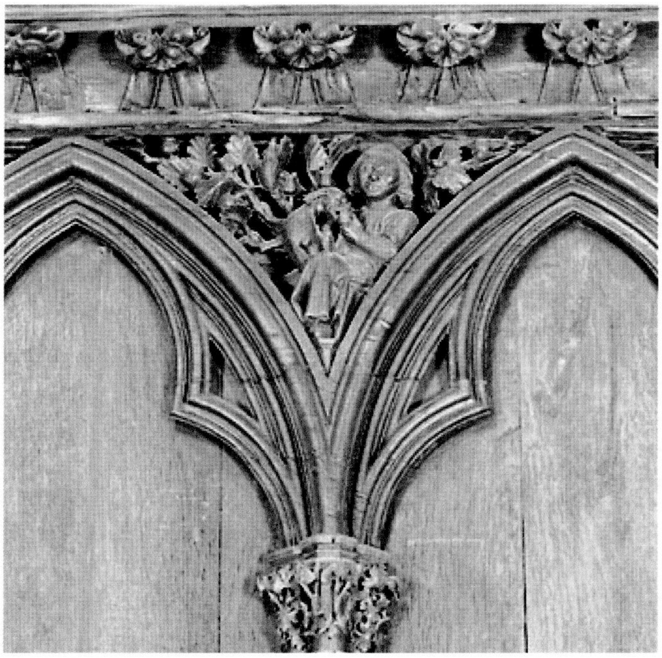

Fig. 7

saint ou un martyr est extrêmement répandu au Moyen Age. C'est souvent un ange, ou le Christ lui-même, qui couronne les élus au sommet des voussures des portails. Cependant le motif en position d'écoinçon et répété systématiquement ne se retrouve véritablement dans l'art français que sur le soubassement de la Sainte-Chapelle de Paris et au portail de l'église de Rampillon (Seine-et-Marne). Dans ce dernier cas, les anges couronnent évidemment les apôtres des piédroits du portail, tandis que dans la chapelle du palais parisien, ils destinent leur récompense aux martyrs peints dans les quadrilobes de l'arcature. À Poitiers, ces anges se comprendraient mal si nous n'apprenions que des figures de saints étaient jadis peintes sur les hauts dossiers. On en retrouva quelques traces en 1910 lors de l'enlèvement des badigeons qu'avait apposés Vétault en 1779[4]. Plus tard, on retrouvera ce thème des anges aux couronnes en Angleterre : ainsi dans le célèbre « chœur des anges » de la cathédrale de Lincoln, et sur le jubé — aujourd'hui déplacé — de la cathédrale de Salisbury[5].

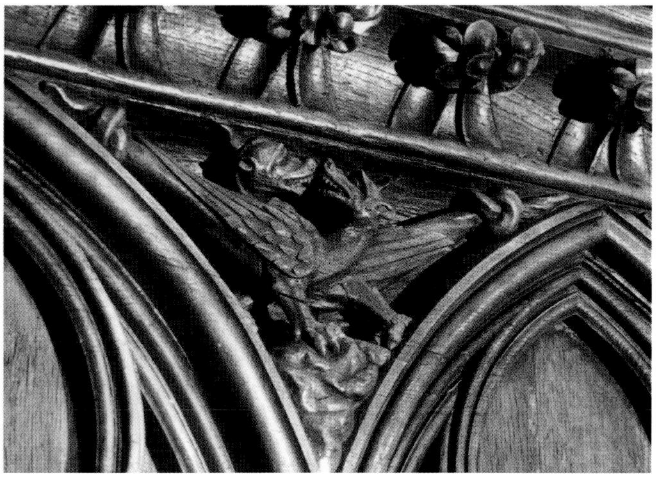

Fig. 5

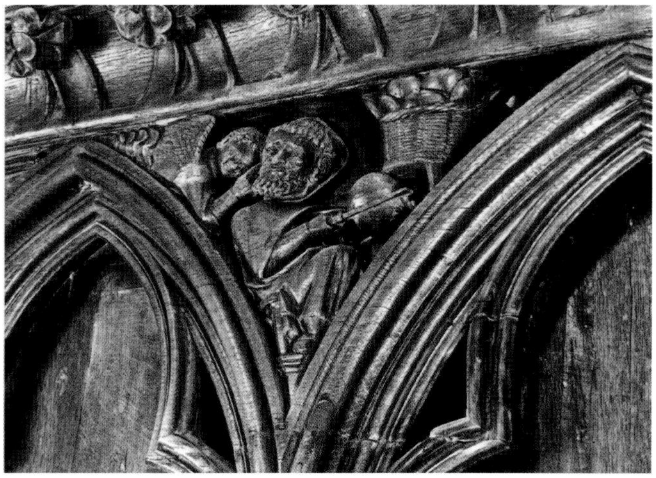

Fig. 6

À Poitiers, les sujets des autres écoinçons offrent la plus grande variété possible. On rencontre ainsi des animaux réels ou fabuleux. Le coq voisine presque avec la chauve-souris. Un chat capture une belette, et un lion se bat avec un dragon. Les sculpteurs semblent d'ailleurs plus à l'aise avec le fantastique : si le phénix (fig. 4) et le griffon sont un peu raides, le basilic ainsi que les dragons s'affrontant (fig. 5) ou se mesurant rendent un effet saisissant. La figuration humaine n'est pas en reste. Le gros visage d'homme serré dans une gimbe est un peu lourd (8e écoinçon nord) ; mais on admire l'étonnant fasciès (fig. 7) qui se dessine dans des feuillages tourmentés (12e écoinçon nord). En outre, quelques scènes domestiques plus élaborées se rencontrent surtout du côté sud. On a quelque peine à les classer. Si l'homme abattant un sanglier appartient à la série traditionnelle des travaux des mois, on hésite à y ranger le beau vieillard qui tranche une miche de pain (fig. 6),

4. Constatation faite par l'abbé Compain de la Tour Girard, *B.S.A.O*, t. 2, 3e série, 1910, p. 78.
5. Encore, à Lincoln, les anges ne tiennent-ils qu'accessoirement des couronnes, mais aussi des instruments de musique et des objets liturgiques, comme par exemple ceux du fameux tombeau d'Aubazine (Corrèze).

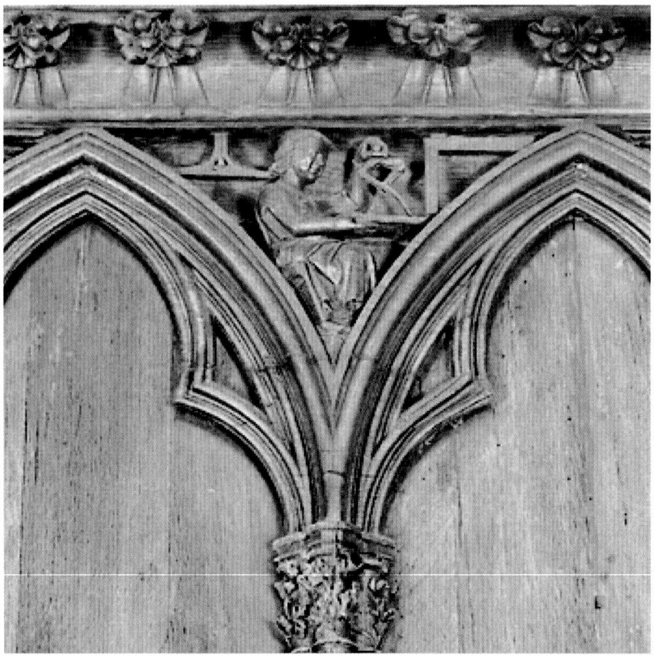

Fig. 8

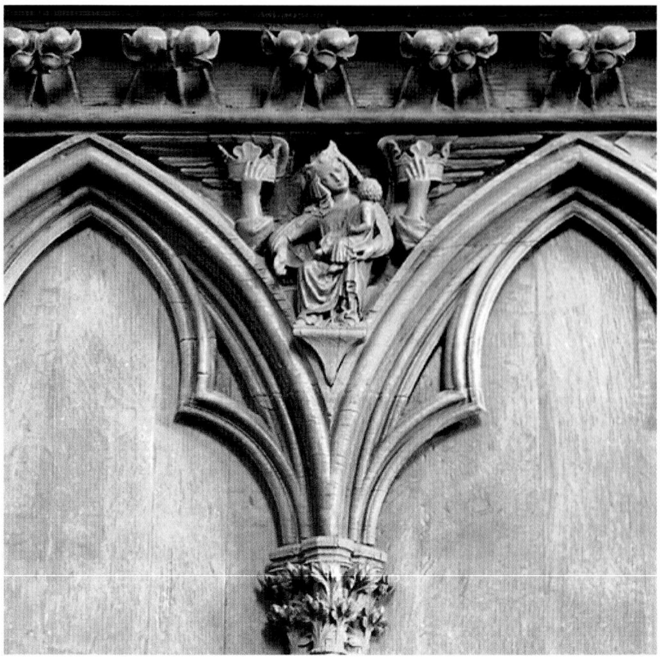

Fig. 9

ou encore le personnage qui, au milieu des chênes, nourrit un animal qui ressemble davantage à un dragon qu'à une chèvre. La chute de cheval symbolise ordinairement l'orgueil, tandis que la femme nantie d'un coffre, d'une grosse bourse et d'une coupe peut illustrer l'avarice. Plus loin, le métier d'architecte est évoqué par l'écoinçon le plus célèbre de toute la série (fig. 8). L'homme use du compas et a à sa portée le niveau et l'équerre. Aucun ordre ne s'impose dans ces scènes, et ceux qui ont à tout prix voulu en découvrir un ont échafaudé des constructions aussi fragiles qu'arbitraires. Plusieurs mains ont travaillé à ces sculptures. On reconnaît un même artiste dans certaines scènes du côté sud : ainsi sur les écoinçons n° 2, 6, 10 et 14, on rencontre un sculpteur qui aime l'anecdote et remplit bien l'espace à sa disposition, au besoin par quelques accessoires. Ses visages larges arborent des sourires un peu outrés. Plusieurs anges de ce côté pourraient également être de sa production. On n'oubliera pas de mettre à part la petite Vierge à l'Enfant du 3e écoinçon nord (fig. 9). La figurine est évidemment plus tardive et doit dater du XIVe siècle. Elle a d'ailleurs pris la place d'un ange aux couronnes dont il subsiste les bras et les ailes. Si la pose inclinée de la tête de la mère vers l'Enfant est charmante, on doit regretter le mouvement disproportionné de son trop long bras droit.

À la différence de bien des éléments de mobilier médiévaux qui sont dépourvus de tradition littéraire, les stalles de Poitiers sont datées par plusieurs auteurs anciens, ce qui semble d'ailleurs avoir plutôt contribué à augmenter la perplexité des commentateurs. En effet, au XVIe siècle, Jean Bouchet, dans ses *Annales d'Aquitaine*, écrit de l'évêque Jean de Melun (1235-1257), qu'« *il feit faire les sièges du cueur, les grans chandeliers de cuyvre qui sont audit cueur et la garniture du gran aultier.*[6] » L'indication est répétée en termes assez proches par des historiens poitevins : Nicolas de Sainte-Marthe et dom Fonteneau[7]. Elle est reprise par la *Gallia christiana*[8], et se retrouve dans une histoire de Melun du XVIIe siècle[9]. Il n'est nullement prouvé que l'ensemble de ces mentions proviennent exclusivement de l'affirmation de Jean Bouchet. Si certains ont admis facilement cette attribution des stalles, d'autres l'ont contestée au moins en partie. Ainsi, Lassus ne datait de l'évêque en question que les stalles proprement dites, et reportait les hauts dossiers

6. Jean Bouchet, *Annales d'Aquitaine*, 1525, tierce partie, fol. LXXII.
7. Nicolas de Sainte-Marthe, *Pictavensis comitatus historia ecclesiastica*, 1646, p. 140-142, ms. 380 de la Médiathèque de Poitiers. Dom Fonteneau, t. XXXV, p. 14 et ss., et t. LIX, p. 393, Médiathèque de Poitiers.
8. *Gallia christiana*, t. II, col. 1184.
9. Sébastien Rouillard, *Histoire de Melun*, Paris, 1628, p. 685.

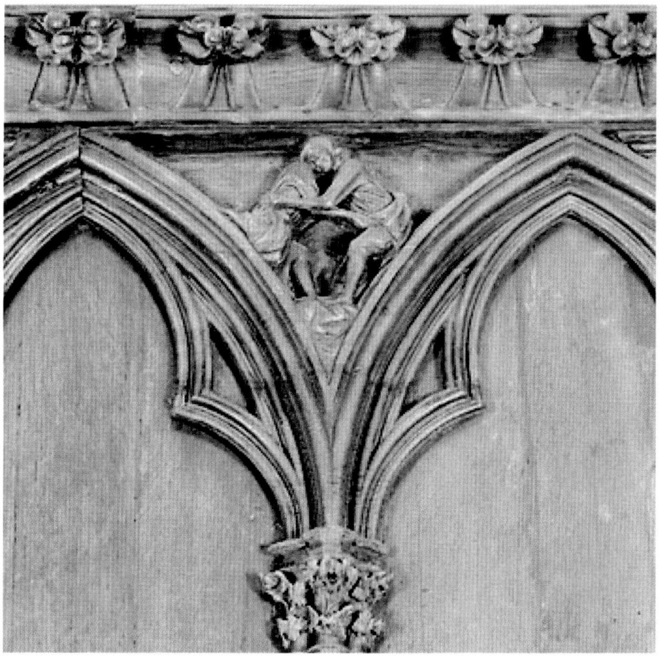

Fig. 10

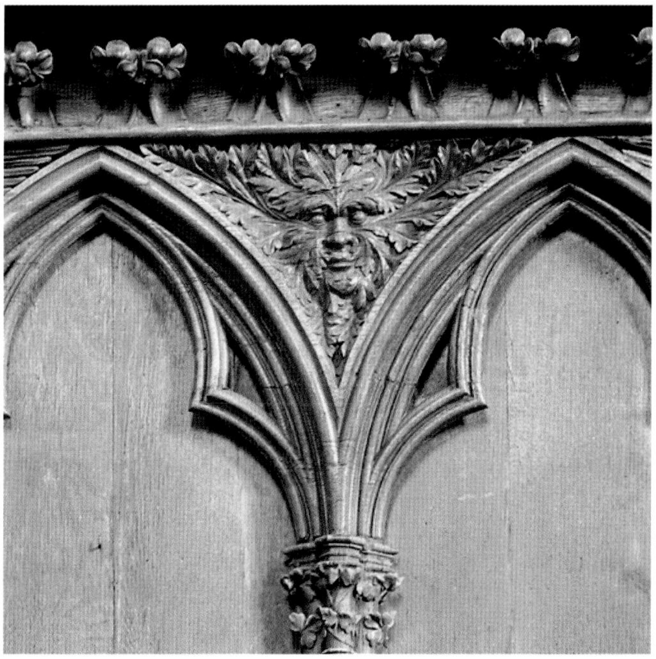

Fig. 11

au début du XIVe siècle. On peut cependant noter les points communs qu'offrent l'ensemble des sculptures avec les dessins de Villard de Honnecourt. Nous avons déjà relevé la ressemblance avec la parclose dessinée à la planche 54 de son carnet. On pourrait y ajouter la scène des lutteurs (planche 28) (fig. 10), la chute de cheval (planche 6), le dragon (planche 21), ainsi que les étonnants masques de feuillage (fig. 11) de ses planches 10 et 43[10]. À condition d'ajouter que, si ces rapprochements sont suggestifs, aucun n'est absolument probant à lui seul.

C'est d'ailleurs dans la cathédrale elle-même que l'on rencontre les meilleurs points de comparaison possibles avec nos stalles ; et notamment aux écoinçons de l'arcature inférieure des portails occidentaux. On y trouve, transposés dans la pierre, plusieurs motifs communs ; le cas le plus manifeste étant celui des masques de feuillage (4e écoinçon nord du portail nord, et écoinçon à l'angle nord du portail central) qui trahissent une évidente communauté d'inspiration. Mais ces comparaisons sont sensiblement limitées par l'aspect très érodé des sculptures des portails.

Il nous reste donc à apprécier la vraisemblance historique de l'affirmation de Jean Bouchet, ce qui n'a été que très peu envisagé jusqu'à maintenant, les auteurs réservant presque exclusivement leurs commentaires aux aspects stylistiques. Or, attribuer à Jean de Melun la paternité de plusieurs œuvres sculptées de la cathédrale est loin d'être neutre. C'est affirmer le rôle prédominant que ce personnage, très lié à la dynastie capétienne, aurait pu jouer dans l'introduction en Poitou d'un style particulier, qui est non seulement celui de la France du nord, mais plus précisément ici celui des chantiers royaux. Nous avons vu comment le thème des anges porteurs de couronnes ne se rencontre avec la même insistance que deux fois. S'il n'est pas nécessaire de s'attarder sur la Sainte-chapelle, il faut peut-être rappeler que Rampillon fut une des résidences d'Alphonse de Poitiers[11]. Or, les anges des stalles tiennent des couronnes qui, comparées à celles que brandissent ailleurs ces créatures, sont bien caractéristiques : le très haut bandeau limité par deux filets et surmonté par quatre fleurons tendant à dessiner des fleurs de lys, évoque la couronne des rois de France, c'est-à-dire la plus importante des *regalia* telle que nous la connaissons par les descriptions

10. *Ibid.*, *Carnet de Villard de Honnecourt*..., Cf. *supra* p. 68, note 3.

11. Dans l'attente d'une étude d'ensemble sur Alphonse de Poitiers, voir : Belisaire LEDAIN, *Histoire d'Alphonse, frère de saint Louis, et du comté de Poitou sous son administration (1241-1271)*, Paris, 1869.

anciennes[12]. Or Jean de Melun succède en 1235 à un prélat très anglais de cœur si ce n'est de naissance : Jean Balleos, évêque de Poitiers de 1224 à 1234, auquel le roi d'Angleterre Henri III ne redouta pas de confier plusieurs missions politiques. Le Poitou venait d'entrer dans l'apanage d'Alphonse, le frère du roi, et la désignation d'un prélat aussi « français » que Jean de Melun dut être un coup particulièrement heureux pour le roi de France. L'homme qui avait débuté sa carrière ecclésiastique au chapitre métropolitain de Sens, conserva un tel attachement à sa région natale qu'il voulut être inhumé en l'abbaye du Jard, aux portes de Melun, plutôt qu'en sa cathédrale[13].

On doit sans doute mettre en relation avec l'apanage d'Alphonse — mais aussi avec l'épiscopat de cet évêque — l'introduction du style gothique français à Poitiers. Celui-ci se fit brusquement à la cathédrale, comme en témoigne le large frontispice occidental qui tranche avec les deux tours encore très « angevines » qui l'encadrent. Les stalles du chœur paraissent avoir participé à cette opération que l'on oserait presque qualifier de propagande française. Que l'évêque Jean de Melun soit à l'origine d'un programme aussi chargé de signification, cela paraît donc probable, ce qui ne veut pas dire que l'ensemble ait été achevé à sa mort. La notation de Jean Bouchet, empruntée à une source qui nous demeure inconnue, prend dans ce contexte une nouvelle vraisemblance.

Yves Blomme

12. À propos de ces couronnes, voir : « Couronnes dites de Charlemagne », M. H. Pinoteau, *Bull. de la Soc. nat. des Antiquaires de France*, 1972, p. 22-29 ; et Danielle Gaborit-Chopin, « Les couronnes du sacre des rois et des reines au trésor de Saint-Denis », dans *Bull. Monumental*, t. 133, 1975, p. 165-174.
13. À propos de Jean de Melun, nous sommes redevable au travail resté inédit de Christine Jamet, *Étude sociale des évêques de Poitiers du XIIIe à la fin du XVe siècle*, mémoire de Maîtrise d'Histoire présenté sous la direction de M. Robert Favreau, Université de Poitiers, 1980.

L'ORGUE DE FRANÇOIS-HENRI CLICQUOT

par Bernard Brochard

Conservateur général du Patrimoine

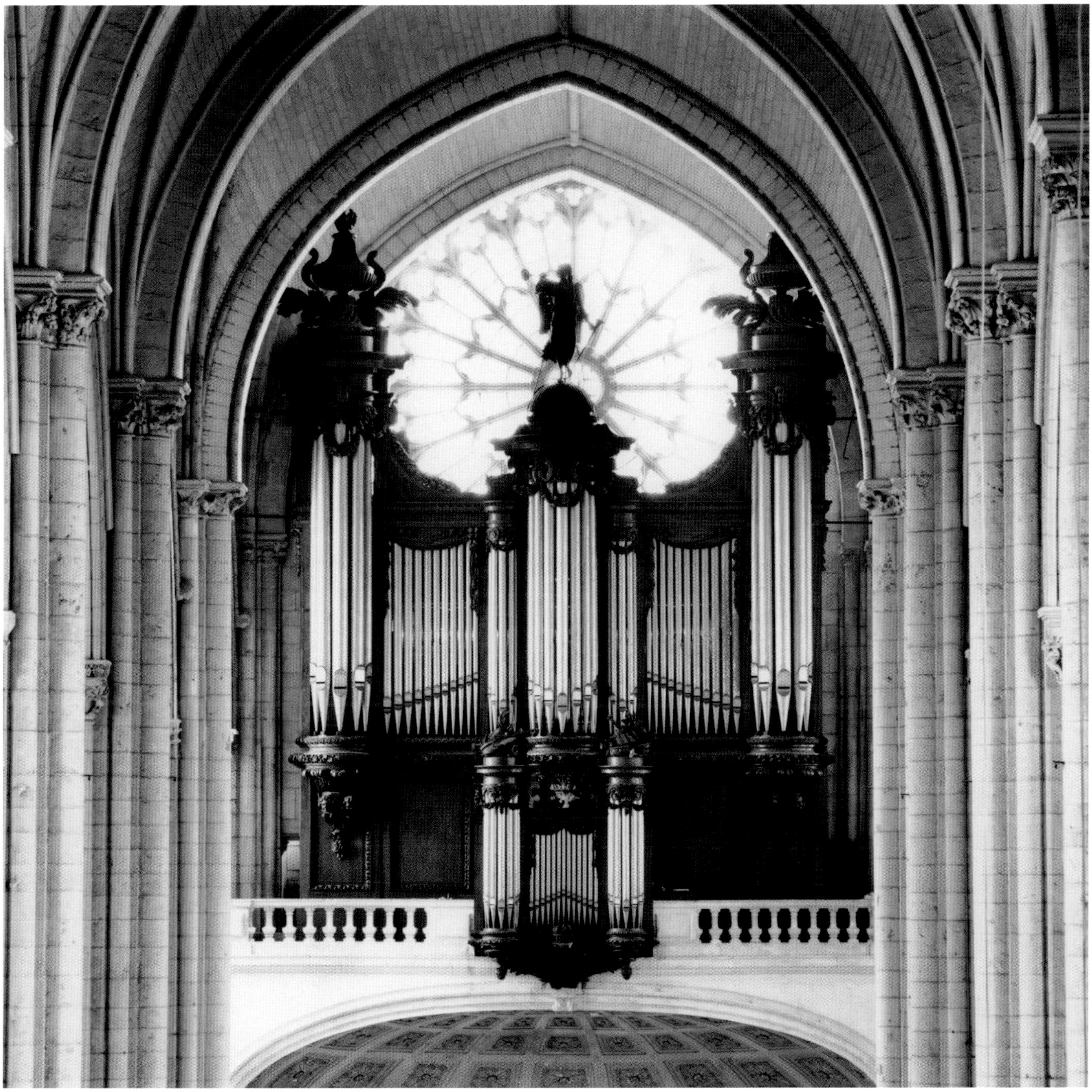

On ne saurait aborder la présentation de l'orgue de la cathédrale de Poitiers sans évoquer tout d'abord la figure remarquable de son précédent titulaire, Jean-Albert Villard qui en fut à la fois, durant plus de cinquante années, l'organiste de talent, le brillant commentateur, l'historien enthousiaste et sincère[1]. Il a laissé sur l'instrument de Saint-Pierre de très belles pages

1. Jean-Albert VILLARD, né en 1920, à Poitiers, étudie l'orgue

et de nombreux textes publiés au fil des ans dans les feuilles du modeste *Bulletin de l'Association François-Henri Clicquot*[2]. Par la qualité de leur contenu et la nouveauté de leur commentaire archéologique, ces écrits, rédigés dans un style alerte et vivant, recueillirent en leur temps une large audience, établissant au loin la réputation de Clicquot et celle de la Tribune de Poitiers, devenue pour des lustres, un « haut lieu » du monde de l'orgue.

Le lecteur intéressé trouvera dans ces pages la description complète de l'instrument, la revue de son histoire, l'œuvre de son facteur ainsi que l'exposé et la discussion des questions de toute nature pouvant s'y rapporter[3]. Il découvrira aussi, au-delà des mots, la quête passionnée d'un authentique musicien et son émotion toujours renouvelée face à l'évidence du chef-d'œuvre confié à ses soins. Aussi, les lignes qui vont suivre lui sont-elles entièrement redevables.

Il n'est pas besoin de revenir ici sur des données déjà largement exposées, reprises et complétées dans l'ouvrage collectif édité en 1994 à l'occasion du bicentenaire de l'instrument[4]. On se contentera d'en rappeler succinctement l'histoire et d'en souligner les traits originaux, renvoyant en annexe la description du buffet et de la composition musicale.

L'histoire de cet orgue commence vers 1770 lorsque l'évêque et le chapitre envisagent la réparation et l'embellissement de la cathédrale, prévoyant déjà la réfection du grand orgue, disparu depuis près d'un siècle dans l'incendie du 26 décembre 1681[5].

Grâce à une importante donation royale de 100 000 livres, les travaux vont se poursuivre dans l'édifice durant une dizaine d'années, y compris l'érection d'une tribune au revers de la façade occidentale selon les plans de l'architecte P. Vétault (1777-82). L'argent épuisé, de nouvelles ressources sont obtenues par la vente d'arpents de bois appartenant au chapitre, une souscription lancée dans le diocèse et sa contribution propre, soit un total d'environ 56 800 livres. Contacté en novembre 1786, François-Henri Clicquot passe marché le 18 avril de l'année suivante pour la construction d'un « grand seize pieds », fort de 44 jeux répartis sur 4 claviers manuels et pédale, alimenté par 9 soufflets, et exécutable dans un délai de quatre années pour la somme de 34 000 livres. Le même jour, un autre contrat est signé conjointement avec le maître poitevin Pierre Favre pour la fabrication du buffet selon le dessin remis. Les ouvrages de charpenterie, de menuiserie, ferronnerie, serrurerie ainsi que les sculptures, confiées à Berton, s'élèvent à la somme considérable de 21 300 livres.

Les travaux commencent immédiatement tant à Poitiers qu'à Paris. Le buffet est fini et monté en novembre 1789, l'orgue achevé dans les délais, malgré les bouleversements de la Révolution et la mort du facteur survenue le lundi de Pentecôte 1790. C'est son fils aîné Claude François qui participe à la réception de l'ouvrage tenue le 4 février 1791 en présence des organistes et du délégué du district. L'orgue y est déclaré en tous points « fort juste et de parfaite harmonie ».

Son histoire est ensuite exemplaire car elle se déroule en quelque sorte à rebours de l'évolution générale. Depuis la renaissance de la facture dans

l'école César Franck à Paris sous la direction d'Édouard Souberbielle. Il est nommé à l'orgue de la Cathédrale en décembre 1949. Il en tiendra les claviers jusqu'à son décès, survenue en janvier 2001. Les titulaires actuels sont les organistes MM. Jean-Baptiste Robin et Olivier Houette.

2. L'Association François-Henri Clicquot a été fondée en 1949 par René Aigrain et J.-A. Villard.
3. Les articles publiés dans la première série des *Bulletins*, de 1956-57 à 1968-69, ont été réédités par l'auteur en un volume sous le titre *L'œuvre de François-Henri Clicquot, facteur d'orgue du roy (1732-1790)*, Laval, 1973.
4. *Cathédrale de Poitiers, 1787-1790, l'orgue de François-Henri Clicquot, Facteur d'orgues du roy* (Ministère de la Culture, Direction Régionale des Affaires Culturelles Poitou-Charentes, Poitiers, 1994).

5. Robert Favreau, *supra*, pp. 38-39.
Jean-Albert Villard, « l'orgue Clicquot de la cathédrale de Poitiers », dans *Renaissance de l'Orgue*, Paris, n° 5/6, 1970, pp. 17-30 ; présentation reprise dans « les orgues de la cathédrale de Poitiers », *Bulletin de l'Association François-Henri Clicquot*, nouvelle série, n° 1, 1978, à nouveau développée dans *Cathédrale de Poitiers 1787-1790* (1994), pp. 32-45 et 88-92.

les années 1830/40, sous l'effet conjugué du changement des mentalités et du goût, de la transformation rapide de la musique et du progrès continu des techniques, les anciens instruments sont progressivement modifiés voire refaits complètement, à l'initiative des organistes et des facteurs avides de nouveauté et soucieux de performances technologiques. Leurs aspirations et leurs ambitions sont souvent encouragées à ce titre par les pouvoirs publics qui entendent favoriser « le progrès des arts ».

À Poitiers, cette transformation, pourtant souhaitée ou rêvée, et plusieurs fois proposée, n'aura jamais lieu[6]. Malgré une chaude alerte survenue en 1793, l'orgue passe sans encombre la période révolutionnaire. Les premières avaries signalées en 1809 sont réparées en 1813 par Pierre-François Dallery (filleul de Clicquot), sur le devis antérieur de Charles Nyssen, décédé avant les travaux. Les interventions suivantes, Dallery 1822, Henry de Bordeaux 1835, se résument encore à l'indispensable[7], concernant surtout — en dehors des travaux courants — la remise en état de la soufflerie cunéiforme, complexe et fragile. Trois modifications sont cependant effectuées ; la transformation des dessus des bourdons en flûtes, le décalage de la seconde trompette en bombarde 8-16 et l'accord de l'orgue au tempérament égal.

En 1850, la rose occidentale menace de s'effondrer. Des travaux sont entrepris par l'architecte Jules de Mérindol qui mettent en péril l'instrument. La dégradation des charpentes et des tirants dans la tribune nécessite une autre intervention urgente en sous œuvre[8]. Le relevage indispensable réclamé par le facteur Hamel n'aura lieu que vingt ans plus tard, en 1871, à un moment pourtant guère favorable en raison des circonstances. Effectué en quelques mois par la maison Merklin, il concerne encore la soufflerie, que le facteur remplace cette fois par de solides réservoirs modernes à plis compensés. Il change également le vieux pédalier à la française et fournit un nouveau banc pour l'organiste. Un nouveau devis demandé en 1882 au grand Cavaillé-Coll, d'un montant élevé (58 760 francs), témoigne une fois de plus des limites des travaux précédents, qui seront d'ailleurs les derniers avant longtemps.

Au terme du siècle, l'échec des projets de rénovation pourtant appuyés par des sommités locales[9] et soutenus par les experts[10], ne laisse pas de surprendre. Dans toutes les cathédrales alentour[11], se rénovent ou se refont les instruments, et ici même, à Poitiers, chaque paroisse[12] se dote d'un grand orgue moderne à deux ou trois claviers, alors que le Clicquot demeure inchangé. L'impécuniosité du clergé et de la fabrique, le manque de crédit ou encore le long intermède du chantier d'architecture, souvent évoqués, n'expliquent qu'en partie ce phénomène. N'y a-t-il pas aussi une certaine « mauvaise volonté » administrative vis à vis de la cathédrale — monument d'État — qui, en dépit des rapports répétés, fait ajourner ou en tous cas limiter les interventions souhaitées et, partant, les subventions correspondantes ? Les relations fluctuantes, parfois tendues, que le très influent évêque de Poitiers, Monseigneur Pie[13], entretient durant son long

6. En témoignent les nombreux projets présentés par les facteurs à la demande des organistes : Dallery 1821, Henry 1837, Daublaine et Callinet 1842, Merklin-Schutze 1858, A. Cavaillé-Coll 1882.
7. Comme l'a démontré J.-A. Villard en comparant les propositions aux travaux sûrement exécutés, compte tenu des délais extrêmement courts des chantiers, de la modicité des sommes allouées et des propositions ultérieures des facteurs pour achever les opérations. *Bulletin de l'Association François-Henri Clicquot*, 1963-1964, n° 1, rééd. 1973, pp. 132-151.
8. Jean-Michel Leniaud, « les projets de transformation du Clicquot de la cathédrale de Poitiers au milieu du xixe siècle. Le rapport de Hamel (1851) », *Bulletin de l'Association François-Henri Clicquot*, nouvelle série, n° 3/4, déc. 1979, pp. 16-24.
9. Comme l'abbé Auber, *Histoire de la cathédrale de Poitiers*, MSAO, 1re série, T. XVI, 1849, pp. 417-18 qui se fait l'écho des plaintes de l'organiste. En 1842, Charles de Cherge intervient auprès du ministre pour solliciter son aide pour le réparation et la modernisation de l'orgue.
10. Les facteurs envoyés en expertise, M. P. Hamel (1851) et N. Ducrocquet (1852).
11. Par exemple, les cathédrales de Clermont-Ferrand 1851, 1877, Luçon 1857, Angers 1874, Limoges 1841, Orléans 1878, La Rochelle 1865, Périgueux 1870…
12. Paroisses Saint-Jean de Montierneuf 1866 (Merklin), Saint-Hilaire 1883/4 (Wenner) Notre-Dame 1855 (Ducrocquet), 1885 (Merklin), Sainte-Radegonde 1893 (Aneessens).
13. Maurice Mathieu, « le glorieux épiscopat de Monseigneur Pie (1849-1880) », *Histoire du diocèse de Poitiers*, dir. R. Favreau, Paris, 1988, chp XIII.

épiscopat (1849-1880) avec les pouvoirs publics n'y sont peut-être pas étrangères. Mais il faut surtout rechercher dans l'instrument lui-même les autres raisons de cette étrange permanence. La beauté de ses sonorités lui vaut, malgré leurs dires, la fidélité de ses organistes ; son incroyable solidité qui le maintient toujours en état de fonctionnement, relativise l'urgence d'éventuelles interventions[14]. Enfin sa réputation même, jamais démentie et bonifiée avec le temps, a dû influencer plusieurs fois, aux moments critiques, les décisions des responsables[15].

Une autre époque vient ensuite durant laquelle l'instrument se contentera d'un simple entretien régulièrement assuré, après Merklin, par la maison Debierre de Nantes (1893-1923), puis par les facteurs Robert et Jean-Loup Boisseau de Poitiers. Elle est marquée par les longs magistères des deux organistes Eugène Landais (1896-1949) et Jean-Albert Villard (1949-2000) et aussi par le classement au titre des Monuments Historiques (juin 1908) du buffet et de ses jeux, les rendant désormais intouchables.

Rien ne se passe effectivement avant les années 1953/4 où, à la demande du titulaire, s'élabore un projet de restauration mis au point par les autorités parisiennes. Il se traduit finalement par un certain nombre de modifications importantes, jugées inacceptables par son organiste[16]. L'orgue reste en l'état. Sa restauration est repoussée *sine die*.

Elle viendra à son heure, au moment où la réunion des compétences et l'entente sur le programme[17], pourront en garantir le succès. Commencée en 1989-1990 afin de célébrer le bicentenaire de l'instrument, compliquée et retardée par l'engagement de travaux de maçonnerie portant sur quatre des voûtes alentour, elle n'est en vrai qu'un grand relevage mais effectué ici avec une minutie particulière, passant en revue chacun des organes de l'instrument. Elle vient heureusement confirmer la valeur et l'authenticité de l'œuvre.

Dans l'objectif assigné du retour à l'État de 1791, l'élimination des modifications ultérieures a été largement discutée, puis décidée après l'avis des commissions. Certaines de ces modifications ont en effet une incidence notable sur l'aspect extérieur du buffet ou sur les sonorités mais aussi sur la conservation des ouvrages et sur l'usage de l'instrument, notamment dans l'exécution du répertoire musical. Pour des raisons de coût et d'entretien, et dans l'incertitude de sa date, la peinture des buffets a été conservée. En revanche, les neufs soufflets cunéiformes de Clicquot ont été restitués d'après les modèles, les indications des textes et les traces en place sur la tribune. Retrouvé dans les séries de principaux, après correction des altérations postérieures, le tempérament inégal d'origine qui favorise les tons fondamentaux, a été également rétabli. Au sortir de l'opération, l'orgue se trouve dans un état plus proche encore de celui légué par son génial facteur.

L'orgue de Poitiers se distingue donc de ses semblables par plusieurs traits singuliers. C'est tout d'abord le dernier grand instrument de facture classique réalisé en France avant l'arrêt brutal et définitif de la Révolution[18]. C'est aussi l'œuvre de l'un des plus grands artisans du XVIIIe siècle, l'œuvre ultime d'un maître unanimement reconnu par ses contemporains, le seul facteur dont le nom, devenu symbole de qualité

14. Rapport du facteur Ducrocquet (cité par J. M. Leniaud, loc. cit., p. 23 « bien que plusieurs pièces mécaniques ne fonctionnent plus et que beaucoup de jeux soient hors de service, cela ne m'a pas paru assez grave pour motiver aucune mesure d'urgence ».
15. En se souvenant peut-être du rapport de l'expert-organiste, Simon (18 août 1842) au sujet du projet de Daublaine ; « Éviter tout changement et toute addition qui tendrait à altérer le caractère de cette œuvre du célèbre Clicquot ». A. N. F 19 3946.
16. Rapport de Norbert Dufourcq.
17. Sur la restauration, voir dans *Cathédrale de Poitiers, 1787-1790*, les articles de Bernard Brochard (Inspecteur des Monuments Historiques) et de Yves Burgues (ébéniste-restaurateur), pp. 63-67 ; de Jean-Pierre Decavele (technicien-conseil auprès du Ministère de la Culture) et de Jean-Loup Boisseau (facteur d'orgues), pp. 68-80 ; de Michèle Castellengo (Directrice du Laboratoire d'Acoustique musicale, Univ. Paris VI) pp. 82-85 et d'Alain Rieu (conservateur régional des Monuments Historiques), pp. 60-61.
18. Pour ce qui est des grands seize pieds.

Figure des Hanches de la Pédale de Trompette de Poitiers, dont les Noyaux et le Pieds sont les N.os C.D.E. & 1.2 ci devant. Cette Pédale commence en A. et monte en C. ce qui compose 28. Tuyaux.

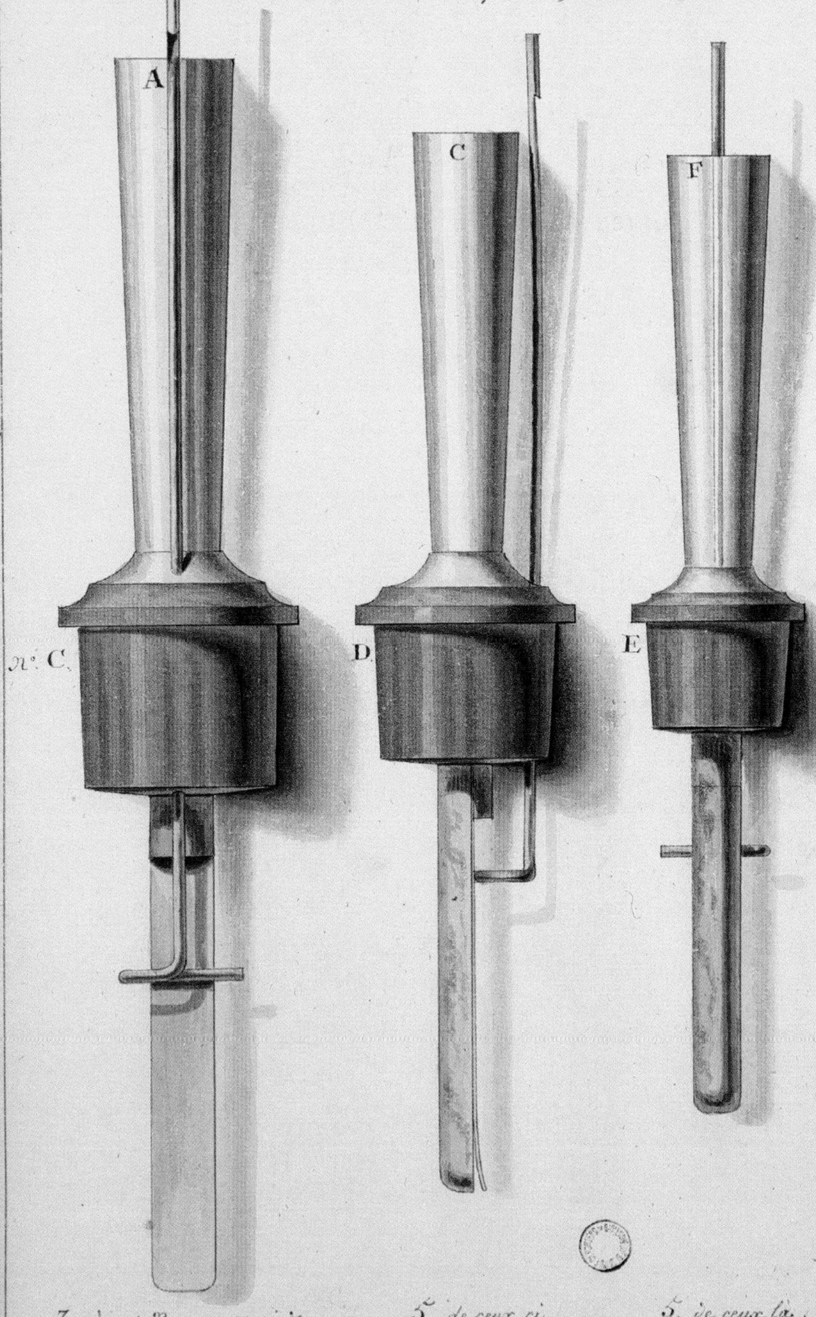

3. de ces Noyaux et pieds. 5. de ceux ci. 5. de ceux là.

Le F F# G G# employent le Tube N.° C
L'ami la B♭ B Celle ---------------- N.° D
l'ut C# D E♭ E Celle ---------------- N.° É
le F F# G G# A celle ---------------- N.° F
} voyez les tubes de la Bombarde

et de beauté, survivra dans la mémoire des musiciens du siècle suivant. Pour la beauté de leur proportion et la délicatesse de leurs sculptures, les boiseries de Saint-Pierre comptent parmi les meilleures élevées en France au temps de Louis XVI[19]. Leur insertion parfaite à l'intérieur de l'espace environnant est une autre réussite, un modèle d'intégration architecturale, déjà avancé comme tel par les commentateurs du XIXe siècle, en pleine époque de retour au gothique et de triomphe de l'unité de style[20]. Plus encore, les ouvrages de facture atteignent ici une qualité exceptionnelle, rarement rencontrée ailleurs. Ce souci de perfection, présent à chaque étape de la construction de l'œuvre, depuis son élaboration jusqu'à son complet achèvement, apparaît dans toutes les parties de l'instrument : boiseries, charpente, mécanismes, tuyauterie en bois ou de métal. Son facteur en était conscient. Au soir de sa vie, voulant livrer au public l'excellence de son art, il a choisi, dans un traité resté malheureusement inachevé, de donner en modèle les cornets et les jeux d'anches de la cathédrale, dessinés avec la plus grande exactitude en de très belles planches rehaussées de lavis et d'aquarelle[21]. À l'extrême rareté d'une telle documentation technique, originale et contemporaine de l'instrument[22], s'ajoute enfin la conservation quasi intégrale de l'ouvrage et surtout celle de son harmonie sonore, fait exceptionnel après deux siècles de transformation continue du parc instrumental français et pour un grand orgue de cathédrale dont le service est resté permanent[23].

Pour toutes ces raisons, le grand orgue de Poitiers se révèle, parmi ses confrères, comme le témoin éloquent et authentique de l'ancienne facture française parvenue au terme d'une évolution séculaire à son point d'aboutissement. C'est un véritable chef d'œuvre, à l'égal du splendide vitrail qui lui fait face, et auquel il répond, à l'occident, en une étroite correspondance, par la figure symbolique de l'ange sonnant la trompette annonciatrice des fins dernières.

Les Clicquot

François-Henri Clicquot[24] représente la cinquième génération d'une lignée de facteurs d'orgues champenois dont le premier apparaît vers 1570. Avec son petit-fils, Robert, marié avec Marie Colbert, commence la fortune de la famille. Établi à Paris en 1678, il est bientôt loué pour la réussite de ses grands instruments : cathédrales de Rouen (1686-89), de Soissons (1690) et de Blois (1703). Il devient alors « facteur du roi », réalise le grand orgue de la basilique de Saint Quentin (1614-98), puis, suprême consécration, achève l'orgue de la chapelle royale du Château de Versailles. Il meurt en 1719.

Son fils Louis-Alexandre (1685-1760) travaille de concert avec lui et œuvre à Paris et dans les alentours. Le hasard a fait conserver de lui le petit orgue de Saint-Christophe de Houdan. Son chantier de Saint Roch, commencé dans les années cinquante, est achevé après sa mort par son fils François-Henri (né en 1737), ce qui lui vaut une célébrité immédiate. Reprenant le titre de facteur d'orgues du Roy, favorisé par les circonstances qui le poussent à la tête de la corporation, il recueille la plupart des commandes auxquelles s'ajoutent les travaux d'entretien et les expertises. Il forme également de nombreux élèves (Nyssen, Miocque, Dallery).

19. Parmi les plus belles des dernières années du règne, on peut citer à Paris : celle de Saint-Sulpice (1777-81) ; en Province : Notre Dame de Guebwiller (1785), Saverne (1784), Vitry-le-François, Besançon (Saint Pierre), Cathédrale d'Angoulême (1880-83), Notre Dame de Bordeaux (1781-83), Cathédrales d'Évreux 1778-80 et de Montpellier (1776-78).
20. Auber, *Histoire de la cathédrale*, t. II, 1849, p. 417-18.
21. François-Henri Clicquot, *Théorie-pratique de la facture de l'orgue d'après l'expérience de M. F.-H. Clicquot, Facteur d'Orgue du Roy, dessinée et mise en ordre sur ses modèles, en l'année 1789*, Poitiers, Médiathèque François Mitterrand.
22. du moins pour l'Ancien-Régime.
23. Les autres orgues très bien conservés appartiennent à des églises provinciales ou d'anciennes abbayes, par exemple Souvigny, Saint-Maximin du Var.

24. Sur les Clicquot. Norbert Dufourcq, *Les Clicquot, facteur d'orgues du Roy*, Paris, Fleury, 1942. P. Hardouin, Les Clicquot facteurs d'orgues 1647-1801, Paris 1994. Jean-Albert Villard, « Facteurs d'orgues du roy », dans *La Revue musicale*, numéro spécial 295-296, 1977, sur l'orgue français, pp. 35-55.

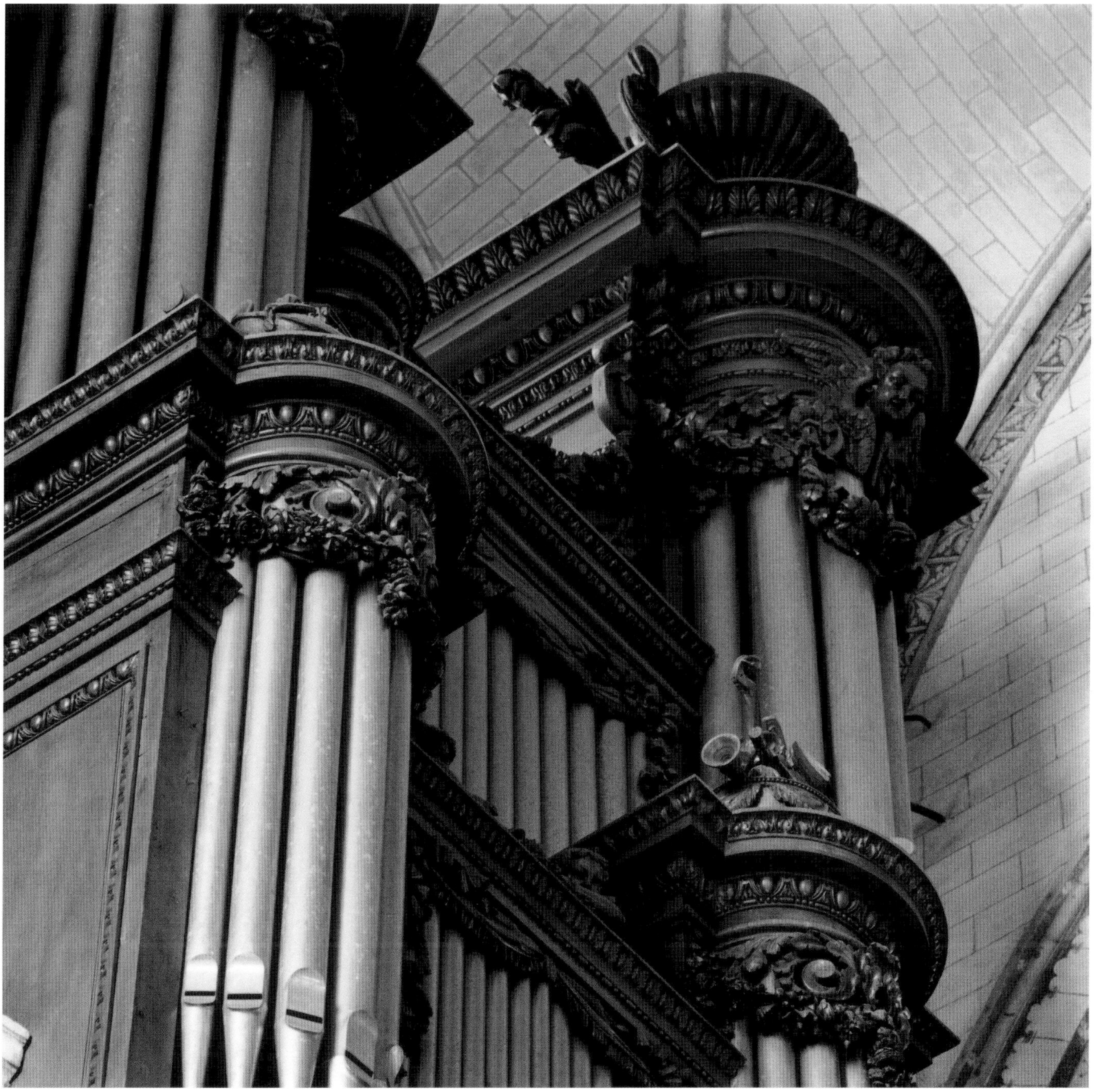

La liste de ses ouvrages, restaurations, agrandissements ou créations, est longue. Retenons dans la capitale, les orgues de Saint-Roch, Saint-Nicolas des Champs (1770-76), Saint-Merri, Saint-Leu-Saint-Gilles, les Dominicains, la Sainte-Chapelle (1771) et surtout Saint-Sulpice (1776-81), le plus considérable de France ; en province, ceux des cathédrales de Versailles et de Nantes (1784-85) et, plus discret mais encore intact, celui de Souvigny, en Bourbonnais.

La notoriété du facteur a laissé dans l'ombre son fils aîné Claude-François, qui achève après sa mort les instruments entrepris (Poitiers, Paris : Saint-Nicolas, Saint-Merri). Disposant d'un métier merveilleux et certainement capable, d'après les éloges reçus, de perpétuer le renom de la maison, il décide cependant en raison des événements de fermer l'atelier parisien. Avec lui, disparaît la facture française classique.

Le buffet

Cet ouvrage[25], conçu pour défier le temps, est composé à la française de deux meubles, respectivement positif de dos et grand-corps, ce dernier établi en deux étages : un soubassement massif orné de grands cadres, abritant les mécaniques et une façade de tuyaux dits « en montre » qui se développe en plates faces et tourelles, surmontée d'entablements couronnés de motifs sculptés.

Construit avec une forte charpente en chêne renforcée d'écharpes et de croix de Saint-André, revêtue de panneaux de noyer (en façade) ou de chêne, le grand buffet mesure environ 10 mètres de large sur 14 de haut, profond seulement de 1,50 mètre.

Ce buffet réunit en une synthèse harmonieuse les éléments traditionnels et les nouveautés. À la tradition, appartiennent la division ternaire du grand orgue, le décor classique des claires-voies et la statue sommitale. Aux tendances nouvelles, l'ornementation qui utilise toute la panoplie du répertoire décoratif de l'époque : frises de rais de cœur, d'oves et de dards, d'entrelacs ou de rosaces, de feuilles de chêne ou de lauriers ; draperies plissées, guirlandes fleuries et chutes enrubannées. S'y ajoutent les urnes à l'antique et les trophées d'attributs musicaux qu'accompagnent, au positif, un concert d'angelots dans lesquels une tradition charmante voit les portraits des propres enfants du sculpteur.

Les panneaux encadrés, lisses et sans décor, la limitation stricte des ornements à la modénature sont également caractéristiques du style Louis XVI de même que, sur le plan structural, la retombée directe des côtés, sans encorbellement, la partition nouvelle à deux tourelles de la façade du positif (formule inaugurée à Saint-Sulpice), et le renforcement du motif central du grand corps, réalisé ici de manière originale et subtile, par l'association de trois tourelles inégales.

La clarté de l'ordonnance générale, l'harmonie calme des proportions et l'équilibre des lignes, la raffinement de la sculpture font du grand orgue de Poitiers une réalisation exemplaire où s'expriment une dernière fois toute la noblesse et l'élégance de l'art du régime qui va disparaître.

L'instrument

La disposition du Clicquot est tout à fait traditionnelle : console « en fenêtre » à quatre claviers plaqués d'os et d'ébène, accouplement à tiroir, mécanique directe, à vergettes et pilotes, suspendue ou foulante, répartie par des abrégés aux layes des sommiers distribuant les gravures des notes peu profondes. De part et d'autre, les tirants de bois à pommeaux actionnent, par l'intermédiaire de pilotes et de sabres, les registres coulissants ouvrant les différentes sonorités (ou jeux). Cette mécanique simple, robuste, parfaitement disposée, fait parler quelque 3 000 (et 18) tuyaux disposés dans les deux meubles en une magnifique ordonnance. La qualité du matériel est remarquable : tuyaux de bois en chêne de Hollande, tuyaux de métal martelé, en étain fin, à 90 % pour les principaux et les anches, en « étoffe » pour les jeux flûtés.

Les procédés de construction n'évoluent guère au XVIIIe siècle. De même, la composition, en jeux, élaborée sous Louis XIV, reste relativement stable et se transmet sans altérations importantes par des dynasties de facteurs souvent apparentées — telle celle des Clicquot — jusqu'à la fin du siècle. La fixité des registrations employées par les organistes, de Nivers (1665) à Michel Corrette (1750) et les nomenclatures du traité de Dom Bedos (1771) en font foi[26].

25. Sur le buffet, voir la belle page de Norbert Dufourcq, *Le livre de l'orgue français*, t. II, *Le buffet*, Paris, Picard, 1969, p. 259. Bernard Brochard et Yves Burgues « Le buffet de l'orgue de Poitiers » et « notes de chantier », dans *Cathédrale de Poitiers 1787-1790*, pp. 52-57, 63-67.

26. Guillaume Gabriel Nivers — *Livres d'orgues*, Paris, chez l'auteur, 1665, 1667, 1675 — Michel Corrette — *Livres d'orgue*, Paris, 1735, 1750, 1753. Dom Bedos de Celles, *L'art du facteur d'orgues*, Paris, 1766, 3e partie, chapitre IV, principaux mélanges ordinaires, ff. 523-533.

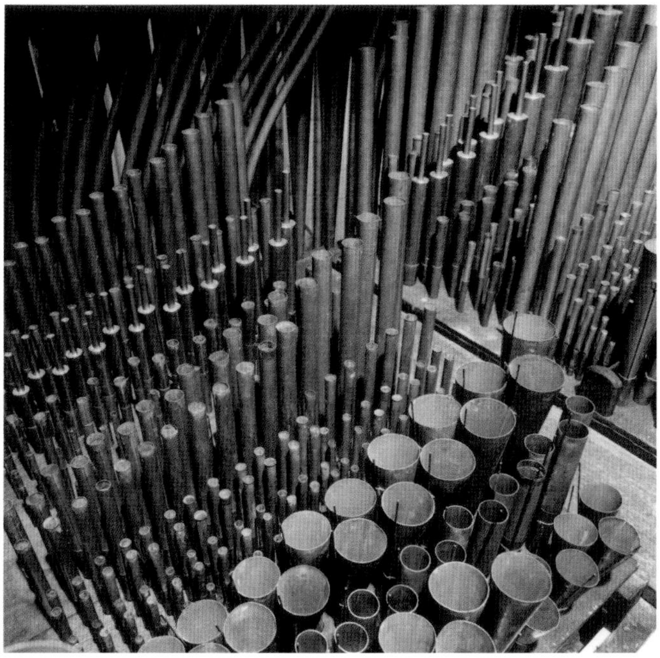

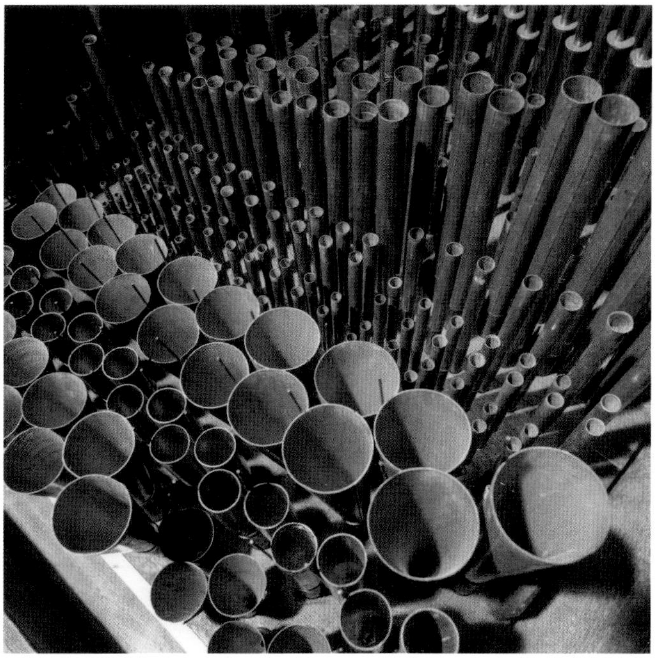

La composition sonore de l'orgue français est fondée à la fois sur l'opposition et la réunion des deux claviers principaux de positif de dos et de grand orgue. Dotés chacun d'une série de jeux semblable mais de taille et de fondamentale différentes (8 pieds au positif, 16 au grand orgue), comprenant principaux, fournitures et cymbales, bourdons, flûtes et mutations simples, cornets et anches, ils peuvent ainsi dialoguer, s'accompagner mutuellement, concerter en duo, trio ou quatuor ou bien encore s'additionner en *plenum* selon des mélanges bien codifiés : Plein-jeux, fonds d'orgue, flûtes, grands jeux, jeux de tierce… Chacun de leurs jeux peut aussi jouer en soliste (notamment les flûtes, les cornets et les anches), en dessus, en basse ou en taille, à une ou deux voix, accompagné par les jeux doux de l'autre clavier. Une pédale, réduite à quelques jeux de flûte et d'anche parlant en ténor du grand orgue (8, 4) fait la basse et surtout l'exposition du *cantus* en valeurs longues. Deux petits claviers limités aux dessus, Récit et Écho, l'un placé derrière la montre, l'autre caché dans le soubassement, servent, comme leur nom l'indique, à chanter des airs ou à produire un effet de lointain.

Cependant, à partir des années 1730, la puissance sonore des instruments s'accroît progressivement par l'augmentation du nombre de jeux, mais aussi par le renforcement des sonorités graves (8 et 16 pieds) et la multiplication des jeux d'anches, qui requièrent souvent un cinquième clavier dit de Bombarde.

C'est au terme de cette évolution que se situe l'orgue de Poitiers dont voici la composition :

Grand Orgue (53 notes, ut-mi 5, 19 jeux) — montre 16, montre 8, prestant, doublette, fourniture v, cymbale iv, bourdon 16, bourdon 8, second 8, grosse tierce, nasard, quarte, tierce, 1re et 2e trompettes, 1er et 2e clairons, voix humaine, grand cornet v.

Positif (idem, 12 jeux) — montre 8, dessus flûte 8, prestant, doublette, plein-jeu vii, bourdon 8, nasard, tierce, trompette, clairon, cromorne, dessus de cornet v.

Récit (34 notes, sol 2-mi 5, 4 jeux) — flûte 8, cornet v, trompette, hautbois.

Écho (idem, 3 jeux) — bourdon 8, flûte 4, trompette 8.

Pédale (27 notes, ut 1 – ut 3, ravalement la 0 pour les anches) — flûtes 16, 8, 4, bombarde, trompette, clairon.

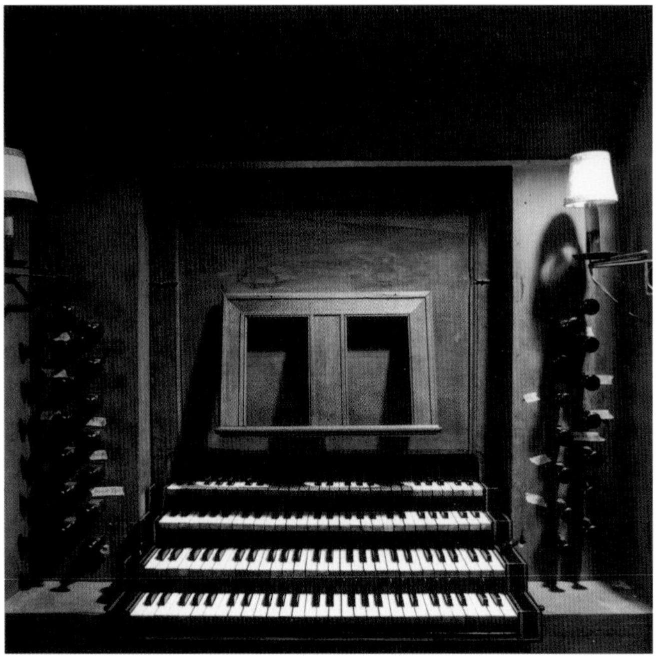

Dans cette composition tout à fait classique, autorisant tous les mélanges habituels, on note justement la présence accentuée des flûtes 8 aux manuels, la pédale traitée en basse et fondée sur les 16 pieds. En dépit des limitations imposées par l'exiguïté de la tribune qui lui fait réduire sa composition à l'essentiel (12 jeux seulement au positif, et pas de clavier de bombarde), le facteur obtient un rendement maximal par la proportion des grands jeux, la disposition spacieuse des tuyaux à l'intérieur des buffets et l'emploi d'une pression de vent plus élevée que de coutume en fonction de l'importance du volume à remplir.

Mais la véritable signature de François-Henri Clicquot réside dans les jeux d'anches qui représentent ici environ le tiers de la composition. Groupés en batteries sur les claviers principaux (bombardes, trompettes, clairons), ou répartis sur chacun d'entre eux en jeux solistes (cromone, hautbois, voix humaine), ils sont le véritable apanage de l'instrument poitevin où ils composent l'une des plus belles fanfares de France dont l'audition soulève toujours l'enthousiasme. Tandis qu'ailleurs résonnent l'étain et le plomb, on croit entendre ici sonner l'or et l'argent.

On se souvient alors de la surprise manifestée par les contemporains de Cliquot à l'écoute de son nouvel orgue de Saint-Nicolas des Champs (1776) aux « bombardes extraordinaires, d'un éclat capable d'effrayer »[27]. On se rappelle aussi l'éloge du facteur Hamel pour qui le talent de ce maître consistait « principalement à donner aux jeux de l'orgue et surtout aux jeux d'anches, une qualité et une harmonie qu'aucun autre facteur n'a encore pu surpasser ni même égaler »[28].

Bernard Brochard

27. *Mémoires secrets* (de Bachaumont), Paris, T. IX, 7 décembre 1776, p. 316, cité par Félix Raugel, *Les Grandes Orgues des églises de Paris et du département de la Seine*, Paris, 1927, p. 39.
28. Marie-Pierre Hamel, *Traité théorique et pratique de l'Art de construire les orgues*, Paris, 1840. Réédité dans les *Manuels Roret* en 1849, *Nouveau manuel du facteur d'orgues*.

LE TRÉSOR DE LA CATHÉDRALE SAINT-PIERRE DE POITIERS

par Christian Barbier

Conservateur départemental des Antiquités et Objets d'art (Vienne)

En 1346, les troupes du comte de Derby firent disparaître de la cathédrale le somptueux trésor constitué au fil des siècles[1]. Le mécénat du duc Jean de Berry permit de le reconstituer peu après et un inventaire ordonné en 1406 par l'évêque Gérard de Montaigu en révèle alors la richesse : une liste impressionnante de croix, de reliquaires, de vases sacrés, d'encensoirs, de châsses, dont l'une contenait la fameuse « barbe de saint-Pierre », tous en métaux précieux, sans parler des tissus, des vêtements sacerdotaux et des ornements divers[2]. Ce nouveau trésor allait à son tour périr en mai 1562 quand les bandes à la solde des huguenots détruisirent et pillèrent tout le mobilier[3]. Comme dans les autres églises de la ville, qui connurent le même désastre, l'essentiel fut à nouveau reconstitué mais avec des pièces de moindre valeur, ainsi qu'en témoigne un inventaire dressé en 1681[4]. La Révolution, enfin, ordonna la confiscation et la fonte des objets précieux en 1793[5].

Alors que l'abbé Auber élaborait sa monographie, deux armoires furent aménagées dans le déambulatoire[6] afin d'abriter les reliques, rescapées ou nouvellement reçues, les vases sacrés, mais également la crosse épiscopale dite « de Guillaume Tempier », découverte sur le site de Saint-Cyprien, et la chapelle de Mgr de Vareilles. Le trésor s'enrichit encore, à la fin du XIXe siècle, d'objets en provenance de l'évêché et du grand séminaire, en particulier de trois livres du Moyen Âge : un missel imprimé de Poitiers (v. 1475), le bréviaire d'Anne de Prye, abbesse de la Trinité (1484-1500) et le pontifical de Raoul du Fou, abbé de Nouaillé (1473-1510), ces deux derniers manuscrits et enluminés.

L'ensemble, longtemps conservé dans la sacristie et d'autres locaux, fut présenté au public à partir de 1962 dans un coffre blindé aménagé en vitrine à l'intérieur des boiseries des stalles, côté nord[7]. En 1999 enfin, la salle inférieure de la tour sud, dotée de ses trois grandes vitrines, fut ouverte au public[8].

Tel qu'il nous apparaît aujourd'hui, le trésor rassemble, à l'issue d'une longue histoire, des objets d'époques et de provenances très diverses : propriétés de l'État, dépôts de communes du diocèse de Poitiers, de l'archevêché, de communautés religieuses... En constante évolution, il groupe la plupart des objets présentés selon trois thèmes reflétant la composition d'un trésor médiéval : le culte des saints et les reliques, la messe au cœur de la liturgie, la cathédrale, siège de l'évêque.

Sur la centaine de pièces conservées, il faut ici se borner à en présenter cinq.

1. Ch.-A. Auber (abbé), *Histoire de la cathédrale de Poitiers (1)*, dans *Mém. de la Société des Antiquaires de l'Ouest, 1848*, p. 87-90.
2. Ib., p. 139-152.
3. Ib., p. 245-248.
4. Ib., p. 372-374.
5. Ib., p. 449.
6. Ib., p. 535.
7. Réalisée sous la direction de J. Feray, inspecteur des Monuments historiques, et Ch. Dorian, architecte en chef, avec l'aide de M. Toulouse, orfèvre. Offrir aux regards du public ce qui n'était jadis exposé qu'à de rares occasions constituait une mutation profonde pour le trésor : M.-A. Sire, *Les trésors : origines et pratiques actuelles*, dans *Actes des colloques de la Direction du Patrimoine : Meubles et immeubles, Saintes 1992*, Paris, 1993.
8. Étude confiée dès 1991 à F. Jeanneau, architecte en chef des Monuments historiques, et B. Brochard, inspecteur, en collaboration avec A. Brillaud, CAOA : Archives de la Conservation départementale des Antiquités et Objets d'art de la Vienne (CAOA 86), dossier établi par B. Brochard et A. Brillaud.

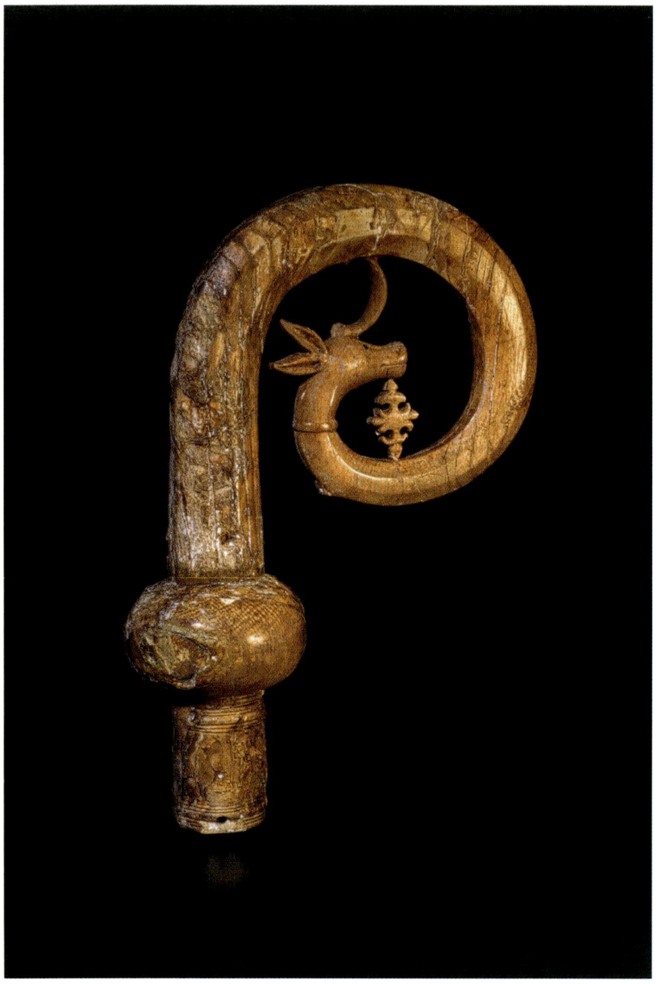

Crosse abbatiale — ivoire, XIe ou XIIe siècle — Charroux

Découverte au cours de fouilles archéologiques menées en 1949 dans la salle capitulaire de l'ancienne abbaye Saint-Sauveur[9], cette crosse abbatiale présente, sur un nœud sphérique aplati à douille tournée, une volute terminée par une tête de cervidé reposant sur un ornement fleuronné. Les yeux — l'un était encore en place — étaient incrustés de noir. Un cercle mutilé, sur la tête de l'animal, le reliait à l'arrondi de la volute[10]. Un décor d'ocelles agrémente les surfaces.

Daté du XI ou XIIe siècle, cet objet remarquable[11], propriété de l'État, a bénéficié d'une protection administrative dès l'année suivant sa découverte[12].

9. F. Eygun, *Fouilles de la salle capitulaire de l'abbaye de Charroux*, dans *Bull. monumental*, 1951, p. 297-312.
10. CAOA 86, dossier n° 7 ; h = 21 cm, la = 15,5 cm.
11. J. Taralon, catalogue de l'exposition *Trésors des églises de France*, Paris, 1965, n° 343.
12. Arrêté de classement du 10 février 1951.

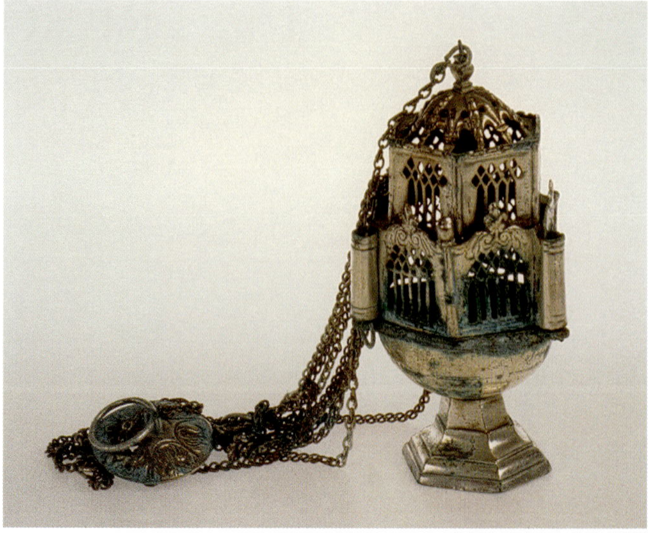

Encensoir — métal argenté, XVIe siècle — Lencloître

De section hexagonale, cet encensoir se présente sous la forme commune de deux éléments superposés, de trois chaînes traversant trois rouleaux décorés et reliées à un dispositif de suspension et d'une chaîne de relevage[13]. La partie inférieure hémisphérique est dotée d'un pied polygonal sobrement mouluré, la partie supérieure est ajourée sur deux niveaux par des ouvertures rappelant un réseau de fenestrage gothique. La forme et le décor permettent de dater l'objet du XVIe siècle.

Rares sont les encensoirs très anciens à nous être parvenus. Les chocs thermiques inhérents à leur fonction, la manipulation des chaînes, les accidents consécutifs à un balancement maladroit suffiraient à expliquer leur médiocre longévité. Celui de Lencloître, propriété de cette commune et en dépôt depuis 1995, a été protégé en 1938[14]. Il est à ce jour le seul présenté au public dans le département de la Vienne[15].

13. CAOA 86, dossier n° 44 ; h = 24 cm, la (pied) = 8 cm.
14. Arrêté de classement du 17 février 1938.
15. L'exceptionnel encensoir médiéval d'Usson, classé Monument historique, n'est pas actuellement visible. J'ai eu la bonne fortune de découvrir un autre encensoir, en laiton, de la fin du XVIe ou du début du XVIIe siècle ; propriété d'un particulier, il est à craindre qu'il ne puisse jamais bénéficier d'une protection administrative.

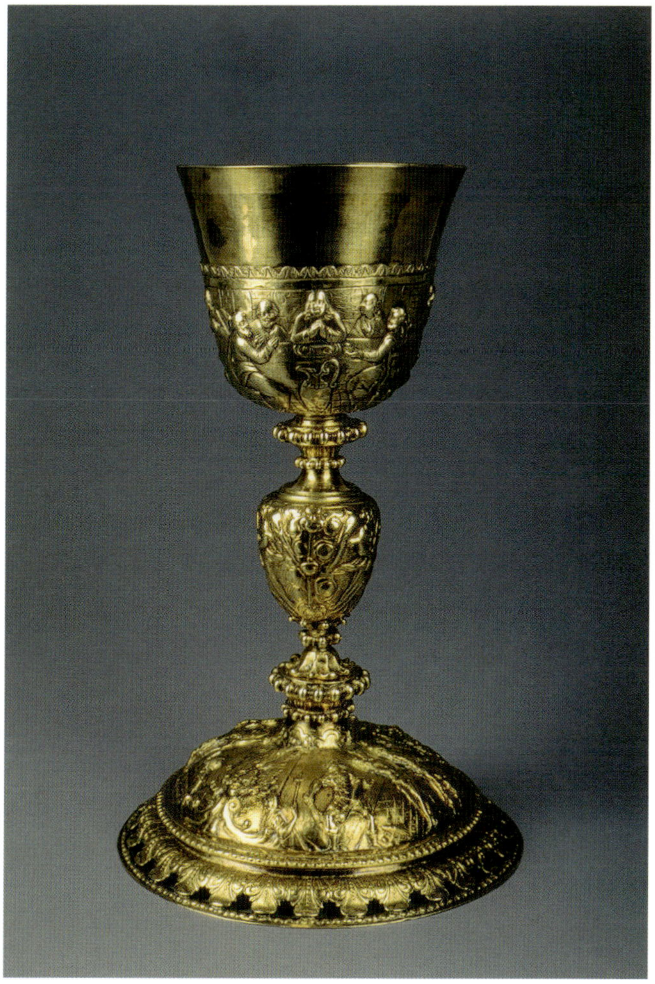

Calice — argent doré, deuxième quart du XVIIe siècle — Bonnes

Ce calice en argent repoussé, ciselé, gravé et doré[16] présente un pied circulaire à frise ajourée d'acanthes soudée à une bate et surmontée d'une fine collerette à décor d'oves. La Flagellation et Jésus devant Pilate, scènes séparées par des bustes d'angelots, décorent le pied. Entre trois bagues et deux collerettes perlées, le nœud ovoïde s'orne de trois anges en pied portant certains des instruments de la Passion : la croix, l'échelle et la colonne. La fausse coupe, enfin, bordée d'une frise découpée en festons, montre la Cène avec le Christ au nimbe rayonnant, assis les mains jointes, et les apôtres autour de la table.

Sur la coupe, large et évasée, apparaît un écusson aux armes des Pidoux[17] timbré d'un chapeau d'abbé. J. Salvini[18] put raisonnablement en conclure que l'objet avait appartenu à René Pidoux, abbé de Valence[19], dont on sait justement qu'il dota son abbaye de vases sacrés[20]. Ce calice armorié est sans nul doute celui dont on trouve mention dans un mémoire de 1707[21]. Sa forme inviterait à le dater de la fin de l'abbatiat de René Pidoux, soit du deuxième quart du XVIIe siècle[22]. Les circonstances de son arrivée à Bonnes ne sont pas encore élucidées. Classé Monument historique en 1960[23], en dépôt à la cathédrale depuis 1995, il est sans conteste, par la qualité de son décor, l'un des plus beaux calices anciens du département de la Vienne.

16. CAOA 86, dossier n° 26 ; h = 25,2 cm, diam. du pied = 15,4 cm, de la coupe = 10,3 cm. Les extrémités de la tige et la partie supérieure du pied paraissent fondues.

17. Les armes restent, en dépit d'une légère usure, parfaitement identifiables : d'argent aux trois frettes losangées de sable, posés 2 et 1 (des variantes sont notées par les héraldistes). Voir notamment H. Petiet, *Armorial poitevin*, Niort, 1911.

18. Fiche manuscrite : CAOA 86 — dossier « Bonnes », et *Objets divers classés dans le département de la Vienne de 1946 à 1962*, dans *Bull. de la Société des Antiquaires de l'Ouest (BSAO)*, 3e tr. 1965, p. 220.

19. Conseiller au Parlement de Paris, abbé commendataire de l'abbaye cistercienne de Valence (com. de Couhé) en 1596, René Pidoux en prend possession le 8 mai 1597. Je dois la plupart des renseignements biographiques sur René Pidoux à M. Claude Garda que je remercie bien vivement.

20. « *Ecclesiam ornamentis sacrisque vasis instruxit* » : *Gallia Christiana*, t. 2, 1720, c. 1360.

21. Médiathèque de Poitiers, manuscrits de Dom Fonteneau, t. 81, p. 203 et suiv.

22. René Pidoux serait mort en 1634 ou 1635 ; un doute subsiste cependant car son successeur n'est désigné qu'en 1642. Le calice est poinçonné mais pas daté avec précision : 1/sur la coupe, poinçon de maître, lettres A et D, P ou F, cloche ou mitre au milieu, deux grains de remède, fleur de lys couronnée ; 2/lettre date sous le pied : G ; 3/chiffres 52 sous le pied, sur le nœud, la fausse coupe et la coupe (Archives de l'Inventaire, dossier établi par T. Allard).

23. Arrêté du 15 octobre 1960.

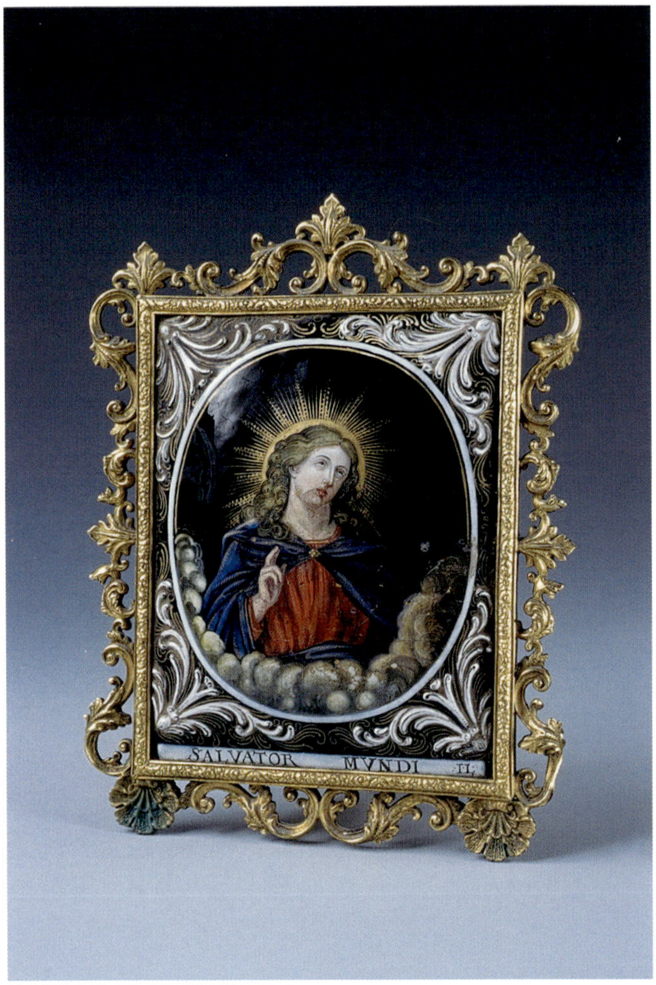

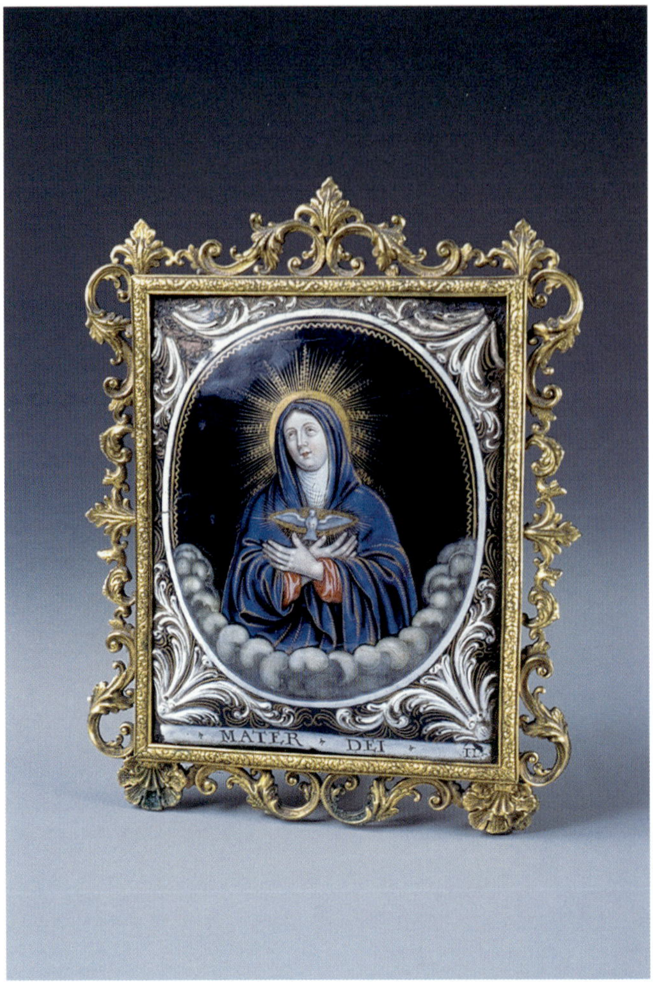

Deux baisers de paix — fin du XVIIe siècle — cathédrale

Le baiser de paix, objet de dévotion qui recevait le baiser des fidèles, et parfois du célébrant, en geste de vénération, était jadis d'un usage courant. Chacun des deux objets qui se font ici pendant est composé d'un émail sur cuivre rectangulaire présenté dans un cadre en métal doré à décor ajouré[24]. Un médaillon central montre un personnage en buste tandis que des rinceaux garnissent les angles. Sur le premier, le Christ bénissant apparaît au milieu des nuages, sur le second figure la Vierge Marie, les mains élégamment croisées et surmontées par une colombe aux ailes éployées, chacun étant accompagné, en bas, d'une légende — *Salvator mundi* et *Mater Dei* — suivie des initiales I.L.

Les deux émaux, qui datent de la fin du XVIIe siècle, ont une origine limousine. Les deux lettres sont la signature de l'émailleur, un des Laudin, célèbres émailleurs de Limoges[25]. La qualité de ces objets, propriété de l'État, a été très tôt reconnue puisqu'ils ont été protégés dès le début du XXe siècle[26].

24. CAOA 86, dossiers n° 41 et 42 ; h = 16 cm, la = 12 cm. Le cadre est en deux parties vissées et retenues par une molette carrée. Une pièce rivetée, à l'arrière, permet la préhension et sert de support.

25. Jean (1616-1688), Jacques I (1627-1695), Jacques II (1663-1729) ou Joseph (1667-1727) : CAOA 86, fiche par J. Salvini. La facture et la signature inviteraient à l'attribuer à Jacques I.

26. Arrêté de classement du 21 octobre 1903.

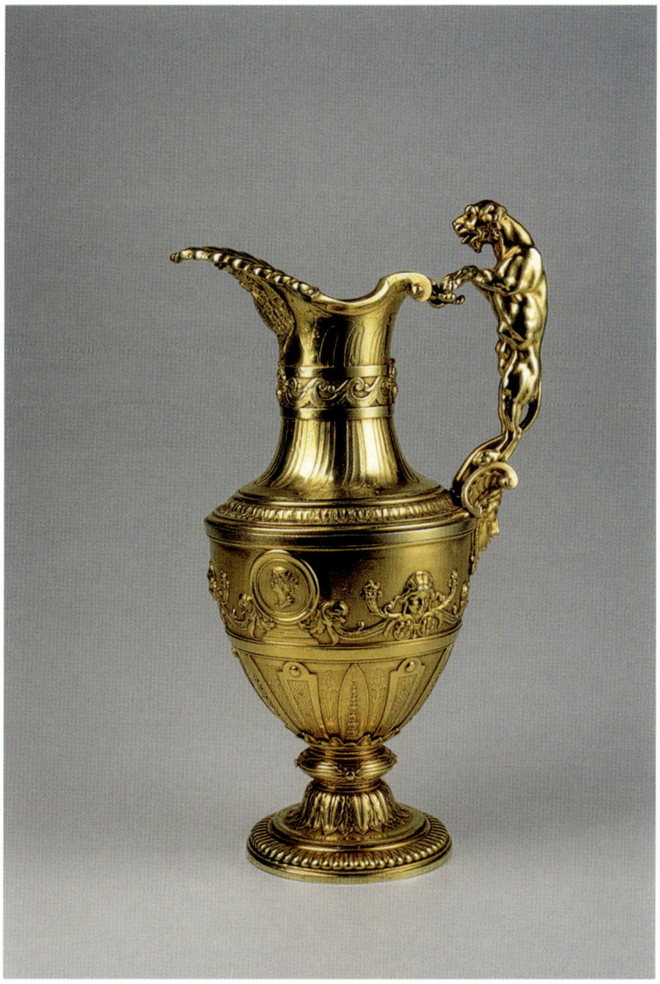

Aiguière pontificale — argent doré, 1697 — cathédrale

En 1808, le cardinal de Montmorency-Laval léguait sa chapelle pontificale[27] à Mgr de Vareilles-Sommières, évêque de Gap, qui avait été son vicaire général à Metz[28]. Ce dernier, par testament, la destinait en 1831 au chapitre de la cathédrale de Poitiers qu'elle ne devait plus quitter.

Il fallut attendre plus d'un siècle pour que soit identifiée l'origine de l'aiguière en vermeil[29], le plus prestigieux des objets hétérogènes qui composent la chapelle[30]. Dans cet ensemble cultuel, son caractère profane constituait une anomalie : anse massive traitée en panthère dressée, médaillons aux traits de Faustine, épouse de Marc-Aurèle, et de Julie, fille de Titus, mascarons à tête de Pallas laurée. Le travail manifeste une grande qualité d'exécution[31]. Le poinçon de la jurande de Paris[32], apposé entre janvier et août 1697[33], et la masse de l'objet, dépassant celle que tolérait l'ordonnance somptuaire de 1703, montraient que cette aiguière avait été la propriété d'un grand, capable de s'affranchir des prescriptions royales. Et pour cause. Le poinçon de maître identifie ce travail comme une œuvre de Nicolas Delaunay[34] : il s'agit d'une très rare pièce survivante de la vaisselle « d'or » du roi Louis XIV[35].

Qui détint cette aiguière avant Mgr de Montmorency-Laval ? Peut-être trouverait-on, sous ses armes cardinalices dont le bec a été chargé, celles d'un autre prélat dont le nom viendrait enrichir et compléter l'histoire de cet objet d'exception, propriété de l'État.

27. Salvini, *Objets…*, op. cit., p. 221-222.
28. Louis-Joseph de Montmorency-Laval (1724-1808), évêque de Metz en 1760, Grand aumônier de France en 1786, cardinal en 1789. La chapelle lui fut probablement offerte à l'occasion de son élévation au cardinalat. François-Henri de Labroue de Vareilles, né à Sommières (Vienne) en 1734, vicaire général à Metz de 1762 à 1784, est nommé évêque de Gap en 1784. Il démissionne à son retour d'émigration en 1814 et se fixe à Poitiers où il finit ses jours en 1831. Il fut le bienfaiteur de la cathédrale et de nombreuses églises. Sur ces deux prélats : A. De Vareilles-Sommières, *Les souvenirs et les traditions de Sommières*, Poitiers, 1938, surtout p. 194-195, 440-441, 463, 485-486.
29. CAOA 86, dossier n° 34 ; h = 33 cm, masse = 2,19 kg.
30. Communication de M. Clarke de Dromantin, dans *BSAO*, 1er tr. 1953, procès-verbaux des séances, p. 317. L'arrêté de classement date du 24 mars 1955.
31. Le pied, à plusieurs ressauts, est décoré de godrons et d'une doucine en forme de cloche aplatie à feuilles de laurier portant une collerette moulurée et ceinte de lanières. Le culot alterne les feuilles pointues longues et courtes. La panse étage deux registres séparés par une moulure. Le registre inférieur s'orne d'un décor au repoussé alternant feuilles de laurier à nervure centrale soulignée de grappes de fruits et cartouches cloutés s'évasant à décor de rinceaux symétriques ciselés. Feuilles et cartouches, sur fond amati, sont séparés par des motifs végétaux ciselés. Au registre supérieur, des médaillons sur piédouche montrent des personnages de profil. Ils sont séparés par des rinceaux symétriques inspirés de l'Antique sur fond amati portant cornes d'abondance et mascaron. Le col est bordé à sa base d'une doucine ornée de feuilles, surmontée de canaux tors à bordure et ceinturés par un large anneau orné d'une frise de postes.
32. Charge (1697-1704) : A fleuronné avec sceptre et main de justice ; pas de décharge.
33. Lettre-date, sous le pied : C couronné (1696-1697).
34. Fleur de lys couronnée, deux grains, lettres N, D, L. Nicolas Delaunay, reçu maître en 1672, épouse en 1676 Madeleine Ballin, nièce de Claude Ballin I, orfèvre du Roi, auquel il succède en 1678. Il est directeur de la Monnaie des Médailles en 1696. M. Bimbenet, *Le maître et son élève : Claude Ballin et Nicolas Delaunay, orfevres de Louis XIV*, dans *Revue de l'École des Chartes*, t. 161, f. 1, 2003, p. 221-239. Une huile sur toile par Robert Le Vrac, dit Tournières, vers 1705, conservée au musée de Caen, représente l'orfèvre désignant l'une de ses œuvres et accompagné de sa famille.
35. Les fontes successives ont fait disparaître cette vaisselle. De l'œuvre de Delaunay ne restent que quelques objets (musée du Louvre) et des copies.

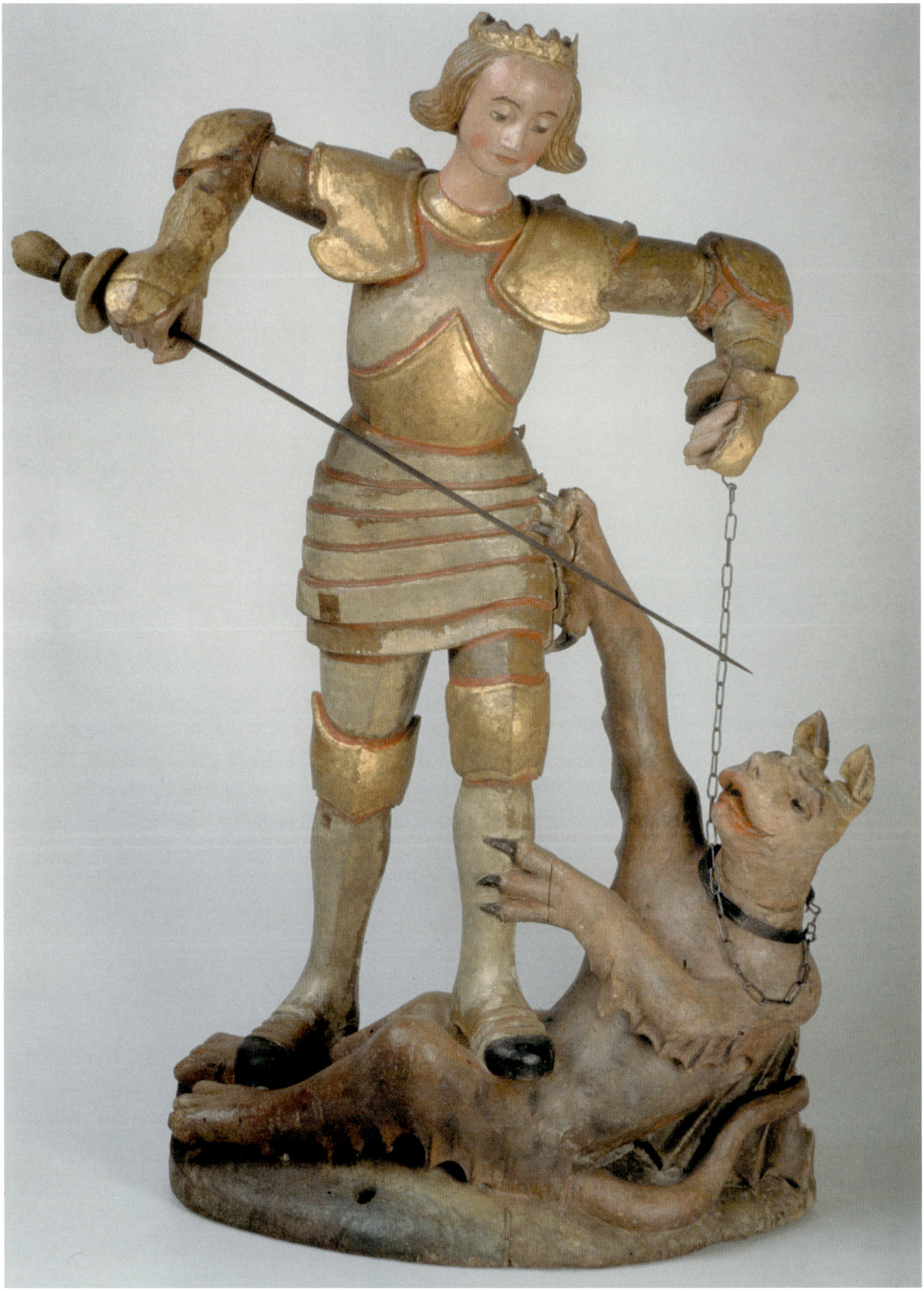

Saint-Michel (Fig. 1)

LA CATHÉDRALE SAINT-PIERRE DE POITIERS : LA STATUAIRE

par Yves-Jean Riou

Conservateur général honoraire du patrimoine

On a peine à imaginer aujourd'hui que la cathédrale ait pu être jadis un véritable musée de sculpture. Pourtant, la description que nous donne l'abbé Auber de son seul jubé, tel qu'il se présentait en 1562[1], nous laisse entrevoir la richesse ornementale qui était alors celle de cet insigne monument, rempli de statues pour la plupart « taillées en pierre fine du pays,... peintes et etoffées ». À l'entrée dudit jubé s'élevaient « les images du crucifix, Notre-Dame et saint Jean... et aux quatre bouts d'icelle [la croix]... les quatre évangélistes faits à demi-taille ». Au-dessus de l'arcade donnant accès au chœur était inséré un relief représentant « le Dieu de la Résurrection », tandis que, de part et d'autre, se dressaient deux statues des saint Pierre et saint Paul, chacun « de six grands pieds et demi environ ». L'autel de saint Michel juché au-dessus de cette entrée était bien évidemment pourvu d'une image de l'archange « de la hauteur de quatre pieds ». Sous l'horloge et le petit orgue équipant ce jubé étaient aménagées deux petites chapelles où se pouvaient voir, dans la première, les statues de Notre-Dame-des-Gésines et de saint Joseph « avec les têtes et le devant de l'âne, et le bœuf », et dans la seconde, celle de Notre-Dame-du-Tronc, « debout, haute de sept pieds, tenant son enfant sur le bras gauche ». Sommant la porte de la tour conduisant à l'horloge était une autre figure de la Vierge, « de deux pieds ». Le mur de clôture lui-même était orné de niches, dans lesquelles étaient logées, à la face externe, « les images du Sauveur et huit apôtres », et à l'intérieur, « neuf images, tant de reste desdits apôtres qu'autres ». Du côté ouest sans doute étaient en outre alignées « dix autres images, tant de prophètes que autres, superposées cinq par cinq sur deux rangs, et chacun de trois grands pieds ». Deux autres chapelles dressées à l'intérieur du chœur étaient pourvues, l'une, à gauche, de deux statues de saint Maurice et sainte Radegonde, « de quatre ou cinq pieds de haut », et l'autre, en face, d'une « Notre-Dame tenant son enfant entre les bras... haute de cinq pieds et demi ». Près de ces autels se trouvaient de somptueux tombeaux d'évêques, tels ceux de Jacques des Ursins, « couché la tête sur deux oreillers, crossé, mitré » et cantonné de quatre angelots, ou de Simon de Cramaud, composé d'un gisant en albâtre et d'une statue du cardinal représenté à genoux, priant. En outre, chacun des innombrables autels de la nef était surmonté de sa statue : Notre-Dame la Blanche, Notre-Dame l'Ancienne, Notre-Dame des Cloîtres, Notre-Dame d'Albâtre, etc. La seule chapelle des apôtres était alors pourvue de statues de saint Yves « en habit d'avocat » et de saint Louis de Marseille, ainsi que de trois autres images « tant d'évêques qu'archevêques ».

De ce somptueux décor, tout a disparu, en partie lors de la mise à sac de l'édifice par les reîtres du sire de Grammont en 1562[2], et pour le reste en 1792, lorsque l'on démolit ce qui restait du jubé pour mettre à sa place la grille du chœur des dames de Sainte-Croix[3]. Seul vestige possible : la statue en bois polychrome de **saint Michel** (fig. 1), d'environ 0,90 m de hauteur, aujourd'hui placée au-dessus de la porte de la

1. Abbé Auber, « Histoire de la cathédrale de Poitiers », *M.S.A.O.*, 1re série, t. XVII, 1849, p. 212-221.

2. Le constat de ces dégâts nous a été conservé par dom Fonteneau, t. LIV, p. 251-294 ; voir aussi A. Barbier, « Chroniques de Poitiers aux XVe et XVIe siècles », Deuxième partie : « Première guerre civile à Poitiers (1562) », *M.S.A.O.*, 2e série, t. XIV, 1891, p. 191-195.

3. Abbé Auber, *op. cit.*, p. 445-446.

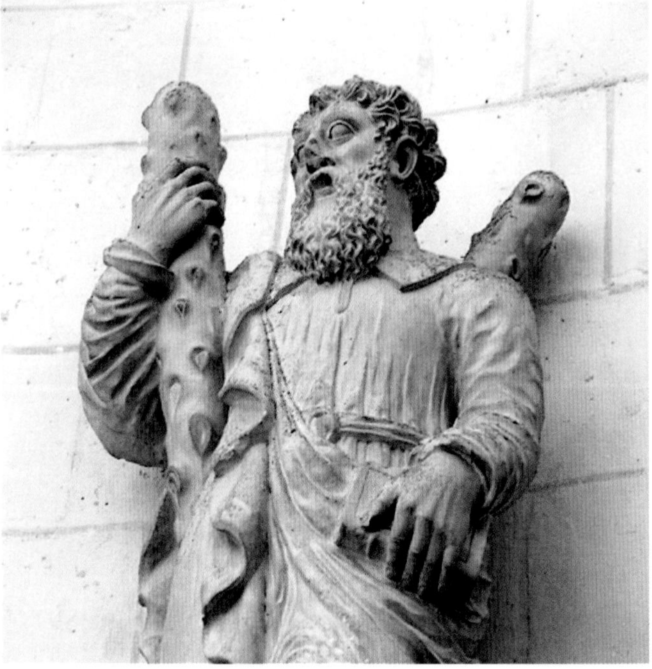

Fig. 2

sacristie. L'archange est représenté debout, en armure, brandissant son épée au-dessus d'un démon étendu au sol, sur le torse duquel il a posé le pied gauche, et qu'il tient au bout d'une chaîne. Classée Monument historique par arrêté du 24 janvier 1958, elle paraît pouvoir remonter au xve siècle[4].

En vérité, les seules statues aujourd'hui conservées à la cathédrale dont on est sûr qu'elles ont été réalisées pour y être placées sont celles qui se trouvent alignées sur des culots fixés aux murs latéraux de la chapelle des apôtres. Jadis au nombre de douze, elles ne sont plus que sept, quatre à l'est (de gauche à droite, les saints Pierre, André, Jacques et Jean) et trois à l'ouest (de gauche à droite, les saints Simon, Jude et Paul) ; les cinq autres, qui se trouvaient au sud, ont irrémédiablement disparu lorsque fut installé de ce côté-ci le grand retable provenant du couvent des dominicains. Chacun des personnages tient un livre (à l'exception de Jean) et peut être identifié par une inscription peinte sur le socle, mais également par l'attribut qu'il porte ou a de toute évidence porté : clefs, croix en X, bâton de pèlerin, calice sommé d'un serpent, massue (?), scie, épée. Disposées à cet emplacement à l'initiative de Monseigneur Geoffroy de Saint-Belin – donc dans les années 1577-1611 –, elles sont de bien médiocre qualité. L'abbé Auber en critiquait « les formes carrées et les yeux saillants » qui, selon lui, « leur donnait une physionomie identiquement grotesque et une expression rebutante[5] ». Il attribuait la paternité de la plupart d'entre elles à « un ouvrier sans conception et sans expérience », observant toutefois que le **saint André** (fig. 2), qu'il ne jugeait pas sans mérites, portait sur son socle un C et un G entrelacés l'incitant à attribuer l'œuvre au sculpteur poitevin Girouard, ce que n'avait point fait l'auteur de la première notice consacrée dès le xviiie siècle à cet artiste[6], mais que retiendra Brouillet[7]. Celui-ci attribue même plus précisément l'œuvre à Jacques Girouard, sous le faux prétexte qu'elle est signée J.G. En fait, le culot portant la statue de saint André — et non pas son socle — porte bien un écu orné d'un C (retourné) et d'un G, mais aussi des lettres S et B, elles aussi entrelacées, et ce chiffre a peu de chance de désigner l'un des Girouard, qui se prénommaient respectivement Jean, Pierre, Joseph et Jacques, mais pourrait tout simplement désigner Geoffroy C... de Saint-Belin.

Hormis celles du xixe siècle, la plupart des autres œuvres n'étaient pas originellement destinées à la cathédrale et certaines n'y ont été transportées qu'assez récemment. C'est le cas de la précieuse **Vierge à l'Enfant** (fig. 3) en marbre (classée Monument historique le 31 mai 1961) placée dans la chapelle du Sacré-Cœur. Se tenant majestueusement debout, enveloppée dans un large manteau aux plis lourds et cassés, la chevelure en partie dissimulée par un long voile, elle tient l'Enfant Jésus couché nu sur un pan de son

4. J. Salvini, « Statues classées du département de la Vienne », *B.S.A.O.*, 4e série, t. V, 1959-1960, p. 265.

5. Abbé Auber, « Sur Girouard, sculpteur poitevin », *ibid.*, 1re série, t. III, 1841-1843, p. 202.

6. « Note sur le sculpteur Girouard », *Affiches du Poitou*, 1774, p. 89-91 et 163-164.

7. P.-A. Brouillet, « Les Girouards, sculpteurs poitevins au XVIIe siècle », *Réunion soc. beaux-arts des départ.*, t. XV, 1891, p. 331. En tout état de cause, P. Rambaud, « Notes et documents sur les artistes en Poitou jusqu'au XIXe siècle », *Arch. hist. Poitou*, t. XLIII, 1920, qui consacre plusieurs notices aux Girouard (p. 82-86) ne fait pas état d'un quelconque marché de l'un d'entre eux avec l'évêque ou le chapitre.

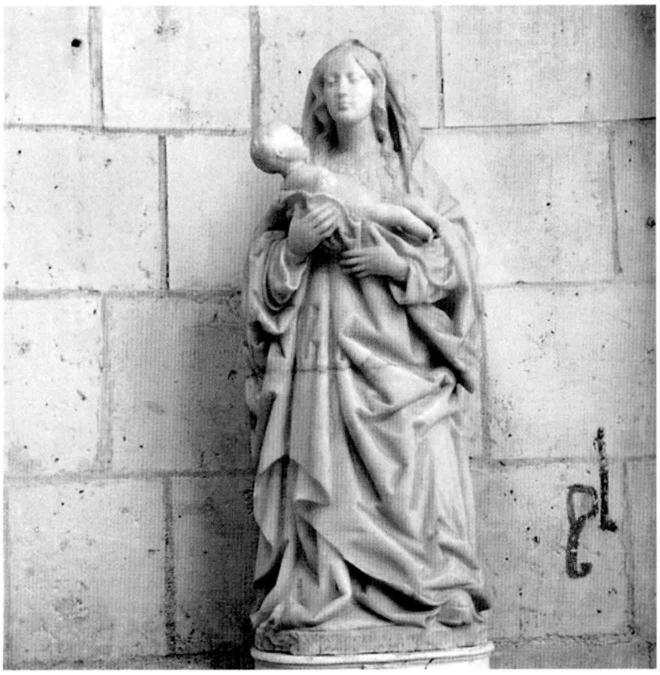

Fig. 3

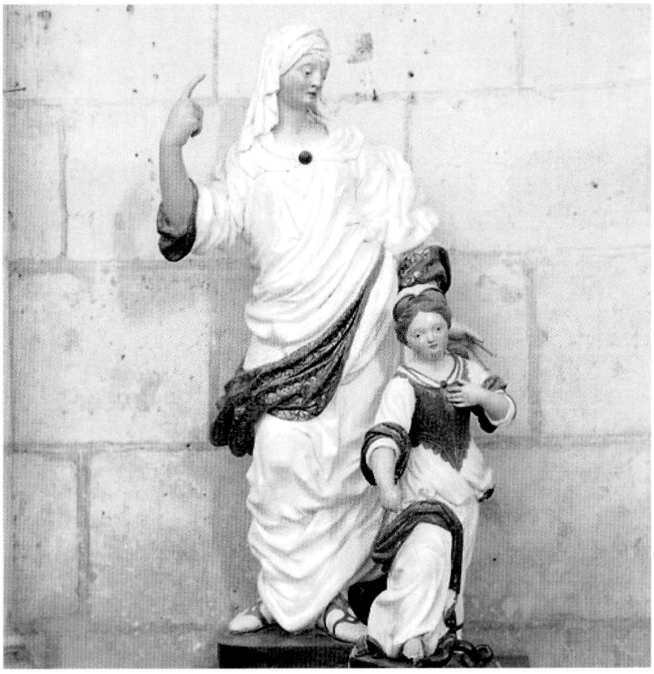

Fig. 4

vêtement et le regarde avec une douceur un peu hautaine. Elle a été donnée à la cathédrale, sur les conseils de Joseph Salvini, par un propriétaire du château de La Motte-Chandeniers (commune de Trois-Moutiers, Vienne), où elle se trouvait conservée depuis le XVIe siècle. Elle avait en effet été offerte par les Gênois à François de Rochechouart (1450-1530), seigneur de Chandenier, Javarzay, La Motte-de-Bauçay, Saint-Amand, La Graillière, Saint-Marcolle et La Roche-Rabassé, à l'époque où il était gouverneur de leur cité, c'est-à-dire entre 1508 et 1512[8]. C'est ce que pourrait laisser entendre l'inscription fort détériorée du socle, dont on ne lit plus que les mots FRAN·DE/... HIERO à gauche, PRO LVDO FRÃCHOR REGE XII/LAVANIAE MUNIFICENTISS... au centre et GENVAM GVBERNANTE/MVNVS DEDIT M à droite. Ces trois groupes de mots sont séparés par les armes *fascé ondé et enté d'argent et de gueules, de six pièces, entées de l'une à l'autre* de la famille des Rochechouart[9].

Dans la même chapelle se trouve un intéressant groupe représentant **sainte Anne et la Vierge** (fig. 4) que d'aucuns ont prétendu être en terre cuite, mais qui, dépourvu de trous d'évent, semble plutôt être en pierre polychrome. La mère de la Vierge, légèrement déhanchée, index droit levé, est vêtue d'une robe et d'un manteau blancs doublé d'or, chaussée et coiffée d'un voile court. Elle semble pousser devant elle sa jeune enfant, joufflue et potelée, qui écrase de son pied nu un serpent. Le buste de la fillette est enserré dans un petit corset baleiné dessinant une pointe sur le ventre, sorte de corps piqué qui fit son apparition en France, venant d'Espagne, au XVIe siècle, et dont la mode perdurera une bonne partie du siècle suivant[10]. D'esprit baroque, joliment travaillée, cette œuvre classée Monument historique le 23 avril 1965 pourrait de fait remonter à la première moitié du XVIIe siècle.

Trois authentiques terres cuites sont en revanche conservées dans les dernières travées de l'édifice. La première est placée sur un autel du collatéral nord. Haute de 1,24 m, elle représente une Vierge aux traits fins et presque juvéniles, vêtue d'une robe blanche bordée d'un filet d'or et d'un manteau court doublé de bleu, dont un pan est enroulé autour de son bras gauche. Sa tête est

8. J. SALVINI, « Communication à la séance du 21 mars 1963 », *B.S.A.O.*, 4e série, t. VII, 1963-1964, p. 8.
9. G. MARTIN, *Histoire et généalogie de la maison de Rochechouart*, La Ricamarie, 1990, p. 17 (sur les armoiries) et 40 (sur François de Rochechouart).
10. FR. BOUCHER, *Histoire du costume en Occident de l'Antiquité à nos jours*, Paris, 1965, p. 235 et ss.

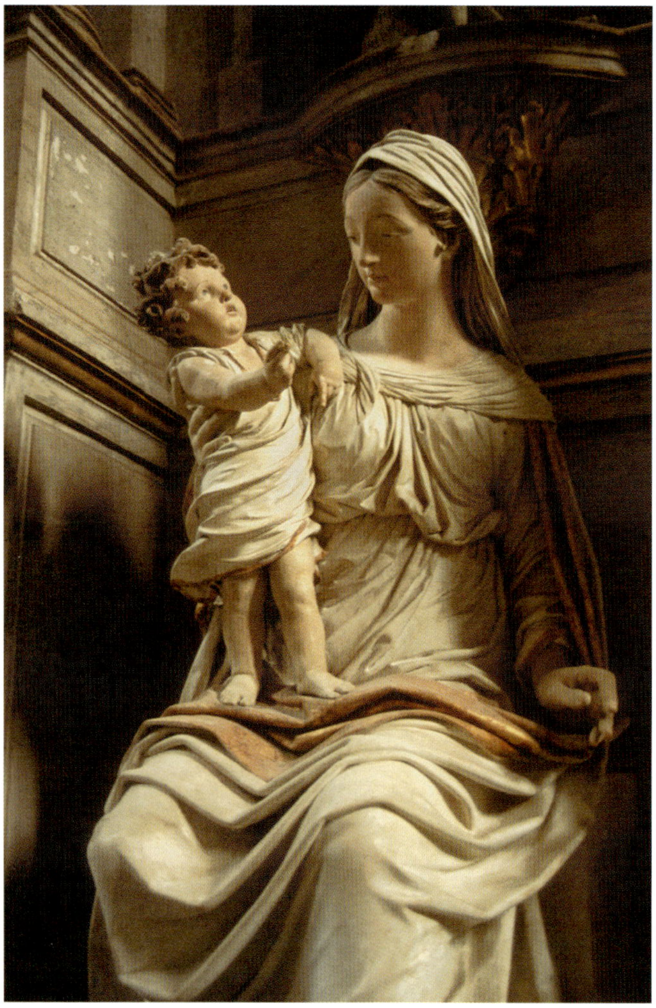

Fig. 5

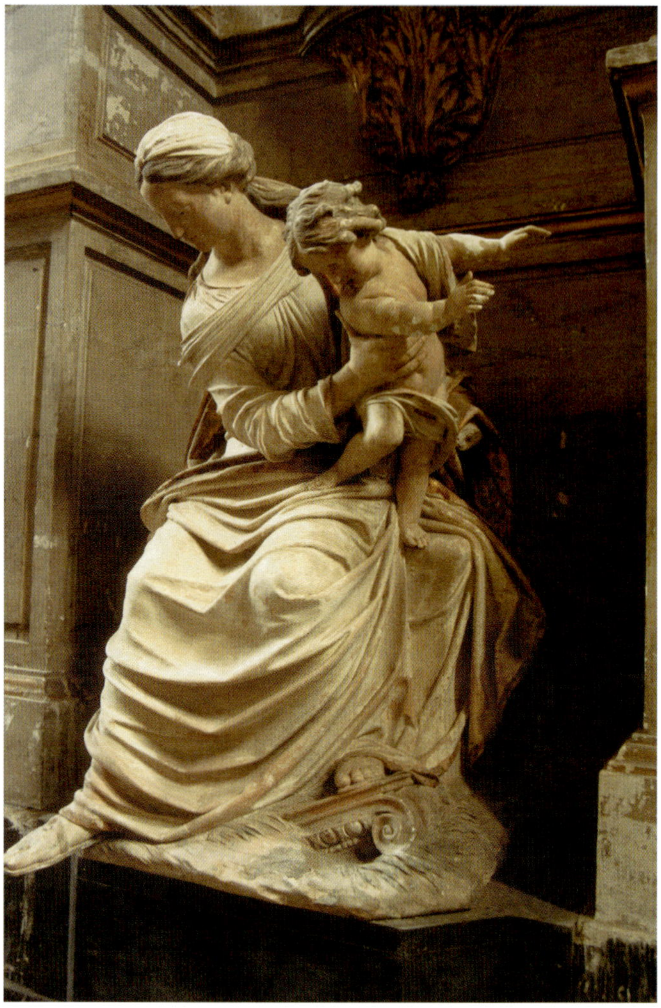

Fig. 6

couverte d'un voile qu'une épingle maintient pardevant à sa chevelure. Elle porte distraitement son enfant à cheval sur son avant-bras droit tout en tenant devant elle à la main gauche un objet aujourd'hui disparu. D'excellente facture, elle a été classée Monument historique le 26 juillet 1963. Le visage rond, la coiffure, les sourcils régulièrement arqués et la bouche un peu boudeuse de la Vierge ont récemment fait attribuer cette sculpture à Gervais Delabarre[11], terracotiste manceau actif à partir de 1593 et décédé en 1644, à qui l'on doit déjà à Poitiers le retable de la chapelle du collège des jésuites, le Pas de Dieu de Sainte-Radegonde et plusieurs statues provenant de l'abbaye Sainte-Croix[12].

Deux autres **Vierges à l'Enfant** (fig. 5 et 6), assises cette fois, placées de part et d'autre de l'autel adossé au milieu du chevet, sous les niches de ses ailes, ont été justement classées Monuments historiques le 24 janvier 1958. Celle de droite est vêtue d'une robe blanche et d'un manteau doré, un voile s'emmêlant à sa longue chevelure. Le pied droit en avant, le gauche reposant sur un chapiteau ionique symbolisant peut-être le paganisme, elle découvre au sol un serpent, dont la tête menaçante apparaît derrière sa jambe droite, et tient l'Enfant Jésus au bout de ses bras pour l'écarter du danger (fig. 7). La grande ressemblance de cette œuvre avec deux Vierges à l'Enfant conservées à

11. Fr. de La Moureyre, J. Perrin et G. Bresc-Bautier, « Mieux vaut un vrai Delabarre qu'un faux Sarazin : le tombeau de Donadieu de Puycharic et le sculpteur Gervais Delabarre », *Bull. Soc. hist. de l'art français*, 1991, p. 80. Attribution confirmée par François Le Bœuf, « L'atelier Delabarre », *Terre et ciel. La sculpture en terre cuite du Maine (XVIe et XVIIe siècles)*, Paris, Monum — éditions du patrimoine, 2003 [Cahiers du patrimoine, 66], 102.

12. R. Crozet, « Le sculpteur Gervais de la Barre en Poitou » *B.S.A.O.*, 4e série, t. XIV, 1946-1948, p. 111-114 ; Fr. de La Moureyre, J. Perrin et G. Bresc-Bautier, *op. cit.*, *passim*.

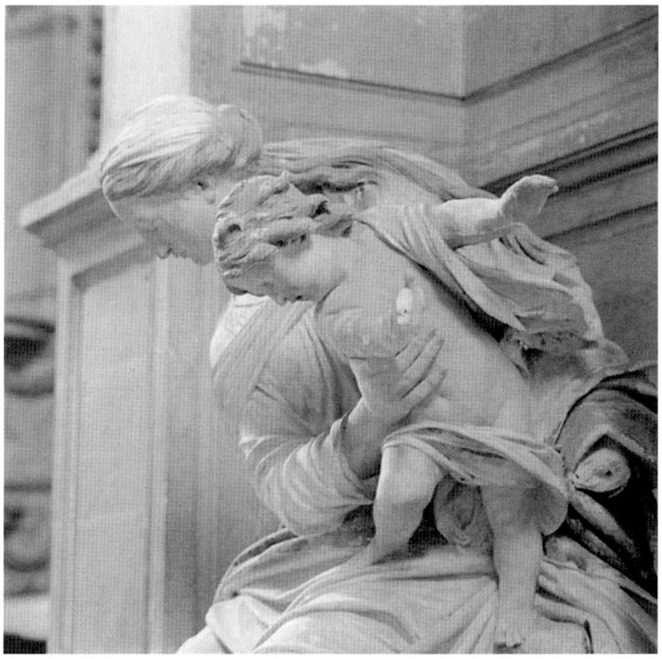

Fig. 7

Angers, la Vierge dite de Nozay et la Vierge de la chapelle de La Barre, l'ont fait attribuer à l'auteur de ces dernières, Pierre Biardeau (1608-1671) ; en outre, un faisceau de présomptions laisse à penser qu'avant d'être ici, elle se trouvait dans l'église des augustins, puis qu'elle fut transportée pendant la Révolution à la chapelle du collège, devenue temple décadaire, où elle aurait été transformée en statue de la Liberté[13].

Celle de gauche a également été donnée pour une œuvre de Biardeau[14] et pourrait dater, comme la précédente, des années 1660. Assise le pied gauche en avant et le droit en retrait, la robe blanche couverte d'un manteau doublé d'or, elle semble esquisser un geste d'affectueux étonnement en regardant son enfant, debout sur ses genoux, vêtu d'une robe courte frangée d'or au col et au bas, dont elle assure la posture en passant la main droite sous son aisselle.

D'un intérêt artistique bien moindre, mais qualifiée de « statue miraculeuse » et remontant probablement au XVIIIe siècle, la figure en pierre de Notre-Dame de Bonne-Nouvelle est auréolée d'une pieuse et édifiante histoire. Les traits un peu ingrats, vêtue d'une longue robe rouge et d'un manteau bleu doublé de blanc, coiffée d'un voile court, elle tient son enfant sur le bras droit tout en lui maintenant le dos de la main gauche. Selon le chanoine Rosière[15], elle était placée à l'angle d'une rue de la ville quand, en 1793, une personne craignant qu'un mauvais sort ne lui soit réservé la cacha dans un mur du lavoir qui se trouvait alors près du pont Neuf, sur la rive gauche du Clain. Lorsque celui-ci fit détruit, elle fut recueillie par une marchande de poisson, qui la remit alors au curé de la cathédrale. « Sur les insistances [d'une] zélée paroissienne », elle fut placée dans une niche aménagée à l'angle d'un pilier, dans le collatéral nord.

À quelques mètres de là, juchée sur un socle fixé au mur de la sixième travée, se trouve une mystérieuse figure féminine debout, drapée dans une longue robe, tenant en avant la main droite, qui semble avoir jadis tenu un quelconque attribut aujourd'hui disparu. Cette estimable sculpture en pierre, malencontreusement peinte en gris, pourrait dater du XVIIe siècle et avoir fait partie d'un groupe de deux Vertus classé Monument historique le 10 juillet 1909, mais dont l'une est disparue[16].

Il faudra attendre la fin du XIXe siècle pour que la cathédrale s'enrichisse de quelques nou-

13. Y.-J. Riou, « Réflexions sur l'attribution à propos de deux tableaux de Berthélemy et une statue de Biardeau conservés à la cathédrale de Poitiers », *B.S.A.O.*, 4e série, t. XVI, 1981-1982, p. 430-439. Depuis la parution de cet article, Ph. Bardelot, « Nouveaux documents sur la vie et l'œuvre du sculpteur Pierre Biardeau (1608-1671) », *Bull. Soc. hist. de l'art français*, 1994, a publié un marché (p. 41-42) attestant que Biardeau avait bien exécuté une Vierge à l'Enfant pour « la chapelle Notre-Dame de lad. Église des Augustins de Poitiers ». Voir aussi les deux catalogues d'exposition *Belles et inconnues. Sculptures en terre cuite des ateliers du Maine, XVIe et XVIIe siècles. Étude iconographique*, Paris, Réunion des musées nationaux, 2002 [Les dossiers du musée du Louvre, 61], p. III, et *Terre et ciel...*, *op. cit.*, p. 180.

14. En dernier lieu par G. Bresc-Bautier, « Biardeau, Pierre », *The Dictionary of Art*, éd. J. Turner, t. 4, Londres, 1996, p. 1, qui attribue à l'artiste « two depictions of the *Virgin and Child* (Poitiers, Cathedral) » ; également par Ph. Bardelot, *op. cit.*, p. 25 ; *Belles et inconnues...*, p. III ; *Terre et ciel...*, p. 181.

15. Chanoine E. Rosière, « Invention à Poitiers d'une statue de Notre-Dame cachée en 1793, découverte en 1854 », *Semaine relig. du diocèse de Poitiers*, 45e année, n° 15, dimanche 12 avril 1908, p. 286.

16. À moins que l'on ait pris l'une des Vierges à l'Enfant de Biardeau, qui se trouvait alors placée dans le voisinage de celle-ci, pour une Charité...

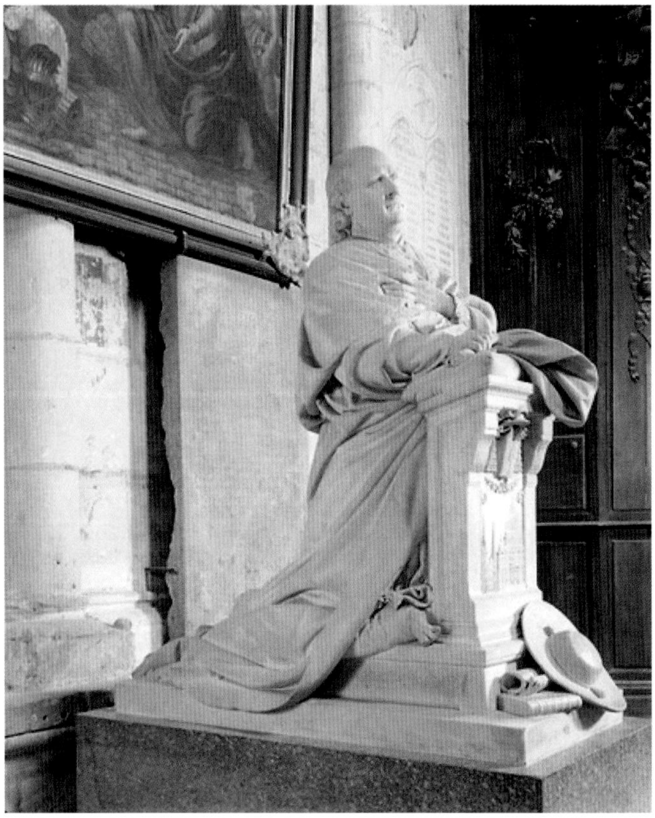

Fig. 8

velles sculptures. Le premier achat s'imposait : comme beaucoup de paroisses placées sous le vocable du premier des apôtres, Saint-Pierre fit celui d'une copie en bois — seuls les pieds et la clef sont en bronze — de l'illustre figure assise, attribuée à Arnolfo di Cambio (1240-1302)[17], que chacun peut admirer dans la nef de Saint-Pierre de Rome. Elle fut bénie solennellement le 1er août 1877, fête de saint Pierre-ès-liens[18].

L'acquisition qui suivit est certes plus digne d'intérêt : il s'agit du monument élevé à la mémoire du **cardinal Pie** (fig. 8) grâce à une souscription qui fut lancée par Mgr Gay, MM. de Béchillon et Marnay, vicaires apostoliques, le 10 juin 1880, c'est-à-dire moins d'un mois après le décès, le 18 mai, de celui que le pape considérait comme son « bras droit ». Un comité réunissant vicaires capitulaires, doyen du chapitre, archiprêtres de Poitiers et Niort, ainsi que « plusieurs catholiques notables très experts en matière d'architecture, préféra à un monument allégorique quelconque une belle statue, qui fit revivre la noble figure du grand pontife[19] ». Elle en passa la commande à Jean-Marie-Bienaimé Bonnassieux (1810-1892), grand prix de Rome en 1836, élu en 1866 à l'Académie des beaux-arts, professeur à l'École des beaux-arts depuis 1881, auteur, entre autres, de l'Immaculée Conception en pierre surmontant la cathédrale de Boulogne-sur-Mer et surtout de la célèbre Notre-Dame-de-France en bronze, de 16 mètres de haut, érigée en 1860 sur le rocher Corneille au Puy grâce au don fait par Napoléon III de 213 canons rapportés de Sébastopol[20]. L'artiste, qui se mit au travail à la fin de l'année 1882, demanda deux ans pour venir à bout de sa tâche[21], qu'il se fit payer 20 000 F. Le modèle était presque terminé en mai 1883, et l'on fit alors l'acquisition pour 5 000 F du bloc de marbre blanc dans lequel serait taillée l'effigie du cardinal[22]. Celui-ci est représenté vêtu de la *cappa*, agenouillé à un prie-Dieu sur lequel sont représentées, outre ses armes et sa devise *TUUS SUM EGO*, les silhouettes de la cathédrale de Chartres et de Saint-Pierre de Rome, « symboles des deux amours qui ont été sa vie... l'amour de la divine Vierge... dont il a si bien chanté les louanges, l'amour de l'Église et du pape, dont il a défendu avec tant de science et de vigueur les immortelles prérogatives[23] ». Les yeux tournés vers le ciel, il tient à la main droite un rouleau, « sans doute l'homélie qui va jaillir des lèvres éloquentes[24] », tandis que devant lui sont déposés sur le sol les ouvrages qu'il a publiés et son chapeau cardinalice. Bien qu'une inauguration

17. M. Salmi, « Il problema della statua bronzea di San Pietro nella basilica vaticana », *Commentari*, t. XI, 1960, p. 22-29.
18. *Semaine liturg. du diocèse de Poitiers*, 14e année, n° 26, dimanche 1er juillet 1877, p. 416.
19. « Le monument du cardinal Pie à la cathédrale », L. Gerbier, *Semaine relig. du diocèse de Poitiers*, 31e année, n° 43, dimanche 28 octobre 1894, p. 684.
20. *Galeries nationales du Grand Palais, Paris, 10 avril — 28 juillet 1986. La sculpture française au XIXe siècle*, Paris, 1986, p. 209-210.
21. A. Le Normand-Romain, « Six esquisses du sculpteur Bonassieux (1810-1892) », *Rev. du Louvre*, t. XXI, 1982, p. 366, « doué de peu d'imagination, Bonassieux travaillait lentement, son idée ne se précisant qu'au fur et à mesure qu'il avançait ».
22. « Le monument du cardinal Pie », *Semaine relig. du diocèse de Poitiers*, 20e année, n° 20, dimanche 20 mai 1883, p. 313.
23. « Inauguration du monument du cardinal Pie », L. Gerbier, *Semaine relig. du diocèse de Poitiers*, 31e année, n° 45, dimanche 11 novembre 1894, p. 313.
24. « Le monument du cardinal Pie », *op. cit.*, p. 685.

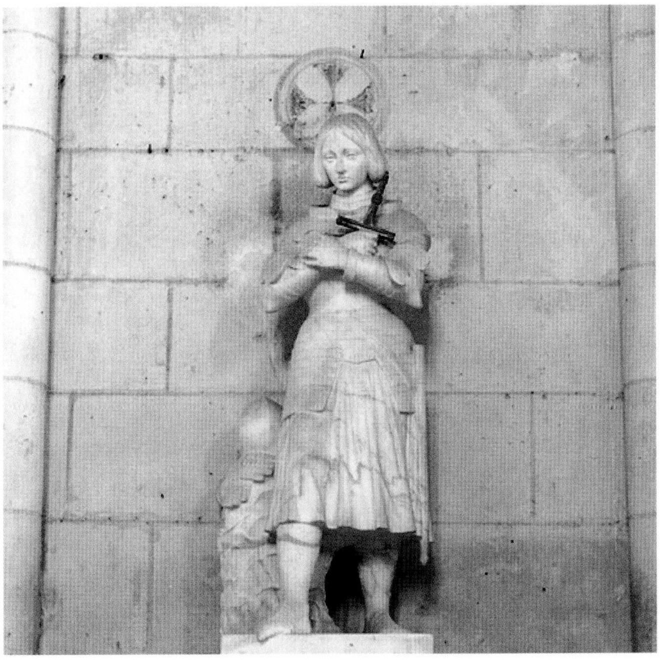

Fig. 9

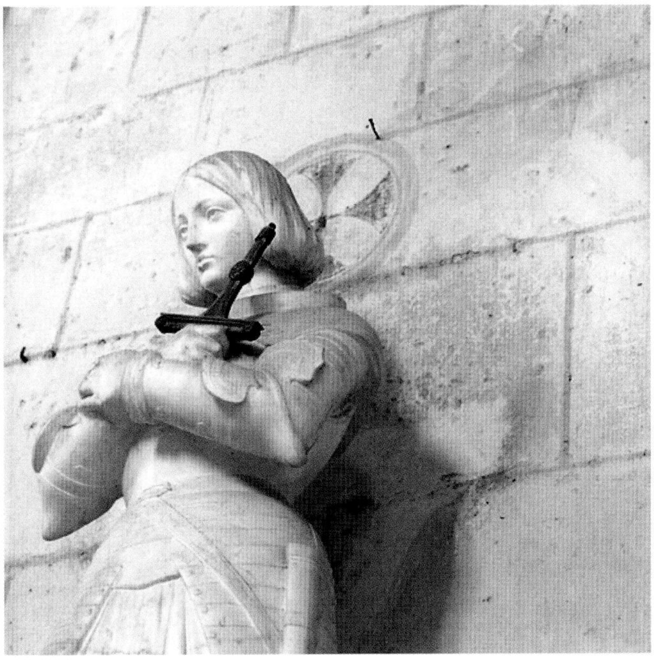

Fig. 10

du monument ait été prévue dès 1886[25], celle-ci ne se fit point sous les épiscopats mouvementés de Mgr Bellot des Minières et de Mgr Juteau, mais, le 3 novembre 1894, sous celui de leur apaisant successeur, Mgr Pelgé.

L'année suivante, « le curé [fit] acheter [chez Garotin Rosière, Grand-Rue] par G. Guibouret aîné une statue de saint Antoine[26] » qui fut placée en face de celle de Notre-Dame de Bonne-Nouvelle, où elle se trouve toujours, et bénite le 30 avril à l'occasion de l'ouverture du mois de Marie[27].

De plus grand intérêt est la statue de **Jeanne d'Arc** (fig. 9 et 10) qui est placée sur un socle, dans le collatéral nord de la nef. Il s'agit d'une bonne copie du marbre que la princesse Marie d'Orléans (1813-1839) exécuta à la requête de son père, le roi Louis-Philippe, pour le château de Versailles, le sculpteur James Pradier (1790-1852) ayant décliné cette commande[28]. Adroitement exécuté en marbre de Carrare par les ateliers Deshoulières, ce don des fidèles de Poitiers fut béni par Mgr Humbrecht le 19 mai 1912 au cours d'une brillante cérémonie durant laquelle celui-ci, « en union avec les autres évêques de France », consacra le diocèse à saint Michel[29].

Outre les statues peuplant les niches des autels ou sommant le baptistère, trois autres œuvres de moindre intérêt sont également visibles à la cathédrale : un Christ placé dans la troisième travée du collatéral sud, face à la chaire, une sainte Thérère, trois travées plus loin, et, à l'entrée de la chapelle du Sacré-Cœur, une statue de saint Louis-Marie de Montfort pèlerin, écrasant un serpent du pied droit, à côté duquel est ouvert un *Traité de la vraie dévotion à la sainte Vierge*. Sur le socle figure l'inscription A. Masselot, 1947.

Yves-Jean Riou

25. *Semaine relig. du diocèse de Poitiers*, 33e année, n° 35, dimanche 29 août 1886, p. 550. L'œuvre est signée et datée sur le socle Bonnassieux 1886.
26. Arch. paroissiales, inventaire de 1894.
27. « Le mois de Marie et saint Antoine de Padoue à la cathédrale », *Semaine relig. du diocèse de Poitiers*, 32e année, n° 18, dimanche 5 mai 1895, p. 277.
28. Il en existe également un modèle en terre cuite (1836) au musée de Dordrecht, une réplique en bronze à l'hôtel de ville d'Orléans, inaugurée en 1851, et une réduction en bronze (1843) à la maison de la sainte, à Domrémy. Voir L.J.I. Ewals, « Orléans (9) Marie (-Christine-Caroline-Adélaïde-Françoise-Léopoldine) », *The Dictionary of Art*, éd. J. Turner, t. 23, Londres, 1996, p. 522 ; M. Busco, « Princesse Marie-Christine d'Orléans, 1813 Palermo — Pisa 1839 », *The Romantics to Rodin : French Nineteenth-Century Sculpture from the North American Collections*, éd. P. Fusco et H.W. Janson, Los Angeles, 1980, p. 310-313.
29. « Fête de Jeanne d'Arc à la cathédrale », *Semaine relig. du diocèse de Poitiers*, 49e année, n° 20, dimanche 19 mai 1912, p. 343. L'épée que la sainte serre sur la poitrine a été brisée.

LE MOBILIER, LES TABLEAUX, LES SCULPTURES

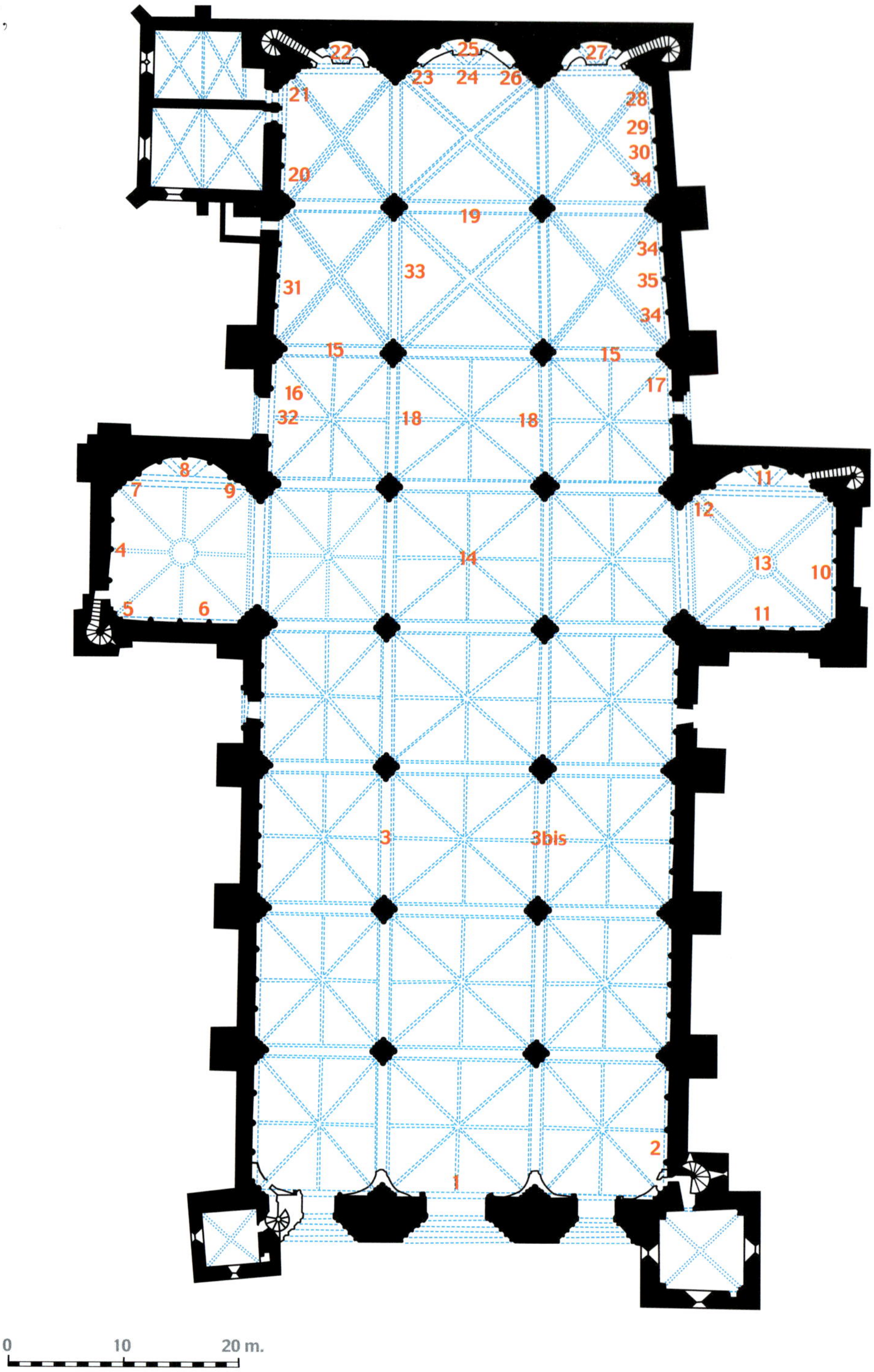

Chœur

15 Grilles (1778)
16 Peinture murale, *La Sainte Famille* (XVIIe s.)
17 Peinture murale, *Le Christ au jardin des Oliviers* (XVIIe ou XVIIIe s.)
18 Stalles (XIIIe s.)
19 Ancien autel majeur (XIXe s.)
20 Monument funéraire de Mgr de Bouillé (1845)
21 Statue de saint Michel (XV-XVIe s.)
22 Retable de saint Laurent (XVIIIe s.)
23 Statue, *Vierge à l'enfant* (XVIIe s.)
24 Grille de l'Abbaye Sainte-Croix (XVIIIe s.)
25 Retable de l'Abbaye de la Trinité (fin XVIIe s.)
26 Statue, *Vierge à l'enfant*, attribuée à Pierre Biardeau (XVIIe s.)
27 Retable de sainte Marie-Madeleine (XVIIIe s.)
28 Tableau, *L'Apologie de l'eucharistie* (XVIe s.)
29 Tableau, *La Résurrection* (XVIe s.)
30 Panneau sculpté et peint, *La Descente de croix* (XVIIe s.)
31 Retable des Carmes (XVIIIe s.)
32 Tambour de porte (1771)
33 Trône épiscopal (XIXe s.)
34 Confessionnaux (1805)
35 Retable de saint Joseph (1885)

Transept

4 Retable des Capucins et tabernacle du Carmel (XVIIIe s.)
5 Monument funéraire du cardinal Pie (XIXe s.)
6 Tableau, *La Ville de Poitiers et le Sacré-Cœur* (XVIIIe s.)
7 Statue, *Sainte Anne et la Vierge* (XVIIe s.)
8 Tableau, *La déploration du Christ* (XVIIe s.)
9 Statue, *Vierge à l'enfant* (XVIe s.)
10 Tabernacle des Dominicains avec tableau, *L'Institution du Rosaire* (XVIIe s.)
11 Confessionnaux (XVIIIe s.)
12 Chaire (XIXe s.)
13 Statues des douze apôtres (début du XVIIe s.)
14 Autel des célébrations (XIIe s.)

Nef

1 Grand orgue Clicquot (XVIIIe s.)
2 Fonts baptismaux (XIXe s.)
3 Chaire (XVIIIe s.)
3bis Stalles (XVII et XIXe s.)

D'après Yves Blomme, *La cathédrale saint Pierre de Poitiers*, éd. du Patrimoine, 2001

LE MOBILIER DE LA CATHÉDRALE DE POITIERS

par Jean-Pierre Roussel

Conservateur en chef honoraire du patrimoine

Un mobilier hétérogène

Le décor intérieur de la cathédrale de Poitiers, tel que nous pouvons l'admirer aujourd'hui, a beaucoup changé depuis les dernières décennies de l'Ancien Régime ; il résulte pour l'essentiel de trois campagnes successives de travaux et de transformations. La première, effectuée dans les années 1780 sous l'épiscopat de Mgr de Beaupoil de Saint-Aulaire, meubla l'édifice dans le style néo-classique ; la seconde fut l'œuvre de la Révolution, qui en supprimant la majorité des paroisses[1] et des couvents, entre 1790 et 1792, et en fermant leurs églises, l'enrichit paradoxalement des dépouilles des édifices condamnés ; la dernière est due à Mgr Pie qui transforma sensiblement le chœur en fonction du goût néo-médiéval de son époque.

Si l'on met à part les stalles gothiques du chœur et l'orgue de Clicquot (qui font l'objet de chapitres particuliers), les seuls meubles installés dans la cathédrale avant 1790, et toujours en place à notre époque, sont la chaire à prêcher de la nef, les deux autels, tabernacles et retables latéraux du chevet, et les deux grandes grilles qui ferment les collatéraux du chœur.

Au début de la Révolution, particulièrement en 1792, furent transportés dans la cathédrale, devenue église paroissiale, les grands retables qui ornent maintenant la travée centrale du chevet et les bras du transept, ainsi que certains de leurs autels, tabernacles et clôtures d'autels ; on installa également à cette époque une grande clôture de chœur (qui fut restituée ultérieurement à ses premiers propriétaires), le petit retable du collatéral gauche du chœur, les deux confessionnaux du bras sud du transept, un tambour de porte et probablement une partie des stalles basses de la nef.

Après la Révolution, ce mobilier fut complété, voire modifié, tout au long du XIXe siècle ; de cette période datent l'édicule des fonts baptismaux, les stalles basses de la nef, dites banc d'œuvre, la chaire à prêcher en stuc et l'autel en bois du bras sud du transept, le tabernacle de la travée centrale du chevet, le maître-autel, la clôture de sanctuaire et le trône épiscopal du chœur, les quatre confessionnaux et le petit retable du collatéral droit du chœur.

Une autre épave d'un couvent poitevin fermé à la Révolution ne fut attribuée à la cathédrale qu'après 1920 ; il s'agit du tabernacle qui se trouve actuellement dans le bras nord du transept.

Le mobilier mis en place sous l'Ancien Régime

Si l'on excepte les stalles gothiques du chœur, ce mobilier est très tardif, puisqu'il ne remonte pas au delà de 1781. C'est en effet à cette date que fut construit, par l'architecte Pierre Vétault, l'ensemble de deux autels et retables latéraux du chevet[2] ; les autels, en marbre d'Angers[3] noir et rouge, sont du type en tombeau trapézoïdal et

1. Six seulement subsistèrent sur vingt-quatre.

2. Le « Marché pour décorer les autels et balustrade du jubé », passé entre les commissaires du chapitre et Pierre Vétault, est daté de 1780 ; l'ouvrage devait être fini à Noël 1781 (Arch. dép. Vienne, G 191). Voir également l'abbé Auber, *Histoire de la cathédrale de Poitiers*, vol. 2, *M.S.A.O.*, t. XVI, 1849, p. 400-403.

3. « Marché pour décorer les autels et balustrade du jubé », 1780 ; Mémoire de Vétault pour travaux de maçonnerie et marbrerie, du 26 août 1783 (Arch. dép. Vienne, G 191). Les deux pierres consacrées des autels furent acquises, par l'abbé d'Harembure, à l'Hôpital général pour la somme de 12 livres et 4 sols (« État des paiements faits par le chapitre... », 1784, Arch. dép. Vienne, G 191).

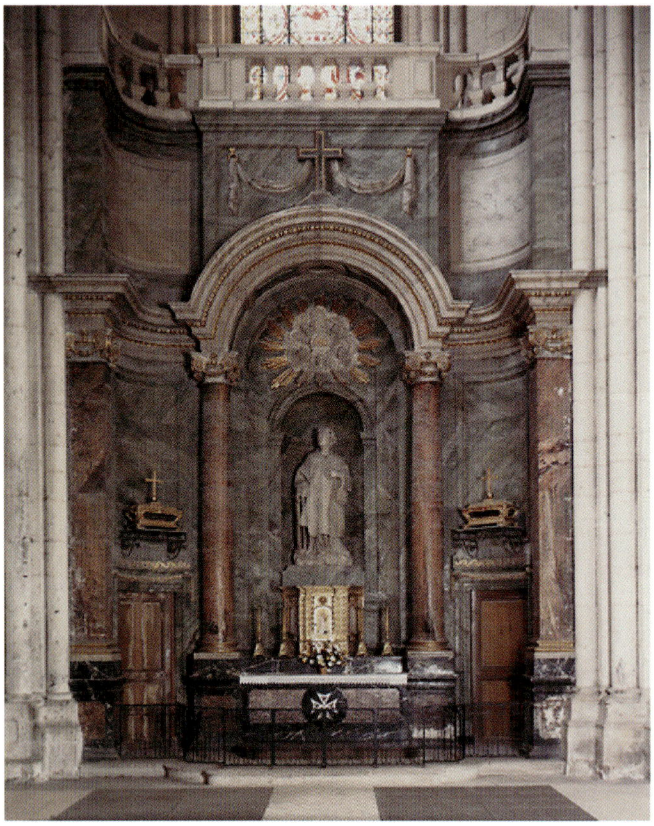

Fig. 1

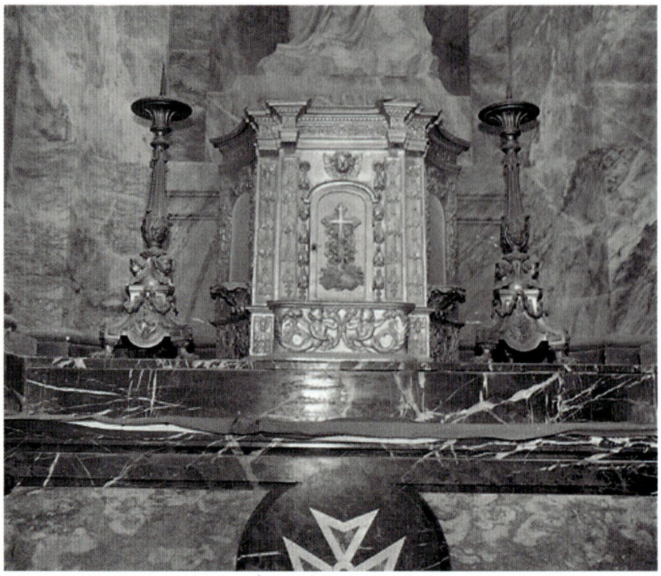

Fig. 2

ornés en façade d'une croix de Malte faite d'incrustations de marbre blanc ; les retables, architecturés, sont construits en calcaire des Lourdines[4], blanc à l'origine, mais peint depuis 1838 en faux marbre vert et rouge[5] (fig. 1).

Le corps central de chacun d'eux est constitué d'une niche à statue (sainte Madeleine à droite et saint Laurent à gauche) surmontée d'une gloire en relief, et flanquée de deux colonnes à chapiteaux ioniques soutenant un entablement cintré que couronne un attique orné d'une croix encadrée de draperies. Les ailes, en avancée concave terminée par un pilastre en retour, sont percées de portes surmontées de panneaux nus ; un entablement plat les couronne.

Ces retables latéraux, très néo-classiques, furent édifiés à l'initiative de Mgr de Beaupoil de Saint-Aulaire dont l'œuvre devait être sévèrement jugée à l'époque romantique : « on ne fut pas plus heureux dans la construction des deux chapelles de sainte Madeleine et de saint Laurent, dont on garnit les absidioles… le lourd système des architraves grecques et des colonnes ioniques leur fut infligé. Les autels furent plaqués en marbre noir et rouge ; c'est ce qu'on regarda alors comme de plus bel effet… »[6].

Les deux tabernacles en bois doré qui complètent ces autels, bien que très dégradés ne sont pas sans intérêt ; ils étaient pourvus en façade de quatre colonnes aujourd'hui disparues et leurs niches latérales dotées de consoles saillantes abritaient des statuettes qui ont également disparu. Le décor de rinceaux, d'angelots et de feuillages qui orne le soubassement est de bonne qualité, de même que les chutes végétales qui rythment l'élévation. Ces meubles paraissent dater du XVIIIe siècle, mais leurs portes, ornées de croix en plâtre moulé, sont probablement dues à une restauration de la première moitié du XIXe siècle (fig. 2).

Les clôtures basses en fer forgé, ornées de flammes et d'une frise de postes, qui enserrent les deux autels sont manifestement de la même époque.

Les collatéraux gauche et droit du chœur sont fermés chacun par une clôture à deux vantaux, en fer forgé dont le style indique bien la 2e moitié du XVIIIe siècle (fig. 3) ; ces deux hautes grilles, qui furent installées en 1777 et coûtèrent plus de

4. « Marché pour décorer les autels et balustrade du jubé », 1780 (Arch. dép. Vienne, G 191).
5. Abbé Auber, *Histoire de la cathédrale…*, p. 522.
6. Abbé Auber, *Histoire de la cathédrale…*, p. 400.

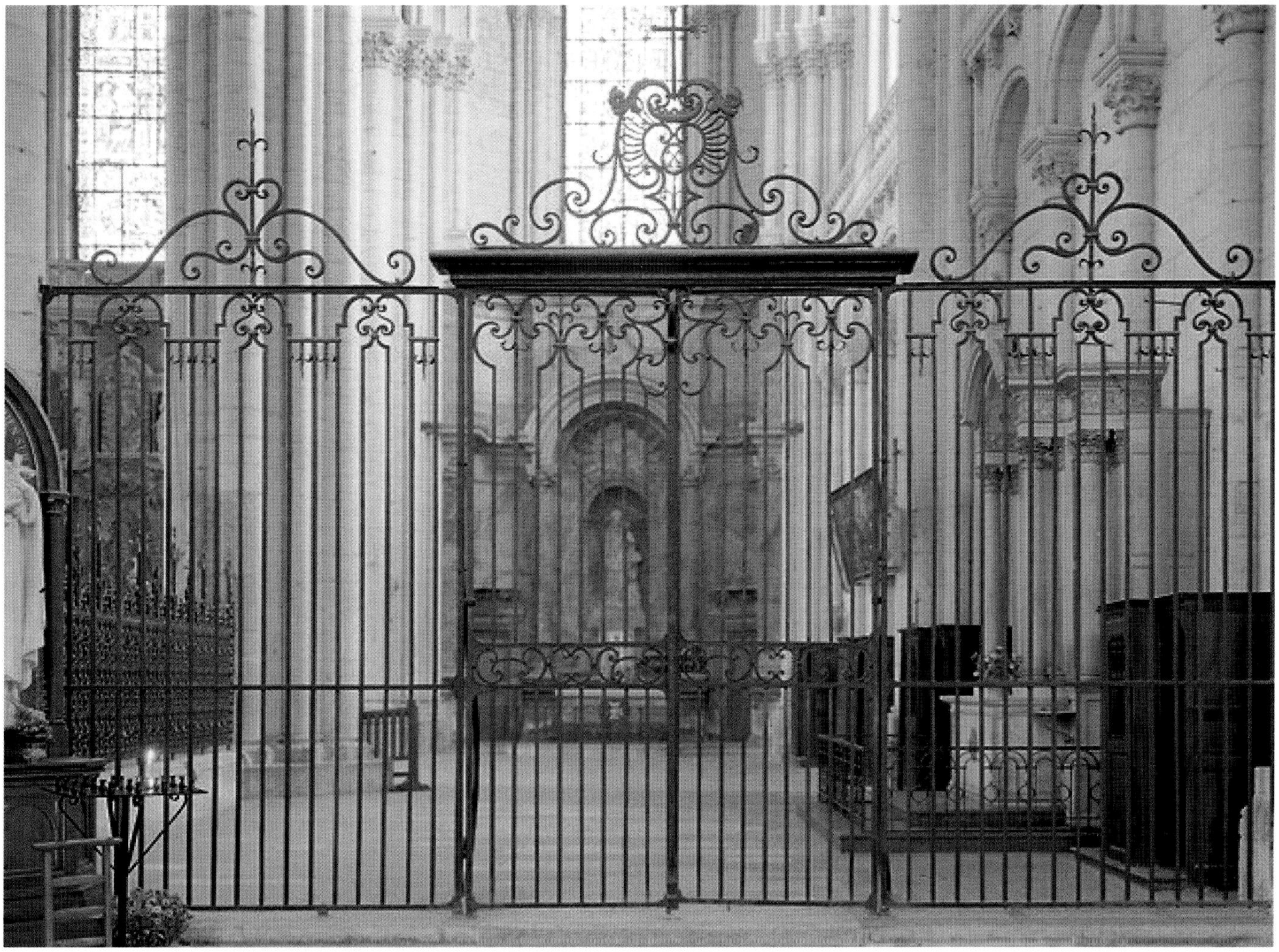

Fig. 3

4 000 livres, sont l'œuvre du compagnon serrurier Martin Bouti qui les fit pour le compte de Radegonde Manteau, veuve Laporte, « maîtresse-serrurière » à Poitiers[7]. Elles furent complétées en 1779 par des « portes de chœur » d'un modèle semblable, exécutée par le même ouvrier devenu maître[8] ; cette clôture composée de quatre vantaux fut enlevée sous l'épiscopat de Mgr Pie[9] et deux de ces vantaux furent probablement utilisés pour fermer la petite cour située au sud-est de l'édifice, donnant sur la place Sainte-Croix ; ils sont toujours en place aujourd'hui et ressemblent très nettement à ceux des collatéraux[10].

Plus tardive encore est la chaire à prêcher en bois, de style Louis XVI, qui se trouve dans la nef, isolée entre les deux piliers de la troisième travée[11] (fig. 4). Elle est portée par un soubasse-

7. Le marché est daté du 22 juillet 1777 et prévoyait un prix de 4 000 livres qui sera porté au total à 4 030 livres ; le dernier paiement fut fait à Martin Bouti, nouvel époux de Radegonde Manteau, le 4 juin 1779 (Arch. dép. Vienne, G 191). Le marché stipulait que ces deux grilles devaient être semblables, à quelques détails près, à celles du sanctuaire ; ces dernières, dont nous ignorons la genèse, sont probablement celles qui apparaissent à droite sur une lithographie de 1848, figurant l'intérieur de la cathédrale vu depuis le côté nord du transept (Abbé Auber, « Histoire de la cathédrale de Poitiers », vol. 1, *M.S.A.O.*, t. XV, 1848, pl. VI.

8. Marché du 24 avril 1779 (Arch. dép. Vienne, G 191). Martin Bouti, maître serrurier à Poitiers, s'engage à refaire à neuf les portes du chœur ; il stipule sur le marché qu'elles seront composées de quatre vantaux et « conformes et semblables à celles des collatéraux que j'ay faittes... ».

9. Le 24 juillet 1858, une lettre du Ministre de l'Instruction publique et des Cultes autorisait les travaux de restauration du chœur et demandait que « la grille actuelle », au lieu d'être abandonnée à l'entreprise, soit mise à disposition de la fabrique, à condition que l'État en reste propriétaire (Arch. dép. Vienne, V5 14).

10. C'est probablement à ce transfert que de Chergé fait allusion lorsqu'il évoque « la grille du chœur et du sanctuaire qui a remplacé celle du XVIIIe siècle (mise à la porte)... » (Ch. de Chergé, *Guide du voyageur à Poitiers et aux environs*, Poitiers, 1872, p. 125).

11. Elle est théoriquement mobile, malgré sa masse, car elle est pourvue d'énormes roulettes de fer.

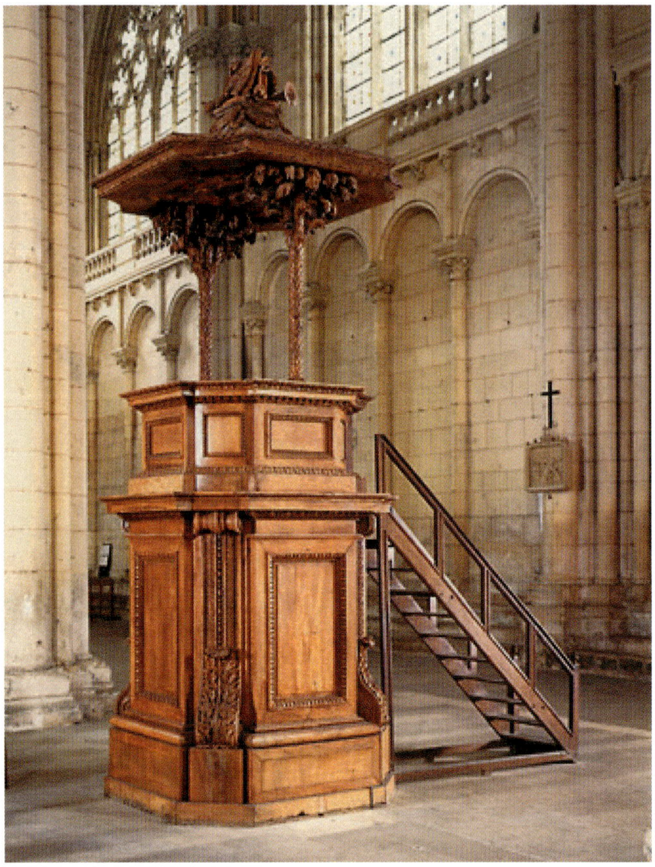

Fig. 4

ment haut et massif, de plan carré, à angles abattus et cantonnés d'ailerons à feuilles d'acanthe ; les quatre côtés sont décorés de panneaux nus bordés de fortes moulures saillantes ornées d'oves et de perles. La cuve, à laquelle on accède par un escalier mobile et par un portillon arrière, n'a pour décor que des panneaux et des moulures ornées de feuilles. L'abat-voix est soutenu par deux colonnes en forme de palmiers, au tronc écailleux, surmontés de leur feuillage ; sous le plafond, une colombe symbolisant le Saint-Esprit est sculptée en relief dans une nuée rayonnante ; le couronnement est constitué d'un socle à guirlandes portant un trophée sculpté en ronde-bosse et composé de l'évangile de saint Jean ouvert (sur lequel est tracé « In principio erat verbum / et verbum caro factum est »), des Tables de la Loi (gravées de caractères hébraïques), de la trompette du Jugement dernier, d'une torche, et de rameaux de laurier (fig. 5).

Cette chaire, faite en 1789, est l'œuvre des deux artisans qui firent le buffet de l'orgue, c'est à dire Favre qui en exécuta la menuiserie et Berthon la sculpture, ou de l'un des deux

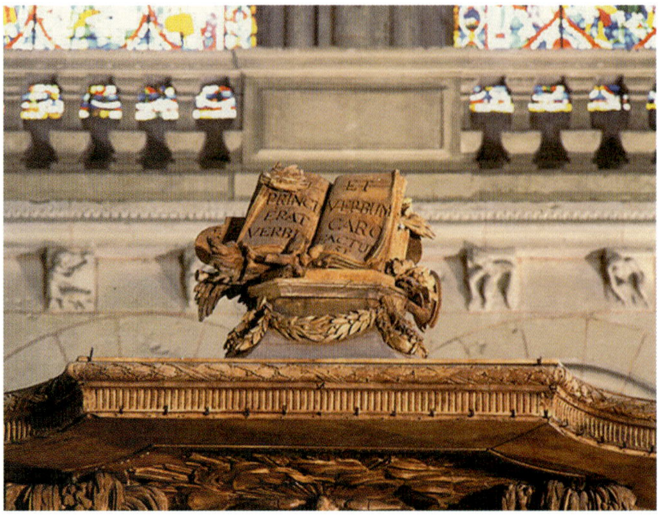

Fig. 5

seulement[12]. L'escalier mobile actuel a été fait vers 1845[13].

Ce meuble est la reproduction presque identique d'un modèle de chaire mobile publié en 1769 par Roubo[14] ; parmi les quelques détails qui diffèrent on notera les colonnes, qui à Poitiers sont en forme de palmier et se remarquent d'autant plus que la chaire, isolée, est dépourvue de dorsal. Le palmier[15] appartient aussi bien au répertoire du baroque et du rococo qu'à l'icono-

12. « La menuiserie [de l'orgue] était achevée et placée dès le 29 novembre 1789. Entreprise par Favre, elle n'est pas tout entière de lui : la sculpture en fut traitée par un de ses ouvriers, nommé Berthon… » (Abbé Auber, *Histoire de la cathédrale…*, p. 417). « L'orgue venait d'être achevé ; la chaire, œuvre de la même main, élevait ses formes un peu massives, mais bien sculptées, entre les deuxième et troisième pilier de la grande nef » (*Ibid.*, p. 429).

13. Archives paroissiales, « Registre des délibérations de la fabrique de l'église cathédrale de Poitiers » [1804-1858], feuillet 52, recto (24 mai 1845) : « on déterminera le plus tôt possible la forme de l'escalier de la chaire ».

14. *L'art du menuisier*, partie II, 1770, pl. 89 (cette ressemblance a été signalée pour la première fois par Bernard Brochard, *Cathédrale de Poitiers 1787 à 1790 L'orgue de François-Henri Clicquot Facteur d'Orgues du Roy*, Poitiers, 1994, p. 53) ; Jacob-André Roubo, dit Roubo fils, a fait paraître entre 1769 et 1772, sous le titre général *L'art du menuisier*, trois traités : *L'art du menuisier*, *L'art du menuisier en meubles*, *L'art du menuisier ébéniste*, qui ont eu beaucoup d'influence à l'époque.

15. Son utilisation était assez fréquente aux XVIIe et XVIIIe siècles sur certains meubles d'apparat (un buffet en niche dessiné par Roubo, *op. cit.*, pl. 66) mais surtout sur des catafalques ou des fabriques de jardin dont plusieurs exemples figurent dans l'ouvrage de Philippe Minguet : *France baroque*, Paris, Hazan, 1988 : un projet de catafalque par Jean Bérain (p. 69), un projet d'édicule de jardin par Meissonnier en 1727 (p. 330), le catafalque de Philippe V d'Espagne à Notre-Dame de Paris, en 1746 (p. 332), le projet d'un belvédère chinois au château de Ménars, vers 1764 (p. 353). On en trouve également sur des buffets d'orgues : dans la chapelle du château de Versailles, dans la cathédrale Notre-Dame de Dôle (Jura) et dans l'église de Vabres (Aveyron).

graphie chrétienne — la palme étant l'attribut des martyrs et le Messie étant désigné par un psaume de l'Ancien Testament comme « le palmier florissant »[16]. L'utilisation des palmiers pour soutenir l'abat-voix d'une chaire à prêcher n'est pas exceptionnelle, mais ces arbres sont généralement plus discrets, du fait qu'ils se confondent d'ordinaire plus ou moins avec le dorsal qu'ils flanquent; d'autre part les exemples connus se situent plus souvent dans le nord et l'est de la France — en Lorraine[17], en Franche-Comté[18], en Alsace[19], et enfin en Flandre[20] — que dans l'ouest[21].

Le mobilier apporté par la Révolution

Les chapelles constituées par les deux bras du transept ont été considérablement transformées en 1792. On installa dans le bras nord, dit anciennement chapelle saint André, puis des évêques, un grand retable architecturé (fig. 6), en chêne ciré qui provenait de l'église des Capucins[22] ; d'allure plutôt Louis XVI, il pourrait dater du troisième quart du XVIIIe siècle mais nous ignorons tout des circonstances de sa construction.

Une disgracieuse niche à large bordure plate (datant des années 1920), flanquée de deux colonnes cannelées et rudentées, à pilastres dosserets et chapiteaux corinthiens, constitue le corps central qui est encadré d'ailes dont les travées, séparées par des pilastres et des parcloses ornés de trophées religieux, sont percées de portes et de niches à statues (peut-être sainte Thérèse d'Avila et saint Augustin) associées à des panneaux sculptés; l'entablement, horizontal au dessus des ailes et des colonnes, supporte deux pots à feu et deux statues de la Vierge et de saint Jean; au milieu il est réduit à une corniche cintrée surmontée d'un majestueux couronnement pyramidé fait d'une gloire rayonnante semée de nuées et d'angelots entourant le triangle divin, et sommée d'ailerons à volutes qui supportent un Christ en croix.

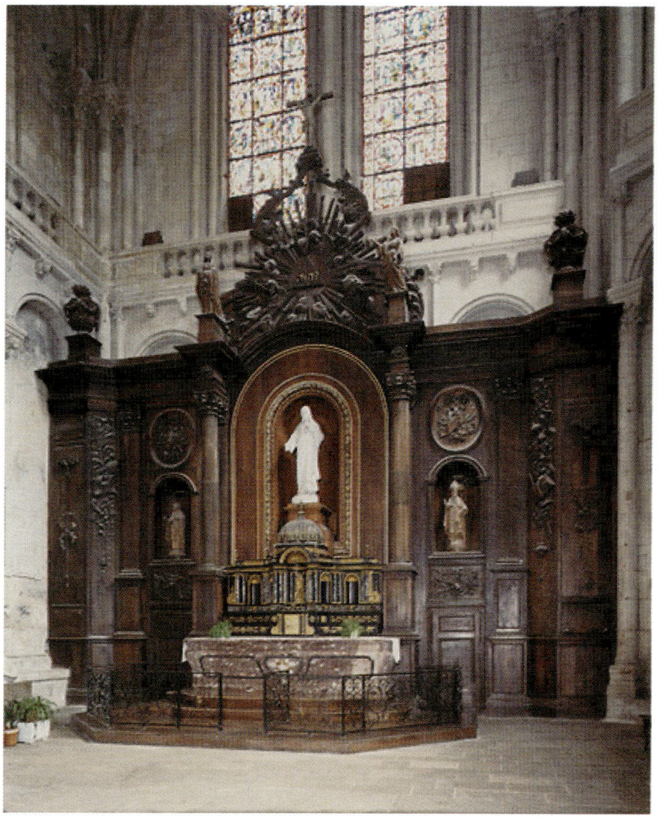

Fig. 6

À part la niche centrale moderne qui le défigure, ce retable semble demeuré tel qu'il était à l'origine. Le 31 mai 1816, une confrérie du Sacré-Cœur de Jésus fut érigée dans la chapelle, l'autel fut consacré à cette dévotion et pourvu d'un tableau figurant la ville de Poitiers et la religion implorant le Sacré-Cœur[23] ; le tableau fut transféré peu après 1920 sur le mur à gauche du retable, pour laisser la place au tabernacle du Carmel et ultérieurement à une statue du Sacré-Cœur.

Devant le retable, l'autel tombeau en marbre rose et blanc, galbé en talon sur ses trois faces, semble dater du milieu du XVIIIe siècle; il est décoré de moulures à grand cadre en marbre

16. Psaume 91.
17. Dans l'église Saint-Sébastien de Nancy sur une chaire de style rocaille.
18. Dans l'église de Lieucourt (Haute-Saône) sur une chaire datée de 1785, et à Arcon (Doubs) sur une chaire de la seconde moitié du XVIIIe siècle.
19. À Rustenhart et à Winkel (Haut-Rhin) et à Matzenheim (Bas-Rhin).
20. À Dunkerque, dans l'église Saint-Éloi, sur une belle chaire construite en 1785 et détruite par les bombardements de 1940.
21. On en trouve cependant un exemple à la cathédrale de Nantes, sur une chaire néo-classique de 1812.
22. Abbé AUBER, *Histoire de la cathédrale...*, p. 445, 503-504.
23. « Le Sacré-Cœur de Jésus en Poitou... », *Les Archives religieuses du Pays poitevin*, 1re année, 1902, n° 6, p. 103.

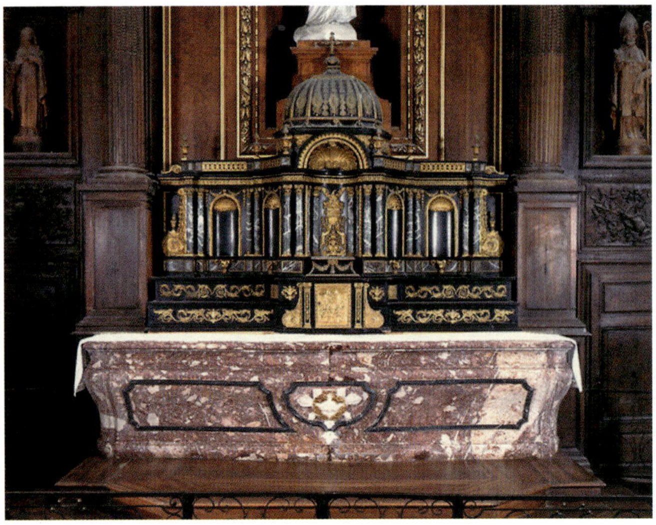

Fig. 7

noir et d'un motif central en marbre blanc : la colombe du Saint Esprit dans une nuée rayonnante. Il est possible qu'il vienne des Capucins comme le retable[24].

Le tabernacle[25] qui surplombe l'autel (fig. 7) n'est là que depuis les années 1920. En chêne plaqué d'ébène, il est orné de motifs de bronze doré et pourvu de plaques, de pilastres et de colonnes en marbre. Il appartient au genre appelé autrefois « à la théatine », c'est à dire que le corps — l'armoire destinée à contenir le ciboire — est entièrement encastré dans les gradins ; ce corps bas supporte un thabor en tombeau qui est surmonté d'un imposant dais d'exposition, à niche concave couverte en plein cintre, couronné d'un dôme et flanqué à l'origine de deux statues d'anges adorateurs. Le dais et les ailes qui l'encadrent sont rythmés de colonnes jumelées et de niches cintrées, autrefois garnies de statuettes d'anges porte-reliquaires[26] ; le décor surabondant, en bronze doré, est d'une grande finesse : bas-relief figurant la Cène sur le recto du battant du corps, agneau mystique au verso, phénix sur son bûcher (symbole de la résurrection du Christ) au fond du dais, cartouches rayonnants ornés des symboles IHS et MA à l'intérieur du corps, frises de rinceaux sur les gradins, coquilles au sommet des niches, guirlandes, ailerons et volutes un peu partout.

Ce très beau tabernacle a été fait à Paris de 1700 à 1701 par Denis Benierre, d'après un dessin fourni par le frère Antoine de Saint-Gabriel, pour la chapelle du couvent des Carmélites de Poitiers (dont les armoiries figurent toujours sur les côtés du corps central).

En 1792, il ne fut pas attribué à la cathédrale, mais à l'église Notre-Dame-la-Grande à laquelle Mgr Pie l'acheta en 1858 pour le restituer à l'ancien Carmel, devenu grand séminaire ; l'édifice ayant été confisqué, après la loi de séparation de 1905, et attribué à la Banque de France en 1920[27], le tabernacle fut alors transféré à son emplacement actuel.

Dans le bras sud du transept, appelé avant la Révolution chapelle des Apôtres et devenu chapelle de la paroisse, furent installés en 1792 les dépouilles de deux couvents, celui des Dominicains, dits Jacobins, et celui des Cordeliers.

L'imposant retable architecturé (fig. 8), en bois de chêne actuellement peint, avait été construit en 1671 par le sculpteur poitevin Jean Bardou pour le couvent des Dominicains où il resta jusqu'à la Révolution[28]. Le corps central est constitué d'un grand tableau, figurant l'institution du rosaire, flanqué de deux groupes de deux colonnes à pilastres dosserets et chapiteaux corinthiens, l'une torse et sculptée de pampres, l'autre droite et cannelée. De chaque côté se développent des ailes en avancée dont la première travée est concave et la seconde plate ; pourvues de colonnes droites et percées de portes, elles sont décorées de quatre niches à statues que surmontent des médaillons sculptés de bustes en bas-relief. L'entablement, plat au dessus des ailes et cintré à l'aplomb du corps

24. C'est ce que semble dire le chanoine Autexier, « Le retable de l'ancien Carmel de Poitiers », *B.S.A.O.*, 3e s., t. XIII, 1942-1945, p. 162.
25. Voir chanoine Autexier, « Le retable de l'ancien Carmel de Poitiers », p. 156-162 ; Jean-Pierre Roussel, « Les tabernacles classiques de la Vienne », *B.S.A.O.*, 4e s., t. XVII, 1984, p. 551-552 ; *Les Archives religieuses du Pays poitevin*, 1re année, 1902, n° 1, planche h. t. (dessin de Girault).
26. Aujourd'hui conservées en lieu sûr.
27. Arch. dép. Vienne, V1 137.
28. Voir abbé Auber, *Histoire de la cathédrale…*, p. 442-444 ; Maurice Pouliot, « Sur le retable de la chapelle de paroisse de la Cathédrale de Poitiers », *B.S.A.O.*, 3e série, t. VIII, 1928-1930, p. 816-825 ; Joseph Salvini, « Le retable des Jacobins de Poitiers, somme d'iconographie dominicaine », *B.S.A.O.*, 4e série, t. XII, 1973, p. 150-153.

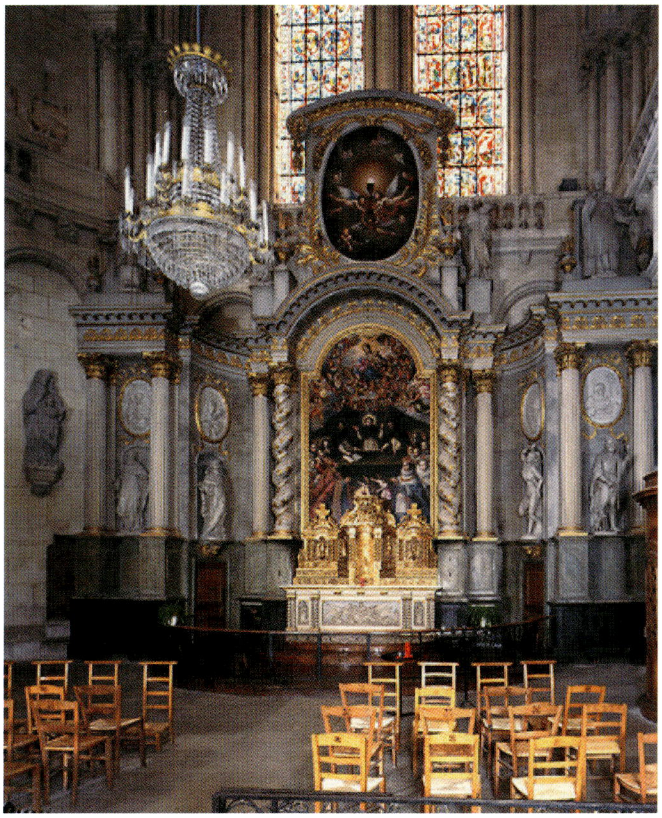

Fig. 8

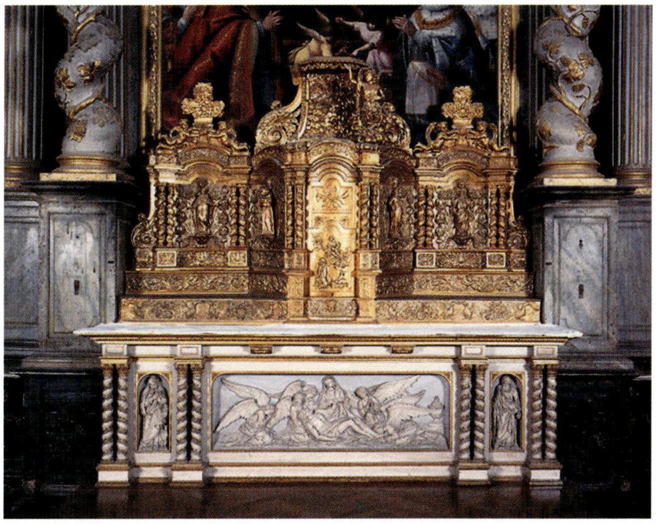

Fig. 9

central, est couronné en son milieu d'un édicule décoré d'un tableau et encadré de deux statues — à l'origine, un crucifix grandeur nature dominait l'ensemble ; les extrémités des ailes sont surmontées d'un édicule de couronnement précédé d'une statue et flanqué d'un pot à feu. À l'exception des statues de saint Sébastien et de saint Roch qui ornent les niches de l'aile droite, tout le décor sculpté figure des saints ou des saintes de l'ordre dominicain ; seuls sont identifiés avec certitude sainte Catherine de Sienne couronnée d'épines (médaillon de la première travée de l'aile droite), ainsi que trois des statues qui dominent l'entablement : le pape saint Pie v portant la croix à triple traverse, saint Thomas d'Aquin qui tient un livre et dont la poitrine est ornée d'un soleil, et enfin saint Hyacinthe qui porte une statue de la Vierge à l'Enfant. Deux bustes-reliquaires[29], posés sur les soubassements des ailes, représentent probablement saint Thomas d'Aquin et saint Pierre de Vérone.

Posé sur un autel plus tardif, le tabernacle (fig. 9), en bois peint en blanc et doré, paraît dater de la seconde moitié du XVIIe siècle ; sa provenance est la même que celle du retable et il s'agit vraisemblablement du tabernacle qui est mentionné dans le marché de 1671 entre Jean Bardou et les Jacobins de Poitiers, comme devant être déplacé puis rétabli lors de la pose du nouveau retable — en ce cas, il ne serait antérieur à ce dernier que de quelques années[30].

Le meuble, élevé sur deux gradins, est constitué d'un large corps central, de plan trapézoïdal, flanqué d'ailes à une travée prolongées par des ailerons ; il est pourvu d'un soubassement, dont les piédestaux supportent des colonnes torses jumelées à chapiteaux corinthiens, et couronné d'un entablement, cintré à chaque travée ; un thabor et un dais d'exposition dominent le corps central et des motifs d'amortissement surmontent les ailes.

Le décor, inspiré de l'iconographie dominicaine, est fait de sculptures en bas relief et de statuettes ; les gradins sont ornés d'aigles soutenant des draperies, de fleurs, de rinceaux, de *putti*, de chiens tenant dans la gueule une torche enflammée (attribut habituel de saint Dominique et symbole des Dominicains) et de deux couronnes ; sur la porte est représentée la

29. Actuellement en restauration.

30. Voir abbé Auber, *Histoire de la cathédrale…*, p. 442-444 ; Joseph Salvini, « Le retable des Jacobins de Poitiers, somme d'iconographie dominicaine », *B.S.A.O.*, 4e série, t. XII, 1973, p. 152. ; Jean-Pierre Roussel, « Les tabernacles classiques de la Vienne », *B.S.A.O.*, 4e s., t. XVII, 1984, p. 543-544.

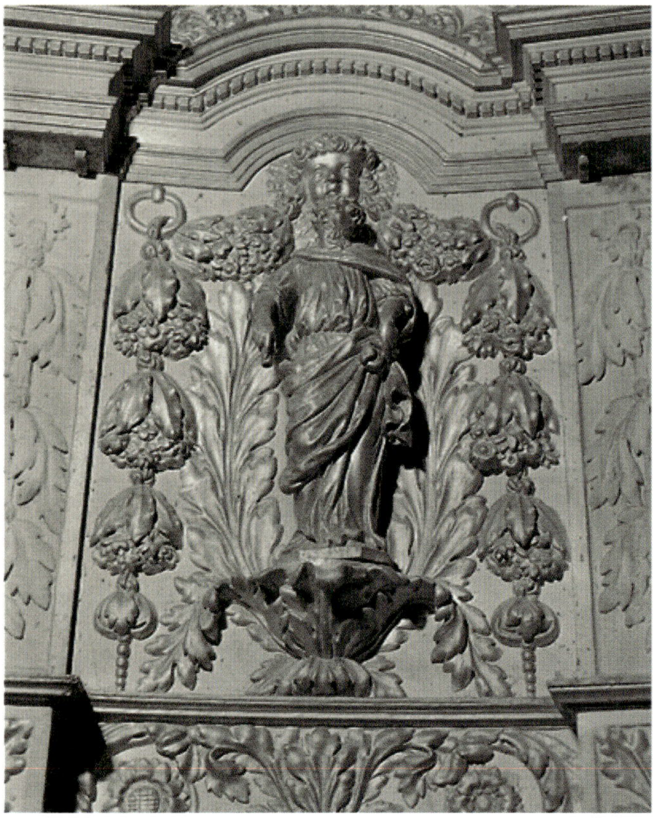

Fig. 10

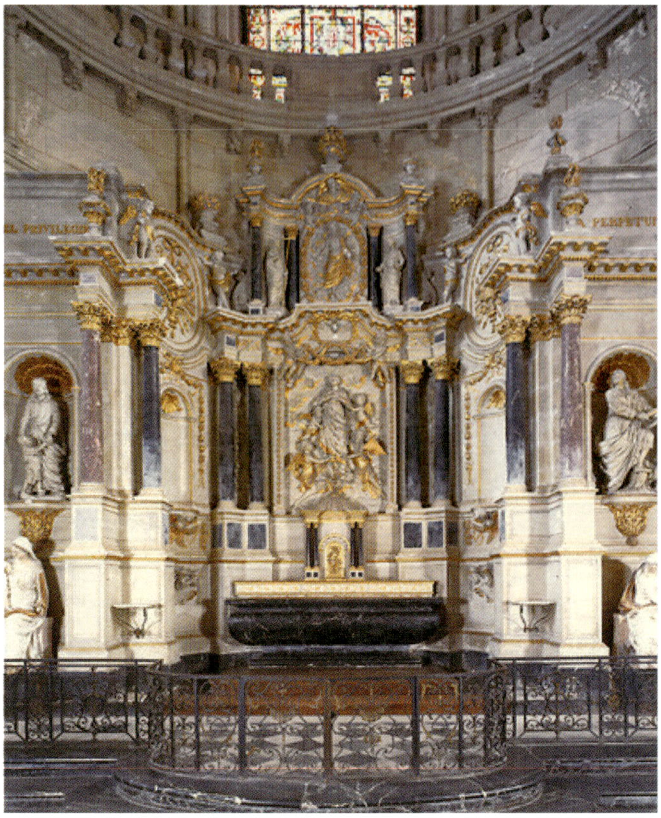

Fig. 11

Donation du Rosaire à saint Dominique, tandis que les panneaux latéraux du corps central, ainsi que les travées des ailes, décorés de chérubins, de guirlandes et de chutes de fleurs, sont munies de consoles qui supportent des statuettes : celle de droite (fig. 10) est probablement saint Paul (dont l'épée — son attribut habituel — est brisée), les autres figures pourraient être saint Vincent Ferrier tenant un livre ouvert, saint François d'Assise vêtu d'un froc à capuchon ceint d'une cordelière, et enfin saint Dominique. Le dais d'exposition est constitué d'un dorsal, figurant Dieu le Père, flanqué de larges ailerons et surmonté d'un pavillon, orné d'une colombe, que soutiennent en façade deux anges agenouillés sur des nuées (celui de gauche a été volé à une époque récente) ; une statuette du Christ ressuscité couronnait autrefois le pavillon. Les amortissements des ailes sont faits d'angelots tenant des corbeilles de fleurs ; deux blasons (dont l'un est certainement celui d'un couvent de Dominicains) y sont sculptés en relief méplat.

D'intéressantes clôtures en ferronnerie, à palmettes ajourées, courbes et contre-courbes d'allure Louis XV, se trouvent dans les deux bras du transept ; deux enserrent les autels, deux autres ferment les chapelles. Toutes sont en fer forgé ; celles du transept nord, homogènes, sont ornées de cœurs enflammés tandis que celles du transept sud, dissemblables, sont décorées de clefs en sautoir et du monogramme IHS.

Nous en ignorons l'origine, mais elles ne peuvent pas avoir été mises en place avant la Révolution puisque nous savons que les deux bras du transept « formaient autrefois des chapelles séparées de la nef par de hautes balustrades ou colonnades en pierre sculptée »[31].

Le chœur de la cathédrale a également reçu sa part des confiscations révolutionnaires.

L'autel et le retable de la travée centrale du chevet (fig. 11) proviennent de l'abbaye de la Trinité et furent installés en 1792 dans la chapelle de la Vierge[32]. L'autel tombeau est en marbre noir ; le retable architecturé, d'ordre

31. La Liborlière, *Vieux souvenirs du Poitiers d'avant 1789*, 1846 (réédition Poitiers, 1983), p. 20-21.
32. Description détaillée dans abbé Auber, *Histoire de la cathédrale...*, p. 441-442.

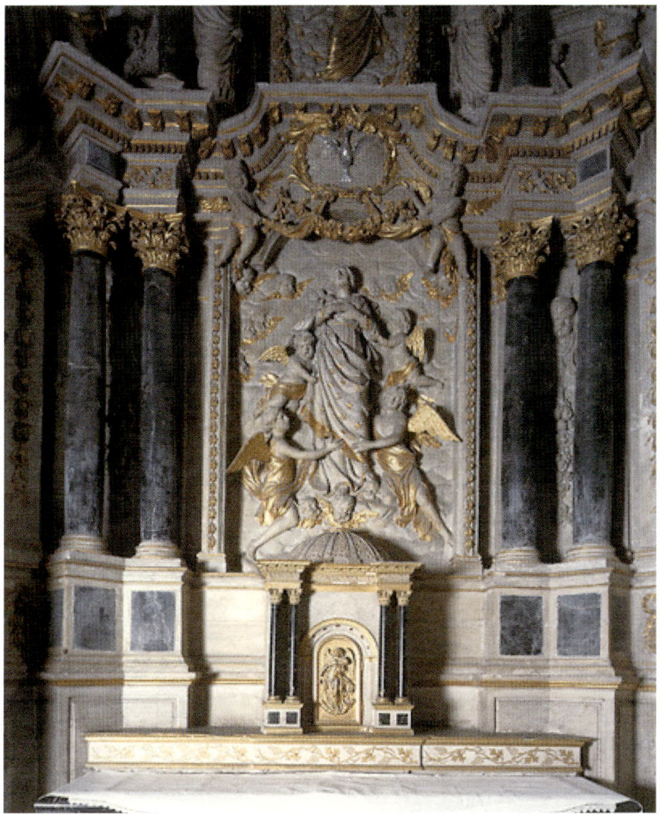

Fig. 12

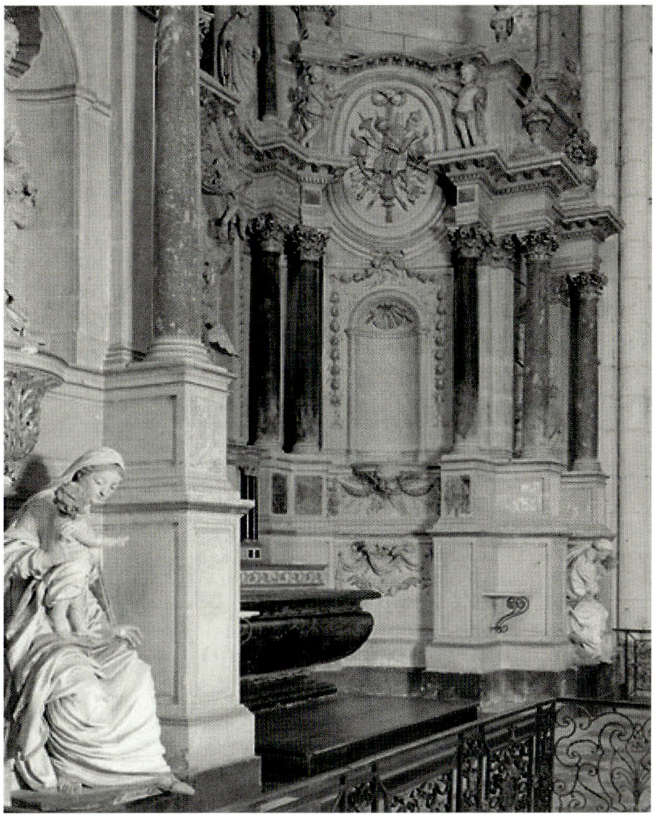

Fig. 13

corinthien, est en pierre peinte (dorée et argentée par endroits) et en marbre pour les colonnes[33].

Le corps central du retable est constitué d'une contretable sculptée en haut-relief, encadrée de deux paires de colonnes qui soutiennent un entablement surmonté d'un édicule ; ce dernier, pourvu de trois travées rythmées par quatre colonnes, est flanqué d'ailerons et sommé d'un fronton cintré. Les ailes sont composées chacune de deux travées couronnées d'un entablement surmonté d'un attique ; la première travée, en avancée concave flanquée d'une colonne, est pourvue de deux consoles superposées, d'une niche cintrée et d'un médaillon ovale sculpté qui interrompt l'entablement et l'attique ; la seconde travée, en retour rectiligne et encadrée de deux colonnes, est munie d'une niche cintrée.

Le décor sculpté, particulièrement abondant, est d'une grande qualité. La composition générale du retable est assez théâtrale et le traitement de certaines sculptures accentue l'effet plutôt baroque de l'ensemble. La Vierge de l'Assomption, portée par des anges, qui orne la contretable (fig. 12) s'élève vers la sainte Trinité qui s'étage verticalement au dessus d'elle : la colombe du Saint-Esprit sculptée sur l'entablement est encadrée d'anges en haut relief tenant des guirlandes et des draperies ; le Christ ressuscité entouré d'angelots occupe tout le médaillon central de l'édicule ; au dessus de lui, sur le fronton, le Père est représenté en buste, les bras étendus. Le Christ est encadré par deux rondes-bosses qui figurent l'une à gauche saint Jean Baptiste et l'autre à droite probablement saint Jean l'Évangéliste. Des têtes d'angelots et des chutes végétales décorent les parcloses situés derrière les colonnes, et sur la frise de l'entablement sont ciselés des angelots et des rinceaux d'un dessin très fin.

Sur la première travée des ailes, les deux consoles sont sculptées l'une de draperies et de palmes, l'autre d'un chérubin et de guirlandes ; la niche, dont le cintre est orné d'une coquille, est encadrée de rubans et de chutes végétales, quant aux médaillons du haut ils sont décorés de trophées d'objets religieux. La seconde travée

33. Marbre rouge pour les quatre colonnes qui sont aux extrémités des ailes et marbre noir pour les dix autres.

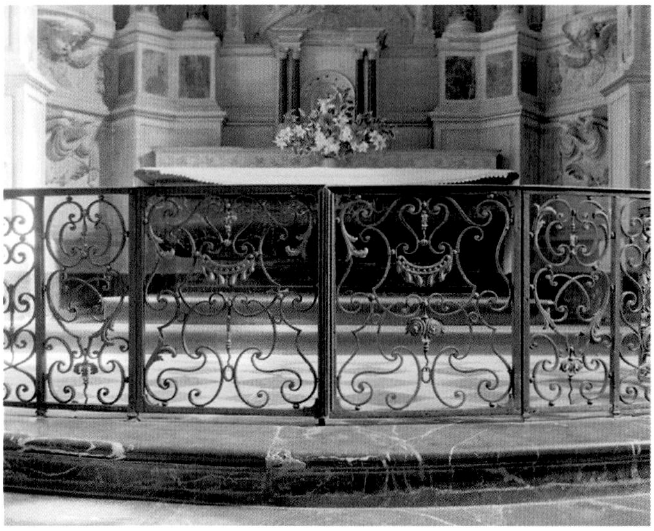

Fig. 14

des ailes est dotée de statues grandeur nature : deux Vierges à l'Enfant (fig. 13) en bas et dans les niches du dessus saint Joseph avec l'Enfant Jésus à gauche et saint Jean l'Évangéliste flanqué de l'aigle à droite.

L'entablement, l'édicule et l'attique sont surmontés de pots à feu et de corbeilles de fleurs et de fruits.

La datation de ce retable constitue un problème : René Crozet proposait 1764[34], dernière année de consécration d'un autel dans l'abbatiale de la Trinité[35]. Cependant il semble difficile d'attribuer cette date à cette grande construction dont le décor ne présente aucune trace du style rocaille ni aucun élément caractéristique du style Louis XVI — les deux étant concurremment en vogue en province à cette époque. Il est pas possible non plus qu'il s'agisse du grand autel qui avait été consacré le 13 novembre 1646[36] en raison des grands médaillons à trophées d'objets religieux qui ne se faisaient pas alors. L'œuvre paraît plutôt dater de la fin du XVIIe siècle, ou du début du XVIIIe, car elle ressemble beaucoup aux grands retables classiques à la mode vers la fin du règne de Louis XIV, en particulier dans la zone d'influence des retabliers manceaux, angevins et lavallois. On peut donc émettre l'hypothèse que ce retable a été construit entre 1680 et 1720 et que la consécration de 1754 a concerné seulement l'actuel autel tombeau en marbre noir, lequel aurait remplacé alors l'autel de 1646 sans que le retable soit modifié.

L'autel était pourvu d'un tabernacle qui provenait comme le retable, de l'abbaye de la Trinité ; il était en marbre noir, pourvu de quatre colonnettes en marbre, à chapiteaux corinthiens en argent, et d'un dôme[37]. Il fut vendu « à vil prix » en 1840 et nous ignorons son emplacement actuel[38].

La clôture d'autel en fer forgé (fig. 14) provient de l'abbaye Sainte-Croix[39] ; elle porte les armoiries de Françoise de Laval, abbesse de 1696 à 1726 : d'or à la croix grecque d'azur chargée de cinq coquilles au naturel et cantonnée de 16 alérions d'azur. Le reste du décor est fait de feuillages, de rinceaux, de gerbes de blé (à gauche), de pampres (à droite), et de deux trophées d'objets religieux en sautoir : crosse abbatiale, deux croix et une lanterne de procession ; la partie centrale arrondie, de style Louis XV, paraît un peu plus récente que les parties latérales qui sont de style Régence — quant aux extrémités en retour, ornées du monogramme MA, elles font l'effet de pastiches et pourraient avoir été faites au XIXe siècle, lorsque la grille fut mise à son emplacement actuel, après avoir été d'abord installée « entre le chœur et le sanctuaire »[40].

34. René Crozet : « Étude sur la mise au tombeau de l'abbaye de la Trinité à Poitiers aujourd'hui à Notre-Dame-la-Grande suivie de quelques notes sur les bâtiments et sur le mobilier de l'abbaye de la Trinité », *B.S.A.O.*, 3e s., t. XI, 1936-1938, p. 413.

35. Arch. dép. Vienne, 2 H2/6 (abbaye de la Trinité) : acte de consécration d'un autel de la Sainte-Trinité par Louis-Charles du Plessis d'Argentré, évêque de Limoges, le 28 mars 1764.

36. Arch. dép. Vienne, 2 H2/6 (abbaye de la Trinité) : acte de consécration d'un autel en l'honneur de la très sainte Trinité, par Mgr l'évêque de Bazas, le 13 novembre 1646.

37. Abbé Auber, *Histoire de la cathédrale...*, p. 442.

38. Le « Registre des délibérations de la fabrique de l'église cathédrale de Poitiers » [1804-1858], conservé aux Archives paroissiales, ne contient aucun procès-verbal de délibération pour les années 1835 à 1842.

39. Ch. de Chergé, *Guide du voyageur à Poitiers et aux environs*, Poitiers, 1851, p. 70. Abbé Auber, *Histoire de la cathédrale...*, p. 446.

40. Abbé Auber, *Histoire de la cathédrale...*, p. 446. Il s'agissait du chœur liturgique, qui est l'espace où se situent les stalles et où se plaçaient les chanoines et les chantres ; le sanctuaire était l'espace où se trouvait le maître-autel — situé à l'époque à la limite du chœur architectural et du transept ; le chœur architectural comprend tout l'espace situé après le transept.

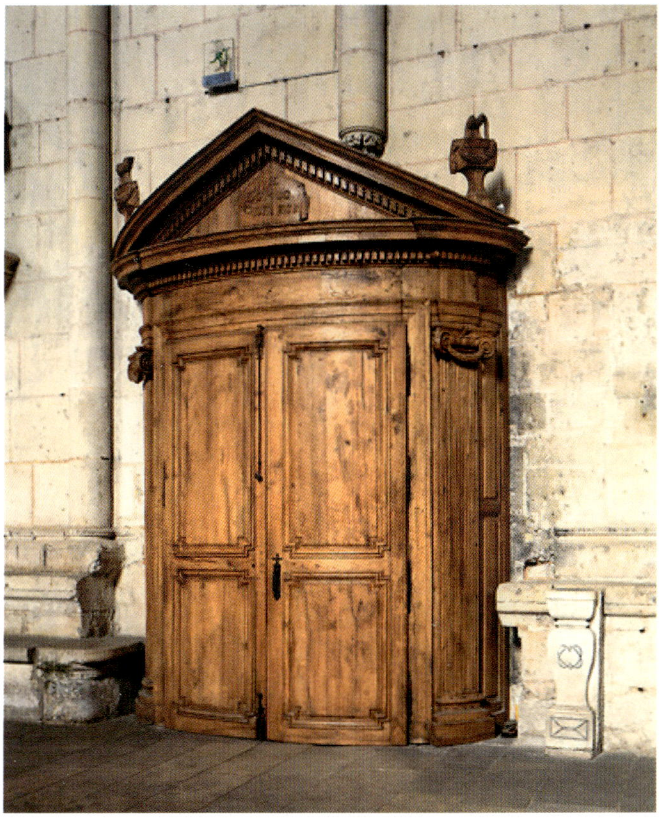

Fig. 16

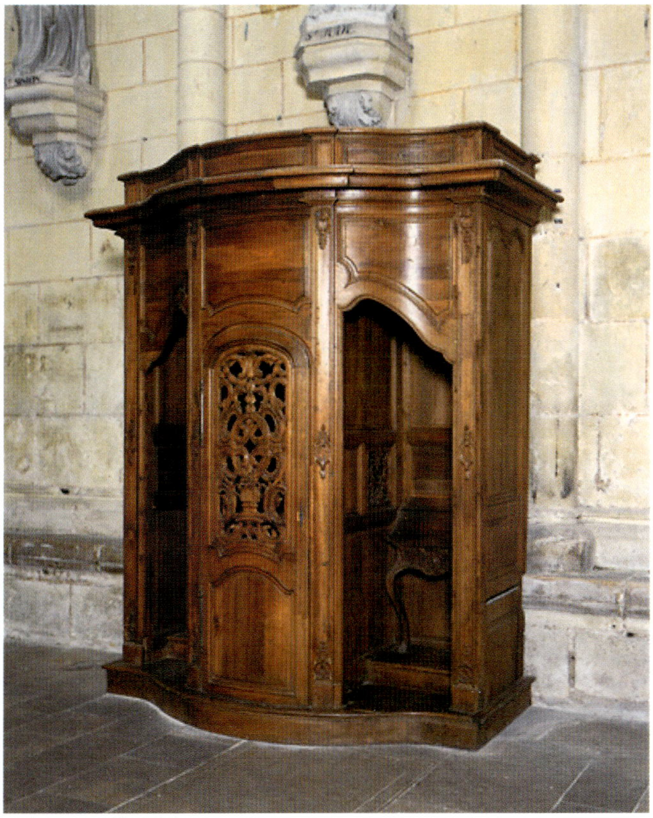

Fig. 17

Une autre clôture de l'abbaye Sainte-Croix, beaucoup plus imposante celle-ci, qui avait été faite en 1734 sous le gouvernement de l'abbesse Marie-Thérèse-Radegonde de Baudéan de Parabère, fut installée en 1792 au fond du chœur liturgique — en face du retable de la Trinité —, ce qui provoqua la démolition du jubé et la modification des stalles[41]. Cette œuvre d'art fut restituée par Mgr Pie au monastère de Sainte-Croix « avec l'assentiment de l'État » peu avant 1858[42].

Dans le collatéral gauche du chœur, se trouvent un autel et un petit retable en bois (fig. 15), à quatre colonnes corinthiennes. Il s'agit manifestement de cet « autel de médiocre apparence », orné d'une « bonne peinture reproduisant la présentation de N.-S. au temple » qu'on plaça en 1792 « au mur de clôture du chœur »[43], et qui venait du couvent des Carmes. Le tableau, qui est toujours en place, daterait d'après l'abbé Auber de 1681, mais le retable, très néo-classique, paraît plutôt être d'époque Louis XVI. L'ensemble est désigné dans tous les inventaires entre 1810 et 1892 comme autel de Notre-Dame du Mont-Carmel[44], ou de la Vierge du Carmel et l'inventaire de 1892 ajoute : « cet autel avec sa statue et son tableau ont été apportés de la Maison des Carmes en 1792 »[45].

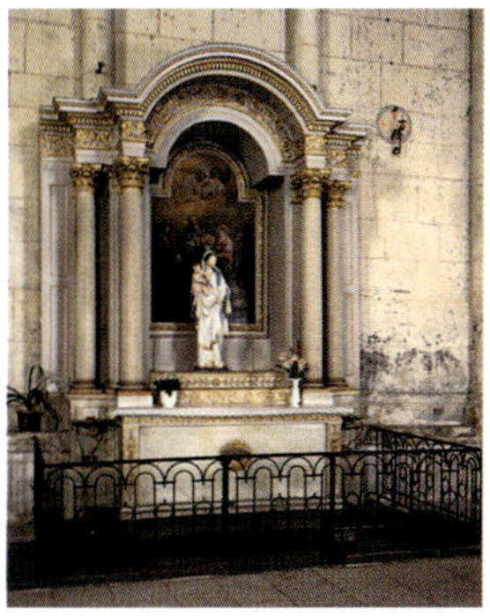

Fig. 15

Tout à côté, le tambour de porte en chêne clair (fig. 16), de style Louis XVI, qui donne accès au

41. Ch. de Chergé, *Guide...*, 1851, p. 70 ; Abbé Auber, *Histoire de la cathédrale...*, p. 445-446, La Liborlière, *Vieux souvenirs...*, p. 23.
42. Lettre de Mgr Pie au curé de Notre-Dame-la-Grande, du 9 décembre 1858 — citée par le chanoine Autexier, B.S.A.O., 3e s., t. XIII, 1942-1945, p. 161. Cette grille est aujourd'hui dans le chœur de l'église des bénédictines de Sainte-Croix, à la Cossonière, commune de Saint-Benoît.
43. Abbé Auber, *Histoire de la cathédrale...*, p. 450-451.
44. Les Carmes avaient pour titre officiel : Frères de la Bienheureuse Vierge Marie du Mont-Carmel.
45. Archives paroissiales, « Église cathédrale de Poitiers — Inventaire des meubles et effets appartenant à la Cathédrale, tant pour le service du chapitre que pour celui de la paroisse — De 1810 à [1892] ».

presbytère provient du couvent des Cordeliers[46]. Il est orné de deux pilastres cannelés surmontés de chapiteaux ioniques à guirlandes ; l'entablement denticulé est pourvu d'un fronton sur le tympan duquel est inscrit « Hic / domus / Dei est » et dont les rampants portent deux pots à feu. Depuis qu'une récente restauration a fait découvrir un document caché dans la corniche, nous savons qu'il s'agit d'une œuvre d'un frère lai du couvent, nommé Jean-Louis Gaussat, qui en commença l'exécution le 12 mars 1771.

Le même religieux est l'auteur des deux confessionnaux (fig. 17) en chêne sculpté, de style Louis xv, qui ornent aujourd'hui la chapelle de la paroisse. Avant 1792, ils encadraient le tambour de la porte du couvent des Cordeliers[47] ; le papier écrit par le frère Gaussat nous apprend que « l'an mille sept cent soixante neuf et le huitième jour du mois de février ont été commencés les susdits confessionnaux dessinés et mis en œuvre par le ci-dessus nommé qui les a construits dans le plus mauvais bois de la vieille charpente de l'église et conditionnés suivant toutes les règles ordinaires de l'art de la menuiserie ». Il lui fallut apparemment deux ans pour mener à bien ce travail qu'il fit « tout seul sans aucun ouvrier ». Le plan de ces meubles est galbé en façade ; leur élévation droite est couronnée par une corniche débordante surmontée d'un bandeau d'attique. La loge centrale ferme par un battant dont le panneau supérieur ajouré est sculpté de motifs rocaille ; dans les logettes latérales les prie-Dieu en forme de consoles sont ornés d'un décor rocaille sur les pieds galbés et la ceinture chantournée.

Dans le vaisseau central de la nef, sur le côté droit de la 3e travée, sont conservés deux groupes de cinq stalles basses anciennes (fig. 18 à 21) qui comportent des jouées et des miséricordes joliment sculptées et paraissent dater du début du xviie siècle. Elles occupent, en face de la chaire à prêcher, la place habituelle du banc d'œuvre, traditionnellement réservé aux membres de la fabrique, c'est-à-dire aux administrateurs de l'église. Ici, toutefois, nous sommes en présence de stalles qui étaient destinées au clergé, comme l'expliquait en 1835 l'architecte Meunier : « Depuis longtemps on rapiéçait et on consolidait, autant que cela était possible, trois rangs de vieilles stalles occupant l'espace compris entre deux piliers qui font face à la chaire, pour que le clergé de la cathédrale, ainsi que l'évêque, puissent entendre les sermons, sans être confondus avec la foule [...] il ne reste plus, des trois rangs de vieilles stalles, que quelques débris... »[48]. Apparemment le

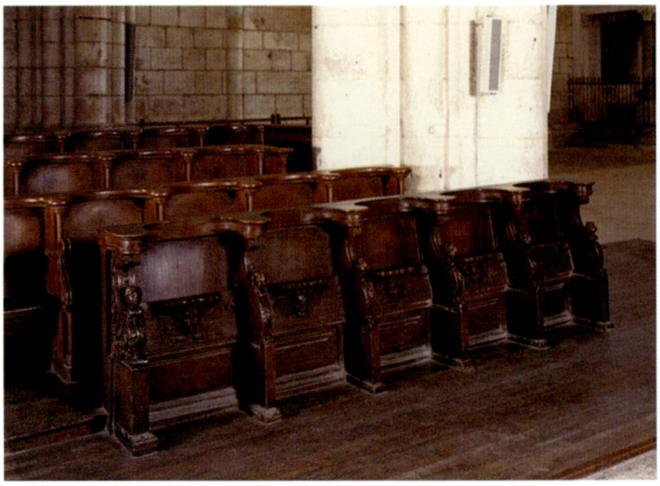

Fig. 18

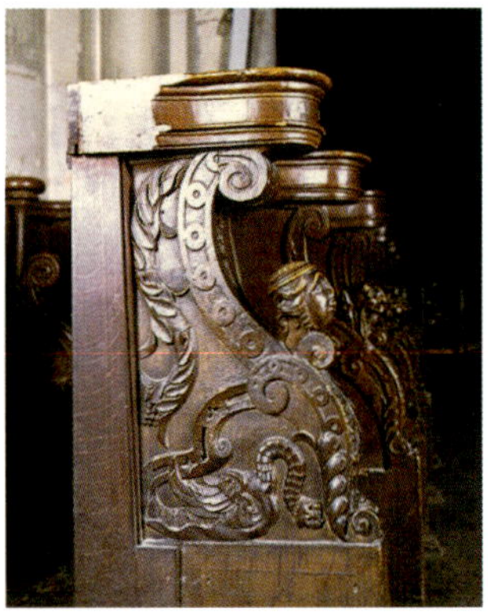

Fig. 19

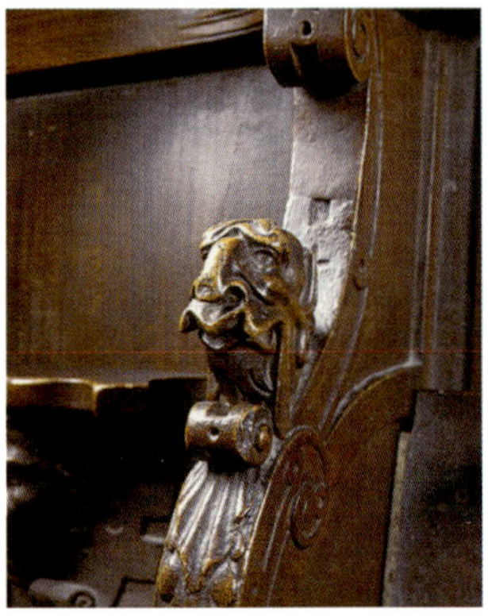

Fig. 20

Fig. 21

46. D'après La Liborlière, la porte d'entrée du couvent des Cordeliers « était garnie en dedans d'une fermeture cintrée transportée à la cathédrale » (*Vieux souvenirs...*, p. 63) ; l'information est confirmée par l'abbé Auber, *Histoire de la cathédrale...*, p. 446.

47. Abbé Auber, *Histoire de la cathédrale...*, p. 446-447 et La Liborlière, *Vieux souvenirs...*, p. 63.

48. Arch. dép. Vienne, V5 3 (cathédrale An X — 1866)), dossier de la construction des stalles, 1838-1841 : devis estimatif du 8 janvier 1835.

qualificatif de débris était excessif, et probablement destiné à convaincre le ministre de la nécessité du remplacement, car ces prétendus débris sont actuellement en assez bon état; mais s'agit-il bien des mêmes stalles ?

En fait, leur origine est problématique : la tradition les fait provenir de la collégiale Sainte-Radegonde[49] car elles sont identiques aux stalles actuellement conservées dans le chœur de cette église; cependant il n'est pas sûr que ces dernières aient toujours été dans cet édifice puisque La Liborlière pense, sans l'affirmer formellement, qu'elles viennent des Cordeliers[50].

Quoiqu'il en soit, il est certain qu'il y avait dans la nef de la cathédrale, vers 1791-1792, quarante-deux stalles réparties en deux groupes — dont l'un flanquait la chaire et l'autre lui faisait face —, car elles apparaissent ainsi sur un plan de la cathédrale établi probablement à cette époque[51]. Ces stalles qui n'existaient pas en 1769[52], n'ont pas pu être installées avant la Révolution, puisque la cathédrale, n'étant pas église paroissiale avant 1790, n'avait ni fabrique ni banc d'œuvre; il est donc certain qu'il s'agit de dépouilles révolutionnaires, mais leur provenance ainsi que les circonstances de leur transfert restent inconnues.

Les stalles actuelles sont-elles les restes des « débris » désignés par Meunier, ou bien, au contraire, ces « débris » ont ils été entièrement éliminés en 1838[53] ? Leur similitude avec celles de Sainte-Radegonde signifierait, dans le premier cas, qu'un important ensemble de stalles, venant des Cordeliers ou d'ailleurs, fut partagé d'emblée entre Sainte-Radegonde et la cathédrale, et, dans le second cas, que le banc d'œuvre moderne, installé en 1838 à la cathédrale, aurait été complété en 1849 par une partie des stalles de Sainte-Radegonde qui furent déplacées cette année-là[54].

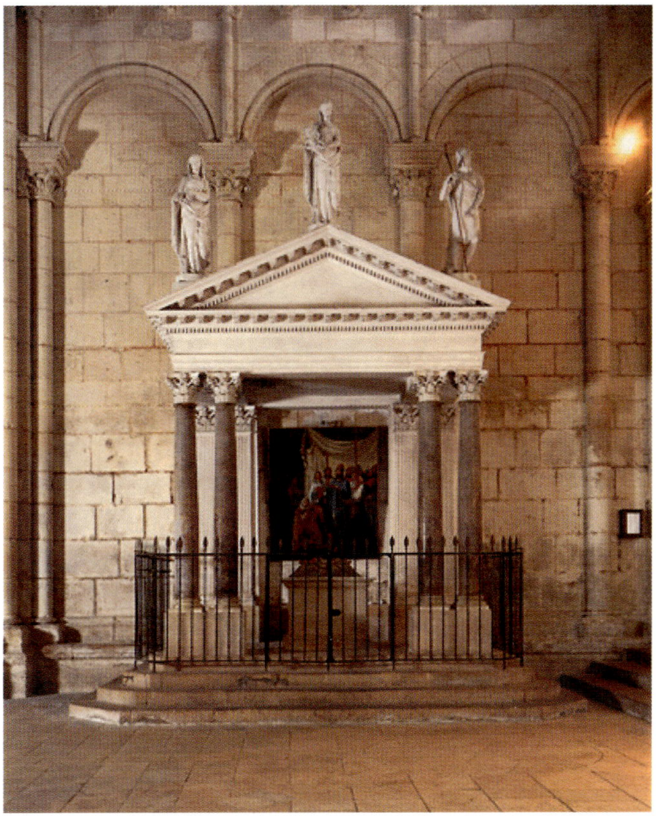

Fig. 22

Le mobilier mis en place au XIXe siècle

C'est probablement en 1805 que furent faits les quatre confessionnaux en bois peint qui se trouvent dans le collatéral droit du chœur[55].

Sous la Restauration, en 1821, on éleva à l'entrée de la nef, dans le collatéral droit, un édicule en forme de temple grec pour abriter les fonts baptismaux (fig. 22); construit sur les plans d'Hivonnait[56], il est composé de quatre colonnes de marbre, élevées sur deux stylobates

49. Sainte-Radegonde était une des paroisses maintenues.
50. (*Vieux souvenirs*..., p. 36).
51. Médiathèque de Poitiers, F/4, Poitiers, n° 3597 : plan attribué à l'architecte Pierre Dupré, sur lequel sont représentés le retable de la Trinité, les autels de saint Laurent et de la Madeleine, la grande grille de Sainte-Croix ainsi que la chaire de 1789, mais pas les retables du transept qui n'étaient sans doute pas encore mis en place.
52. Médiathèque de Poitiers, F/4, Poitiers, n° 3600 : plan de la cathédrale daté 1769.
53. Ce qui expliquerait que l'abbé Auber écrive : « Alors [en 1838] on remplaça de vieilles stalles qui servaient au banc d'œuvre, et ornées de sculptures symboliques, par l'énorme masse à qui on a continué le même nom » (*Histoire de la cathédrale*..., p. 523).
54. *Congrès archéologique de France, CIXe session tenue à Poitiers en 1951*, Paris-Orléans, 1952, p. 115.
55. Arch. dép. Vienne, V5 3 (cathédrale An X — 1866) : état des sommes dues pour les travaux et fournitures... au Sr Menault, menuisier, pour confessionnaux et table de communion 350 F... 24 pluviose an XIII (13 février 1805).
56. Archives paroissiales, « Registre des délibérations de la fabrique de l'église cathédrale de Poitiers » [1804-1858], feuillet 20, verso : « Aujourd'hui 6 mai 1821 le Conseil de fabrique s'est réuni [...] M. Hyvonnait, directeur de l'école de dessin de Poitiers, a présenté deux projets de travaux à faire

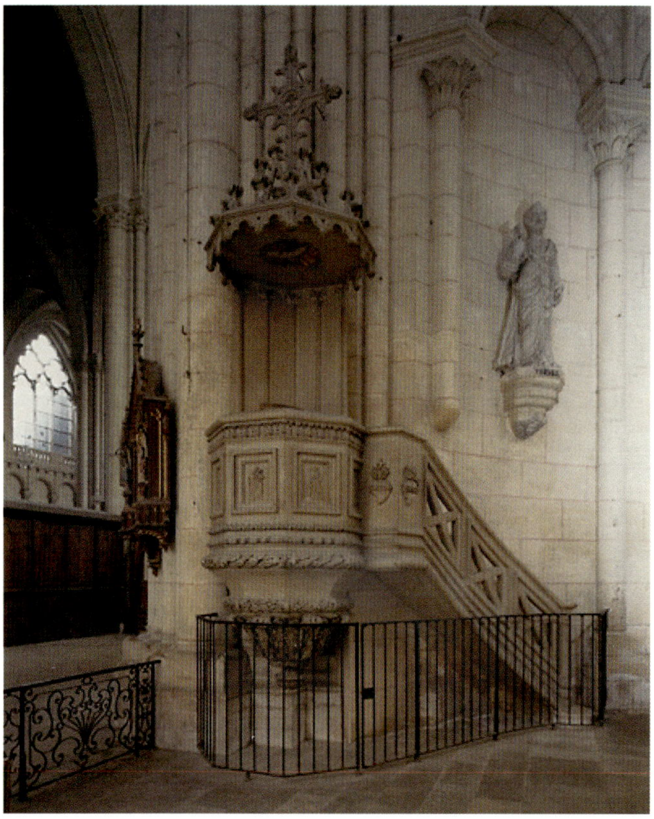

Fig. 23

en calcaire, qui supportent un entablement en plâtre surmonté de trois statues du même matériau ; le fond, également en plâtre, est fait de deux dosserets pourvus chacun de deux pilastres. Cette architecture néo-classique allait se démoder très vite, si bien que, dès 1835, l'architecte du département, Meunier, souhaitait la remplacer par un baptistère néo-gothique[57] ; le ministre qui ajournait le projet en 1836 rappelait que « le remplacement du baptistère actuel est motivé par le peu d'harmonie du style de sa construction, qui est moderne, avec le style gothique du reste de l'église, et sur la convenance qu'il y aurait de faire disparaître cette irrégularité… »[58]. En 1849 l'abbé Auber espérait encore la prompte démolition de l'œuvre d'Hivonnait[59] !

Dans la chapelle de paroisse, l'autel était en 1829 « dans un état de dégradation complet » mais un legs permit au conseil de fabrique de faire étudier un projet de restauration par l'architecte du département, Duval, et de confier les travaux au sieur Zanoli, plafonnier et doreur[60]. Ce dernier est probablement l'auteur de l'autel tombeau en bois peint qui porte le tabernacle des Jacobins. Orné de colonnes torses à chapiteaux corinthiens, l'autel fut complété en 1846 par des sculptures en demi-relief figurant une scène de la déploration du Christ, flanquée des statues de saint Pierre et saint Paul, dues à Thomas Louis (1792-1856) qui avait signé l'année précédente le haut-relief du monument funéraire de Mgr de Bouillé. Louis, sculpteur poitevin, s'était établi à Nantes[61] où il a beaucoup travaillé — notamment à la cathédrale — entre 1834 et son décès.

Le bras sud du transept, devenu chapelle de la paroisse, fut doté en 1835 d'une chaire à prêcher en stuc (fig. 23), à cuve néo-classique et abat-voix néo-gothique, que l'abbé Auber a très bien décrite : « lourde cuve polygone aux panneaux plaqués de petits saints de carton-pierre, avec son abat-voix au prétentieux style du XIVe siècle »[62] ; précieux témoignage du mauvais goût très composite de l'époque Louis-Philippe, ce morceau d'architecture marque l'introduction du style néo-gothique dans l'édifice. Nous ignorons le nom de son auteur, mais les quatre évangélistes et le Bon Pasteur qui décorent la cuve, ainsi que le Saint Esprit en gloire qui orne l'abat-voix sont l'œuvre du sculpteur parisien Louis-Alexandre Romagnesi, qui fut pratiquement l'inventeur du carton-pierre et décora de cette manière la chaire de l'église Saint-Paul-Saint-Louis à Paris[63].

dans l'église cathédrale. […] Le second est relatif à l'élévation de fonts baptismaux à l'entrée de l'église cathédrale […]. Après avoir examiné ces deux projets, le conseil a reconnu qu'ils remplissaient ses vues. Ils ont en conséquence été adoptés dans toutes leurs parties ».

57. Arch. dép. Vienne, V5 3 (cathédrale An X — 1866) : projet d'un baptistère, plan daté du 15 décembre 1834.
58. Arch. dép. Vienne, V5 3 (cathédrale An X — 1866) : lettre du Ministre de la Justice et des Cultes au préfet de la Vienne, du 29 décembre 1836.
59. Abbé Auber, *Histoire de la cathédrale…*, p. 507.
60. Archives paroissiales, « Registre des délibérations de la fabrique de l'église cathédrale de Poitiers » [1804-1858], feuillet 28 : délibérations des 15 et 30 juin 1829.
61. Abbé Auber, *Histoire de la cathédrale…*, p. 442-444. Archives paroissiales, « Registre des délibérations de la fabrique de l'église cathédrale de Poitiers » [1804-1858], feuillet 53, verso : « M. le Curé a mis sous les yeux du Conseil le croquis d'un bas relief présenté par M. Thomas (sic), sculpteur à Nantes, pour la restauration de l'autel des apôtres » ; le travail devait être terminé à Pâques 1846.
62. Abbé Auber, *Histoire de la cathédrale…*, p. 519.
63. Arch. dép. Vienne, V5 3 (cathédrale An X — 1866), plusieurs mémoires et notes de Romagnesi : « du 13 octobre 1836 une

Dans la nef, en face de l'autre chaire à prêcher, les stalles anciennes qui servaient à l'évêque et à son clergé, furent complétées en 1838 ou 1839 par trois banales rangées de stalles basses en bois peint, dites banc d'œuvre, exécutées par l'entreprise de menuiserie Gou frères, d'après le dessin de l'architecte du département, Meunier[64]; elles sont aussi dépourvues de décor que de style bien défini[65].

Pour remplacer le tabernacle de l'abbaye de la Trinité, si inconsidérément vendu, on installa en 1840 sur l'autel de la Vierge, au centre du chevet, un tabernacle banal en bois doré et peint en faux marbre[66]. Ses quatre colonnes corinthiennes doublées de pilastres dosserets encadrent une porte cintrée ornée d'un motif en plâtre qui représente un ange soutenant le Christ mort; l'entablement très orné est couronné d'un dôme (fig. 12).

Dans la seconde moitié du siècle, la vogue du néo-gothique battait son plein. Dès 1856 Mgr Pie se préoccupa d'aménager le chœur de sa cathédrale au goût du jour, mais l'architecte diocésain Mérindol freinait l'activité du prélat[67]. Ce fut

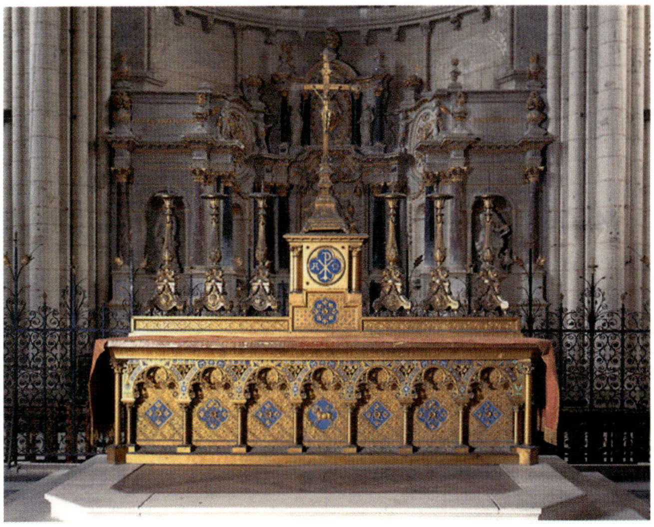

Fig. 24

seulement en 1861 que les ateliers de Louis Bachelet, orfèvre à Paris, fournirent, d'après un dessin dû à l'architecte diocésain Mérindol[68], un maître-autel en chêne recouvert de plaques de bronze à décor émaillé, fondu et ciselé, orné d'une arcature en façade et surmonté d'un tabernacle factice (fig. 24); cet ensemble, qui est toujours en place dans le chœur, fut complété en 1878 par un grand dais d'exposition en bronze doré orné de pierreries, qui avait la forme d'un clocheton gothique[69] mais fut enlevé ultérieurement.

À la même époque, vers 1859, Morillon-Lepetit, entrepreneur de serrurerie à Poitiers[70], entoura le chœur d'une clôture de sanctuaire en fer forgé, de style néo-médiéval[71], qui le fermait complètement à l'origine; la partie antérieure[72] en a été supprimée, probablement vers le milieu du XXe siècle.

figure de St Esprit, sur rayon, 4 bas reliefs d'évangélistes et un bon pasteur 29 F » (Travaux de sculpture livrés à la cathédrale de Poitiers par M. Romagnesi sculpteur à Paris et MM Calla et Thibeault fondeurs); lettre du 13 octobre 1836, signée Thiollet, place St Thomas d'Aquin, n° 3, à Paris : «... je profite de la même occasion pour vous envoyer cinq figures qui doivent décorer les panneaux de la nouvelle chaire à prêcher... Les quatre évangélistes, un bon pasteur, pour les panneaux du bas, un St Esprit avec sa gloire qui doit être placé sous l'abat-voix (qui n'en est réellement pas un)... On clouera avec des pointes et on les vernira en vernissant la chaire à prêcher... ». Le « devis de la grille qui doit renfermer la chaire à prêcher de la cathédrale » est du 15 octobre 1835.

64. Arch. dép. Vienne, V5 3 (cathédrale An X — 1866), dossier de la construction des stalles, 1838-1841 : projet d'un banc d'œuvre, dessiné par l'architecte du département, Meunier, et daté 1838 (avec les rectifications demandées par rapport à un premier projet du 15 décembre 1834); le devis fut approuvé par lettre du ministre au préfet datée du 21 mars 1838 et les travaux autorisés le 13 juin suivant.
65. Signalons toutefois qu'un dorsal central, qui figure sur le dessin de Meunier et sur des photos anciennes, n'est plus en place aujourd'hui.
66. Abbé Auber, *Histoire de la cathédrale...*, p. 442.
67. Arch. dép. Vienne, V5 14 : projet de lettre de Mgr Pie au Ministre des Cultes, du 30 juillet 1856, exposant son programme de nouvel aménagement du chœur de la cathédrale; il y est question de l'autel principal et du trône épiscopal, ainsi que des grilles « qui doivent clore le devant du chœur et entourer le sanctuaire »; projet de lettre de Mgr Pie au Ministre des Cultes, du 3 mars 1857, même objet que ci-dessus, l'évêque se plaint de la lenteur de M. de Mérindol, architecte diocésain. Voir également V5 3 (cathédrale An X — 1866), dossier des travaux de restauration du chœur, 1860-1866.
68. L'autel est signé sur le bas de chaque côté; à gauche : L. Bachelet, fabt orfèvre / à Paris. MDCCCLXI; à droite : De Mérindol, architecte.
69. *La Semaine liturgique du diocèse de Poitiers*, 1878, p. 691.
70. Arch. dép. Vienne, V5 3 (cathédrale An X — 1866), dossier des travaux de restauration du chœur, 1860-1866 : brouillon de lettre de M. de Mérindol au Ministre de l'Instruction publique et des Cultes, du 4 juin 1858; V5 14 : lettre du Ministre de l'Instruction publique et des Cultes autorisant les travaux de restauration du chœur, du 24 juillet 1858.
71. « La grille du chœur et du sanctuaire qui a remplacé celle du XVIIIe siècle (mise à la porte), et qui affecte, elle aussi, les caractères du XIIIe siècle, est une œuvre de serrurerie qui n'est pas sans mérite. » (Ch. de Chergé, *Guide...*, 1872, p. 125).
72. Elle est parfaitement visible sur un cliché d'Hélène Plessis, conservé au Service régional d'Inventaire à Poitiers (HP.86.467P).

C'est également vers 1860 que fut édifié le monumental trône épiscopal à dorsal et baldaquin, en chêne sculpté et ajouré, d'un style néo-gothique assez rigide, qui se trouve au fond du chœur et s'orne toujours des armoiries de Mgr Pie, sculptées en demi-relief et rehaussées de bleu, de rouge et d'or[73].

Non loin de là, dans le collatéral droit du chœur, s'élèvent un autel et un retable néo-classiques qui, curieusement, ont été édifiés en 1885[74], c'est à dire en plein triomphe du style néo-médiéval. Cet ensemble dédié à saint Joseph, « copie maladroite d'un autre meuble du même genre, sans style ni caractère sérieux »[75], d'après le Ministère des Cultes, avait été offert par le doyen du chapitre, l'abbé Charbonneau, pour servir de pendant au retable des Carmes, qui s'élève en face. Comme la construction avait été faite sans l'autorisation de l'administration, l'architecte diocésain Mérindol en demanda la démolition, mais, sur représentation de l'évêque que le donateur était « âgé de 90 ans », le ministère des Cultes consentit à sa conservation provisoire « sous réserve qu'il sera enlevé ultérieurement »[76].

Il est heureux que ce petit meuble soit resté en place malgré son manque d'originalité car il témoigne de la survivance du style néo-classique à la fin du XIXe siècle ; de même qu'il est préférable que, malgré les critiques des architectes diocésains et des érudits de l'époque, tel l'abbé Auber, l'on n'ait pas fait disparaître les retables édifiés sous l'épiscopat de Mgr de Beaupoil de Saint-Aulaire, le baptistère d'Hivonnait, ou la chaire louis-philipparde décorée par Romagnesi. On doit également se féliciter de ce qu'une bonne partie des aménagements du chœur réalisés par Mgr Pie ait survécu aux changements liturgiques consécutifs au concile Vatican II. Il serait fâcheux de démolir systématiquement tout ce qui paraît démodé ou ce qui semble nuire à l'unité stylistique d'un édifice, car le jugement des puristes est rarement entériné par les générations suivantes. Les retables néo-classiques, dont la présence dans une cathédrale gothique choquait les disciples de Viollet-le-Duc, nous paraissent aujourd'hui plutôt bien intégrés dans l'édifice, alors que le mobilier néo-gothique a fait figure de détestable pastiche pendant la plus grande partie du XXe siècle, avant de connaître aujourd'hui les prémices d'une tardive réhabilitation. Et puisqu'on a souvent critiqué le « vandalisme » des chanoines du XVIIIe siècle, nous pouvons rendre hommage à ceux de la cathédrale de Poitiers car ils n'avaient pas pour l'art médiéval le mépris qu'on leur attribue généralement : lorsqu'ils établirent en 1779 l'état des réparations à faire au chœur, ils se gardèrent bien de faire détruire les stalles gothiques, mais au contraire stipulèrent qu'elles devaient être « raccommodées » et rétablies « en bon état... dans le goût où elles sont »[77]. Bel exemple de respect du passé[78] !

Jean-Pierre Roussel

73. Le prélat, qui n'était pas encore cardinal, a sommé ses armoiries de la mitre et de la crosse surmontées d'un chapeau épiscopal à douze houppes.
74. Arch. dép. Vienne, V5 14. Ce nouvel autel ne fut inauguré qu'en mars 1887 (*Semaine liturgique...*, 19 mars 1887, p. 223).
75. Lettre du Ministre de l'Instruction publique, des Beaux-Arts et des Cultes à l'évêque, du 10 mai 1886 (Archives de la Vienne, V5 14).
76. Lettre du 10 mai 1886, citée ci-dessus.
77. Arch. dép. Vienne, G 191, « État des réparations à faire au chœur et sanctuaire de l'église cathédrale (sic) de Poitiers », 12 avril 1779.
78. Pour mettre néanmoins les stalles au goût du jour, ils firent placer sur la corniche dix-huit vases en bois... qui furent impitoyablement enlevés au siècle suivant !

LES VITRAUX DE LA CATHÉDRALE DE POITIERS

par Françoise Perrot

Directeur de recherche au C.N.R.S., laboratoire de médiévistique occidentale de Paris, à Villejuif

La cathédrale de Poitiers, malgré les modifications intervenues au cours du temps, offre encore l'un des ensembles vitrés majeurs de la fin du XIIe et du début du XIIIe siècle. Si l'on exclut les deux travées occidentales de la nef ornées de grisailles décoratives à la fin du XIIIe siècle, vingt baies sur trente sept sont encore garnies de vitraux figurés du moyen âge. Cependant, le programme initial n'apparaît plus clairement tant les bouleversements ont été importants. Au milieu du XIXe siècle, l'abbé Auber, historien de la cathédrale et de son mobilier[1], a relevé les interventions documentées par les archives. Les plus anciennes sont liées à l'occupation de l'église par les Huguenots en 1562[2] et aux désordres qui en ont résulté et que le bombardement de 1569 a encore aggravés. Il faut attendre le XVIIIe siècle pour que les documents mentionnent de nouveaux travaux de vitrerie, ce qui correspond à l'époque de la restauration générale entreprise à l'initiative de l'évêque Mgr Beaupoil de Saint-Aulaire. D'autres interventions dépassant le cadre du simple entretien eurent lieu au XIXe siècle (1803, 1843 et 1846), à la suite desquelles l'abbé Auber a détaillé l'état de chaque verrière en 1849. Ceci permet d'apprécier l'étendue de la remise en ordre menée par Louis Steinheil entre 1882 et 1885. Assisté de Mgr Barbier de Montault pour l'iconographie, le peintre verrier parisien a donné à l'ensemble l'aspect que nous lui connaissons actuellement et qui a été repris lors de la repose conduite par l'atelier Chigot de Limoges en 1947, suite à la mise à l'abri nécessitée par la Seconde Guerre mondiale.

La restauration de Steinheil avait été accompagnée d'une campagne de photographies par E. Durand à l'échelle 1/4, panneau par panneau, qui a couvert la totalité du chevet. En 1933, un échafaudage avait été monté devant la verrière de la *Crucifixion* pour des travaux d'entretien, que M. Couvrat mit à profit pour une autre série de prises de vue et René Crozet pour des observations pertinentes[3]. Une autre série de clichés, plus complète en ce sens qu'elle concerne toutes les verrières, a été exécutée au 1/10e, en 1945-1946. Ces photographies sont infiniment précieuses pour apprécier la nature des travaux faits par les restaurateurs[4]. En revanche, les renseignements sur les interventions plus anciennes documentées sont beaucoup moins précis — ce qui permet aux historiens d'exercer leur imagination — et diverses questions restent ainsi ouvertes. La plus importante concerne l'empla-

1. Abbé Auber, *Histoire de la cathédrale de Poitiers*, Poitiers-Paris, 1849, 2 vol.
2. Abbé Auber (t. I, chap. XVI) cite le procès-verbal du pillage de l'Église de Poitiers en 1562 (conservé aux Archives départementales de la Vienne, G 181), copié par Dom Fonteneau (Médiathèque de Poitiers, vol. II, p. 490 sq.). Cf. Jean Cibot, *Les vitraux de saint Laurent et de saint Pierre à la cathédrale de Poitiers*, Mémoire secondaire pour le Diplôme d'Études Supérieures présenté à la Faculté des lettres de Poitiers, s. d. (Bibl. du C.E.S.C.M., Des. 17, dactylographié), chap. Sources. Cf. Louis Grodecki, « Les vitraux de la cathédrale de Poitiers », *Congrès archéologique de France. Poitiers 1951*, Paris, 1952, p. 140-143 qui rappelle l'historique des restaurations d'après les recherches de l'abbé Auber. Je remercie M. Bernard Brochard, Conservateur général du Patrimoine, qui m'a facilité la tâche en mettant à ma disposition ses notes prises pendant les dépouillements d'archives.
3. René Crozet, « Le vitrail de la Crucifixion à la cathédrale de Poitiers », *Gazette des Beaux-Arts*, 1934-1, p. 218-231.
4. Une campagne de révision a été lancée dans les années 1980. D'ordre technique, elle n'a pas modifié la lecture des verrières. Les dossiers peuvent en être consultés à la Direction régionale des affaires culturelles à Poitiers. Au début de 2004, la *Crucifixion* a été déposée pour restauration à l'atelier Barthe-Bordereau, à Angers. Je suis très reconnaissante à M. Philippe Rollo, directeur de l'atelier, pour son accueil et les discussions autour des panneaux en cours de traitement.

Chœur

0 De haut en bas : l'Ascension, la Crucifixion, la visite des saintes femmes au tombeau vide, jugement et crucifiement de saint Pierre, décollation de saint Paul, les donateurs (Henri Plantagenêt et Aliénor d'Aquitaine ?)

1 Histoire et martyre de saint Laurent

2 Histoire de saint Pierre jusqu'à sa passion.

5 À gauche : histoire d'Isaac ; à droite : histoire de Loth (haut) et histoire d'Abraham (bas)

6 À gauche : scènes de l'Enfance du Christ ; à droite : scènes de la Passion

8 Quatre figures de saints, du XVIe s., enlevées des fenêtres au XIXe s.

Transept

11 À gauche : histoire de Joseph en Égypte ; à droite : histoire de Joseph jusqu'à son arrivée en Égypte

12 À gauche : parabole de Lazare et du mauvais riche ; en bas : fragments de l'histoire de Job ; à droite : parabole de l'enfant prodigue

13 À gauche : histoire d'Aaron et passage de la mer rouge ; à droite, en haut : le buisson ardent, puis diverses scènes de l'Exode

14 À gauche, en haut : la remise des clés à saint Pierre et diverses scènes ; à droite : scènes du Nouveau Testament, dont la controverse sur l'impôt à César.

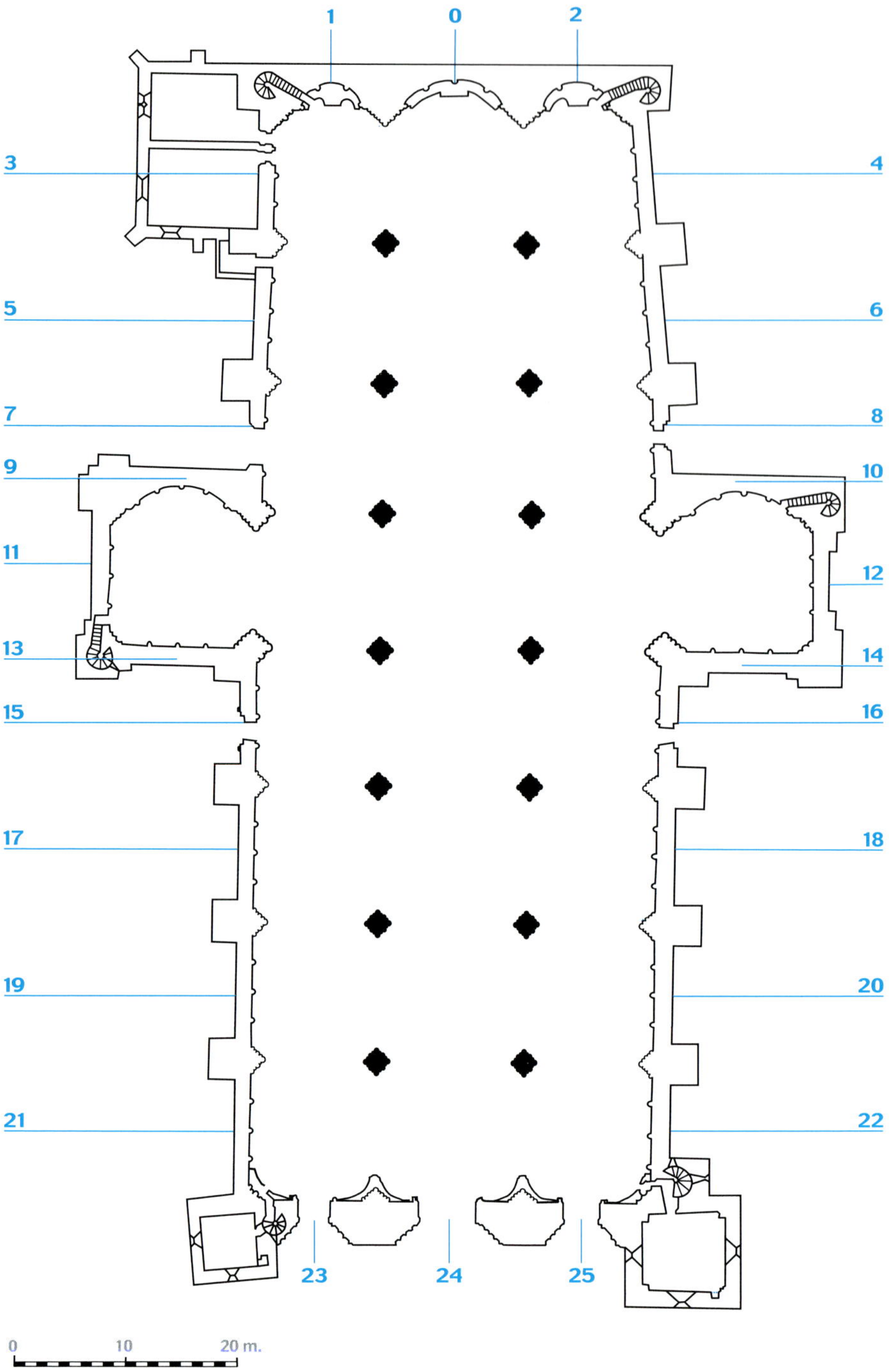

17 À gauche : histoire de Josué ; à droite : la conquête de la Terre promise

18 À gauche : histoire de Moïse et de l'exode ; à droite : histoire de Balaam

20, **21** Grisailles anciennes (XIVe s.)

3, **4**, **7**, **9**, **10**, **15**, **16**, **19**, **22-25** : fenêtres en verre blanc

D'après Yves Blomme, *La cathédrale saint Pierre de Poitiers*, éd. du Patrimoine, 2001

cement initial des vitraux et, subsidiairement, leur re-composition, c'est-à-dire le programme iconographique envisagé dans sa globalité[5].

Un premier ensemble comprend les trois verrières des chapelles orientales. La grande *Crucifixion* surplombant l'autel majeur, au centre, rappelle le sacrifice du Christ, encadré par l'histoire de ses témoins : au sud, saint Pierre, patron de la cathédrale, et saint Paul ; au nord, saint Laurent. Pour cette époque, les programmes comparables conservés pour le XIIe siècle sont relativement peu nombreux ; cependant des églises plus modestes (tout en relevant parfois d'établissements importants) ont conservé les traces de leur vitrerie d'origine qui permettent de voir que la Crucifixion occupait souvent la verrière du chevet, où se trouvait l'autel du sacrifice de la messe : ainsi aux Essards (Indre-et-Loire), une des deux baies du chœur reconstruit vers 1220 réutilise un panneau avec le Calvaire, peint initialement pour le chœur primitif dans les premières années du XIIe siècle, et qui est sans doute le plus ancien vitrail *in situ* conservé en France[6]. On pourrait citer aussi le cas de Chemillé-sur-Indrois (Indre-et-Loire), où la verrière d'axe, bien que très restaurée, offre encore son programme primitif centré sur la Crucifixion[7].

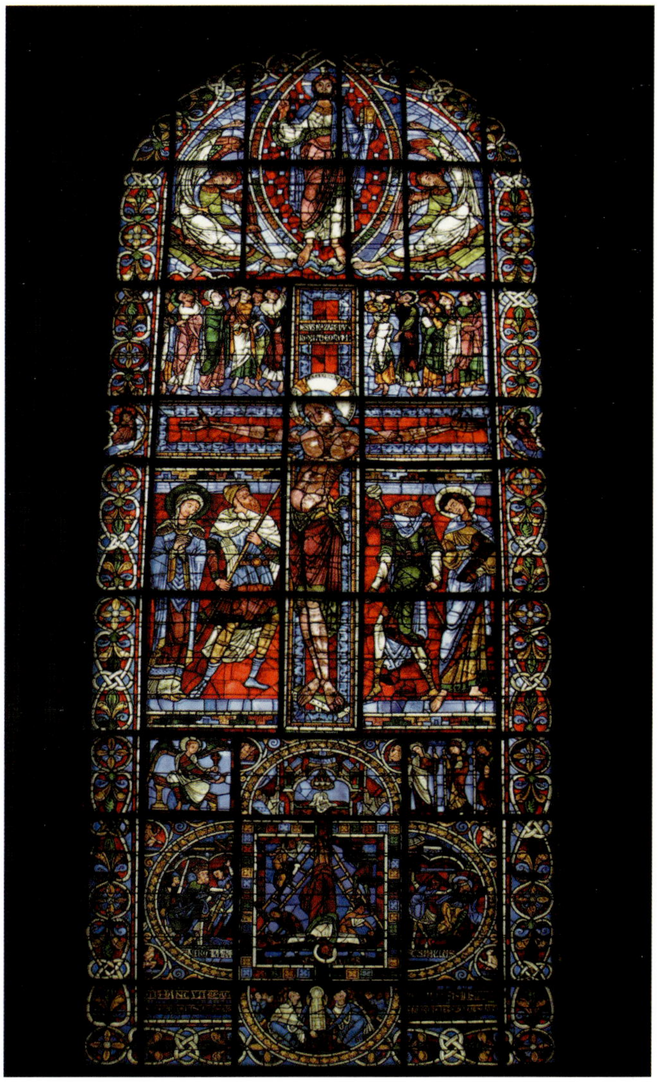

La Crucifixion

La Crucifixion

À Poitiers, le thème de la *Crucifixion* est traité avec une ampleur exceptionnelle qui s'impose au visiteur par sa situation à l'extrémité orientale de la nef centrale, au-dessus de l'autel majeur — situation particulièrement en vue dans cette architecture où les trois vaisseaux sont à peu près de même hauteur, ce qui rend cette image présente à la vue de tous les points de l'édifice, sauf des extrémités du transept. Ce vitrail a subi quelques bouleversements au cours du temps, dont témoigne la description minutieuse faite en 1849 par l'abbé Auber qui signale des manques, des pièces déplacées, des bouche-trous, un mauvais état confirmé par les photographies faites en 1882-1885 pendant la restauration exécutée sous la direction de Louis Steinheil. Cependant la ferrure et le panneautage qu'elle induit sont bien

5. Virginia C. Raguin, « The Architectural and Glazing Context of Poitiers Cathedral : A Reassessment of Integration », dans *Artistic Integration in Gothic Buildings*. [Actes du Colloque de York University, Toronto, 7-9 avril 1989], University of Toronto Press, Toronto-Buffalo-London, 1995, p. 167-194, a abordé la question de manière originale, en soulignant combien notre vision actuelle des monuments médiévaux est tributaire de celle de nos devanciers du XIXe siècle. De ses remarques, l'auteur tire diverses « leçons » — telles que l'absence d'un programme complémentaire entre nord et sud (p. 181-182) ou le fait que les grisailles décoratives devaient avoir été prévues au milieu des verrières de couleurs (p. 171-172). Nous ne saurions la suivre, car elle fonde trop souvent son argumentation sur des éléments incertains, voire erronés, qu'il ne m'est pas possible de détailler ici. Surtout, elle travaille sur le concept d'*intégration* qu'elle cherche à définir et qui n'est pas envisagé ici.

6. Cf. Anne Granboulan, « De la paroisse à la cathédrale une approche renouvelée du vitrail roman dans l'ouest », *Revue de l'art*, 103 1994, p. 42-52.

7. Anne Granboulan, « Le vitrail au XIIe siècle dans le domaine Plantagenêt », dans *L'Œuvre de Limoges. Art et histoire au temps des Plantagenêts*, actes du colloque, Musée du Louvre, 1995, Paris, 1998, p. 249-278. En avançant dans le temps, les exemples sont plus nombreux — ainsi dans l'abbatiale Saint-Remi de Reims, au début du XIIIe siècle.

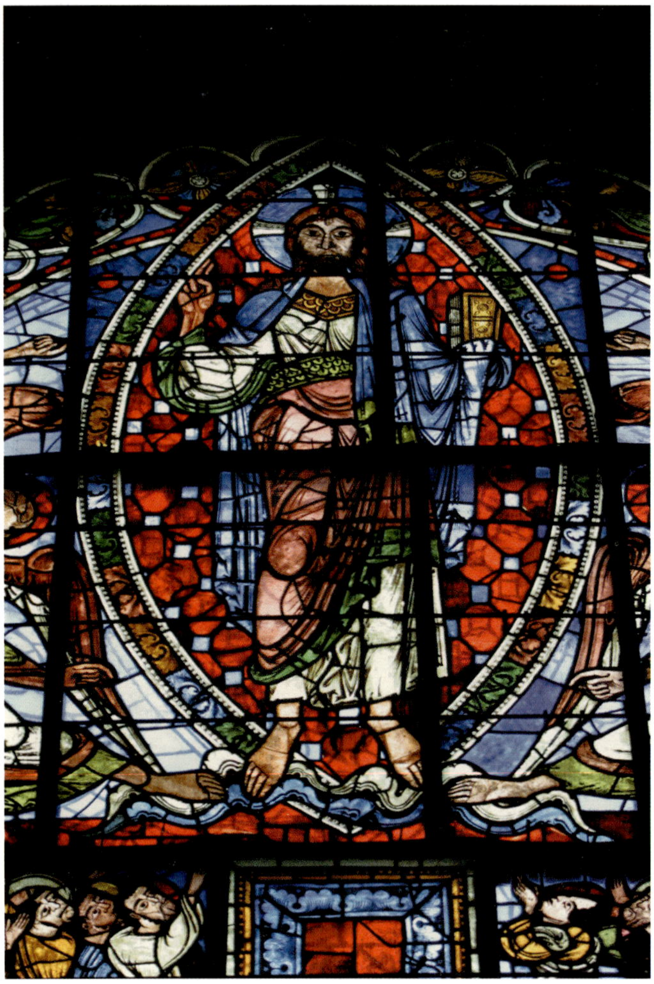

L'Ascension

ceux du XIIe siècle : la restauration du XVIIIe siècle a allongé les ferrrures, ce qui correspond très vraisemblablement à la suppression du cadre de bois dans lequel était monté le vitrail à l'origine[8]. La restauration de Louis Steinheil a remis de l'ordre dans les panneaux et les pièces déplacées, conduisant à l'état actuel que les interventions ultérieures n'ont pas modifié de façon sensible[9].

Cette image monumentale se développe sur trois registres d'inégale importance, traités à des échelles différentes qui semblent orienter le regard du spectateur par étapes successives vers chacune des composantes. Élisa Maillard[10] a montré que cet agencement présentait une harmonie due au rapport que les différentes figures géométriques entretiennent entre elles, rapport fondé sur le nombre d'or. Cette grille de lecture est renforcée par l'utilisation des couleurs qui fait apparaître des plans superposés : à cause de son fond rouge « surligné » de bleu, la croix apparaît comme en surimpression par rapport au reste de la composition. Elle est en effet l'élément majeur, qui occupe, au centre de la verrière, presque la moitié de sa hauteur totale, support magistral de la figure suppliciée du Christ ; comme ses mains, ses pieds sont percés chacun d'un clou et reposent sur un *suppedaneum* ; son visage, aux yeux largement ouverts, s'incline légèrement du côté de Marie. L'extrémité des bras de la croix est complétée au-delà des barlotières par deux petits compartiments semi-circulaires, insérés dans l'encadrement décoratif, où sont figurés, à droite, la lune et, à gauche, le soleil. Sous la croix, à la droite du Christ, se trouvent la Vierge, debout vers l'extérieur, et Longin, de face, qui dirige sa lance vers le flanc du Christ ; sous le bras gauche du Christ, formant un groupe symétrique au précédent, Stéphaton de dos brandit l'éponge fixée sur un bâton vers l'angle de la croix, est accompagné de saint Jean. Ces quatre personnages, plus petits que le Christ qui les domine de la hauteur de son buste, se détachent sur un champ rouge limité en haut et en bas par un filet bleu sans peinture (mais restauré). L'inscription fixée en haut de la croix est partiellement restituée.

Dans les deux compartiments rectangulaires ménagés de part et d'autre du montant principal, au-dessus des bras de la croix, onze personnages nimbés — dix apôtres et la Vierge — se tiennent debout, levant leur visage et tendant leurs mains vers l'*Ascension* qui occupe la partie supérieure de la verrière : le Christ, vêtu d'un manteau bleu

8. La distribution irrégulière des panneaux a été considérée par les différents auteurs comme une restauration du XVIIIe s. Mais le mémoire de serrurerie du 21 novembre 1777 (Poitiers, Arch. dép., G. 191) précise que les « barres transversales » — huit comme aujourd'hui — ont été allongées en leur « soud [ant] 8 pouces de fer chaque bout » (env. 20 cm). La même opération avait été menée à la cathédrale de Chartres à partir de 1416 (cf. Françoise Perrot, « Étude archéologique [des trois verrières du XIIe s. de la façade occidentale] », *Les Monuments historiques de la France*, 1977-1, p. 44-45). Cette technique de montage est connue également à Laon. Comme les cadres de cette époque conservés *in situ* sont peu nombreux, ce point technique n'a pas encore fait l'objet d'une étude systématique. Par ailleurs, le mémoire de Poitiers ne mentionne comme fourniture neuve que des vergettes.

9. Comme l'attestent les photographies de M. Couvrat qui illustrent l'article de René Crozet, *Gazette des Beaux-Arts*, 1934-1 (cité n. 3).

10. Élisa Maillard, « Structure géométrique du vitrail de la Crucifixion à Poitiers », *Actes du 87e Congrès national des Sociétés savantes, Poitiers, 1962*, Paris, 1963, p. 329-337.

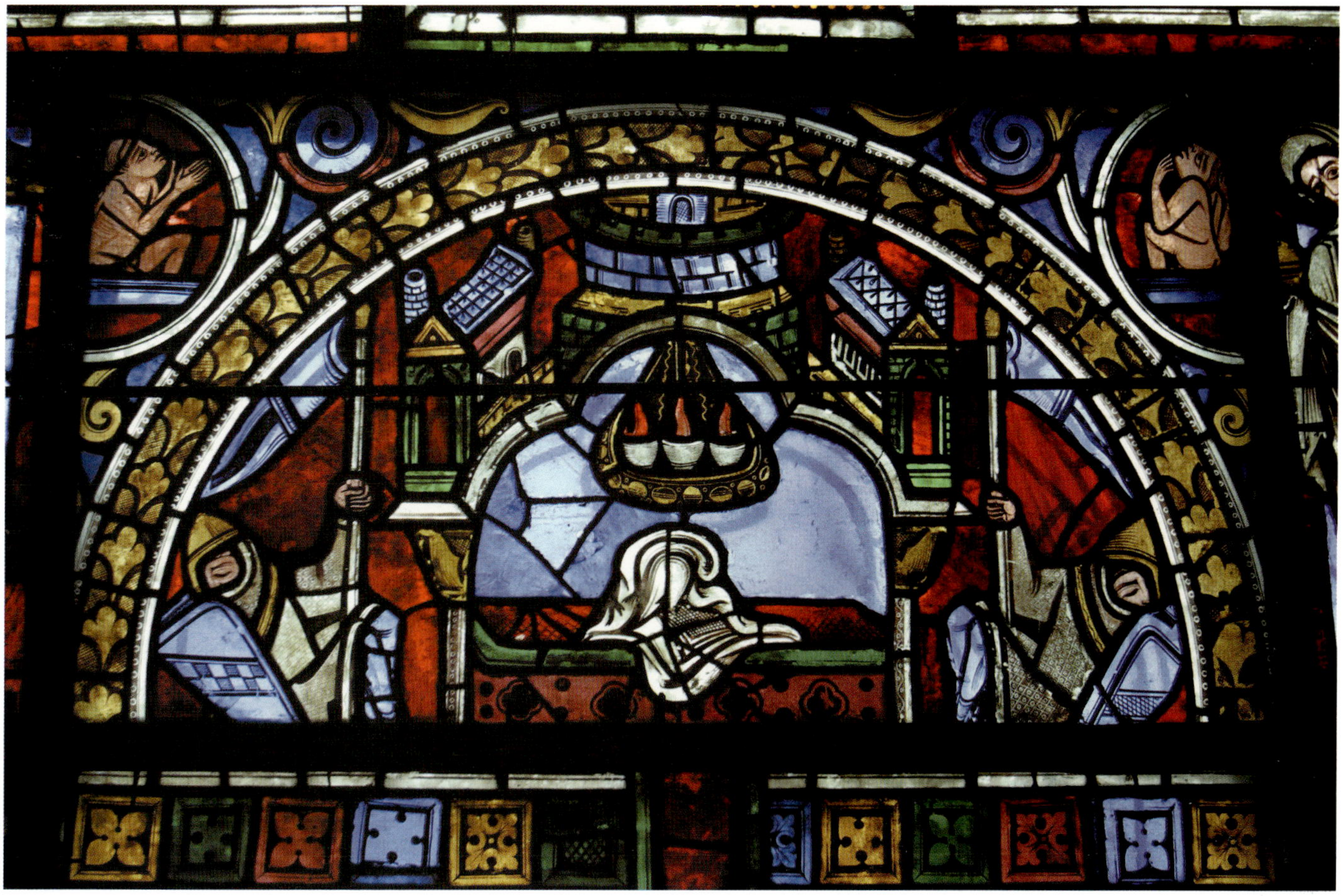

Le tombeau du Christ

sur une robe blanche drapée d'une tunique pourpre, apparaît debout, de face, dans une mandorle en amande à fond rouge semé de pastilles bleues et bordé par un filet orné pris entre deux perlés ; il bénit de sa main droite et tient, de sa main gauche enveloppée dans un pan de son manteau bleu, un livre fermé. La mandorle, étroite et très allongée, mordant sur la bordure à la partie supérieure du vitrail, s'inscrit entre deux anges dont les corps s'étirent pour dessiner comme de larges parenthèses animées qui contrastent avec le hiératisme du Christ. L'ensemble de l'*Ascension*, c'est-à-dire les spectateurs aussi bien que les anges, sont posés sur un champ bleu.

Au-dessous de la croix, dans le tiers inférieur du vitrail, l'iconographie est organisée autour d'un carré central cantonné de quatre lobes et se répartit sur trois registres superposés de hauteur restreinte. Le registre supérieur, en trois panneaux juxtaposés à champ bleu / rouge / bleu, évoque la *Résurrection* à travers la *visite des Saintes Femmes au tombeau* que l'on voit cheminer, appuyées sur des bâtons et portant des vases de parfum, dans le compartiment de droite, alors que dans celui de gauche, l'ange assis tient une petite croix dans sa main gauche et désigne, de l'autre, le tombeau vide placé dans le compartiment central qui est le point fort de ce registre. Pour mieux attirer l'attention sur le sépulcre vide désigné par le linceul roulé, cette partie de la scène est insérée dans le lobe supérieur du quadrilobe, dont l'arc est souligné par une étroite bordure fleuronnée : elle se place ainsi dans le même axe que les deux représentations précédentes du Christ. Le tombeau éclairé par un lampadaire à trois lampes est montré à l'intérieur d'un édifice dont la partie supérieure circulaire rappelle l'*Anastasis*, c'est-à-dire la rotonde de la Résurrection à Jérusalem ; la répartition des couleurs contribue à diriger le regard vers l'intérieur de la composition, dominée par le rouge sur lequel tranche le bleu de cobalt très limpide utilisé pour les architectures de la partie supérieure, les rideaux latéraux, le fond de la rotonde sur lequel se détache le

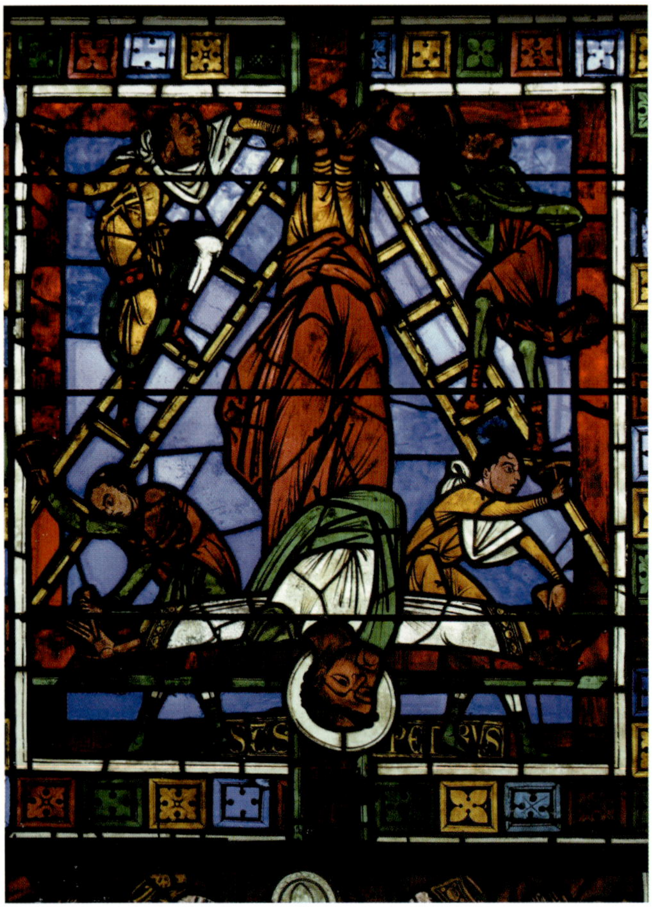

Saint Pierre crucifié

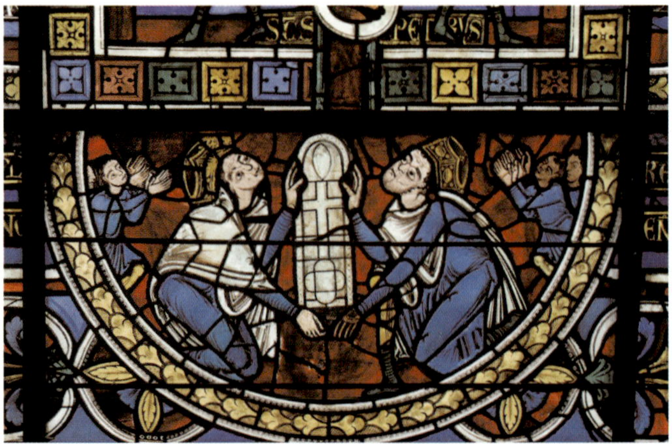

Les donateurs

linceul blanc et les boucliers des deux soldats, en armes, endormis sur les côtés du tombeau. Deux petits demi-cercles, installés dans les écoinçons supérieurs, abritent chacun une figure nue sortant d'un tombeau, le visage tourné vers la grande croix centrale ; d'autres semblables occupent les écoinçons situés au dessous.

Le registre médian du quadrilobe se compose comme le précédent de trois compartiments. Dans le lobe gauche, un roi accompagné de bourreaux prononce une condamnation qui s'applique d'abord à *saint Pierre crucifié*, la tête (moderne) en bas, dans le grand carré central, mais peut être étendue à la *décollation de saint Paul*, dans le lobe de droite. Il faut noter que la crucifixion de saint Pierre se trouve ainsi placée dans l'axe principal de la composition : le supplice du patron de la cathédrale répond directement à celui de son Seigneur.

Le lobe inférieur, mordant sur la bordure et donc tangent à la maçonnerie, présente les donateurs, un roi et une reine, agenouillés et suivis chacun de deux enfants ; la disposition présente une particularité : la reine se tient à gauche (pour le spectateur) et donc à la droite de Dieu, place valorisante habituellement occupée par le donateur masculin — faut-il interpréter cette position comme l'indication que la reine a joué un rôle majeur dans la donation ? Les donateurs tiennent ensemble le modèle du vitrail. Cette pièce a été refaite par la restauration de Steinheil ; l'abbé Auber avait vu à sa place « une sorte de tiare conique renversée », qui me paraît avoir été un bouche-trou ; en effet le dessin des plombs permet de penser qu'il s'agissait bien à l'origine d'une représentation de la verrière. Une importante inscription[11], largement restituée, se développe de chaque côté de ces « portraits ». L'identification des donateurs ne semble plus poser de problème : les chercheurs s'accordent pour reconnaître le roi Henri II Plantagenêt et la reine Aliénor d'Aquitaine, avec leurs quatre fils[12]. Quant à la date du vitrail, induite de cette présence, elle se situe après 1161, année de la naissance du quatrième fils, et 1173, date de la rébellion contre le roi et qui valut à la reine sa mise à l'écart. Cette fourchette chronologique concorde avec les dates avancées par le Père Blomme pour les deux premières tranches de la

11. [DE ?]DIT HANC VITREA [M] : voir le *Corpus des inscriptions de la France médiévale*, t. I. Poitou, 1. Ville de Poitiers, textes établis et présentés par Robert FAVREAU et Jean MICHAUD sous la direction d'Edmond-René LABANDE, s.l. [Poitiers], 1974, p. 4-6.

12. La signification et la portée de ce « portrait dynastique » ont été développés dans Françoise PERROT, « Le portrait d'Aliénor dans le vitrail de la *Crucifixion* à la cathédrale de Poitiers », *303. Arts, recherches et créations*, juin 2004, p. 0 ; voir aussi Jean FLORI, *Aliénor, la reine insoumise*, Paris, 2004, chap. 4.

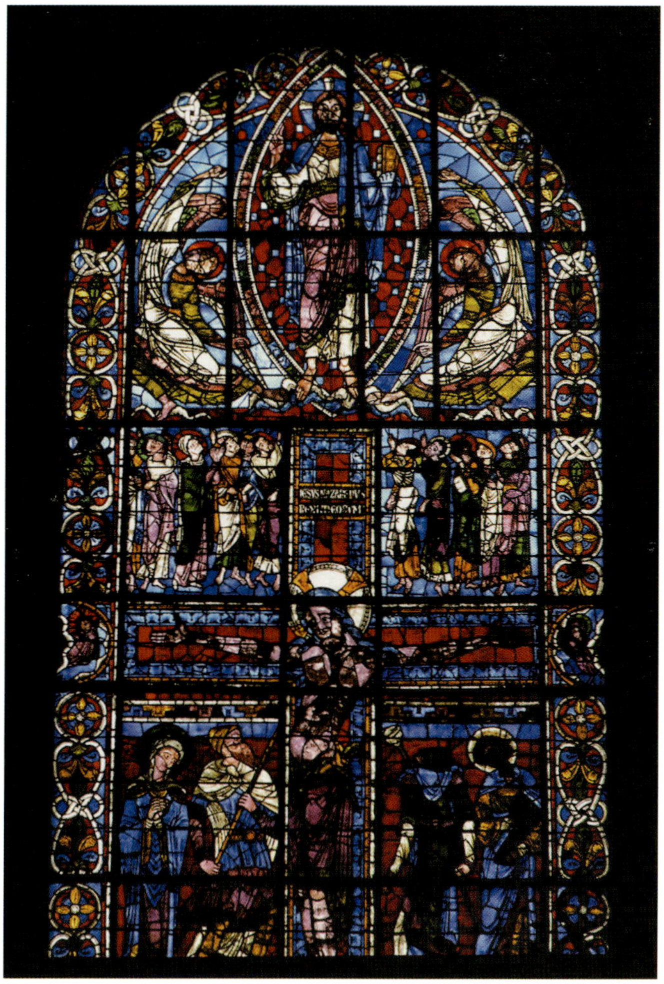

La Crucifixion (partie haute)

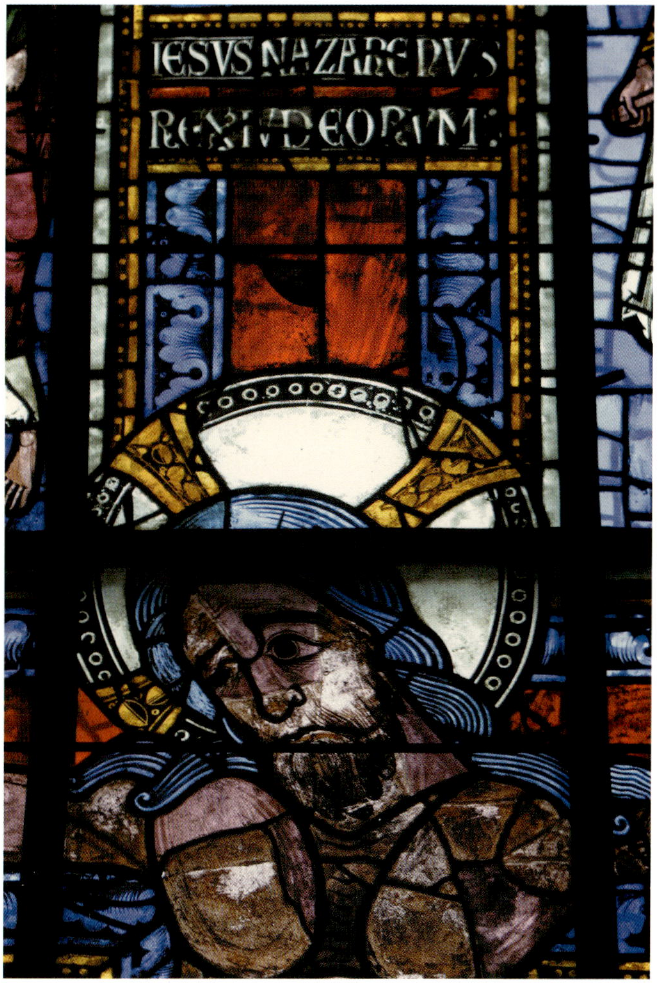

La Crucifixion (détail : visage du Christ)

reconstruction de la cathédrale. Elle est également confortée par le style et la technique de la peinture — application d'un trait de grisaille épais sur un lavis au service d'un dessin très précis dans ses contours, stylisation des plis en V profond, ornementation minutieusement détaillée[13], gamme colorée où rayonne le bleu de cobalt. La découpe des pièces permet de repérer un bel exemple de réutilisation de cartons à l'intérieur d'une verrière. En effet, pour réaliser une verrière, ou même un groupe de verrières, les artistes/artisans mettaient en œuvre des modules (c'est-à-dire des pièces dont la forme revenait à plusieurs reprises dans la composition d'un panneau — et même de plusieurs panneaux —, par exemple des pièces composant le corps ou les vêtements, des éléments d'architecture ou de décor, etc). Dans la verrière qui nous occupe, les anges de l'*Ascension* illustrent bien cette pratique, reproduisant même la même coloration d'un ange à l'autre. René Crozet ajoute en outre : « tandis que les surfaces peintes de l'ange de gauche sont tournées, comme il se doit vers l'intérieur, celles de l'ange de droite, exécutées d'après le même canevas, sont tournées vers le dehors, de telle sorte que cet ange de droite paraît flou »[14].

Du point de vue de l'iconographie, cette verrière fait mémoire du sacrifice du Fils de Dieu sur la croix, qui scelle la Nouvelle Alliance. Mais le thème est traité ici avec une grande abondance de symboles soigneusement entremêlés. Robert Grinnell avait établi un rapport entre la verrière et une lettre adressée à l'évêque de Poitiers, Jean Belles-Mains, par Isaac, abbé du

13. Sur les bordures, voir Alain Matthey de l'Étang, *La bordure, élément décoratif du vitrail roman (XIIe siècle)*, thèse de 3e cycle sous la direction de L. Pressouyre, Université Paris I, 1989, p. 512-526.

14. *Art. cit.* (n. 3), p. 231. Ce point a pu être vérifié pendant la récente dépose.

monastère de l'Étoile, au sujet du Canon de la messe[15]. Dans le Canon, les trois thèmes du vitrail sont associés : la *Résurrection*, avec la mort de la chair et la résurrection de l'Esprit ; le sacrifice de la Croix qui donne vie à l'Esprit ; l'*Ascension* avec l'adoration de Dieu dans l'éternité. En cette seconde moitié du XIIe siècle, les « disputes » au sujet de la présence réelle dans l'Eucharistie ne sont pas éteintes et une telle image affichée au chœur de l'Église proclamait la position prise par l'évêque dans cette querelle. Or l'évêque Jean Belles-Mains[16], théologien réputé en son temps, pourrait avoir été le "concepteur" du programme développé dans la verrière[17]. Mais il a dû agir avec le consentement des donateurs, la reine Aliénor et le roi Henri II.

Une autre question se pose maintenant, celle des sources figuratives auxquelles les promoteurs du vitrail ont puisé. Émile Mâle trouvait dans la *Crucifixion* monumentale de Poitiers une survivance des lointains modèles syriens et hellénistiques des Ve-VIe siècles entremêlés[18]. L'image du Christ, barbu, les yeux ouverts, vêtu du seul *perizonium* se voit à travers un grand nombre d'œuvres que l'on suit en Occident dès le VIIe siècle et jusqu'à l'époque romane. Le *suppedaneum* et les deux clous pour les pieds renvoient aussi à l'antique tradition. Cette fidélité à des modèles anciens est confirmée par l'association à la *Crucifixion*, des deux autres scènes, les *Saintes Femmes au tombeau* et l'*Ascension*, dans le même ordre. On peut citer à titre d'exemples ces ivoires carolingiens étudiés par Carol Heitz[19]

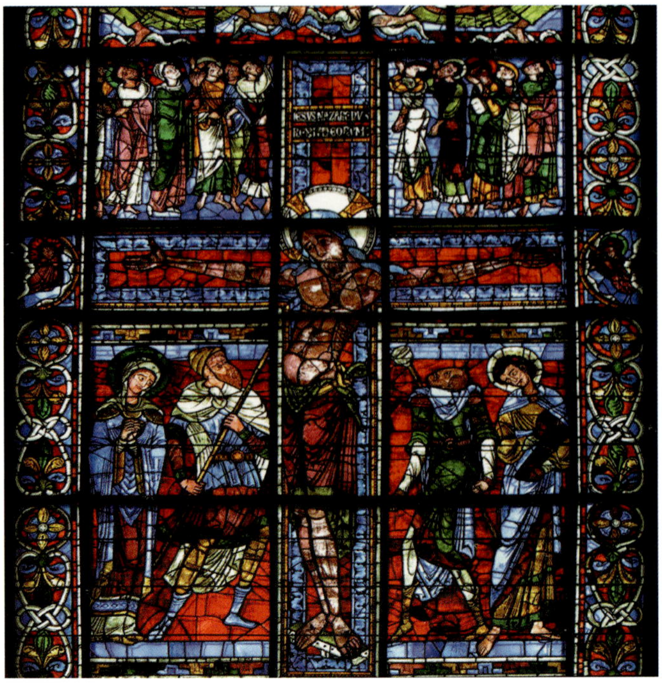

La Crucifixion (partie centrale)

— l'ivoire de Baltimore, l'ivoire de la collection Carrand (Florence, Musée du Bargello), ou la plaque d'ivoire du manuscrit lat. 9453 de la Bibliothèque nationale de France (Paris) — où figurent les mêmes participants à la Crucifixion — non seulement la Vierge et saint Jean, mais le porte-lance et le porte-éponge qui occupent les mêmes emplacements, avec les mêmes attitudes — l'un, de face, qui va être sauvé, le second, de dos, comme s'il se détournait de la Nouvelle Alliance. Les références à une tradition ancienne sont également claires dans la scène des *Saintes Femmes au tombeau* à travers la composition et surtout dans le traitement du sépulcre. On verra plus loin que, pour le vitrail de *Joseph*, Mme Gauthier-Walter met en avant des sources paléochrétiennes.

En ce qui concerne la *Crucifixion*, les modèles pouvaient être proches : on ne peut manquer de rappeler la proximité du monastère Sainte-Croix[20], fondé par sainte Radegonde entre 567 et 569, qui s'élevait à une centaine de mètres au sud de la cathédrale. La sainte avait obtenu pour sa fondation un fragment de la Vraie Croix

15. Robert GRINNELL, « Iconography and Philosophy in the Crucifixion Window at Poitiers », *Art Bulletin*, 28, 1946, p. 171-196. Ses recherches n'ont pas eu l'écho qu'elles méritent, car elles ont conduit l'auteur a voir dans le vitrail le résultat de deux campagnes de production, l'une liée à Gilbert de La Porrée (avant 1154), la seconde à la lettre d'Isaac de L'Étoile (avant 1167). Or le vitrail présente une unité stylistique indéniable. Le mérite revient à Anne GRANBOULAN [*op. cit.* n. 7] d'avoir réhabilité cette approche.
16. Philippe POUZET, *L'Anglais Jean dit Bellesmains (1122-1204 ?), évêque de Poitiers puis archevêque de Lyon*, Lyon, 1927. Un court résumé de sa carrière est donnée dans l'article cité n. 12.
17. Robert FAVREAU, dans l'introduction historique au présent ouvrage, précise qu'à Poitiers, l'évêque est chargé de l'entretien du maître autel et des cloches. Or la situation du vitrail le rapproche de l'autel.
18. Émile MÂLE, *L'Art religieux du XIIe siècle en France. Étude sur les origines de l'iconographie du moyen âge*, 8e éd. augmentée d'annexes, Paris, 1998, p. 82.
19. Carol HEITZ, « *Sepulcrum Domini* : le sépulcre visité par les Saintes Femmes (IXe-XIe s.) » dans *Haut Moyen Âge. Culture, éducation et société. Études offertes à Pierre Riché*, coordination Michel Sot, La Garenne Colombe, 1990, p. 389-400.
20. Ce que rappelle en passant et sans en tirer les conséquences Virginia RAGUIN, *art. cit* (n. 5), p. 173.

de l'empereur de Constantinople Justin et de l'impératrice Sophie, pour lesquels Venance Fortunat écrivit un poème de remerciement. Par ailleurs, il composa plusieurs hymnes pour la cérémonie d'installation (*Carmina*, livre II), dont certaines furent retenues par l'Église pour la liturgie, bien au-delà du diocèse de Poitiers[21]. Il est intéressant de noter que, dans celle (livre II, II) chantée pendant l'adoration de la croix le vendredi saint, la strophe 7 mentionne « le vinaigre et le fiel, / le roseau, les crachats, / et la lance et les clous ». L'hymne *Vexilla regis prodeunt* (livre II, VI) mentionne le rouge de la croix : Mgr Xavier Barbier de Montault avait déjà fait le rapprochement avec le vitrail de la cathédrale. On peut se demander si le modèle utilisé pour notre vitrail avait un lien avec l'abbaye, mais il faut aussi tenter d'expliquer la dévotion à la croix qui se développe à la cathédrale. Dès la fondation du monastère, ses rapports avec l'évêque avaient été tendus : Grégoire de Tours, en décrivant, dans son *Historia Francorum* (IX, 40), l'installation de l'insigne relique, explique comment l'évêque de Poitiers s'était récusé parce qu'il craignait qu'elle attire plus de monde au monastère que dans sa cathédrale. Par la suite, la situation semble voir été souvent difficile[22]. Il s'était donc peut-être développé, à la cathédrale, un culte particulier rendu à la croix indépendamment de l'abbaye, à une époque où celle-ci n'a plus l'*aura* qu'elle avait connue au temps de sa sainte fondatrice. Tout en soulignant qu'il n'a pas trouvé trace de ce fait dans les « archives locales », l'abbé Auber rapporte que la cathédrale conservait « un crucifix en bois, connu depuis fort longtemps sous le nom de *croix de saint Martial*, dont on ne dit pas l'origine, mais que rendait vénérable la dévotion populaire » et qui faisait des « prodiges » dont plusieurs sont mentionnés pendant la deuxième moitié du XIIe siècle[23]. En fait, la source que l'abbé Auber traduit mot pour mot est un chroniqueur anglais, Roger de Howden, un curé du Yorkshire qui avait accompagné des prélats en route pour Rome, voyage au cours duquel mourut l'évêque d'Ely (1197), ce qui avait fait pleurer la croix miraculeuse[24]. Le même auteur rapporte qu'elle avait déjà pleuré au moment du départ de l'évêque de Poitiers, Guillaume Belles Mains (1181).

Un autre aspect peut être envisagé dans le contexte de la fin du XIe siècle, celui d' un regain d'intérêt pour les reliques et plus spécialement pour celles de la Passion du Christ, ce qui se double d'une réflexion théorique. La première croisade a entraîné l' « invention » de reliques insignes, comme la Sainte Lance, et renouvelé le marché des reliques. Ainsi, peu après 1108, la cathédrale Notre-Dame de Paris avait reçu un important fragment de la vraie Croix, d'un ancien chanoine parisien devenu « chantre et prêtre du très glorieux Sépulcre »[25]. Sur le plan de la théorisation, deux traités seulement sont consacrés au sujet, le *De sanctis et eorum pigneribus* écrit par Guibert de Nogent († 1124)[26], et les *Flores epytaphii sanctorum* de l'abbé d'Echternach, Thiofrid († 1110)[27]. Ces œuvres d'une grande complexité réservent toutes deux une place importante aux instruments de la Passion du Christ, et en particulier à la croix. Mais leur diffusion a été si limitée qu'il faut sans doute les considérer comme le reflet des débats ambiants plutôt que comme des textes d'orientation de ces débats.

21. Venance FORTUNAT, *Poèmes*, texte établi et traduit par Marc REYDELLET, t. I, Paris, 1994. Voir Dominique IOGNA-PRAT, « La croix, le moine et l'empereur : dévotion à la croix et théologie politique à Cluny autour de l'an mil » dans *Haut Moyen Âge. Culture, éducation et société. Études offertes à Pierre Riché*, [*op. cit.* n. 16], p. 449-475.
22. Consulter *Histoire de l'abbaye Sainte-Croix de Poitiers. Quatorze siècles de vie monastique*, éd. Edmond-René LABANDE, *Mémoires de la Société des Antiquaires de l'Ouest*, 1986-1987, et en particulier Yvonne LABANDE-MAILFERT, « Les débuts de Sainte-Croix », p. 21-116.
23. Abbé AUBER, *Histoire de la cathédrale de Poitiers* (*op. cit.* n. 1), t. II, p. 14.
24. Voir *Chronica Magistri Rogeri de Hoveden*, éd. W. Stubbs, Rolls Series 51, Londres 1868-1871, t. IV, p. 17. Je dois cette référence à Mme Claude ANDRAULT-SCHMITT que je remercie vivement.
25. Voir *Cartulaire général de Paris*, éd. par Robert de LASTEYRIE, Paris, 1887, n° 151, p. 171-172 et Robert-Henri Bautier, « L'envoi de la relique de la vraie Croix à Notre-Dame de Paris en 1120 », *Bibliothèque de l'École des Chartes*, t. 129, 1971, p. 387-397.
26. Une nouvelle édition vient d'en être donnée en 1993 par R. B. C. HUYGENS dans le *Corpus christianorum*, *Continuatio mediaevalis*, t. 127.
27. Voir Michele CAMILLO FERRARI, « *Lemmata sanctorum*. Thiofrid d'Echternach et le discours sur les reliques au XIIe siècle », *Cahiers de civilisation médiévale*, 1995-3, p. 215-225. M. Frédéric MUNIER prépare actuellement une thèse sur la « théorisation » qui entoure les reliques à cette époque (sous la direction de M. Parisse).

C'est sur ce fond de discussions que l'image monumentale et emblématique de Poitiers a été produite. La qualité des commanditaires — en particulier celle de ce grand théologien qu'était l'évêque Jean Belles-Mains[28] — donne un dimension exceptionnelle à cette œuvre.

La verrière de saint Pierre et saint Paul

Complément immédiat de la Crucifixion, la verrière de saint Pierre et saint Paul[29] se compose d'une superposition de registres avec, dans chaque registre, un médaillon circulaire inscrit entre deux autres semi-circulaires qui lui sont tangents. Cependant, il convient d'insister sur le fait que chaque médaillon circulaire résulte de la réunion de deux demi-cercles qui, quelle que soit leur position, sont séparés par une barlotière verticale — ceci est important au regard de l'état de conservation de ce vitrail où seulement quatorze scènes sur vingt huit sont anciennes et sur ces quatorze, quatre sont à leur place d'origine —, la restitution de 1882-1885 a donc pu réunir des demi-médaillons arbitrairement. L'enchaînement actuel des épisodes est donc sujet à caution.

Parmi les éléments anciens, quatre seulement sont encore à leur place d'origine :

— les deux panneaux qui forment le médaillon central de l'avant-dernier registre à partir du haut où saint Pierre, qui tient une grande clé blanche[30], suivi d'un autre saint, s'adresse à trois hommes gesticulant, debout à droite ; le premier tient une banderole qui me semble refaite ;

— la moitié gauche du médaillon, sous celui qui vient d'être décrit : saint Pierre, désigné par une inscription comme précédemment, debout devant un édifice, guérit en le bénissant un homme qui s'incline devant lui ; une scène symétrique se déroule sur la droite où le saint est partiellement refait, tout comme les assistants ;

— la moitié droite du médaillon central, deux registres plus bas : l'ange, qui se dirige vers la gauche, guidait certainement le saint miraculeusement sorti de sa prison, comme l'a restitué le restaurateur.

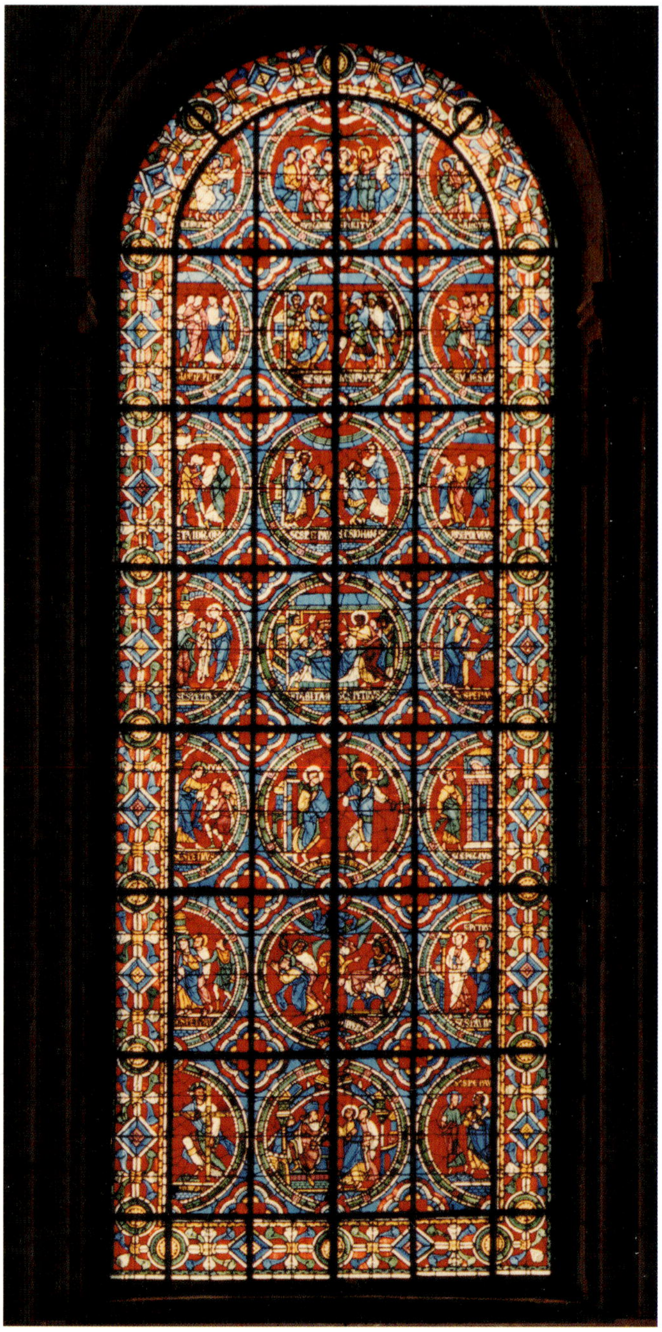

La verrière de saint Pierre et saint Paul

Les autres éléments anciens ne se trouvent plus à leur place d'origine. On reconnaît, au-dessous de la scène de guérison, la *résurrection de Tabita*[31] ; puis, au-dessous de la scène de la prison, la *vision des reptiles* dans le ciel[32] ; enfin,

28. Sa carrière est esquissée dans l'article cité n. 12.
29. Cf. Jean Cibot, *op. cit.* [n. 2].
30. Et désigné par l'inscription : s [an] c [tv] s petrus apostol [us] à la base de la scène.
31. Seule la moitié droite de ce médaillon central est ancienne.
32. Actes des apôtres, ch. 11 — il s'agit d'une « leçon » sur le pur et l'impur.

au registre inférieur, l'apparition du Christ à saint Pierre qui cherche à fuir Rome et le martyre, généralement intitulée *Domine, quo vadis ?* La condamnation de saint Pierre et de saint Paul vient d'avoir lieu dans le médaillon central, dont la cohérence est confirmée par l'organisation de l'architecture qui abrite la scène : un roi, assis sur un trône, portant les insignes du pouvoir, la couronne et une sorte de sceptre fleuronné, accompagné d'un conseiller, désigne les deux saints debout dans la moitié droite du médaillon ; ceux-ci, dont les types physiques permettent de les distinguer, tiennent chacun un livre ; saint Pierre, à gauche, tente d'argumenter. C'est alors que Pierre tente de fuir, ce qui n'est pas figuré à proprement parler, mais évoqué dans le demi-médaillon formant la partie gauche du registre : le Christ, reconnaissable à son nimbe crucifère, tient devant lui une grande croix jaune dont les parties anciennes sont décorés de cabochons peints à la grisaille — cette exaltation de la croix gemmée, bien connue à l'époque paléochrétienne, est encore fréquente dans l'art roman, par exemple sur un chapiteau du cloître de Moissac où elle est tenue par deux anges et non par le Christ, comme ici. Il marche d'un pas vif vers la gauche, introduisant au martyre de saint Pierre, qui est représenté dans la verrière voisine et répond à la *Crucifixion* de Jésus. Le lien iconographique entre les deux verrières plaide pour une exécution contemporaine des deux œuvres, c'est-à-dire au cours du troisième quart du XIIe siècle. Le fait paraît confirmé par le traitement de la peinture. Dans les parties anciennes du vitrail de saint Pierre, les visages se laissent comparer à ceux des parties basses de la *Crucifixion* d'une échelle proche ; par exemple le « portrait » du roi Henri II présente des traits communs avec celui de Néron (tête petite avec un nez court épaté, de gros yeux sous des sourcils très épais et raides, une petite bouche au dessin peu modulé). Dans les deux verrières, les corps, aux membres grêles en comparaison de la silhouette déterminée par le drapé des vêtements, semblent déformés par des gestes excessifs. Le rendu, non seulement pour les visages et les drapés avec des emboîtements de plis en V, mais aussi pour les éléments ornementaux, est fait avec des traits épais à la grisaille (ou peinture) brune, généralement appliquée sur des lavis renforçant le modelé, que viennent parfois moduler des enlevés pratiqués sur la grisaille épaisse.

La verrière de saint Laurent

La verrière de saint Laurent était en si mauvais état en 1849 que l'abbé Auber proposait d'y voir l'histoire du pape saint Fabien, interprétation

La verrière de saint Laurent

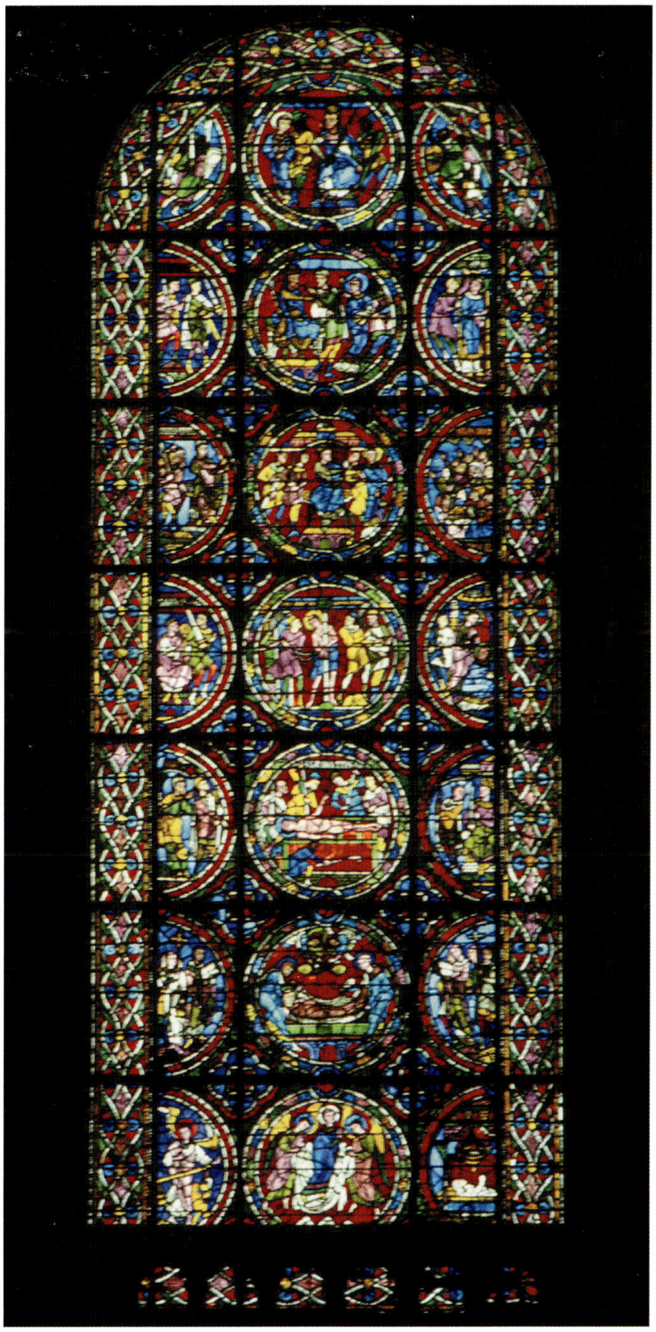

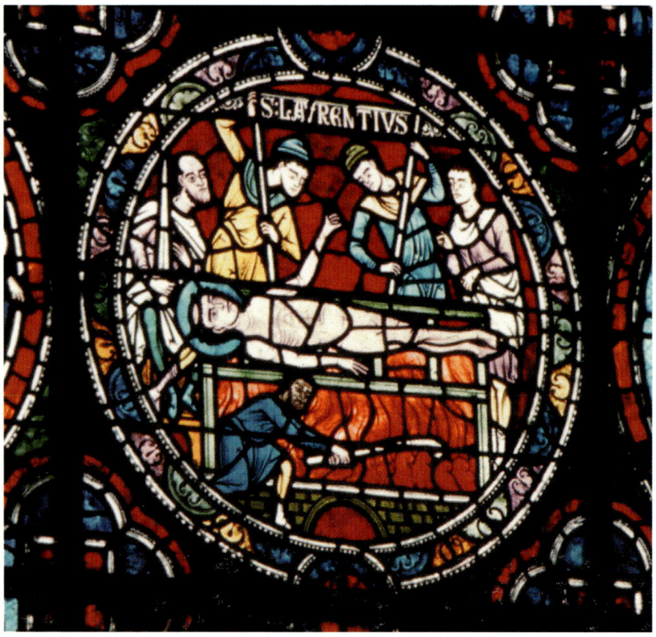

Martyre de saint Laurent

corrigée par Mgr Barbier de Montault — ce que confirme la présence, dans cette chapelle, d'un autel avec des reliques du saint diacre. Sur les vingt et un panneaux qui composent la narration, quatorze sont anciens. Parmi eux, cinq sont à leur place d'origine, situés dans les deux registres au sommet de la verrière où commence l'histoire[33] avec les comparations du saint diacre devant Dèce. Les autres parties anciennes ont trait au martyre, puis à l'ensevelissement du saint.

La vitrerie du côté nord : l'Ancien Testament

Les trois verrières qui ferment les baies du chevet forment un ensemble cohérent tant sur le plan iconographique que stylistique. Il n'en va pas de même des autres verrières historiées. Dans la plupart des cas, les remaniements qu'elles ont subis ont laissé à peine quelques indices qui permettent d'identifier leur sujet. Pourtant, il semble bien, comme les auteurs l'ont déjà noté, que l'Ancien Testament était illustré au côté nord, le côté sud étant plutôt réservé au Nouveau Testament[34]. Nous allons en dresser un bref catalogue, en commençant par le côté nord c'est-à-dire l'Ancien Testament.

Dans la première travée nord est, les deux lancettes d'origine ont été transformées en une baie à deux lancettes vers le début du xive siècle et étaient déjà garnies de losanges au moment des bombardements huguenots. Cependant, il y a lieu de penser qu'au moment de cette transformation, les panneaux figurés en avaient été utilisés pour réparer les verrières du chevet ; ces bouche-trous demeurés en place jusqu'en 1882-1885 apparaissent sur les photographies accompagnant la restauration. Cinq panneaux ont pu ainsi être identifiés comme se rattachant à l'histoire de *Noé*[35]. Parmi eux, deux sont conservés au Musée des Cloîtres à New York[36], dont un montrant Dieu fermant la porte de l'arche.

L'illustration du livre de la *Genèse* se poursuit dans la double baie suivante en descendant vers l'ouest. Dans la lancette droite, les scènes, qui occupent des compartiments de forme allongée à peu près rectangulaire, cernés par un filet rouge entre deux perlés blancs s'entrecroisant, se lisent de haut en bas. Le récit s'ouvre sur la visite des anges à *Abraham* et Sara (Gn 18, 1-16)[37] ; et continue avec celle du neveu d'Abraham, désigné par l'inscription LOT, déjà signalée par l'abbé Auber (quatrième registre à partir du haut) ; on reconnaît en particulier : Loth et ses filles recevant les deux anges, puis la ruine de Sodome (deuxième registre à partir du haut) vers laquelle se retourne la femme de Loth, déjà figée comme une statue (Gn 19, 15-26), l'inceste commis avec ses filles (Gn 19, 31-35)[38]. Dans l'autre lancette, qui se lit également à partir du haut, la composition en registres formés de deux médaillons en amande est inter-

33. Voir Jean Cibot, *op. cit.* [n. 2]. En 1849, deux des grandes figures du xve s., maintenant dans une fenêtre au sud du chœur, se trouvaient au bas de ce vitrail.
34. Pourtant des panneaux relatifs à l'*Exode* (l'histoire de Moïse) et au livre des *Nombres* (Balaam) se trouvent actuellement dans une baie sud de la nef : c'est très probablement le résul tat d'une restauration.
35. Voir Louis Grodecki, *op. cit.* (n. 2), p. 150-151 et fig. 5.
36. Voir Jane Hayward, « The Lost Noah Window from Poitiers », *Gesta*, 20-1, 1981, *Essays in honor of Harry Bober*, p. 129 ; *Ead.*, (revised and edited by Mary Shepard and Cynthia Clark), *English and French Medieval Stained Glass in the Collection of the Metropolitan Museum of Art*, New York, 2003 (Corpus Vitrearum, United States of America I), p. 75-82.
37. Les références sont données en suivant le découpage actuel de la Bible ; mais il faut bien se souvenir que ce découpage n'apparaît que dans la première décennie du xiiie siècle et que, par ailleurs, l'ordre de certains livres était quelque peu différent.
38. Les deux registres inférieurs sont presqu'entièrement modernes (après 1945).

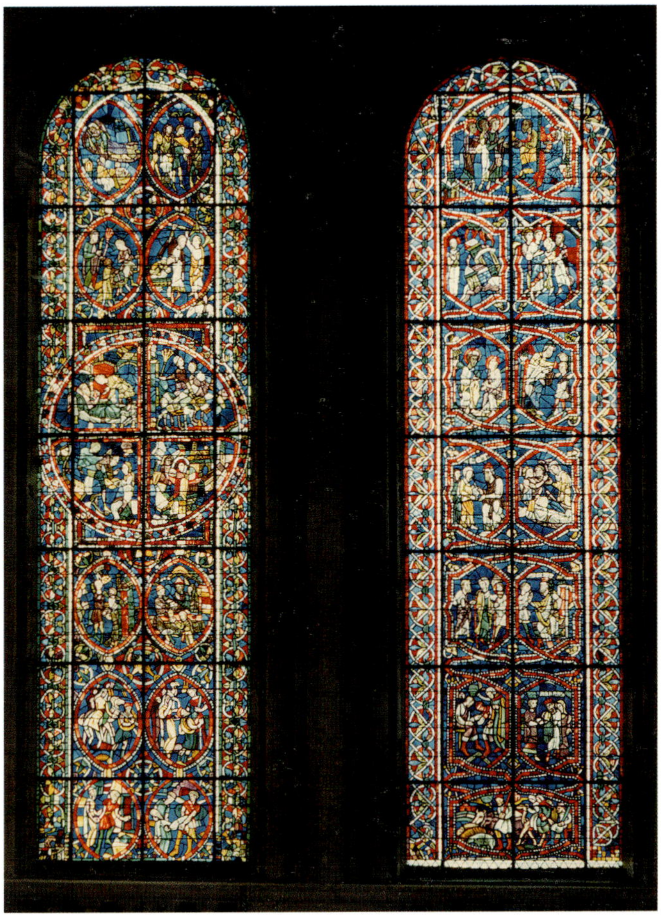

Histoire d'Isaac

rompue au niveau des troisième et quatrième registres à partir du sommet par un grand cercle divisé en quatre scènes qui prend la place de deux registres et non seulement mord sur la bordure, mais se situe au centre d' un grand rectangle délimité par un filet rouge bordé de perlés blancs ; une telle « mise en scène » indique la volonté de souligner cette partie de l'iconographie. Mais ce sens nous échappe : en effet, les deux registres supérieurs du vitrail illustrent la naissance d'Isaac, puis les préparatifs du sacrifice et la suspension de celui-ci (Gn chap. 21 et 22), alors que les quatre scènes du grand cercle[39] montrent Abraham vieilli et alité qui prépare sa succession, à travers le choix d'une épouse pour Isaac, conformément au chap. 24 de la Genèse. Les deux scènes au-dessous de ce grand cercle, seules anciennes, poursuivent le récit engagé qui concerne Rébecca et Laban (Gn 24, 28-33).

Les deux baies suivantes en longeant le mur nord du chœur, puis le côté oriental de la chapelle orientée formant transept, sont vides de toute verrière figurative. Le récit biblique reprend dans les deux lancettes au nord de ce bras du transept, avec l'histoire de *Joseph* dont les éléments sont tirés des chapitres 37 et 39 à 45 de la Genèse : à droite, quatorze médaillons circulaires, qui se lisent de haut en bas comme précédemment, montrent les songes de Joseph qui les raconte à son père et à ses frères ; Joseph envoyé à ses frères par Jacob ; le double épisode de la citerne : Joseph jeté, puis retiré du puits ; sa vente aux Madianites, enfin son envoi en Égypte. À gauche, la composition plus complexe réunit les scènes en grands quadrilobes accompagnés de médaillons circulaires, d'où il résulte un ensemble de vingt deux scènes qui illustrent les épisodes suivants : la vente à Putiphar ; la dénonciation de la femme de Putiphar ; Joseph conduit en prison où il interprète les songes du panetier et de l'échanson ; la réhabilitation de l'échanson et la pendaison du panetier ; les songes de Pharaon et leur interprétation par Joseph qui est investi du pouvoir ; la mise en réserve des récoltes.

En dehors de la grande *Crucifixion*, ce sont les seules verrières de la cathédrale qui ont fait l'objet d'une étude approfondie[40]. Après avoir confronté la description de l'abbé Auber et les dispositions actuelles, Mme Gauthier-Walter constate que le montage actuel ne respecte pas l'ordre chronologique — qui a été restitué dans la description ci-dessus. Pour mieux faire ressortir les particularités des lancettes de Poitiers, cet auteur a étudié les représentations de l'histoire de Joseph dans le vitrail vers la même époque — en fait, toutes plus tardives. Alors que celles-ci s'inspirent largement de versions en langue vernaculaire que l'on pourrait dire « populaires », les représentations de Poitiers suivent une tradition qui remonte à l'époque paléochrétienne tout en ayant conservé des traits issus de la tradition orientale. Ayant fait ressortir des rapproche-

39. Le quart inférieur droit est incohérent, alors que les trois autres scènes semblent bien être à leur place.

40. Voir Marie-Dominique Gauthier-Walter, « Sources iconographiques du cycle de Joseph à la cathédrale de Poitiers », *Cahiers de civilisation médiévale*, 34-2, 1991, p. 141-158.

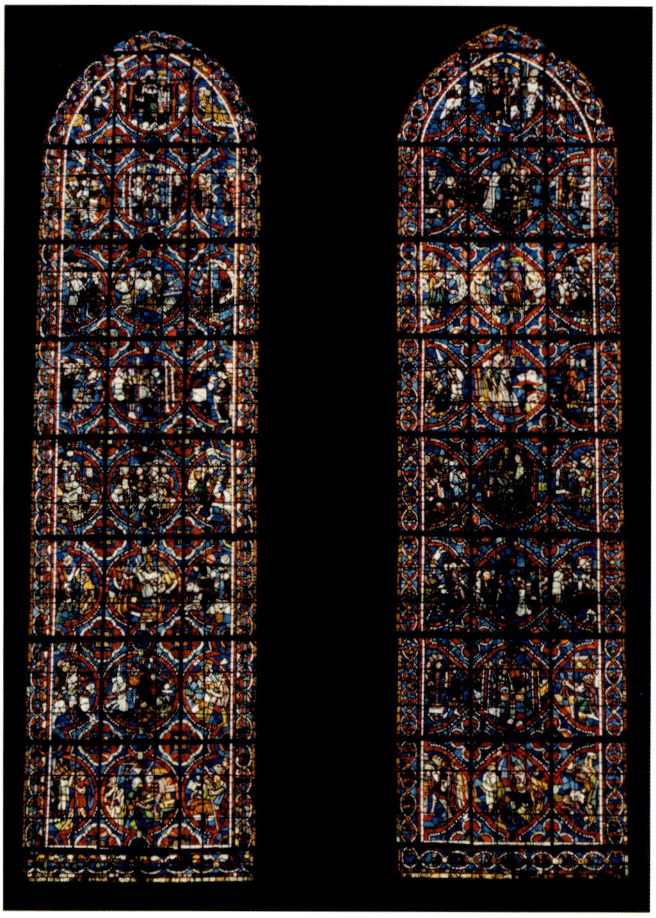

Histoire de Josué

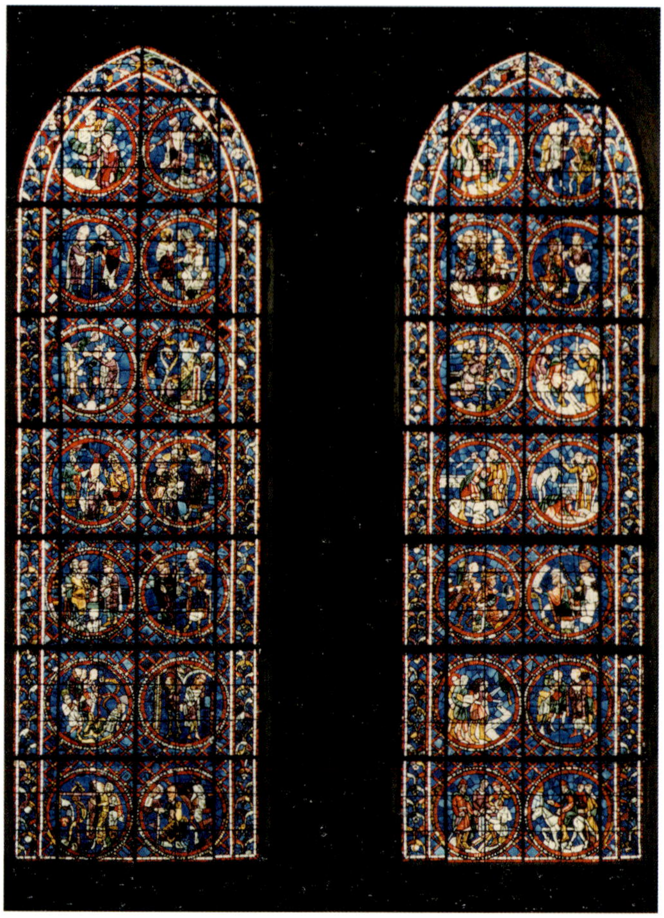

Histoire de Moïse

ments avec des œuvres insulaires qui suivent les mêmes leçons, Mme Gauthier-Walter suggère qu'un manuscrit anglo-saxon aurait pu être utilisé comme source pour les vitraux de Poitiers — ce qui ne surprend pas si l'on rappelle la présence de Jean Belles-Mains et ses rapports avec le milieu des théologiens anglais. Il est intéressant de noter encore une fois le recours à des modèles « anciens » qui jouent le rôle d'*auctoritates* (autorités) si important au Moyen Âge. Ceci constitue comme une preuve que le programme iconographique a dû être défini au début de la reconstruction de la cathédrale. En effet, ces vitraux sont d'une facture un peu différente de ceux du chevet par exemple, plus souple, moins grêle, et d'une coloration qui dénoterait une fabrication un peu plus récente, dans les deux dernières décennies du XIIe siècle.

Les deux lancettes au mur ouest de ce bras du transept présentent de grandes difficultés d'interprétation étant donné l'incohérence de ce qui peut être observé. L'abbé Auber, sur la foi d'un fragment d'inscription, avait pensé à la légende de saint Blaise à gauche, et en restait à une « légende inconnue » à droite. Louis Grodecki proposait avec vraisemblance d'y reconnaître l'illustration du livre de l'*Exode*.

De retour dans la nef en descendant vers l'ouest, la première baie que l'on rencontre est vitrée en losanges modernes. Dans les deux lancettes de la travée suivante, l'abbé Auber a reconnu l'histoire de *Josué*, interprétation acceptée par la suite. Le successeur de Moïse s'était lancé dans la conquête du pays de Canaan, ce qui explique le grand nombre de scènes de bataille dans la lancette de gauche.

Avec les deux dernières travées occidentales, nous quittons, au nord comme au sud[41], les verrières figurées pour des grisailles décoratives peintes vers la fin du XIIIe siècle et qui dispensent une douce lumière nacrée.

41. La verrière au sud ouest est moderne.

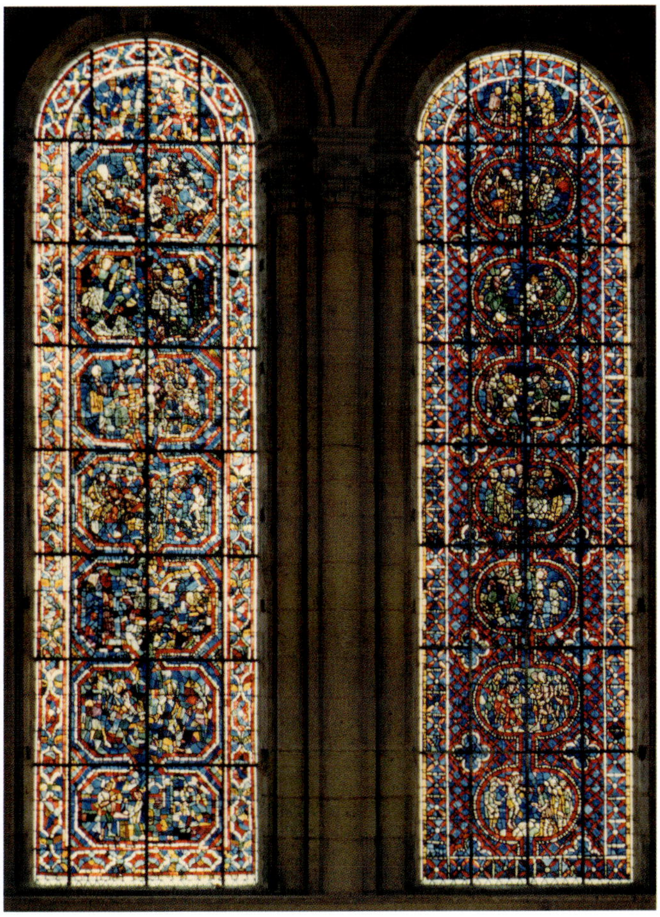

L'Enfance et la Passion du Christ

La vitrerie du côté sud : le Nouveau Testament

Comme le programme avait été conçu à partir de l'est, nous reprendrons notre parcours de la vitrerie du XIIIe siècle, côté sud, à partir du chœur. Le thème majeur en est le *Nouveau Testament*.

Les deux premières lancettes en partant de l'est sont remplies de losanges avec une bordure de couleur en partie ancienne (fin XIIe siècle ?). C'est dans les deux suivantes que commence le récit de la vie du Christ, avec l'*Enfance* à gauche et la *Passion* à droite, verrières très mal conservées où des bribes d'inscription ont permis à l'abbé Auber d'identifier leur sujet. Dans la travée suivante, la baie à deux lancettes surmontées d'une rose polylobée, réaménagement du XIVe siècle (?), a recueilli des grandes figures de la fin du XVe siècle (saint Barthélémy, saint Antoine ermite et les deux saints Jean) qui complétaient les verrières orientales de saint Laurent et de saint Pierre avant la restauration de Steinheil.

On aborde ensuite le croisillon sud du transept avec, au mur est, des losanges et une bordure colorée (XVIIIe ou XIXe siècle), puis au sud les représentations de deux paraboles : à droite, l'*Enfant prodigue*, encore assez lisible, et à gauche *Lazare et le mauvais riche* si l'on suit l'interprétation de Louis Grodecki, probable malgré le grand désordre des scènes. La conservation des lancettes du mur occidental est rendue également difficile, mais l'abbé Auber a reconnu des épisodes de la *Vie publique de Jésus*, interprétation acceptée par Louis Grodecki.

De retour dans la nef, les premières lancettes font voir maintenant des losanges modernes et les suivantes des scènes du livre des *Nombres*[42], se rapportant à l'érection du Serpent d'airain et à l'histoire de Balaam, cette dernière repérée grâce à des inscriptions conservées et lues par l'abbé Auber. Ces éléments ne paraissent pas à leur emplacement d'origine. En revanche ils s'insèreraient bien dans le récit de l'Ancien Testament, développé au nord de l'édifice, entre la verrière de l'Exode, au mur occidental du croisillon nord, et celle de Josué dans la nef. Or, il existe, dans la première travée de la nef, une baie vide à l'architecture transformée : peut-être accueillait-elle à l'origine les scènes actuellement remontées au sud.

Un dossier en cours d'étude

Dans une étude convenablement menée, il faudrait donner des précisions sur les ateliers qui ont fourni ces vitraux et à quelle(s) date(s). Mais leur état de conservation rend très difficile cette appréciation, qui n'est possible que pour les trois verrières du chevet. Pour le reste, il faut se contenter dans l'état actuel de nos recherches de souligner l'unité qui marque à la fois la conception et la réalisation de cet ensemble. En

42. Et non de l'*Exode* comme le dit L. Grodecki, *art. cit.* (n. 2), p. 154. L'abbé Auber avait donné les références exactes dans son relevé (t. I, p. 382-384).

effet, c'est dès le début des travaux que les concepteurs ont prévu le programme vitré dans son iconographie, qui forme un tout, et dans sa réalisation. Celle-ci a dû suivre les étapes de la construction et offre un bel exemple de ce « style de l'ouest », défini pour la première fois par Ferdinand de Lasteyrie[43] et développé par Louis Grodecki, puis par Anne Granboulan, et qui se distingue par des personnages aux proportions bien particulières — des têtes lourdes sur des corps assez petits aux membres grêles —, le tout rendu avec une peinture très appuyée.

Ce style de peinture sur verre se voit aussi dans la nef de la cathédrale d'Angers, dans celle du Mans ; il marquera aussi une partie des vitraux de la cathédrale de Tours (déambulatoire) et aura une suite dans l'atelier du Bon Samaritain de la cathédrale de Bourges et dans celui de la Madeleine à Semur-en-Auxois (Côte d'Or).... Mais l'étude reste à faire.

1998-2004

Françoise Perrot

43. *Histoire de la peinture sur verre*, Paris, 1838-1853.

LA SCULPTURE DE LA CATHÉDRALE SAINT-PIERRE DE POITIERS

par Marie-Thérèse Camus

Professeur honoraire d'Histoire de l'art médiéval de l'Université de Poitiers, C.E.S.C.M.

La sculpture de la cathédrale Saint-Pierre de Poitiers a été longtemps méconnue. Certes, les trois grands portails occidentaux, comme parfois les clés de voûte et quelques chapiteaux de l'intérieur, étaient, depuis le XIXe siècle, mentionnés dans la plupart des travaux concernant la cathédrale et dans des collections traitant de l'art gothique, mais il fallut attendre l'ouvrage d'Élisa Maillard, *Les sculptures de la cathédrale Saint-Pierre de Poitiers*, paru en 1921, pour qu'un inventaire important soit mis à la disposition des chercheurs et des amateurs d'art[1]. L'ouvrage a aussi le mérite de fournir de nombreuses photographies, de localiser chaque pièce du décor dans l'édifice, de souligner les caractères principaux des groupes de sculptures, enfin de relier la production de la cathédrale poitevine aux grands courants artistiques de l'époque de sa construction.

Les érudits ont, depuis longtemps, fait remarquer que la sculpture des portails relève de l'art français, tandis que le reste de la production appartient au domaine plantagenêt. Mais, si la différence de style est effectivement flagrante entre l'essentiel de la sculpture extérieure occidentale et le reste de l'œuvre sculpté, il n'en demeure pas moins qu'on ne saurait confondre, sous une seule étiquette, la production entière de l'église, la façade exceptée. Si l'on exclue le décor des parties les plus hautes des tours, terminées au début de la Renaissance, un siècle et demi environ sépare les premières corbeilles posées à l'est, dans l'église, des dernières sculptures mises en place, vers l'ouest, à la travée occidentale et à la façade, ce qui implique un changement d'hommes, de goûts et de techniques.

Dans la course du temps, les caractères de la sculpture proposée se modifièrent, mais, d'un bout à l'autre du chantier, d'une manière générale, la qualité fut maintenue. Les maîtres de l'ouvrage, génération après génération, firent appel à des artisans habiles, bien formés, à la fois capables de se plier à des règles rigoureuses, nécessaires à la cohérence de la décoration, mais assez imaginatifs et indépendants pour introduire des motifs variés et des formes nouvelles dans le chantier prestigieux que fut la cathédrale.

Notre rapide étude des sculptures suivra l'ordre chronologique, car c'est la meilleure façon de comprendre la vie du bâtiment, d'évaluer le poids des traditions, la force des changements, de délimiter parfois des étapes de construction et d'établir des liens avec la production des chantiers proches ou lointains.

Les premiers artistes à l'œuvre

Comme l'analyse archéologique le prouve, le chantier débuta vers l'est ; c'est donc dans les deux travées orientales de l'église et en partie basse de la travée occidentale du sanctuaire et des bras du transept que les premiers artistes furent à l'œuvre dans les années 1155-70 environ. Là, se développe une sculpture abondante (près de 500 pièces) et puissante dont l'intérêt vient d'être mis en évidence par la thèse de Bénédicte Fillion[2].

1. É. Maillard, *Les sculptures de la cathédrale Saint-Pierre de Poitiers*, Poitiers, 1921.

2. B. Fillion, *Deux chantiers cathédraux du premier gothique de l'Ouest, la nef de Saint-Maurice d'Angers et le chœur de Saint-Pierre de Poitiers*, thèse sous la dir. de M.-T. Camus, Univ. de Poitiers, 1999, t. II, à paraître.

Cette sculpture fait, avant tout, le décor des chapiteaux de l'intérieur. Certains, très larges, coiffent les piliers, supports libres ou engagés des lourdes voûtes ; d'autres, de taille plus modeste, ponctuent les fenêtres ou les arcatures de parois. Il faut y ajouter l'emploi d'une bonne centaine de modillons[3].

Les sculpteurs formés, sans doute pour la plupart d'entre eux, sur les chantiers de la première moitié du XIIe siècle, ont trouvé l'essentiel de leur répertoire dans la sculpture romane qui leur était familière : végétaux, animaux, personnages. Toutefois leur sélection trahit une pensée directrice. Ainsi le feuillage triomphe, et ce n'est pas un effet du hasard si les pièces les plus larges et les plus visibles, celles qui encerclent, d'un bandeau continu, chacun des piliers des grands vaisseaux, sont des corbeilles corinthiennes (fig. 1 a, b, c). Cette option était déjà celle des églises les plus importantes du plein XIe siècle, comme on peut encore le constater à Saint-Savin-sur-Gartempe et, à Poitiers, au rond-point des chœurs de Notre-Dame-la-Grande et de Sainte-Radegonde. Curieusement, le goût pour le corinthien s'était atténué vers 1100 ; d'autres voies avaient été explorées à Airvault et à Saint-Pierre de Chauvigny, avec l'introduction d'une sculpture à personnages à proximité de l'autel majeur. Rien de cela une génération plus tard. La première place rendue aux chapiteaux corinthiens, dans l'église-mère du diocèse, marque une véritable renaissance du chapiteau antique. Comme un siècle auparavant, ces pièces traduisent, chez les concepteurs du décor, une volonté de référence à l'art des grandes basiliques paléochrétiennes et l'on peut y soupçonner une manière d'affirmer un attachement indéfectible à l'autorité romaine[4].

Qu'on ne s'y trompe pas cependant. Ce retour à l'antique ne signifie nullement la recherche d'une copie conforme. Le sculpteur ne garde du modèle que quelques éléments : la feuille d'acanthe, lisse ou digitée, large ou à lanières, disposée en une, deux ou trois couronnes, les volutes parfois remplacées par des feuilles enroulées, plus rarement le calathos. C'est la matière végétale, dans sa masse, qui a intéressé les sculpteurs, comme c'était d'ailleurs le cas chez leurs prédécesseurs poitevins. Cependant, par rapport aux œuvres antérieures, la différence est grande, car l'art du relief n'est plus le même. À Saint-Pierre, les feuilles se détachent des fonds ; on a rivalisé de souplesse d'un bloc à l'autre, ce qui confère à l'ensemble végétal du sanctuaire, une réelle unité et une grande élégance[5].

À certains détails, il est possible de relier ces compositions végétales à quelques corbeilles un peu plus anciennes d'Aulnay (église commanditée par le chapitre de Saint-Pierre de Poitiers) et à d'autres, contemporaines cette fois, de Notre-Dame de Bressuire, de Saint-Jacques de Châtellerault ou de Saint-Denis de Doué-la-Fontaine. En ce qui concerne les relations artistiques, dans le domaine de la sculpture, entre le chevet de Saint-Pierre de Poitiers et la nef de Saint-Maurice d'Angers, chantiers voisins, quasi contemporains, et que bien des traits de leur architecture rapprochent, elles ne sont pas négligeables. Dans les deux cas, des artistes, pareillement formés sur les chantiers prestigieux des églises du Mans, de Tours et de la cathédrale de Chartres, y ont travaillé avec des équipes locales. On peut penser que plusieurs sculpteurs se connaissaient et que des échanges eurent lieu entre les ateliers[6].

Animaux et personnages, comme interdits aux piliers centraux, font leur apparition le long des monumentales parois scandées d'arcatures, loin de la vue des chanoines assis dans les stalles[7]. On notera cependant que les compositions animales sont peu nombreuses. Hormis, du côté nord, une grosse chouette, symbole, selon les Bestiaires de l'époque, du peuple juif aveuglé (fig. 2 a), aucun

3. F. Brisset, « Étude comparée des modillons des galeries de circulation de l'église Sainte-Radegonde et de la cathédrale de Poitiers », *B.S.A.O.*, 4e sér., XIV, 1987, p. 482-510.
4. On le constate en Poitou pour les bâtiments romans, surtout ceux de la première génération, comme Saint-Hilaire-le-Grand de Poitiers et Saint-Savin-sur-Gartempe, mais il s'agit d'un mouvement de fond qui se manifeste dans maintes autres régions. M.-T. Camus, *Sculpture romane du Poitou. Les grands chantiers du XIe siècle*, Paris, 1992, p. 83-115, 231-255.
5. B. Fillion, *op. cit.*, p. 371 et ss.
6. Sur les courants artistiques entre Saint-Pierre, les chantiers régionaux, d'une part, et les grandes réalisations de l'Ile-de-France d'autre part, *ibid.*, p. 478-515.
7. Les stalles actuelles datent du XIIIe siècle, mais on peut supposer qu'elles occupent un emplacement prévu dès l'origine.

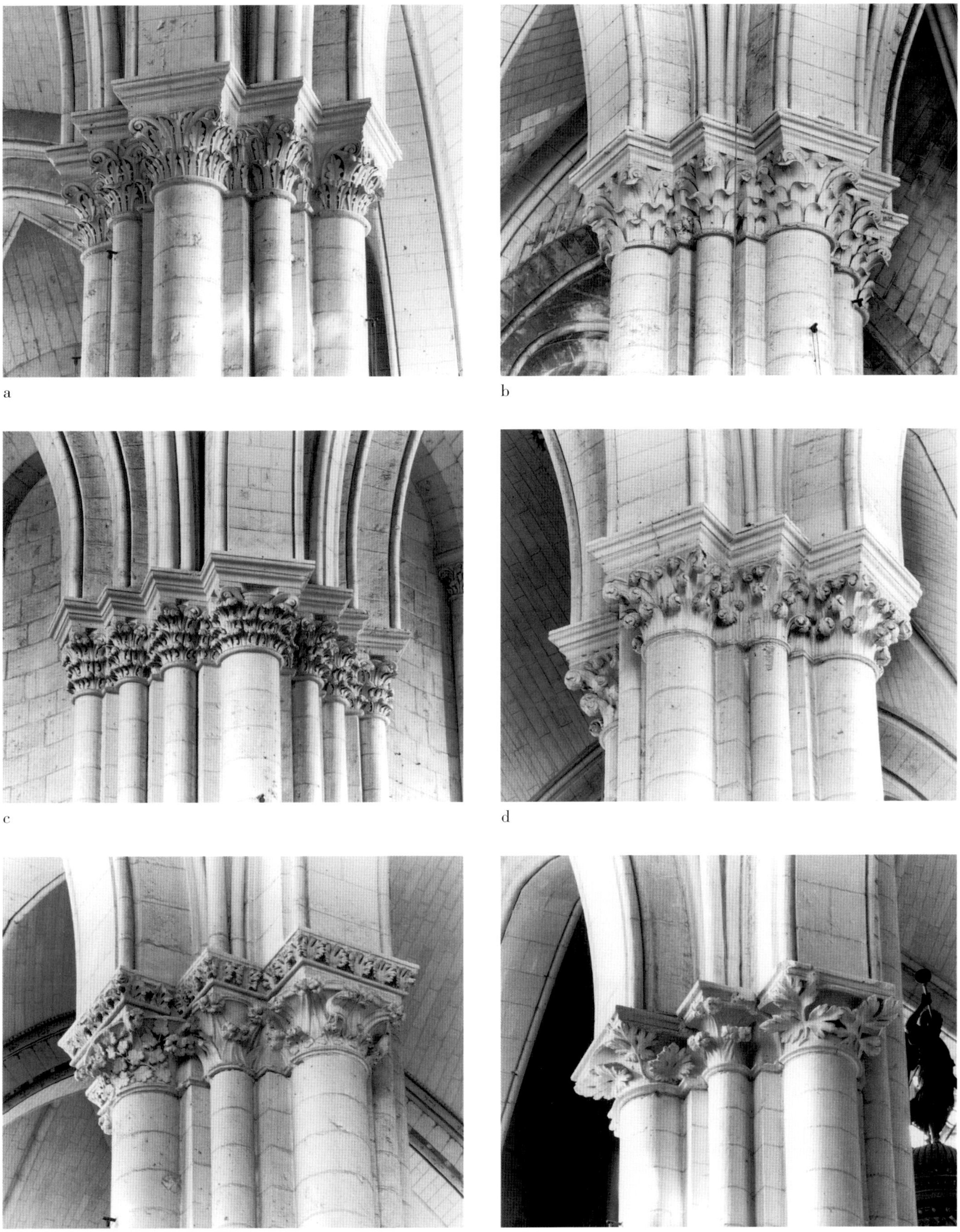

a b c d e f

Fig. 1

lion, aucun oiseau, aucun monstre, ne vient orner entièrement les corbeilles de grand et de moyen calibres, comme c'était le cas fréquemment auparavant. Les animaux, traités en sujets uniques, sont relégués dans les petits chapiteaux des arcatures ou mêlés aux feuillages dans les plus grands. Aurait-on été sensible au rejet de saint Bernard qui, quelque trente ans auparavant, ne voyait, dans les bêtes et les monstres sculptés, que « belles difformités et difformes beautés » ? Une telle position n'est pas à exclure.

C'est l'homme qui occupe surtout la place. Et encore faut-il vouloir le découvrir. Dans l'immensité des vaisseaux de la cathédrale, la sculpture historiée est discrète. Souvent située dans les hauteurs et le contre-jour des fenêtres, elle est en réalité peu visible. Pourtant quelle diversité ! Paysans, bergers, musiciens, artisans, porteurs de bois, chasseurs, bateleurs, soldats, princes et femmes nobles, évêques même, moines et autres hommes d'Église sont dispersés d'un point à un autre (fig. 2, 3, 4). Toutefois, même s'il y a parmi eux quelques grotesques, ce n'est plus le peuple étrange de Vézelay ou d'Autun, c'est le peuple de Dieu, le peuple du diocèse qui se presse dans le sanctuaire de l'église-mère[8]. La société laïque est largement représentée. On reconnaît les uns à leurs vêtements, les autres à l'insigne ou l'instrument de travail qu'ils portent. Ils occupent, le plus souvent, seuls, la pierre qu'ils ornent. Parfois, ils semblent dialoguer deux à deux, telle la femme noble qui ajuste sa coiffure à l'aide d'un miroir que lui tend sa servante installée à quelques mètres sur un autre bloc. Pour évoquer les tenants du savoir, les sculpteurs ont même eu recours à l'allégorie ; on reconnaît, par exemple, les arts libéraux, Dialectique, Géométrie, Rhétorique, Grammaire, personnalisés sur des reliefs placés au nord[9].

Rien n'est figé. Souvent en position d'atlante, comme pour mieux souligner symboliquement sa place indispensable dans le grand édifice qu'est l'Église du Seigneur, l'homme est, en quelque sorte, remodelé par les sculpteurs. Audacieusement, ceux-ci ont rompu avec toute présentation statique des corps. Déjà, dans l'art roman, certains sujets se renversaient, se contorsionnaient ; ici, l'animation est encore plus poussée. Les personnages semblent s'échapper de la pierre (fig. 3, 4). Ils enjambent les colonnettes, soulèvent les tailloirs. Dans leur manière précise, audacieuse, pertinente et parfois humoristique de donner identité et vie à des figures de pierre, nées de l'observation des hommes de leur temps, de leur entourage peut-être, les sculpteurs de cette première étape du chantier de la cathédrale, sans rupture évidente avec leurs maîtres romans, mais exprimant une nouvelle conception humaniste, ont fait preuve de toute l'invention et de la virtuosité qu'attendaient d'eux les puissants commanditaires qui les avaient recrutés. Loin de se plier aux exigences de l'élément d'architecture — chapiteau, modillon, bandeau — ils le maîtrisent, le mettent en avant ou l'effacent et dotent leurs personnages de mouvements et de sentiments. C'est aussi une nouvelle manière, pour eux, de glorifier l'œuvre du Créateur. On s'interrogera sur l'importance attribuée à l'évocation de la musique. Sans doute ne s'agissait-il pas seulement d'accorder une place particulière aux musiciens en tant que catégorie sociale, mais de proclamer surtout la liesse des élus de Dieu[10].

Comme l'a bien signalé Bénédicte Fillion, pour les sculptures d'architecture, c'est dans le transept, du côté sud, qu'est placée l'unique image du Christ[11]. Il apparaît sur un chapiteau,

8. En ce qui concerne les sources de cette iconographie, il ne serait pas surprenant qu'elles soient à rechercher dans les conceptions de l'évêque Gilbert de la Porrée (1141 ou 42/1154), exprimées à travers ses ouvrages et ses sermons. Anges, bergers et musiciens sont associés à la cathédrale. Ce n'est pas sans rappeler un verset d'un Sermon de Noël ; N. M. Haring, « A Christmas Sermon by Gilbert de Poitiers », *Mediaeval Studies*, XXIII, 1961, p. 135.

9. B. Fillion, *ibid.*, *t.* II.

10. Il nous manque de connaître plusieurs corbeilles cachées par les retables du chevet et, peut-être, de possibles peintures complétant les sculptures, pour savoir si les images retenues cachaient un programme plus savant. La présence des arts libéraux dans les arcatures basses, mises en place peu de temps après la mort de Gilbert de la Porrée le laisse présager ; cet évêque, l'un des plus grands théologiens de son temps, formé aux écoles de Poitiers, Chartres et Laon, enseigna à Poitiers, Chartres et Paris ; il juxtaposait, en une unité, théologie, science particulière, où l'on accède par la foi, et sciences de la nature compréhensibles par la raison. H. C. Van Elswijk, *Gilbert Porreta, Sa vie, son œuvre, sa pensée*, Louvain, 1966. C'est probablement lui qui décida de la reconstruction de la cathédrale, reconstruction menée par ses successeurs. Son influence fut grande particulièrement sur l'évêque Laurent.

11. *Ibid.*, p. 404-405.

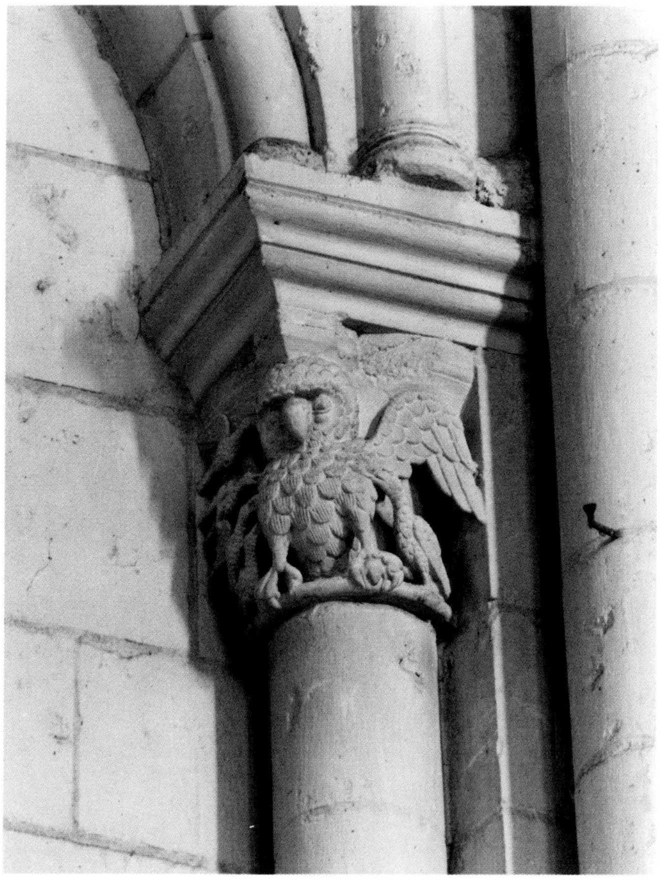
a

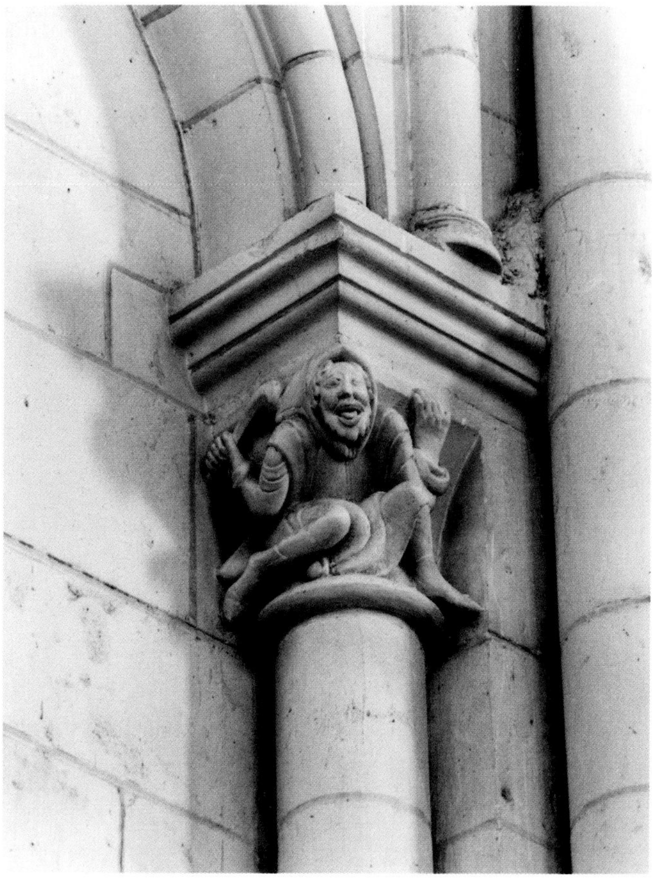
b

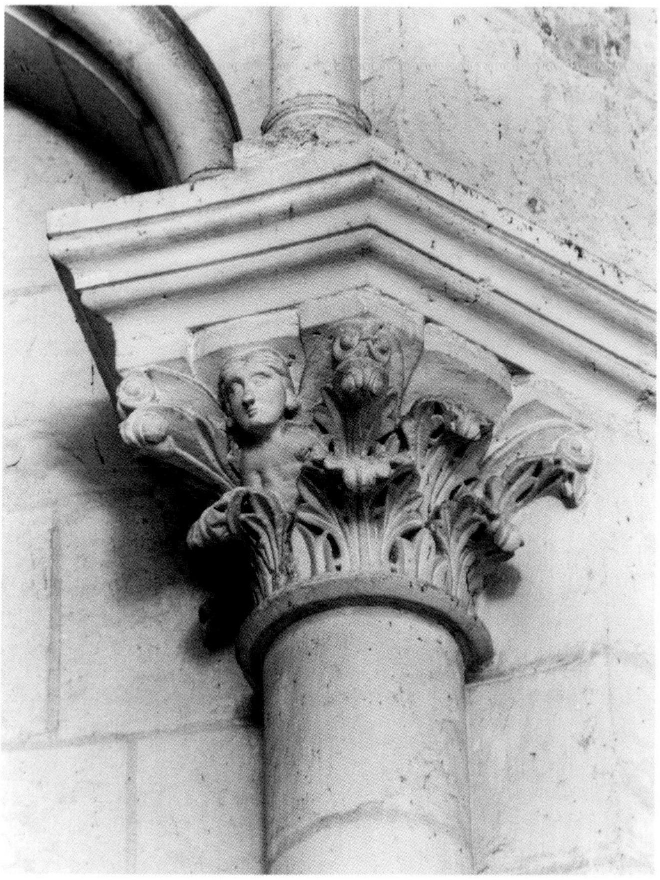
c

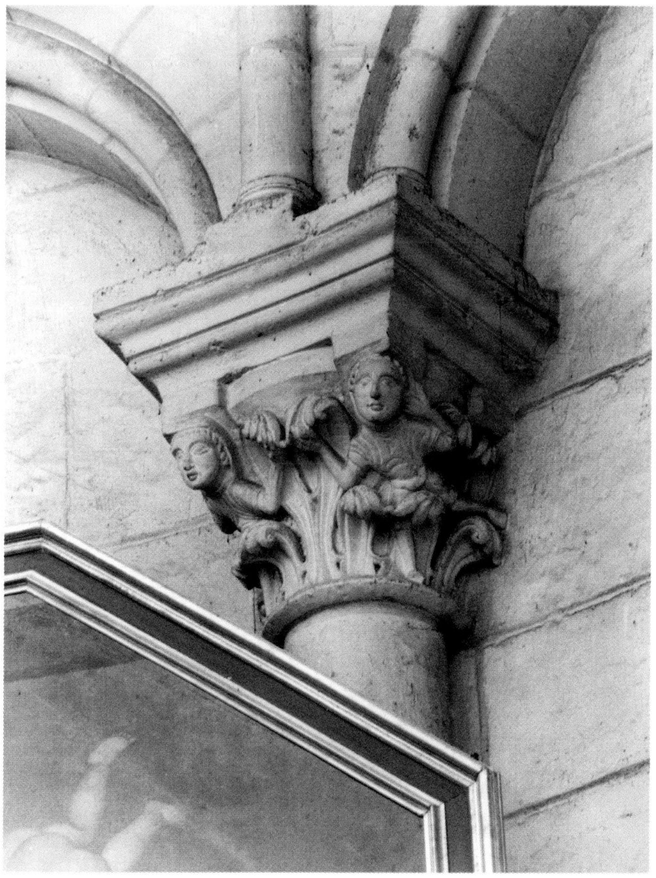
d

Fig. 2

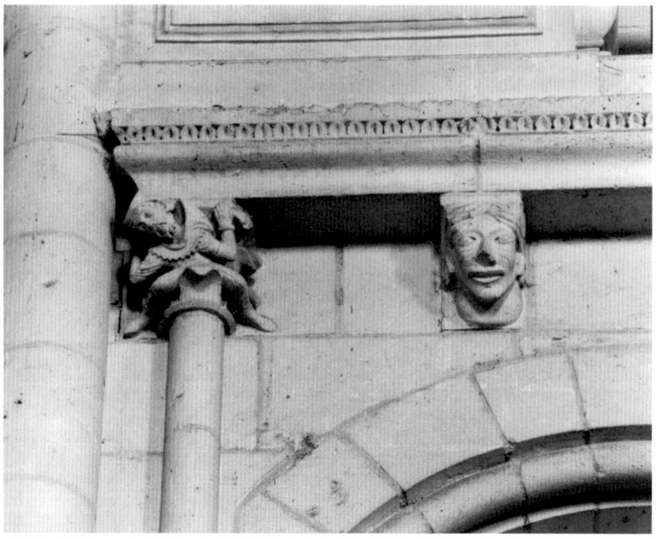
a

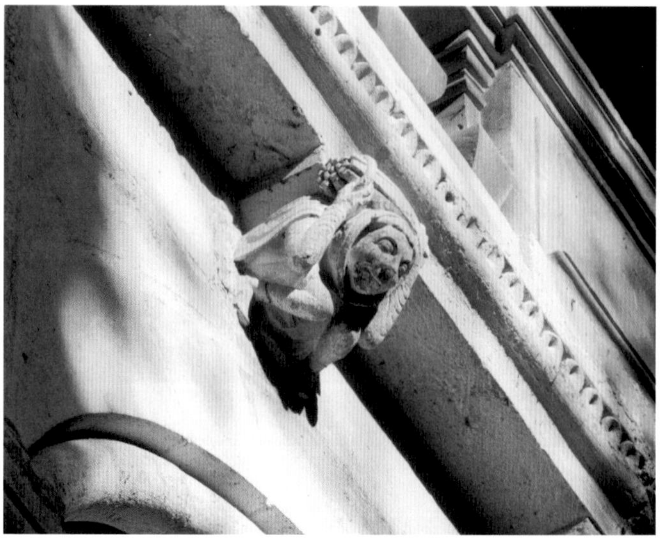
b

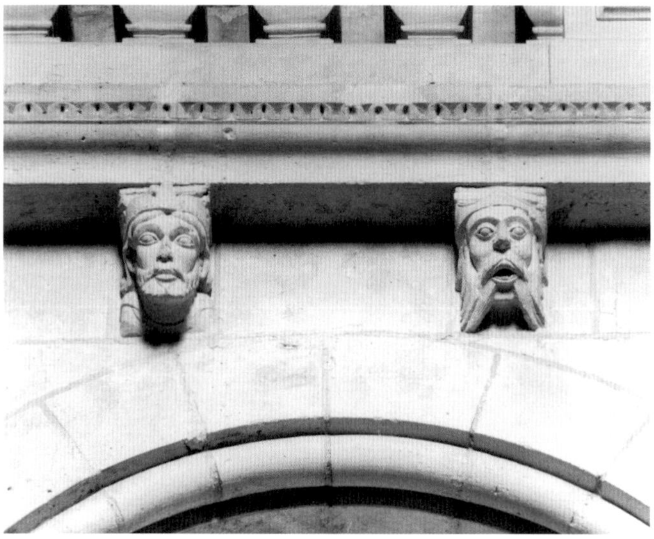
c

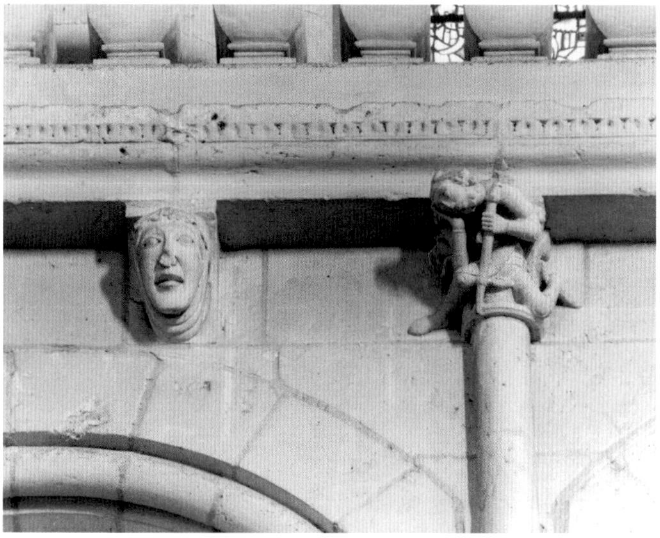
d

Fig. 3

assis dans un médaillon porté par deux anges. Autour de lui, toujours dans l'axe transversal, s'ordonne un début de programme cohérent : les symboles des évangélistes rappellent la force de son enseignement. Des anges sonnant de la trompette, des morts sortant de leur tombeau (au sud) annoncent le Jugement final.

La première étape du chantier tire à sa fin. Si le chapiteau du Christ, trop chargé, n'est pas très réussi, il y a, dans le transept de l'église, quelques pièces qui dénotent toujours l'habileté des sculpteurs, des corbeilles d'où parfois, émergeant des nuages ou des feuillages, surgissent des anges et des hommes au visage doux (fig. 2 c, d), et une belle série de modillons ornés de monstres ou plus souvent de masques humains (fig. 3).

Ruptures et continuité

Vers la fin du siècle, peut-être entre les années 1180/1220-30 environ, des indices de ruptures et de continuité marquent une sculpture maintenant gothique, autour de la croisée.

Les végétaux tiennent toujours la première place, mais la corbeille corinthienne s'est peu à peu alourdie de fantaisies végétales et de perles. Le genre ne se renouvelle plus. Bientôt, comme sur de multiples chantiers, ces végétaux, dernier soubresaut de l'art roman, disparaissent et le chapiteau à crochets s'impose (fig. 1 d). À Saint-Pierre, on le distingue aux piles de la croisée. L'animal et le monstre, plus fréquents que dans la période précédente, demeurent tout de même en nombre limité. Ils sont toujours absents des

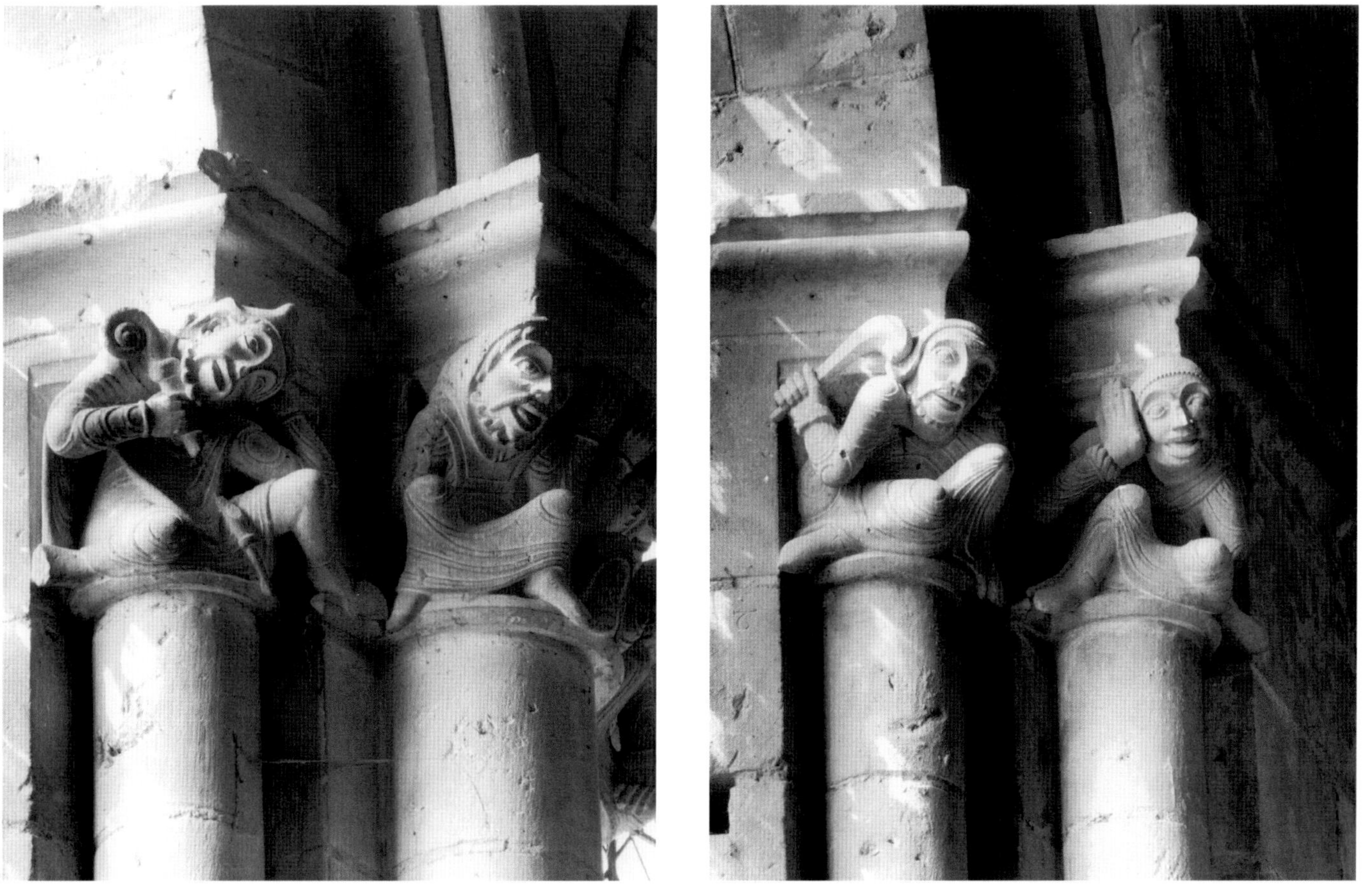

Fig. 4 a (g.) – b (dr.)

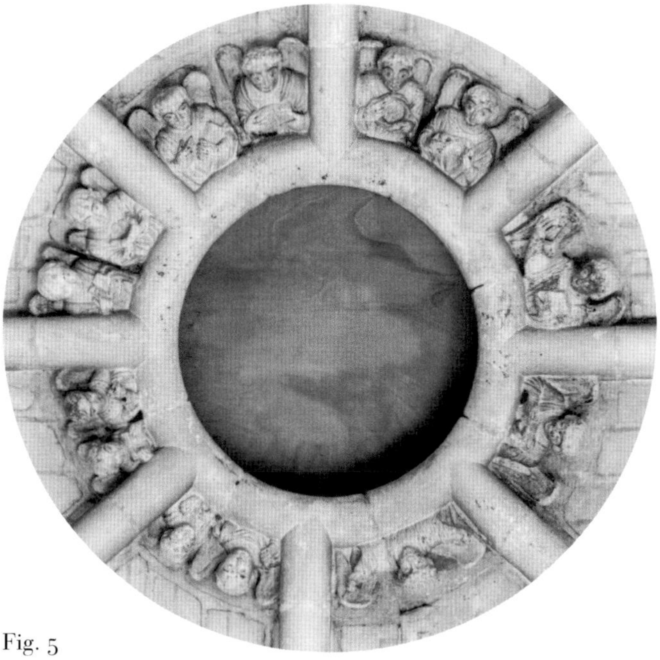

Fig. 5

grosses corbeilles, sauf à l'extérieur où ils occupent quelques larges consoles et modillons.

Le programme iconographique, élaboré autour de la croisée et du transept, s'enrichit maintenant à la hauteur des voûtes. Les changements décidés à la croisée occidentale du sanctuaire donnent l'occasion aux sculpteurs d'intervenir davantage dans les niveaux élevés. Comme très souvent dans le domaine gothique angevin, ils sont chargés d'orner les intersections des ogives et autres nervures[12]. Ils y placent des têtes, des personnages en buste qui, associés aux figures des clés de voûtes, proposent des images de méditation, recomposent l'histoire du Salut, annoncent le Jugement Dernier et la Vision finale. La photographie est une aide précieuse pour saisir des détails invisibles d'en bas. Sept clés et deux oculus ouvragés forment un ensemble[13], ponctuant les neuf compartiments correspondant à la première travée du chevet, à celle du transept et à la dernière de la nef (fig. 5, 6). Huit de ces

---

12. É. Maillard, *op. cit.*, p. 68-69 ; A. Mussat, *Le style gothique de l'ouest de la France, XIIe-XIIIe s*, Paris, 1963, informations dans les chapitres consacrés aux monuments du XIIIe s. On consultera plus particulièrement L. Schreiner, *Die frühgotische Plastik Südwestfrankreichs. Studien zum Stil Plantagenet zwischen 1170 und 1240 mit besonderer Berücksichtigung der Schlusssteinzyklen*, Cologne-Graz, 1963, et P. Skubiszewski, « Le thème de la Parousie sur les voûtes de l'architecture " Plantagenêt ", De l'art comme mystagogie. Iconographie du Jugement dernier et des fins dernières à l'époque gothique ». Actes du Colloque de la fondation Hardt tenu à Genève du 1er au 16 février 1994, Poitiers, 1996, (*Civilisation médiévale*, III), p. 105-143.
13. É. Maillard, *op. cit.*, p. 48 ; B. Fillion, *op. cit.*, p. 420.

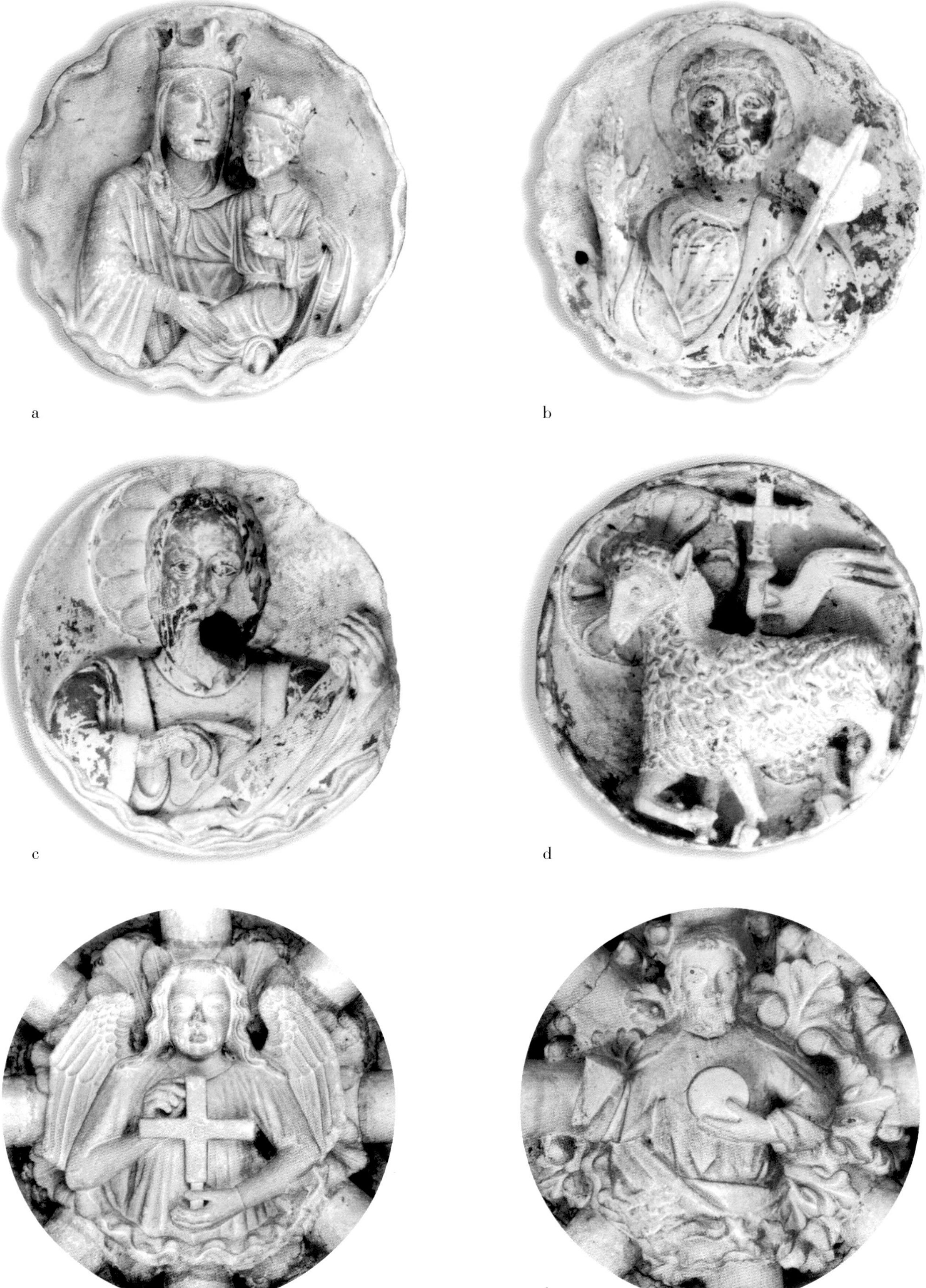

Fig. 6

pièces sont historiées. On trouve successivement, en allant de l'est à l'ouest, par travées entières : Une Vierge à l'Enfant (fig. 6 a), tous deux couronnés, saint Pierre avec ses clés (fig. 6 b), un ange portant croix et couronne, saint Paul déroulant un phylactère sur lequel des mots étaient peut-être peints (fig. 6 c), un cercle de treize anges portant livres, croix, linge, couronne d'épines et couronne royale (il s'agit de l'oculus central) (fig. 5), l'Agneau avec une croix (fig. 6 d), un ange présentant une petite croix hosannière timbrée d'un T[14] (fig. 6 e), le Christ, en buste, sur fond de feuillage, bénissant (main cassée) et tenant une hostie (fig. 6 f). Le style des clés change de l'est vers l'ouest[15] ; les plus occidentales s'apparentent au gothique d'Île-de-France. Cependant, l'on devine que les exécutants ont suivi le sens général du programme initialement prévu au chevet de l'église : au-dessus du peuple de la terre ou plus simplement du diocèse, surplombant aussi l'évocation du Jugement dernier, dernier acte de l'histoire des hommes, viennent s'inscrire des images rappelant que le salut du monde s'est accompli par l'incarnation et la passion du Christ, message que l'Église, représentée par Pierre et Paul, doit proclamer jusqu'à la fin des temps.

La place et la disposition exacte de chaque clé retiennent l'attention. Ainsi la Vierge se situe au-dessus de l'emplacement d'une église très ancienne qui lui était probablement dédiée[16] ; ce n'est peut-être pas un hasard. Le Christ, dans la nef au sud-ouest, est placé dans le sens de l'ogive et non des liernes, en direction de sa mère située au nord-est. Il est comme détourné de l'axe habituel de circulation dans l'église. D'une travée à l'autre, on suit ici, *grosso modo*, un axe diagonal traversant l'oculus aux anges. En ce point, dont la projection devait être proche de l'autel majeur, cette ligne coupe perpendiculairement la grande diagonale sud-est/nord-ouest ponctuée par tous les anges, cette fois. On peut enfin souligner que les clés orientales sont disposées de façon à être vues depuis le chevet. L'agneau, quant à lui, est tourné vers le centre de la croisée.

Il reste à la travée centrale de cet ensemble, aux murs-diaphragmes portés par les arcs nord, est et sud, trois têtes en relief, absolument indépendantes des nervures (fig. 7). Il s'agit de celles du Christ, au milieu (7 b), de saint Pierre, à sa droite au nord (7 a), et de saint Paul, à sa gauche, au sud (7 c). Le Christ a les cheveux mi-longs, Pierre une chevelure bouclée et Paul le front dégarni. Le type iconographique des têtes est donc parfaitement respecté, comme on peut le vérifier aussi avec la représentation des apôtres et du Christ sur les clés voisines. Le choix du Christ et des patrons du diocèse, et donc de la cathédrale, en cet endroit privilégié, ne saurait étonner. Mais pourquoi seulement des têtes ? Il faut se souvenir que les portions de murs, peu esthétiques, d'où elles émergent, résultent d'un changement de parti architectural qui a cassé la cohérence logique de l'élévation de l'église et imposé, à la croisée, trois grandes surfaces nues et sombres. Ces surfaces exigeaient donc une décoration. Par une moulure, elles furent découpées en tympans et écoinçons, cadres appelant un décor semblable à celui de grands portails. C'est aux peintres qu'on a dû ou devait faire appel. Pour étayer cette hypothèse, des sondages seraient nécessaires ; toutefois, un commencement de preuve existe dans l'église même. En effet, des personnages à la tête en relief et au corps peint ont été découverts à l'entrée occidentale de Saint-Pierre (v. fig. 14 et 15, p. 55). Il est vraisemblable que les modèles en furent trouvés à la croisée. Ce ne serait pas un exemple unique. Les têtes en relief des principaux acteurs d'une

14. Cette lettre peut simplement être le Tau. Il est plus plausible qu'elle marque le début du « *Te igitur* » du canon de la messe, explication qui m'a été proposée par Piotr Skubiszewski que je remercie. L'ange domine la travée de la porte Saint-Michel.
15. On peut associer particulièrement la Vierge, saint Pierre et l'ange de l'est, puis saint Paul et l'Agneau, enfin, semble-t-il le Christ et l'ange portant une croix timbrée d'un T. En ce qui concerne l'art de la ronde des anges, à l'oculus, le style des visages paraît être le même que celui des têtes associées aux nervures de la travée centrale. Leur finesse est proche aussi de la sculpture de l'Agneau.
16. Le père Camille de La Croix avait trouvé, sous le sol en cet endroit, l'abside d'une ancienne église. Brigitte Boissavit-Camus a fait l'hypothèse qu'il pourrait s'agir de l'église Sainte-Marie l'Ancienne. Il y a eu longtemps, dans l'église, deux chapelles, matérialisées, chacune, par un simple autel dédié à la Vierge. Ces autels étaient situés l'un dans la travée dominée par la clé timbrée de son effigie et l'autre juste à l'extérieur. L'auteur y a vu une sorte de « transfert vertical » pour rappeler le lieu de l'église disparue : B. Boissavit-Camus, *Le quartier épiscopal de Poitiers. Essai de topographie historique d'un secteur urbain*, (ive-xiie siècle), thèse dactyl., dir. N. Gauthier, Univ. de Tours, 2001, p. 165-7, à paraître.

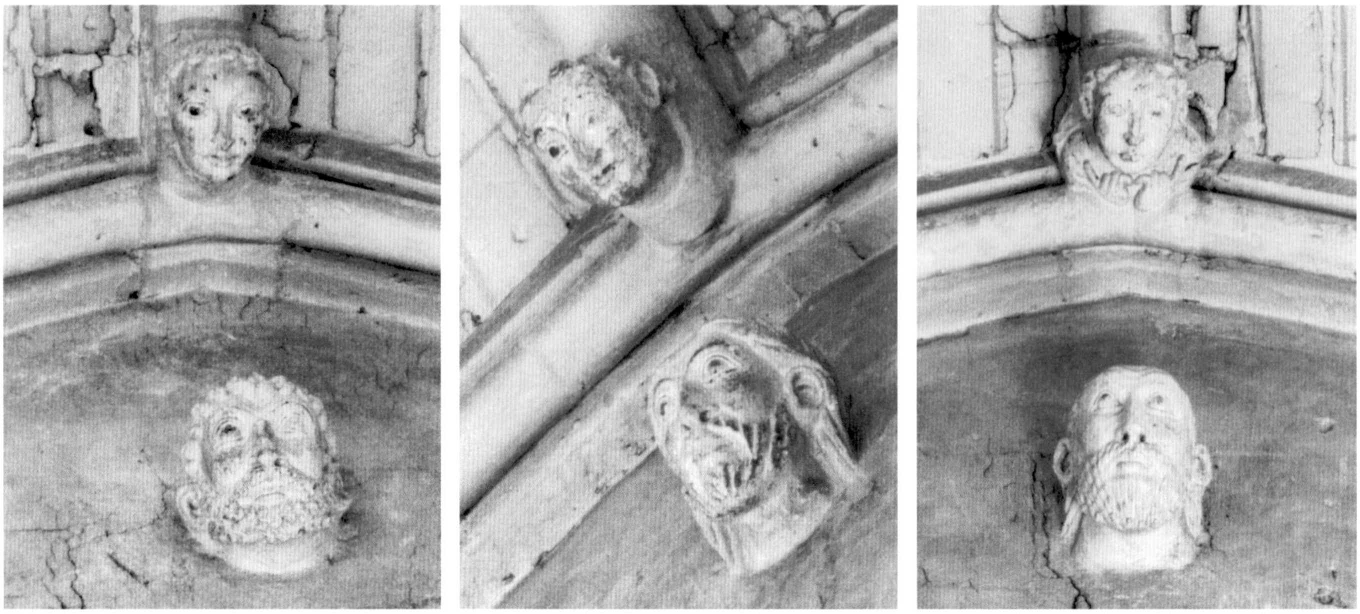

Fig. 7 a b c

Crucifixion existent, par exemple, à la Camara santa d'Oviedo, de peu antérieures aux sculptures de la croisée de Poitiers. À supposer qu'elles aient été exécutées, les images peintes apportaient-elles un lien plus fort à des sculptures dispersées ? On est en droit de le penser. Des traces de peinture sont perceptibles en effet sur plusieurs reliefs des voûtes.

À la porte Saint-Michel, l'enfance du Christ

Il n'est pas impossible que la peinture et la sculpture aient pareillement été associées à la porte Saint-Michel (4e travée de la nef, côté nord) ou, du moins, qu'un projet en ce sens ait été retenu, car, dans son état actuel, elle apparaît curieusement inachevée. Les chapiteaux sculptés des parois portent des pièces laissées nues : une partie des tailloirs, une archivolte, un tympan. À droite, se succèdent les corbeilles de l'Annonciation, l'Adoration des mages, la Visitation et rien au-dessus (fig. 8) ; en revanche, à gauche, sont illustrés, sur les tailloirs, les épisodes suivants : les Mages à cheval, leur Arrivée devant Hérode, la Consultation des scribes enfin le Peuple suivant les mages, tous désignant une étoile au-dessus d'eux ; sur les chapiteaux, se déroulent le Massacre des innocents, ordonné par Hérode, et la Fuite en Égypte.

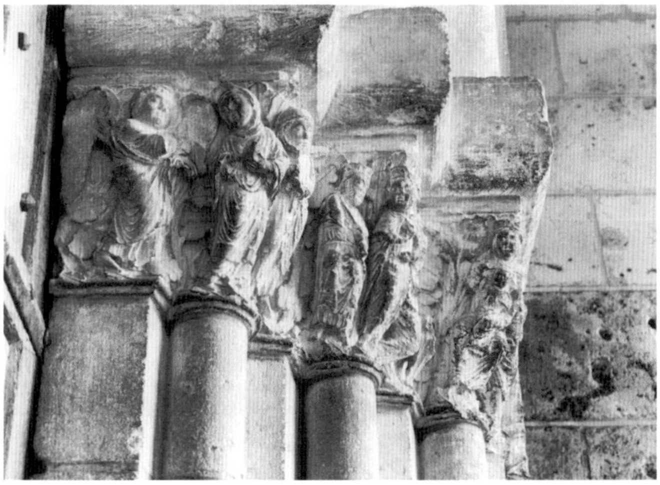

Fig. 8

La disposition anarchique des scènes a de quoi surprendre. En fait, le sculpteur a voulu opposer, sur les chapiteaux, le Christ trônant sur les genoux de sa mère, au roi Hérode, image du mal ; les arbres placés en arrière des saints personnages, et non des autres, accentuent symboliquement cette dualité. Sur les tailloirs, se déroulent des scènes de chevauchée à gauche ; il est vraisemblable que l'Annonce aux bergers et leur Déplacement vers la crèche devaient être prévus du côté droit. Que s'est-il passé : disparition du sculpteur, destruction accidentelle de pièces en cours de montage ? On ne le sait pas. Une Nativité, sculptée ou peinte, aurait naturellement trouvé sa place au tympan.

Le sculpteur se révèle bon artiste, sensible à l'expression de la vie et des sentiments ; il aime les lignes courbes qui donnent douceur aux visages et souplesse aux vêtements. L'ensemble, surtout s'il était peint, devait engendrer un effet un peu théâtral, accentué par la visibilité des fonds, nus ou couverts de feuillages, sur lesquels évoluent les personnages. Avec raison, la sculpture de la porte Saint-Michel a été comparée aux plus belles clés de voûtes de l'abbaye d'Asnières, à Cizay-la-Madeleine, au portail Saint-Jean-Baptiste de la cathédrale de Sens, au portail nord de Saint-Benoît-sur-Loire et à celui de l'église paroissiale de Saint-Germain-l'Exempt, œuvres de la génération 1185-1215 environ[17].

Dans la nef, un catalogue de sujets décoratifs

Le décor de la nef se met en place par étapes successives, entrecoupées de pauses. Les sculpteurs s'efforcent de continuer l'œuvre entreprise, sans rupture de programme, mais sans génie non plus. Les petits chapiteaux et modillons, produits en série, semblent s'inspirer directement des reliefs plus anciens ou de répertoires purement décoratifs. Se côtoient, sans ordre, des personnages, dont des exhibitionnistes et encore quelques musiciens, des animaux réels ou fantastiques, des feuillages, mais la veine est tarie ; sauf exceptions, le sujet se perd sur un fond trop grand, le style devient mièvre, les formes sèches.

Les grandes corbeilles des supports de voûtes échappent à cette relative médiocrité. Certes, elles reflètent les impulsions de la mode en matière de sculpture végétale, mais, pour la plupart, elles sont exécutées avec soin. Le chapiteau à crochets (avec ou sans calathos), toujours présent, en occupe certaines ; sur d'autres blocs, de la croisée jusqu'au revers de la façade, la nature a fourni de nouveaux modèles ; branches entières ou larges feuilles de chêne et de vigne viennent ponctuer les articulations (fig. 1 e, f). Dans deux cas, des dragons transforment ces feuillages en monde fantastique (fig. 1 e).

Les tours renferment également quelques sculptures de qualité, surtout la salle du premier étage de la tour nord où de forts beaux culots soutiennent les ogives (fig. 15).

Pour conclure avec la sculpture du corps de l'église, façade exceptée, on pourrait dire qu'elle évolue par saccades tout au long du chantier. Doit-on lui donner un qualificatif particulier, propre au style d'architecture qu'elle accompagne ? Il vaut mieux s'en dispenser. Il y a, dans l'art plantagenêt, une distribution particulière de la sculpture, parfois des programmes spécifiques, mais il n'y a pas, à proprement parler, une sculpture plantagenêt. Elle n'est pas davantage angevine. Elle draine, enfin, des courants autant romans que gothiques. Tout au plus, avançons que celle de la première phase du chantier de Saint-Pierre, puissante, forte, même si elle est issue de courants régionaux et d'autres du nord, est en harmonie avec l'architecture, formant même l'une des composantes du style général de la cathédrale. L'importance d'un ou de plusieurs ateliers de sculpture est alors évidente. Cette phase, entre les âges roman et gothique, fut cependant de courte durée ; déjà autour de 1200/1230, deux clés de voûtes sur fond de feuillage : Christ à l'hostie et ange portant une croix, appartiennent entièrement au domaine du gothique français (fig. 5 e, f). Aux parois de la nef, il en est de même pour de nombreux chapiteaux.

Les grands portails

C'est sans doute dans le troisième quart du XIIIe siècle que sont mis en place les portails occidentaux[18]. Jusqu'alors, la cathédrale avait été construite dans un certain respect du projet initial, mais, à ce stade du chantier, l'architecte en charge de la poursuite des travaux, estimant, sans doute, que la cohérence intérieure était

17. B. Fillion, *op. cit.*, p. 326-7.

18. É. Maillard, *op. cit*, p. 89-129 ; L. Monnerie, *Les portails occidentaux de la cathédrale de Poitiers, Étude iconographique*, mémoire de maîtrise dactyl., dir. P. Skubiszewski, Poitiers, 1990 ; C. Piccinini, *Les portails occidentaux de la cathédrale de Poitiers. Réflexions sur l'ouvrage*, thèse en cotutelle, dir. M.-T. Camus, E. Castelnuovo, Scuola Normale Superiore de Pise — Univ. de Poitiers, 2003, à paraître.

assurée, a pu habiller, d'une manière contemporaine, la façade tournée vers la ville. Les premiers commanditaires et le premier maître avaient-ils, dès l'origine, arrêté le type de décoration pour l'entrée solennelle de l'église, ou laissé le champ libre à leurs successeurs, se contentant peut-être de quelques instructions ? On ne le sait, mais, quoi qu'il en soit, un siècle après eux, les équipes appelées vont développer, sur trois portails, un programme centré sur le Jugement dernier (fig. 9) et le triomphe des justes, l'honneur étant réservé ici au Christ, à la Vierge et à saint Thomas. C'est l'une des formule qui circulait entre les chantiers certainement fréquentés par la plupart des sculpteurs, avant leur venue à Poitiers, comme apprentis, compagnons ou maîtres ; c'est celle qui, à partir de l'Île-de-France, était principalement en cours de diffusion dans la chrétienté.

Nous l'avons signalé, la sculpture d'Île-de-France s'était introduite à la cathédrale de Poitiers avant même l'édification de la façade occidentale ; elle s'était manifestée à la croisée, et près de la croisée, modestement. Les artistes étaient passés vite, ce qui explique probablement le caractère inachevé des portes de Saint-Michel et de Saint-Jean, le changement de style par groupes de clés de voûtes et de chapiteaux et qui justifie, au moins en partie, l'appel à de nouveaux sculpteurs pour les grands portails.

Face à face avec le Christ

L'iconographie générale des portails ne semble guère originale lorsqu'on détaille chacun d'entre eux. Les thèmes en sont connus, pour certains depuis longtemps, et même souvent utilisés depuis la première moitié du XIIIe siècle dans la sculpture monumentale. L'association des trois ensembles mérite cependant un début de réflexion. Les restaurations récentes permettent maintenant une meilleure observation à l'œil nu.

Le portail central illustre un Jugement dernier qui se développe sur trois registres séparés par une mince ligne horizontale de nuages

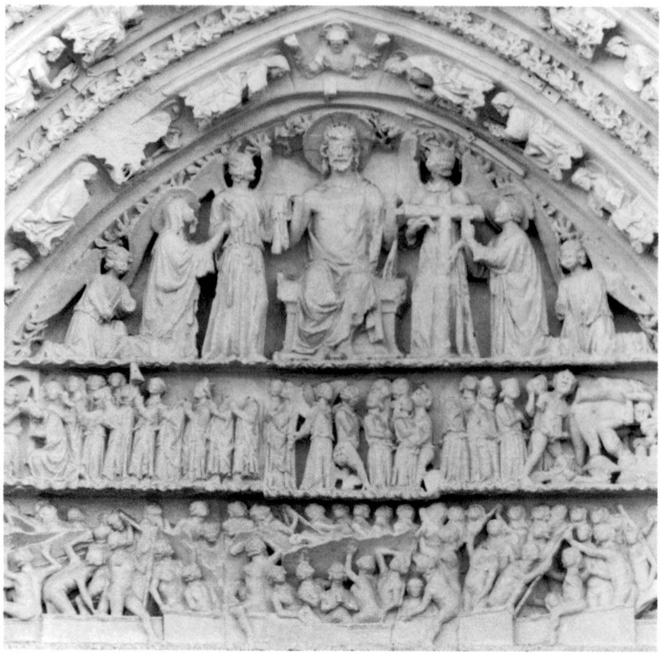

Fig. 9

(fig. 9). Au registre inférieur, sorte de faux linteau, de nombreux morts sortent des tombeaux, bousculant au passage les couvercles[19]. Ils sont nus, paraissent tous du même âge. Ils s'agitent dans tous les sens ; certains sont sereins et prient (fig. 13), d'autres implorent ou se tirent les cheveux, manifestant ainsi leur angoisse ou leur désespoir.

Dans la bande médiane, protégés par un ange à l'épée de feu, qui doit être saint Michel, les élus, hommes et femmes, un franciscain[20], et peut-être d'autres moines, marchent en cortège vers le paradis situé à la droite du Christ. Ils y sont accueillis par un second ange qui couronne le premier élu[21], tandis qu'à l'opposé, donc du mauvais côté, quatre diables obscènes (deux sont pourvus d'un horrible masque sur les fesses ou le bas-ventre) poussent un troupeau de réprouvés enchaînés, récalcitrants, vers la bouche de l'Enfer. On y distingue des gens riches et puissants, hommes et femmes bien vêtus.

19. Les morts sont plusieurs par tombeau. La Résurrection des morts apparaît quelquefois sur les voussures des portails ou sur un registre horizontal, linteau ou faux linteau, comme à Amiens et Bazas ; c'était probablement le cas à Charroux.
20. Saint François fut canonisé en 1228. On peut penser qu'il s'agit ici de lui, comme à Amiens et Bourges pour s'en tenir à des exemples français du XIIIe siècle.
21. La couronne, signe de récompense, est très présente dans la peinture romane du Poitou, en particulier à Saint-Savin.

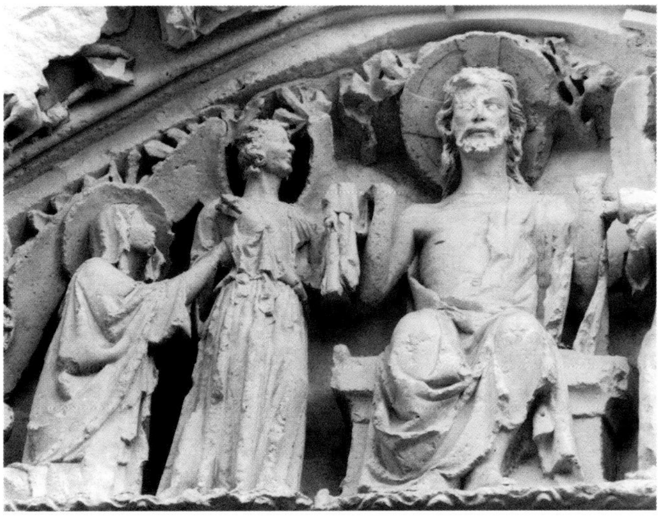

Fig. 10

Dans la partie supérieure, à grande échelle, le Christ est assis sur un large trône de pierre sans dossier (fig. 10). Ses mains sont aujourd'hui détruites, mais il levait les deux bras et l'on peut penser qu'il montrait les plaies de ses paumes[22]. Sur son flanc dénudé, la blessure de son côté est maintenant très visible. En arrière de son nimbe crucifère, sortant de la paroi, deux ceps de vigne amorcent des rinceaux qui se déploient en bordure du tympan. À sa gauche, un ange porte une croix équetée[23] et un fragment d'une couronne d'épines, tandis qu'à sa droite, un second présente, dans un linge, les clous et la lance (aujourd'hui cassée). À genoux dans les angles, deux autres anges aux joues boursouflées, sonnaient de la trompette, en direction des ressuscités. Les instruments ont disparu. Il ne reste que l'extrémité de l'un d'eux, sous les nuages, à gauche. Agenouillés, de part et d'autre du Christ, la Vierge et saint Jean, tendant les mains vers lui, dans un geste de supplication, intercèdent, comme souvent, pour ceux qui attendent le jugement.

Autour, se distribuant à gauche et à droite d'un buste du Christ répété de voussure en voussure, des martyrs, des confesseurs, des prophètes et toutes sortes de saints (seulement des hommes) peuplent l'archivolte, séparés les uns des autres par des dais[24] plus ou moins ouvragés

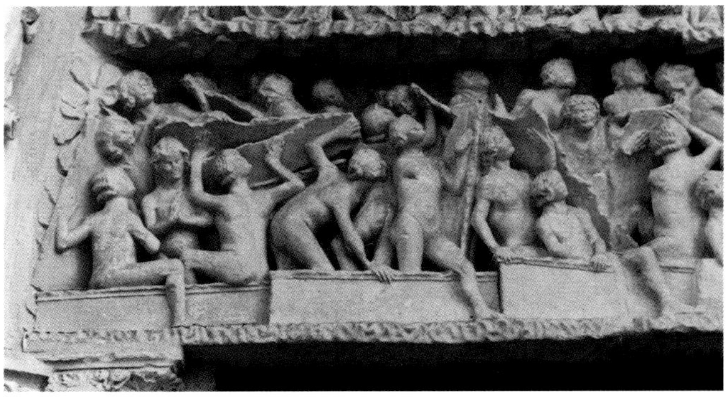

Fig. 13

et par des rangées de sarments disposés entre chaque voussure.

Le portail nord, donc à la droite du Christ, est un hommage à la Vierge. La partie basse du tympan est réservée à la mort de Marie, événement appelé, quelquefois, dormition (fig. 14). On la voit étendue sur un lit d'apparat. Autour du Christ, douze apôtres la veillent. L'un d'eux porte un seau pour l'eau bénite ; deux anges soulèvent les linceuls pour enlever au ciel la défunte, mais ce geste la rapproche de son fils qui se penche légèrement vers elle en bénissant (le bras droit disparu a laissé une trace sur le fond). Sur les côtés, deux anges encensent les participants ; ils sont curieusement juchés sur deux femmes voilées prosternées. Leur humble position incite à les identifier peut-être comme des donatrices[25].

La partie haute du tympan accueille le Christ couronnant sa mère. Tous deux sont assis sur le même large trône de pierre qu'au portail central. Quatre anges à genoux les servent, tandis que quatre autres vont rejoindre l'Agneau à la brisure de l'arc. Un croissant de lune (allusion à la femme de l'Apocalypse) s'inscrit sur le mur en arrière des têtes du Christ et de Marie. Au-delà du cercle angélique, des saintes occupent la voussure suivante ; vient ensuite, sur trois rangs, une cohorte de plusieurs abbés, portant crosse, auxquels se mêlent, munis de livres, peut-être des ermites et des confesseurs, la tête couverte

22. Comme à Chartres, Paris, Amiens, Bazas, Bayonne, Thérouanne, Leon etc...
23. Comme à Amiens.
24. La présence des dais est commune à chaque portail. Tous les personnages, parfois mutilés ou sans attributs, n'ont pas été identifiés. On trouvera des propositions nouvelles dans la thèse de Chiara Piccinini. Il faut aussi tenir compte, à la façade occidentale, de quelques réfections des XVIIIe et XIXe siècles.
25. Chiara Piccinini a été la première à reconnaître des femmes en ces personnages. Les archives ne mentionnent rien à leur sujet.

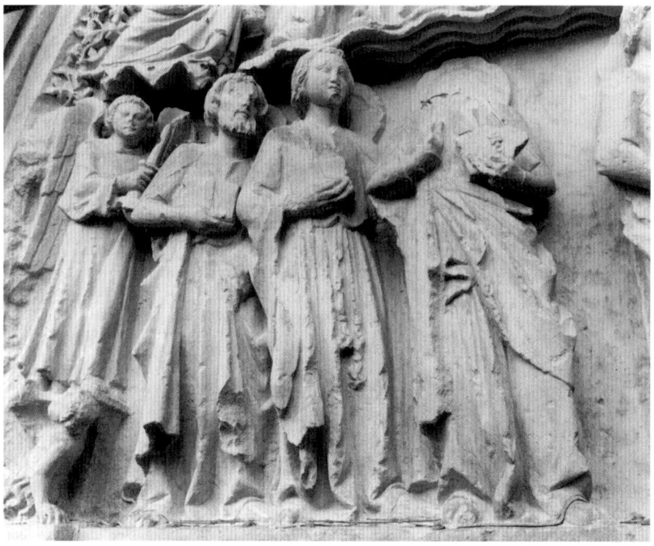

Fig. 11

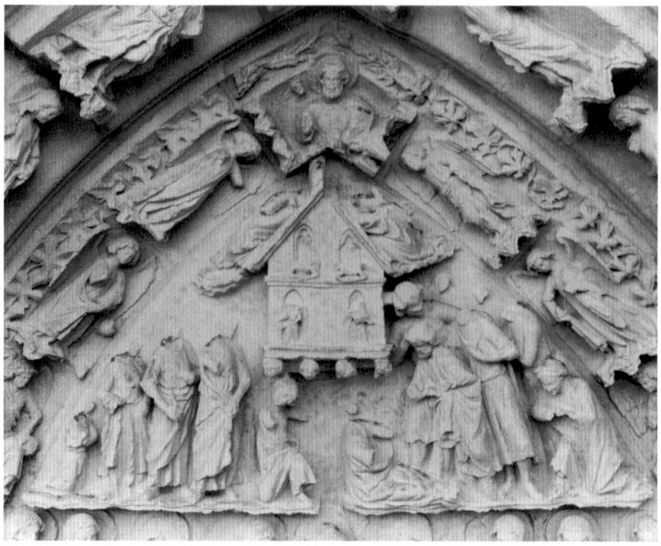

Fig. 12

d'un pan de leur manteau. Un buste du Christ occupe toutes les clés d'arc.

Au portail sud, comme aux deux autres, un événement terrestre est décrit sur un faux linteau, tandis qu'au-dessus apparaît une vision paradisiaque. La première scène est tirée de l'évangile de Jean (20,24-29). Rappelons la brièvement : à l'annonce d'une apparition du Christ aux disciples, Thomas resté incrédule avait déclaré : « Si je ne vois pas, dans ses mains, la marque des clous et si je ne mets pas ma main dans son côté, je ne croirai pas ». Le Christ le prend au mot quelques jours plus tard, mais, l'apercevant à ses côtés, l'apôtre le reconnaît, comme son Seigneur et son Dieu.

Cet épisode est assez bien lisible à Poitiers. Au centre de la scène, Thomas s'incline et porte la main à la plaie du maître. Près d'eux, sept disciples, dont Pierre, André et Jean et quatre autres, porteurs d'un livre[26] sont témoins de la scène à laquelle participent également deux anges de petite taille, appartenant à la voussure interne, soulevant des flambeaux et hissés à la hauteur des apôtres par deux êtres démoniaques (fig. 11).

La vision paradisiaque du tympan illustre un épisode de la Légende dorée de Jacques de Voragine (début du XIIIe siècle). Selon ce récit, Thomas évangélisant l'Inde devint l'architecte du roi Gondoforus qui lui donna une grosse somme d'argent pour bâtir un merveilleux palais, mais l'apôtre distribua l'argent aux pauvres, convertit les sujets du roi et, pour ce méfait, fut condamné à être brûlé vif. Cependant le frère du roi, sur le point de mourir, eut la vision d'un palais d'or dans le ciel, ce qui incita Gondoforus à la clémence et au baptême. Certains personnages du tympan sont mutilés, néanmoins on peut reconnaître la vision du frère du roi. Thomas est sans doute à droite, penché sur le mourant ; des anges soulèvent, dans le ciel, un palais en forme de reliquaire (fig. 12). Là encore des anges de la voussure interne interviennent dans l'action.

Comme au portail nord, la voussure suivante est réservée aux femmes, mais cette fois, ce sont les Vierges sages et folles de la parabole (fig. 12). Au-delà, des saints, parmi lesquels des évêques et des moines, ornent les arcs externes.

Les images retenues pour les trois portails ne sont pas sans liens entre elles. Le Jugement dernier[27], thème de première importance dans la sculpture du XIIIe siècle, trouve sa source textuelle dans l'évangile de saint Matthieu (24, 30-31) : « Et alors apparaîtra dans le ciel le signe du Fils de l'Homme ; et alors toutes les nations de la terre se frapperont la poitrine et l'on verra

26. Il peut s'agir des quatre évangélistes accompagnant le Christ, Thomas, Pierre, André et Jacques.

27. Voir en dernier lieu, Y. CHRISTE, *Jugements derniers*, La Pierre-qui-Vire, Zodiaque, 2000 (Les formes de la nuit). L'auteur a fait justement remarquer une fréquence certaine du thème aux entrées solennelles des grandes églises, particulièrement des cathédrales en France : Chartres, Amiens, Bourges, Poitiers, Soissons, Noyon.

le Fils de l'Homme venant sur les nuées du ciel avec puissance et grande gloire. Et il enverra ses anges avec une trompette sonore, et, des quatre vents, d'une extrémité des cieux à l'autre, ils rassembleront les élus ».

Au portail central, le Fils de l'Homme, la croix, les anges buccinateurs, les peuples réveillés répondent bien au texte biblique, mais le maître sculpteur a peu insisté sur l'aspect même du jugement et les sanctions appliquées aux pêcheurs ; il n'y a pas de pesée des âmes et les damnés n'occupent qu'un demi-registre. En revanche, les hommes ressuscitant au signal des trompettes, le bois de la croix, plein de sève, la vigne dont les ceps poussent leurs sarments auprès du Christ et l'immense foule des saints sur les voussures évoquent, avant tout, la vie que donne celui qui est de toute éternité et que le fidèle encore sur terre va bientôt voir face à face.

La résurrection de ce Dieu fait homme est la preuve majeure de la promesse de vie. L'épisode des plaies, où Thomas, l'incrédule, devient témoin de la résurrection, par le geste des mains si important au Moyen Âge, par son regard et ses paroles, relie directement le tympan du sud au Christ du Jugement qui montre également ses marques mortelles. Comme Thomas repenti et les Vierges sages de l'archivolte, le chrétien accèdera, par la foi, à la vision divine et son palais sera le ciel. La mort de la Vierge (fig. 14), ou plutôt le passage d'un état à un autre, et sa montée directe au ciel, constituent une preuve supplémentaire d'une vie éternelle. De l'humanité, elle est la première créature à jamais vivante. Le chrétien accueilli au paradis, couronné comme la Vierge, rejoindra la cohorte des saints. L'espérance triomphe donc de la crainte aux portails occidentaux de la cathédrale de Poitiers. Les sculpteurs du XIIIe siècle font écho à leurs prédécesseurs des parties orientales qui, bien qu'évoquant le Jugement dernier, montrait aussi le peuple de Dieu sous le charme de la musique céleste et, ne l'oublions pas, au pied de la croix du grand vitrail[28].

28. Croix triomphante, dans son décor d'orfèvrerie.

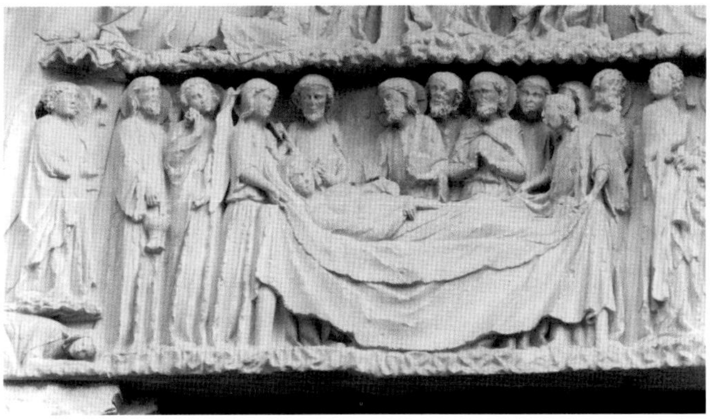

Fig. 14

Comme le Jugement dernier, le couronnement de Marie, fut un thème fréquemment illustré au XIIIe siècle. En revanche, il est rare de trouver une scène de la vie de saint Thomas, en dehors d'un cycle d'apparitions du Christ. Outre les liens soulignés avec la scène du portail central, un autre sens caché du tympan peut être proposé. Les reliques de saint Thomas Becket sont arrivées à la cathédrale en 1174. Dans une ville où le souvenir des princes Plantagenêt était sans doute encore présent, c'était peut-être encore un peu trop tôt de décrire à la porte même de l'église du diocèse, les circonstances de son décès[29]. Si l'hypothèse peut être envisagée, le recours à son saint patron s'imposait, en ce cas, doublement.

La partie basse est formée d'une arcature unifiant les ébrasements des trois portails. Les arcades trilobées qui la composent, sont ornées de petits chapiteaux finement sculptés et d'écoinçons très érodés de nos jours, mais l'œil y découvre encore des masques feuillus, des animaux réels ou fantastiques, à la manière des motifs ornant les stalles. Au-dessus, une série de colonnettes délimitent des sortes de niches destinées à abriter des statues assez plates de pierre ou de bois.

Des artistes à redécouvrir

Les sculpteurs chevronnés, appelés sur le chantier de la cathédrale avaient à leur disposition de beaux calcaires poitevins et l'on constate

29. Thomas Becket a été assassiné sur l'ordre d'Henri II Plantagenêt, en 1170, dans la cathédrale de Canterbury.

qu'ils étaient parfaitement experts dans l'art de les utiliser, soit en dégageant des arêtes vives, bien dessinées, soit, au contraire, en les travaillant avec un modelé plus doux qui évite des jeux d'ombre et de lumière trop brutaux. Il est évident aussi qu'ils avaient une solide connaissance des répertoires de formes à la mode en leur temps, connaissance sans doute acquise par leur formation et leurs engagements sur des chantiers précédents : en outre, ils disposaient peut-être de carnets de modèles. Les silhouettes, les visages, les vêtements qu'ils ont taillés dans la pierre sont proches de ceux que l'on connaît à Amiens, Paris (relief déposé de Childebert au Louvre, quelques statues de la Sainte-Chapelle) et Charroux, voire, pour des détails, à Reims ou Bourges[30]. C'est avec les ateliers à qui l'on doit le décor sculpté de ces églises que les relations les plus fructueuses ont été tissées, et peut-être, pour Charroux, dans les deux sens.

On ignore tout du nombre des sculpteurs. Au meilleur d'entre eux, fut confié le tympan central et, au moins, certaines parties de celui de la Vierge. On lui doit aussi, semble-t-il, le Christ de la voussure interne du portail sud (peut-être réalisé d'avance) et plusieurs saints des voussures, en totalité ou en partie (les têtes particulièrement). Il a une manière bien précise d'étirer les personnages (cortège et anges de la partie centrale, apôtres veillant Marie), de les habiller d'étoffes, aux plis nombreux, mais assez légères pour ne pas cacher entièrement la forme des corps, les gestes de la marche. Il aime les visages aux traits fins et soigne particulièrement les yeux en amande sous des arcades sourcilières bien marquées, la bouche à peine entrouverte esquissant un sourire, la chevelure courte ou mi-longue, ondulant souplement du front aux oreilles ou descendant jusqu'au cou. Il est l'auteur, bien sûr, du Christ-Juge qu'il a traité à part. Dans ce relief et dans le Réveil des morts, il montre son admiration pour le corps humain de belles proportions, tout comme son souci de traduire la vie intérieure, les émotions et les sentiments de ses personnages.

Il a tenu compte aussi du spectateur et lui a fixé le point idéal pour contempler son œuvre : entre le pied de l'escalier actuel du parvis et les portails. C'est là que l'effet de raccourci du Christ assis ne se fait pas sentir et que l'on prend conscience que les saints des voussures sont tournés vers le Christ, dans un mouvement de rotation qui s'accentue particulièrement au sommet des portails latéraux plus étroits que le central.

Le tympan du portail de Saint-Thomas est l'œuvre d'un autre sculpteur. L'homme, qui ne manque pas de talent, reproduit le type des vêtements des personnages du portail central, mais son ciseau accentue les plis ; ses visages sont un peu moins émaciés que dans les figures du maître du Christ-Juge. Il arrondit davantage les yeux. Il se plie à la composition en deux registres du portail de la Vierge, retient le principe d'un effet élargissant en incluant les anges latéraux des voussures à la scène du linteau et invente deux personnages fantastiques pour assurer une parfaite symétrie avec les femmes prosternées du côté nord. Il est probable que les deux sculpteurs ont travaillé de concert, celui du tympan sud manifestant, plus qu'une obéissance, une réelle admiration pour le maître principal ; s'il y a eu, entre eux, un décalage dans le temps, il n'a pu être que léger.

L'examen récent, par Chiara Piccinini[31], de chaque élément sculpté, a apporté des informations précieuses sur le travail des maîtres et de leurs probables compagnons, ainsi que sur le montage des trois portails. On avait, depuis longtemps, attiré l'attention sur les comparaisons possibles avec les sculptures déposées de la façade gothique de l'abbatiale de Charroux ; sur ce point aussi, le dossier a progressé[32]. Certaines pièces de la cathédrale et de Charroux sortent du même atelier : personnages portant des habits

30. W. Sauerländer, *Gotische Skulptur in Frankreich 1140-1270*, Munich, 1970 (éd. franç. *La sculpture gothique en France 1140-1270*, Paris, 1972) ; P. Williamson, *Gothic Skulptur, 1140-1300*, New-Haven et Londres ; C. Piccinini, *op. cit.*, *passim.*

31. C. Piccinini, *op. cit.* à la note 16.

32. *Ibid.*, particulièrement p. 107-138. Cette recherche avait été amorcée par R. Crozet, « L'ancien portail gothique de l'abbaye de Charroux (Vienne) », *Gazette des Beaux-Arts*, 1952, 2, p. 149-162.

épais, aux plis cassés, saints aux traits fins, par exemple. Mais beaucoup de questions restent ouvertes. Ainsi, les deux chantiers étaient-ils contemporains et si oui, fonctionnaient-ils par échanges d'hommes, de pièces ou de modèles ? La comparaison est délicate, car les sculptures conservées de Charroux sont présentées actuellement à hauteur de vue, tandis que celles de Poitiers, *in situ*, sont plus haut et on les voit de biais. Longtemps encrassées, elles ont été sous-estimées. Or les deux Christ paraissent très proches et pourraient même avoir été exécutés par un seul artiste. Celui de Charroux est souriant et jeune de visage ; celui de Poitiers plus sévère, plus âgé, plus solennel.

Le travail de restauration des portails de Saint-Pierre a incontestablement remis en valeur les créations de la façade poitevine. Sans atteindre la perfection de certaines réalisations gothiques d'un âge proche et de même ambition, les sculptures des portails de la cathédrale sont, pour la plupart, d'excellente qualité et bien au-dessus d'autres productions provinciales. L'observation sur échafaudages a montré qu'une grande quantité de sculptures sont des même des réussites. Cependant, à tout bien considérer, l'ensemble n'emporte pas d'emblée une totale adhésion. Cette constatation, certes subjective, mais assez répandue, nécessite qu'on cherche quelques explications.

On peut avancer que les sculpteurs de Poitiers ont beaucoup emprunté aux chantiers précédents et qu'ils ont donc manqué d'originalité et de souffle tant dans leurs grands choix iconographiques que dans leurs techniques. Aucun d'eux n'a l'audace de ses collègues d'Amiens ou de Bourges, mais on rétorquera, en revanche, qu'un style sage convenait bien à l'édifice.

Alors où demeure la faille ? Le manque d'unité nuit certainement à notre perception globale. La comparaison avec les sculptures de Charroux est éclairante. Ces dernières appartenaient à un ensemble beaucoup moins vaste que les larges portails de Poitiers. À chaque voussure correspond un style de personnages, tous de bonne, voire d'excellente facture. À Poitiers, où les sculpteurs devaient être plus nombreux, les immenses archivoltes accueillent de multiples pièces de qualité diverse[33]. Cette hétérogénéité et la dispersion des sculptures de bonne facture sont des obstacles à une bonne appréciation, et de chaque bloc en particulier, et du tout.

Par ailleurs, l'œuvre n'est pas totalement aboutie ; les statues qui auraient dû encadrer chacune des entrées et éviter une trop grande rupture visuelle entre les parties hautes et basses ne furent pas réalisées et les reliefs n'ont jamais reçu la couleur qui aurait peut-être gommé des imperfections et créé un effet théâtral unificateur. Les restaurateurs n'ont pas décelé la moindre trace de peinture ; pourtant si la plupart des ailes des anges sont restées lisses, dépourvues de toute marque de plumes, c'est qu'on avait prévu de les peindre ou de les dorer.

Faut-il incriminer les lieux ? L'architecte a fait son possible pour plaquer des portails à la française devant un bâtiment d'un autre style, mais l'harmonie n'est pas parfaite. Le ou les concepteurs de l'ensemble eurent à pallier une trop grande largeur de bâtiment et, pour ce faire, ébrasèrent fortement les portails. En revanche, ils durent aussi en limiter aussi la hauteur en raison de contraintes d'éclairage. De là vient peut-être notre réserve, à moins qu'inconsciemment nous regrettions que des portails relevant du gothique français ne soient pas associés à une cathédrale de même style ou, à l'inverse, que les sculpteurs du XIIe siècle, ceux qui avaient débuté sur le chantier, n'aient pas, un siècle plus tard, devancé la résurrection pour achever leur œuvre. Chacun, en ce domaine, répondra selon ses émotions.

Reste à comprendre les raisons de la venue à Poitiers d'artistes formés sur des chantiers du nord de la Loire et reste aussi à en fixer la date. Il faut d'abord avoir à l'esprit qu'un tel déplacement n'était pas une nouveauté au XIIIe siècle. L'exemple de la cathédrale Saint-Maurice d'Angers le prouve ; on n'a pas hésité, dès 1150-60, à faire appel à des sculpteurs de Chartres, comme le démontre Bénédicte

33. Sans compter quelques reprises médiocres.

Fillion[34] ; mieux, nous avons vu qu'à la cathédrale de Poitiers, ce mouvement s'était amorcé avant bien avant la construction des portails occidentaux. Il faut admettre qu'on ignore les liens exacts entre les équipes de maçons et les ateliers de sculpteurs ; il ne faut donc pas s'étonner d'interférences qui bouleversent nos catégories.

Dire que les sculpteurs du nord sont venus parce qu'il n'y avait pas d'équipes locales capables d'assumer un tel chantier est une réponse qu'on peut avancer, mais elle reste une réponse parmi d'autres. Depuis longtemps, cette arrivée a été associée au gouvernement d'Alphonse de Poitiers. Les sculpteurs se rapprochent sans doute davantage, par leur style, des milieux parisiens plus que de tout autre ; on comprend donc qu'un appel d'Alphonse, proche parent du roi, à des sculpteurs connaissant bien les ateliers de Notre-Dame ou de la Sainte-Chapelle, n'est pas une hypothèse incongrue. De là, il n'y a qu'un pas à faire pour voir dans cette démarche un caractère politique : apporter une nouveauté à Poitiers aurait pu assurer son prestige. Pourquoi pas ? Les deux femmes accroupies du portail de la Vierge seraient-elles alors deux donatrices de la famille princière ? Rien d'impossible. Il n'est pas interdit de répondre positivement à ces questions, mais c'est beaucoup s'avancer. Il n'y a pas le moindre document écrit, le moindre témoignage en ce sens. L'évêque et son chapitre auraient pu être, tout autant et même plus, les commanditaires privilégiés du chantier. Enfin, il reste la possibilité d'un accord entre gens d'Église et grands laïques. Qu'Alphonse ait favorisé le recrutement, c'est vraisemblable, qu'il l'ait imposé à l'évêque et son entourage l'est moins.

Quant aux dates de l'édification des trois portails, Chiara Piccinini, dans la conclusion de son ouvrage, apporte quelques précisions : ils doivent se situer après la mise en place du soubassement vers 1255/60, dans les années 1265-80, ceci en fonction de la présence de certains thèmes, par exemple, saint François dans le cortège et d'autres encore ; les premières analyses des emprunts stylistiques, des techniques de sculpture et de montage le confirment. Des comparaisons prochaines avec d'autres réalisations gothiques, particulièrement au sud de la Loire, permettront à l'auteur d'affiner la fourchette chronologique, ce qui éclairera, n'en doutons pas, les perspectives historiques.

Marie-Thérèse Camus

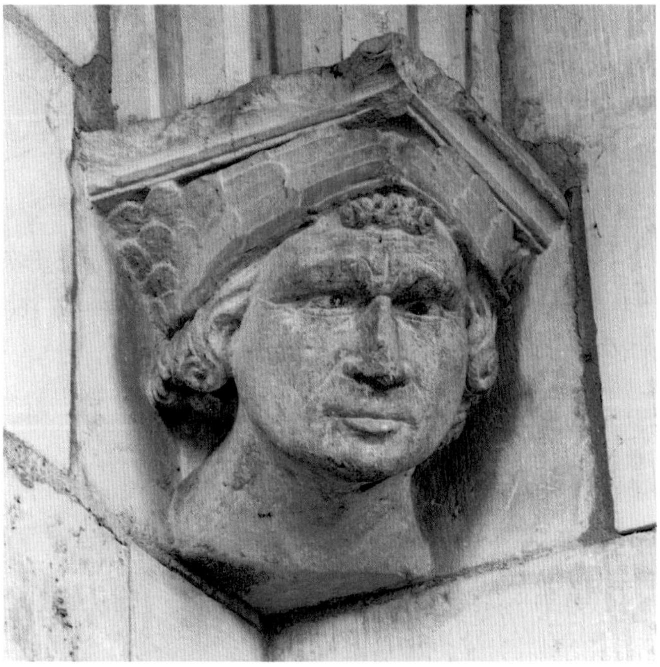

34. B. Fillion, *op. cit.*, t. I, p. 190-194.

LA CATHÉDRALE DU XVIIe AU DÉBUT DU XIXe SIÈCLE

par Jean-Pierre Blin

Conservateur régional des Monuments Historiques à la D.R.A.C. de Poitou-Charentes

Après les troubles et les destructions qui avaient marqué le siècle précédent, la cathédrale connaît, après 1600, une période de relative stabilité au cours de laquelle peu de transformations lui sont apportées.

Le 21 décembre 1610, le chapitre passe commande à Crespin Carrelier, facteur d'orgues à Laon en Picardie, d'un nouvel orgue à édifier sur le jubé[1]. Ce premier projet est toutefois rapidement abandonné, les chanoines jugeant préférable de placer le nouvel instrument au-dessus du portail, en lieu et place des grandes orgues détruites quelques années plus tôt par les huguenots. L'instrument alors conçu par Carrelier est un grand seize pieds dont le positif est livré pour les fêtes de Pâques de l'année 1612 et dont le grand jeu est livré l'année suivante, date à laquelle il est reçu et accepté par le chapitre.

Cet instrument, réputé l'un des plus beaux de France n'aura qu'une existence très brève. Le 26 décembre 1681, un incendie provoqué par des charbons de bois, laissés sur la tribune par l'organiste, provoquent un incendie qui détruit l'instrument et endommage le revers de la façade ouest, et notamment la rose située dans l'axe au-dessus du portail.

Les travaux de réparation sont confiés à François Le Duc, dit Toscane, architecte réputé, auteur à la même époque d'un grand nombre de constructions religieuses dans le diocèse de Poitiers[2]. Si rien ne subsiste aujourd'hui de l'intervention de l'architecte, les archives relatives à ces travaux ont permis d'avancer que la galerie située sous la rose, aujourd'hui réduite par la restauration du 19e siècle à une arcature aveugle, était sans doute à l'origine à claire voie[3].

Le début du 18e siècle ne voit guère d'évolutions spectaculaires dans les dispositions de l'édifice ; en 1715, un nouvel autel est commandé, à la demande de l'évêque, Monseigneur de Popye. En 1735, on réalise les boiseries de la sacristie.

Ce n'est qu'avec la nomination à l'évêché de Poitiers de Martial Louis de Beaupoil de Saint-Aulaire, en 1759, qu'une importante campagne de restauration et de rénovation de l'édifice va être entreprise et donner à l'intérieur de l'édifice son aspect actuel. Un relevé précis de l'édifice est réalisé en 1769[4], ainsi qu'un devis des travaux à réaliser. À l'aide de ce document, l'évêque obtient du roi Louis XV un don de 100 000 livres pris sur les loteries de piété et qui sera versé en dix annuités consécutives, de 1771 à 1781. Les devis, mémoires et rapports de visite conservés aux archives départementales de la Vienne permettent de suivre avec précision la succession des travaux réalisés[5].

On s'attache dans un premier temps à remettre en état charpentes et toitures. Si la charpente médiévale du chœur est globalement conservée dans son état d'origine, on refait entièrement la charpente des bas-côtés et une grande partie de celle des transepts et de la nef. On profite de l'occasion pour supprimer définitivement la flèche qui s'élevait sur la croisée et dont

1. Ch. Aug. Auber, *Histoire de la cathédrale de Poitiers*, *M.S.A.O.*, 1re série, t. XVI, 1850, p. 309-312.
2. François Le Duc, dit Toscane, reconstruit notamment, à la fin du 17e siècle, les abbayes de Celles-sur-Belle, de Saint-Maixent et le bâtiment abbatial de Saint-Savin. Voir Élisabeth Caude, *La Sauvegarde de l'art français*, cahier 10, 1997.
3. Yves Blomme, *La construction de la cathédrale Saint-Pierre de Poitiers*, Bulletin monumental, t. 152-1, 1994.
4. Médiathèque de Poitiers, plan n° 25.065 (Voir fig. p. 41).
5. Arch. dép. Vienne, G 191.

nous connaissons la silhouette par les dessins de Gaignières réalisés à la fin du siècle précédent[6]. Dans le même temps, on décide d'entreprendre la rénovation intérieure de l'édifice : les verrières médiévales, fort endommagées par des siècles d'incurie, sont réparées et hélas souvent remplacées par les verrières blanches à filets colorés que nous pouvons encore voir aujourd'hui, tandis que des panneaux historiés sont déplacés, retaillés et remontés, souvent sans respect de l'iconographie originelle. Dans le même esprit, on décide de blanchir entièrement l'édifice pour le rendre plus lumineux, en faisant disparaître sous le badigeon les peintures médiévales[7].

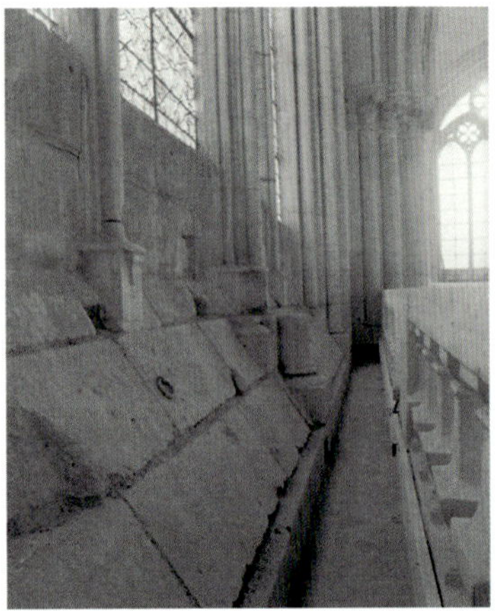

Fig. 1

Pour compléter ce programme d'embellissement, on fait également établir au niveau de la galerie médiévale, sous les fenêtres des bas côtés, une balustrade de pierre de style classique qui ceinture entièrement l'édifice au niveau de la tribune (fig 1). Comme on peut le constater, la volonté de l'évêque est à la fois de restaurer entièrement l'église cathédrale en faisant réaliser tous les travaux nécessaires de mise hors d'eau et hors d'air, mais également de « moderniser » l'édifice en lui donnant un aspect plus classique et en y faisant régner la lumière, grâce au blanchiment des murs et à la transparence des verrières.

Enfin, pour achever dignement cette vaste campagne d'embellissement, on va entreprendre la construction d'un nouvel orgue ; la tribune est entreprise dès 1778, mais ce n'est qu'en avril 1787 que l'instrument sera commandé à François Henri Clicquot, facteur d'orgue du roi (fig 2 et 3). La construction de cet orgue monumental de seize pieds durera quatre ans pour s'achever en 1791[8] : François Henri Clicquot étant mort avant l'achèvement de l'instrument, c'est son fils François qui en assurera la livraison.

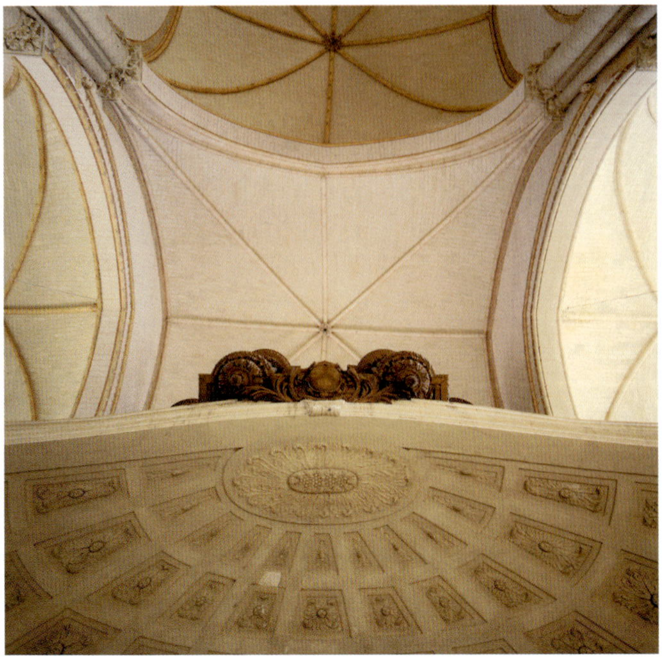

Fig. 2

La Révolution va à son tour laisser son empreinte sur la cathédrale. Si le sanctuaire et la statuaire de portails paraissent échapper au vandalisme révolutionnaire, il n'en va pas de même de l'orfèvrerie, des ornements sacerdotaux et d'une partie du mobilier qui sont mis à l'encan, et dont les archives nous conservent l'inventaire[9]. La cathédrale hérite toutefois des autels et retables d'un certain nombre de couvents dont les communautés religieuses supprimées comme les Jacobins, les Capucins ou les Trinitaires. Du couvent tout proche des Dames de Sainte Croix, on fait venir les grilles de fer forgé qu'on va installer en lieu et place de l'antique jubé qui est détruit à cette occasion.

6. L'étude dendrochronologique récemment menée par le laboratoire de chrono-écologie de Besançon a permis de situer entre 1264 et 1299 la construction de cette flèche aujourd'hui disparue (analyse menée sur deux prélèvements faits sur les sablières existantes). La charpente du chœur aurait quant à elle été réalisée entre 1208 et 1224.

7. Celles-ci ont été en partie redécouvertes lors de la restauration des voûtes des deux premières travées sous la direction de François Jeanneau, A.C.M.H. (Architecte en Chef des Monuments Historiques). D'autres vestiges sont également visibles dans le transept sud.

8. L'orgue Clicquot de la cathédrale de Poitiers.

9. Sur les désordres de la période révolutionnaire, voir Ch. Aug. Auber, *Histoire de la cathédrale de Poitiers*, *M.S.A.O.*, t. XVI, 1849, p. 454-474.

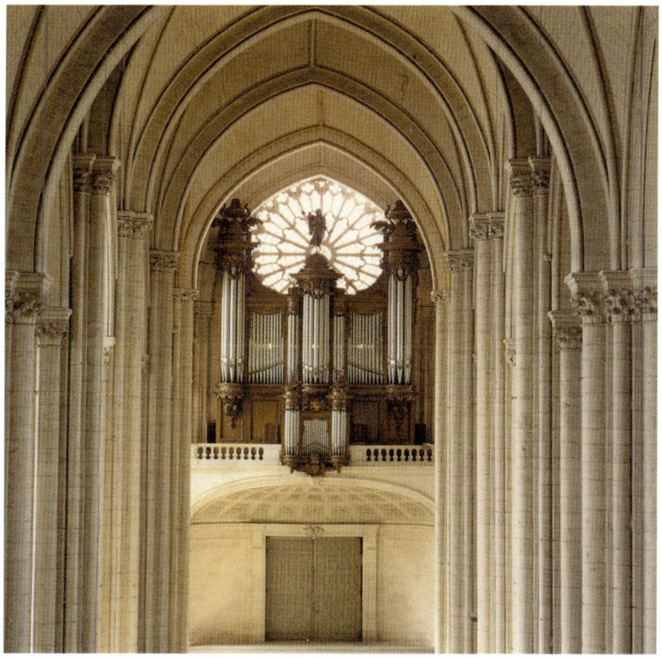

Fig. 3

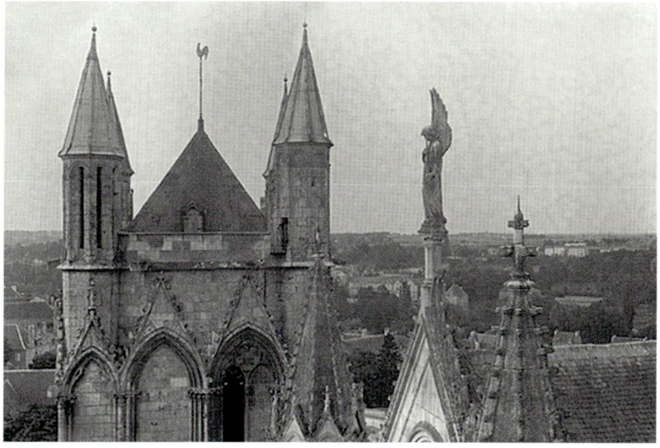

Fig. 4

Après ces années d'instabilité, il faut attendre 1809 pour trouver la mention de nouveaux travaux sur la cathédrale. Ceux-ci vont concerner la partie haute de la tour sud-ouest dont la toiture venait d'être endommagée par une tempête. Cette tour était couverte, depuis la fin du 16e siècle, d'un dôme couvert d'ardoise représenté sur un grand nombre de gravures et dessins antérieurs au 19e siècle et notamment sur le dessin de Gaignières figurant la façade en 1699. Un conflit s'éleva alors entre le chapitre de la cathédrale et le préfet sur la manière de mener cette restauration, qui devait s'accompagner de la réfection du beffroi des cloches, le chapitre souhaitant la réfection du dôme à l'identique, le préfet voulant quant à lui supprimer l'étage du dôme pour replacer le beffroi et la toiture à un niveau inférieur. C'est finalement cette solution qui prévaudra. Afin d'installer le nouveau beffroi et d'y descendre les cloches, on supprime le dôme et la maçonnerie octogonale qui en formait la base, on perce la voûte supérieure et on rétablit la toiture basse à quatre pans que nous voyons aujourd'hui[10] (fig 4).

Parmi les campagnes de travaux qui précèdent la restauration de la façade occidentale par Mérindol, on peut encore mentionner la restauration complète du pavage de l'édifice, menée par l'architecte Vétault de 1826 à 1836, opération qui fait disparaître un certain nombre de pierres tombales visibles sur les relevés avant travaux[11]. En 1831, on rénove le parvis dont l'escalier est refait en pierre de Chauvigny et dont les accès sont modifiés et cantonnés par des bornes en pierre. Cette conception nouvelle supprimait les dispositions médiévales du parvis, jusque là conservées, et notamment le socle central qui supportait la croix de pierre, renversée au 16e siècle par les huguenots[12]. Ce parvis sera de nouveau transformé par l'intervention de Magne en 1909.

De 1838 à 1841, on décide la construction de stalles dans la nef, face à la chaire, pour remplacer celles, vétustes, détruites lors de la réfection du pavage, et destinées à accueillir les marguilliers ainsi que le chapitre au moment du sermon.

On peut mentionner, de 1839 à 1842, les travaux menés pour garantir la façade contre les eaux pluviales ; les plans conservés sur cette opération nous permettent de connaître le mode de couvrement de la tribune supérieure, tel que l'avait restitué ou imaginé François le Duc à la fin du 17e siècle[13]. Ces dispositions disparaîtront complètement au cours de la grande campagne de restauration de la façade occidentale que va mener Mérindol à partir de 1850.

Jean-Pierre Blin

10. Arch. dép. Vienne, V5 – 3. (Voir fig. 2, p. 150).

11. Arch. dép. Vienne, V5 – 3.
12. Yves Blomme, *Ibid.*
13. Arch. dép. Vienne, V5 – 3.

LA RESTAURATION DE LA CATHÉDRALE, DEPUIS SON CLASSEMENT AU TITRE DES MONUMENTS HISTORIQUES[1]

par François Jeanneau

Architecte en chef, Inspecteur général des Monuments Historiques

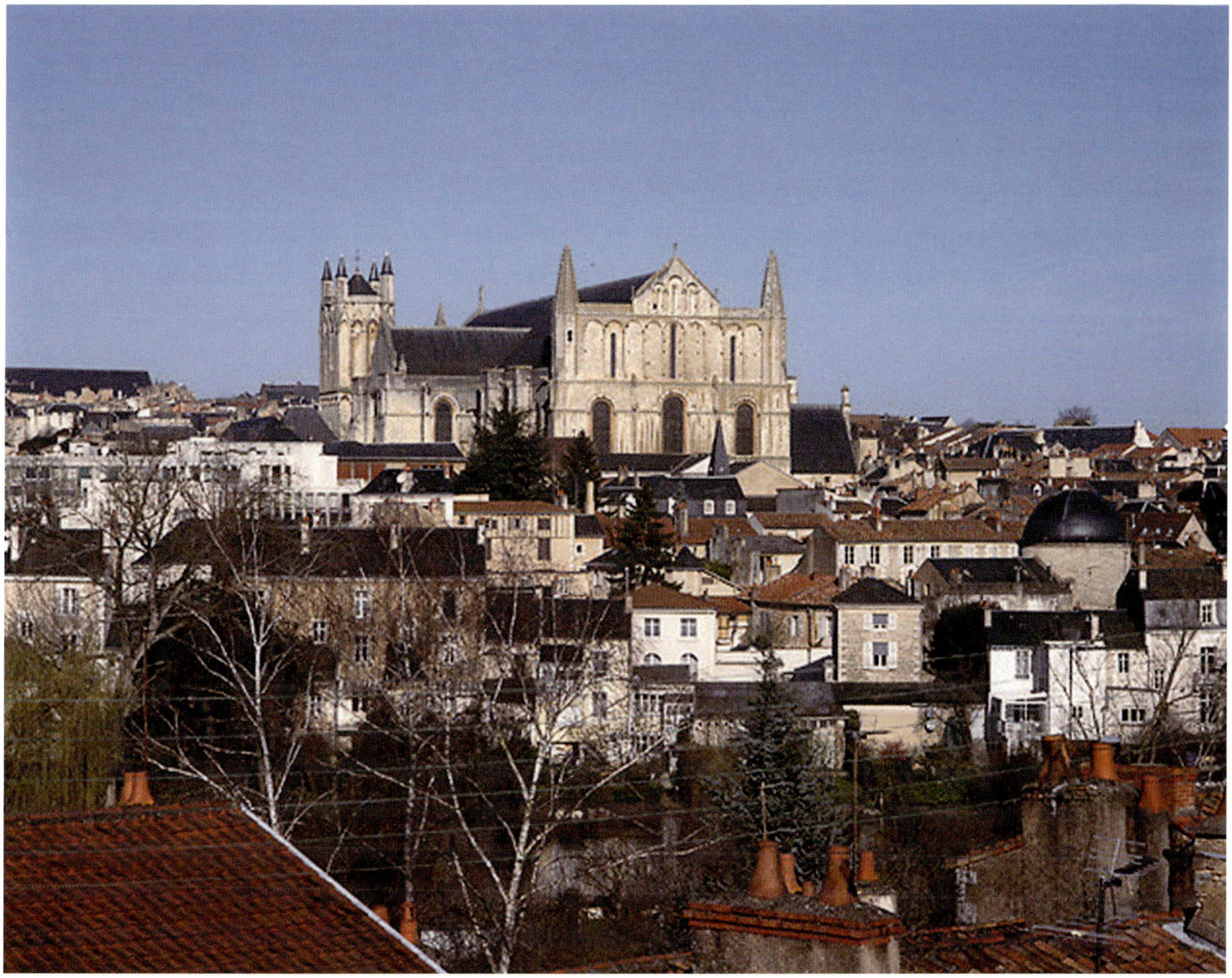

Fig. 1. Le chevet de la cathédrale vu depuis le plateau des Dunes.

1. Les travaux de Mérindol

La cathédrale de Poitiers, édifice majeur s'il en est par sa monumentalité (fig. 1) mais aussi par sa place dans l'histoire de l'architecture religieuse n'a été protégée au titre des Monuments Historiques qu'en 1875, alors que Notre-Dame-La-Grande le fut dès la première liste de 1840. N'est-ce pas du fait de la grande originalité de cette cathédrale si différente des conceptions septentrionales ? Ceci étant, cette protection intervient suffisamment tôt pour reconnaître en cette fin du XIXe s. son très grand intérêt.

1. Je remercie tout particulièrement Mme Bénédicte Fillion-Braguet, Docteur en Histoire de l'Art, documentaliste de mon cabinet, pour l'aide précieuse apportée tant dans la recherche documentaire que dans la rédaction de ce chapitre.

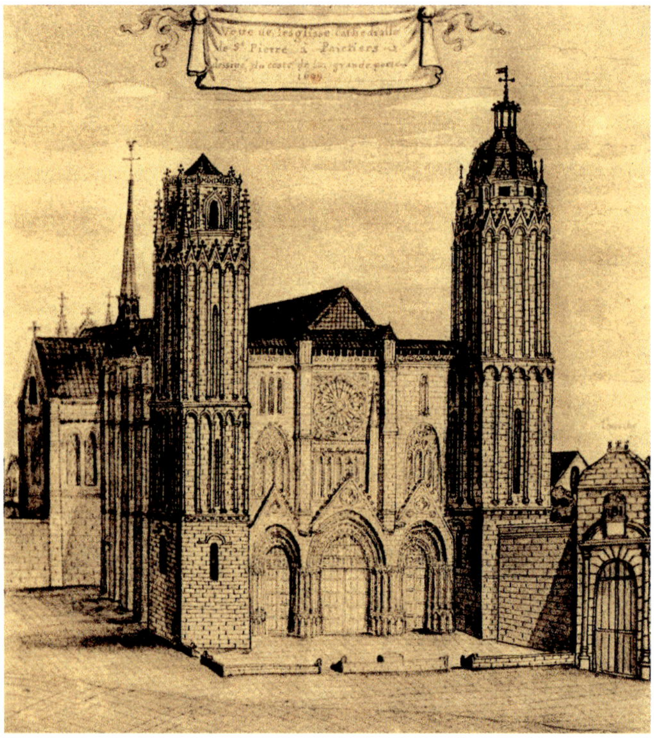

Fig. 2. Reproduction de l'aquarelle de Gaignières par Jules Robuchon

On l'a vu, de nombreuses modifications eurent lieu dans l'édifice depuis sa construction. Il fut un temps aussi où le monument se figea dans la forme que nous lui connaissons et débutaient alors les périodes de sauvegarde et d'entretien. Confiés aux architectes diocésains dont le corps est créé en 1848, les édifices cultuels feraient désormais l'objet d'une attention plus soutenue. Ce fut le cas de la cathédrale de Poitiers dont la charge revînt à l'architecte Mérindol dès 1848. Ce dernier dressa un rapport détaillé sur l'état sanitaire de l'édifice et constata son excellent état de conservation à tel point dit-il « qu'on croirait qu'elle est récente ». N'avait-il pas perçu alors l'urgence des travaux de couvertures pourtant réclamés depuis le début du siècle par les architectes l'ayant précédé[2]. Il préféra mettre plus particulièrement l'accent sur l'état de la façade occidentale et exercer ainsi ses talents d'architecte.

Les parties hautes de la façade occidentale de la cathédrale de Poitiers n'avaient semble-t-il jamais été terminées. Les charpentes datent de la fin du XIIIe pour le vaisseau central et du début du XIVe pour le collatéral nord[3], les parties hautes des tours elles-mêmes ne datent que du début du XVIe s. Dans ce contexte d'inachèvement, on comprend mieux le clairis et la sorte d'appentis qui couvrait la balustrade supérieure sur la première vue ancienne de l'édifice qu'est l'aquarelle de la collection Gaignières (fig. 2), datant de 1699. On sait aussi que les parties hautes avaient été modifiées par l'architecte poitevin Vétault en 1771[4], les jugeant probablement trop pittoresques pour une cathédrale.

C'est précisément ces dispositions que Mérindol jugea mauvaises[5]. Aussi proposa-t-il de supprimer la croupe existante et de la remplacer par un pignon à rosace, s'inspirant directement du pignon supérieur du bras sud du transept de Notre-Dame de Paris, lequel s'achève par un pignon percé d'une rosace, cantonné de deux pinacles reliés par une balustrade ajourée[6]. Dans ce dessein, il convenait de déposer et reconstruire à l'identique la galerie haute et la grande rose, de reconstruire la fausse galerie basse afin de supprimer des ancrages métalliques qui la fragilisaient puis de prolonger jusqu'à la balustrade supérieure, les deux escaliers

2. « Le tuf qui compose les voûtes est tellement imprégné d'humidité que le doigt plonge dans quelques moellons aussi facilement que dans du mortier », Arch. nationales, Paris, F19.7819.

3. Voir Christophe Perrault, Olivier Girarclos, *Essai de datation par dendrochronologie de bois provenant de la cathédrale Saint Pierre à Poitiers*, Besançon, CNRS, Laboratoire de Chrono-écologie (UMR 6565), 1999.

4. Arch. dép. Vienne, G191 : «… au-dessus de la rosette, il sera fait un cintre en charpente en assemblage sur toute la largeur entre les deux escaliers en place dudit ballet qui couvre la galerie, lequel cintre en charpente sera couvert d'ardoise… ». Il est difficile d'interpréter le mot cintre, les documents anciens, notamment la gravure de 1805, nous présentent plutôt une croupe venant couvrir la galerie supérieure.

5. Arch. nationales, Paris, F19.7820 : « une disposition vicieuse qui porte sur la balustrade du couronnement qu'elle pousse au vide et que, en même temps par effet contraire, elle chasse la grande rose à l'intérieur… On a bien voulu en vain arrêter la poussée jouant sur la rose au moyen d'une barre de fer pour la contrebuter par son milieu ; elle n'est pas placée assez obliquement. ». Voir dessin n°cl. MH.204954, Arch. photog., Paris, Spadem., 1850, où Mérindol a superposé les dispositions anciennes et son projet. À la vue de la croupe posée sur la galerie haute, on comprend les inquiétudes de l'architecte sur la stabilité de cette partie et dont Vétault avait tenté de résoudre par des tirants métalliques.

6. La conception de Mérindol est assez logique puisque déjà la grande rose copiait celle du bras nord du transept de Notre-Dame de Paris, conçue par Jean de Chelles en 1250. Cette question du traitement des parties hautes de la façade de Poitiers est pourtant loin d'être résolue. N'était-il pas envisagé une galerie couverte d'une terrasse formant chéneau avec un pignon en pierre masquant le haut de la couverture de la nef (comme à Chartres) ?

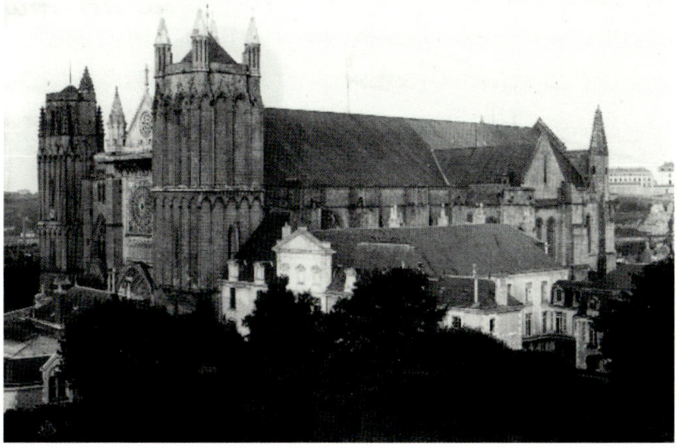

Fig. 3. Vue de la cathédrale depuis le sud-ouest (vers 1888)

latéraux qui n'avaient jamais été terminés. Ce rapport était accompagné de superbes dessins aquarellés montrant le projet[7] qui fut approuvé, comme il se doit par l'inspection générale.

Les travaux débutèrent en mars 1851. La fausse galerie sous la rose occidentale fut reprise, le fenestrage gothique de cette rosace fut restauré et la galerie supérieure modifiée[8]. Les travaux furent réalisés en pierre calcaire dure de Chauvigny et le fer, largement utilisé pour consolider les parties hautes. Une série de splendides attachements figurés aquarellés et signés de Mérindol et de l'entrepreneur Peaucellier en 1853 permet de connaître l'étendue exacte des restaurations[9]. Pourtant, à cause d'un contentieux pour le paiement des travaux réalisés par Peaucellier[10], le chantier fut arrêté en mars 1852. Pendant cette interruption, de nombreux objets et matériaux de l'entreprise furent volés tandis que les maçonneries des voûtes et l'orgue qui est au-dessous se détérioraient. Un nouveau devis fut même présenté en avril 1852 pour la consolidation de la charpente de la tribune d'orgue affaiblie depuis la suppression des fers qui reliaient le buffet au mur de façade. Malgré l'absence d'archives à ce sujet, il semble bien que ces travaux furent réalisés.

7. Paris, Médiathèque du Patrimoine.
8. Arch. dép. Vienne, 5 V8, Mémoire des travaux réalisés par Mérindol de 1851 à 1858.
9. Paris, Médiathèque du Patrimoine.
10. J.-M. Leniaud cite une lettre de 1853 où l'auteur se plaint « *du désordre qui règne dans la comptabilité de l'architecte...* », *op. cit.* page 748.

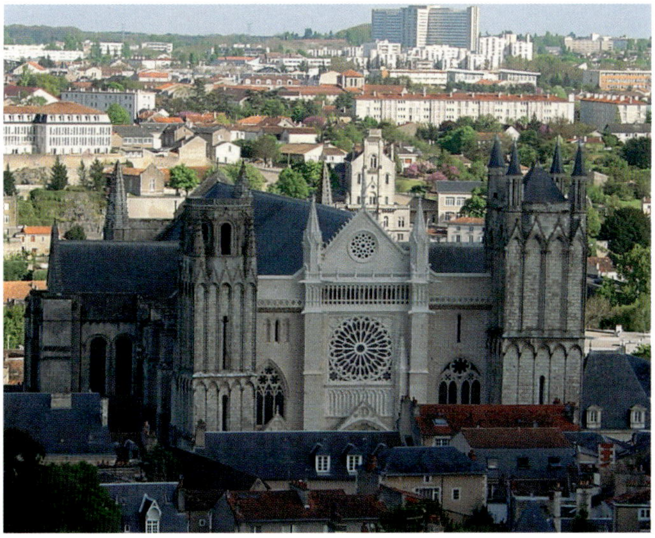

Fig. 4. Façade occidentale vue du clocher de N.-D.-La-Grande

La restauration des parties hautes de la façade occidentale reprit fin 1854 et fut achevée pour une grande part en 1856. Elle consista à supprimer la galerie aveugle sous la rosace dans toute son épaisseur y compris le mur de soubassement pour le remplacer par un mur plein. La petite tourelle d'escalier conduisant à la tribune d'orgue fut reprise. Intérieurement, l'arc doubleau au revers de la façade fut restauré et un nouvel arc fut construit pour soulager l'ancien. Les deux tourelles d'escalier latérales à la rose furent déposées et reconstruites sur une hauteur d'environ 4,50 m. Enfin, la rosace elle-même fut reprise et la galerie supérieure surmontée d'une balustrade. Pour faciliter ces travaux, le gâble du portail central fut déposé. En 1867, les échafaudages étaient toujours en place et devaient servir à la consolidation des gargouilles des deux tourelles latérales effectuée par la mise en œuvre de crampons métalliques ainsi que dans la tourelle d'escalier d'accès à l'orgue. Restait également à terminer le pignon supérieur projeté par Mérindol[11].

L'architecte diocésain se préoccupa également du reste du monument qu'il avait jugé sans doute un peu trop rapidement en excellent état. Son rapport de 1855 attirait l'attention des autorités sur l'état des chéneaux en plomb et des infiltrations d'eau qu'ils provoquent dans les maçonne-

11. Paris, Médiathèque du Patrimoine. Voir les dessins d'exécution du projet datant de 1868, plans n° 16730 et 16731.

ries. Il a fait d'ailleurs dégagé les voûtes des épais gravas et immondices qui les recouvraient sur plus d'un mètre et procéda à des réparations de couvertures[12].

Les derniers travaux de restaurations de Mérindol seront pour les vitraux de la cathédrale, constituant la plus importante intervention du XIXe s. sur ceux-ci. Alors que les deux verrières latérales de la façade ouest furent remplacées par l'architecte départemental Dulin entre 1838 et 1842, le peintre verrier Steinhel fit procéder à la restauration des verrières historiques de 1882 à 1884. Il « remit en ordre » les trois verrières du chevet, deux du mur nord du transept et procéda à la restauration de verrière en verre blanc. Dans les devis et rapport précédents, on apprend que lors de restaurations antérieures, on avait utilisé un plomb trop fin et fragile et que ce dernier était à remplacer d'urgence. C'était le cas de la verrière de la Crucifixion qui demandait une remise en plomb urgente.

Des clichés pris avant le commencement des travaux permettent de mesurer l'importance des changements opérés par Steinhel. Ainsi, les panneaux de la partie basse des vitraux n° 101 et 102[13], présentant des figures en pied des saints Jean-Baptiste, André et Antoine du XVe s., ont été déposés et replacés dans la verrière n° 108. De même, des fragments représentant des scènes de la vie de Noé occupant la verrière n° 102 ont été déposés[14].

Avant les restaurations de Steinhel, on pouvait voir dans le médaillon central du registre bas de la verrière de la Crucifixion, deux personnages couronnés, reconnus comme étant Aliénor d'Aquitaine et son époux Henri II Plantagenêt, présentant entre leurs mains une tiare. Selon l'abbé Auber et Mérindol, cette tiare était de style moderne et avait été placée en remplacement d'un vitrail matérialisant l'offrande du couple. Steinhel restitua à juste titre le vitrail offert ce qui, des années plus tard, fut critiqué par Grodecki qui croyait en l'authenticité de la tiare[15].

2. Les restaurations de la fin du XIXe s.

Depuis 1875, la cathédrale de Poitiers est classée Monument Historique. Cette protection modifia le cadre juridique des interventions sur l'édifice. Rentré au Service des Monuments Historiques en 1878 comme architecte en chef, c'est Lucien Magne[16] qui prit la succession de Mérindol comme architecte diocésain de la cathédrale en 1885. Ainsi, termina-t-il les travaux de son prédécesseur en reprenant son devis[17], acheva les parties hautes occidentales et la sculpture des chapiteaux de la galerie inférieure (fig. 3 et 4). C'est en 1909 que Magne fit également aménager le parvis occidental, abaissant le niveau du sol de 0,70 m permettant ainsi de dégager le soubassement et de restituer les proportions d'origine des portails.

Lucien Magne effectua la restauration des couvertures de l'édifice à partir de 1891 jusqu'en 1911. Commençant par les charpentes et couvertures du chœur et du bras nord du transept, il poursuivit par celles du bras sud du transept puis sur la nef. Les nombreuses traces d'infiltrations d'eau dans les voûtes furent signalées à plusieurs reprises et l'architecte proposa des raccords de badigeon à faux-joints ocre-rouge qui furent réalisés partiellement sur les zones les plus affectées.

12. « L'humidité avait traversé les voûtes en beaucoup d'endroits à ce point que, pendant les temps humides, l'eau s'infiltrait à travers les voûtes et tombait en goutte sur les dalles de l'église, de grandes tâches noires se remarquaient notamment dans les angles de la plupart des travées. Depuis que les travaux ont été effectués et que les toitures ont été réparées, les voûtes dégagées sont presque devenues blanches car séchant. », Paris, Arch. nationales F19.7820.
13. Numérotation conventionnelle admise et fournie par le *Corpus vitrearum*.
14. Considérés comme perdus par Louis Grodecki en 1951, ces fragments seraient actuellement au Metropolitan Museum of Art à New York.
15. Ch. Aug. Auber, *Histoire de la cathédrale de Poitiers*, *M.S.A.O.*, 1ère série, t. XIV 1848, p. 338-340. Mérindol, *rapport de 1872*, Paris, Arch. Patrimoine n° 3145. Louis Grodecki, *Les vitraux de la cathédrale de Poitiers*, C.A. de Poitiers 1951, Paris 1952 p. 146.
16. Voir : *Les architectes en chef des Monuments Historiques*, Paris 1994 ; et J. M. Leniaud, op. cit. p. 740.
17. Arch. nationales, Paris, F19 7821.

En 1917-20, fut effectuée une réparation importante de la première voûte du collatéral nord. En effet, certaines pierres menaçant de tomber et des mouvements s'étant produit dans les nervures où des claveaux se détachaient, Jules Jean Formigé succédant à Lucien Magne fit reprendre l'ensemble de la voûte. Il mit en œuvre une coque en béton armé sur l'extrados et y accrocha les nervures par des agrafes métalliques[18]. Dans cette même période, quelques reprises de meneaux de baies furent effectuées.

3. La restauration des vitraux depuis 1939

Si entre 1918 et 1939 il n'y eut que des travaux d'entretien sur la cathédrale, les restaurations reprirent au début de la seconde guerre mondiale. Suite à un devis de 1938 de l'architecte en chef Yves-Marie Froidevaux, les peintres verriers de Limoges, Francis et Pierre Chigot effectuèrent une importante restauration des vitraux n° 105, 106, 113, 114, 117 et 118 consistant en la suppression des panneaux de verres blancs du XVIIIe s. et des parties basses murées, en leur remplacement par des verres colorés modernes, au triage des pièces anciennes dans les bordures déposées pour servir de bouche-trous à des parties d'origine, au déplacement de médaillons afin qu'ils retrouvent leur place d'origine[19]. Les panneaux déposés furent nettoyés, remis en plomb pour les parties le nécessitant, les barlotières furent vérifiées et des soudures de consolidation furent réalisées[20].

À la fin de l'année 1939, les vitraux figurés qui n'étaient pas déposés pour restauration à Limoges le furent pour fait de guerre, dans la chapelle Saint-Sixte de la cathédrale de Poitiers. On en profita pour faire une restauration rapide de tous les vitraux entre 1945 et 1949 (révision des plombs et des attaches, plombs de casse et quelques repiquages de pièces). Pendant cette période troublée, la façade occidentale fut protégée par des sacs de sable.

En 1949, tous les vitraux furent remontés, sauf celui de la sainte Enfance et de la Passion (106 A et B) qui fut restauré et reposé en 1951 par les ateliers Chigot à la demande de l'architecte en chef Charles Dorian[21]. En 1957, on profita de la restauration du remplage de la baie 108 pour restaurer les verrières XVe s.[22]. Puis, c'est en 1970 que furent restaurées par Lorin de Chartres les baies à grisaille n° 119, 120 et 121 fortement endommagées[23].

Depuis 1981, les travaux concernant les vitraux ont porté sur des restaurations conservatoires ne bouleversant plus l'ordre des panneaux[24]. Une opération que l'on pourrait qualifier de préparatoire à la restauration des plus anciennes verrières historiées, celles du chevet, a été réalisé par les Ateliers Verre Jade, vers 1995-1998. Elle concernait les verrières historiées des faces ouest et nord du bras nord du transept. Il s'agit de l'histoire de Joseph pour les deux baies nord qui datent d'environ 1215, et de l'Exode et l'histoire de Saint-Blaise pour les deux baies ouest. Après une restauration très scrupuleuse de l'authenticité de ces vitraux, il a été décidé de les protéger par la mise en œuvre

18. Travaux que nous avons constatés et repris lors de la campagne de restauration de cette même voûte en 1991-1992. Voir D.D.O.E. 1993, DRAC Poitou-Charentes.
19. Ainsi pour la baie 18, plusieurs panneaux modernes sont venus compléter la verrière 18 B, tandis que des panneaux anciens de cette même baie ont été déplacés en 18 A.
20. Paris, Médiathèque du Patrimoine, dossier n° 3146, *Poitiers, cathédrale Saint-Pierre*, 3e dossier, devis du 8 août 1938, et Contrôle de travaux, n° 4439.
21. Paris, Médiathèque du Patrimoine, dossier n° 3146, *Poitiers, cathédrale Saint-Pierre*, 3e dossier, devis du 1er août 1949, approuvé le 24 janvier 1950 et Contrôle de travaux, n° 4439.
22. Pour la restauration du remplage : Arch. Patrimoine, Paris, 3146, 3e dossier, devis de Dorian du 5 août 1953, approuvé le 16 juin 1955. Pour la restauration des verrières : Angers, Archives de l'Agence ACMH, devis du 16 juillet 1955, approuvé le 30 avril 1956.
23. Angers, Archives de l'Agence ACMH, Dossier *Poitiers, Cathédrale Saint-Pierre*, devis approuvé le 25 septembre 1969.
24. Les vitraux historiés des baies géminées nord et sud du chœur (n° 105 et 106) furent restaurés par l'Atelier du Vitrail de Limoges. Puis les 2 vitraux de la baie géminée du pignon sud du croisillon sud (n° 112 A et B) furent confiés à Jean Mauret de Bourges. En 1990-1992, a eu lieu la remise en état des 2 vitraux de la baie géminée du pignon ouest du croisillon sud (n° 114 A et B) par J. Dupuy de Bordeaux. Enfin, en 1991-1992, parallèlement à la restauration de l'orgue, la rosace a été remise en état par Joël Mone de Lyon. Pour la vitrerie, on a procédé au remplacement des verres blancs par des verres « antiques » légèrement teintés, tout en conservant les verres colorés et des verres peints anciens. Les travaux ont également porté sur la remise en plomb, la réfection de la serrurerie et des calfeutrements.

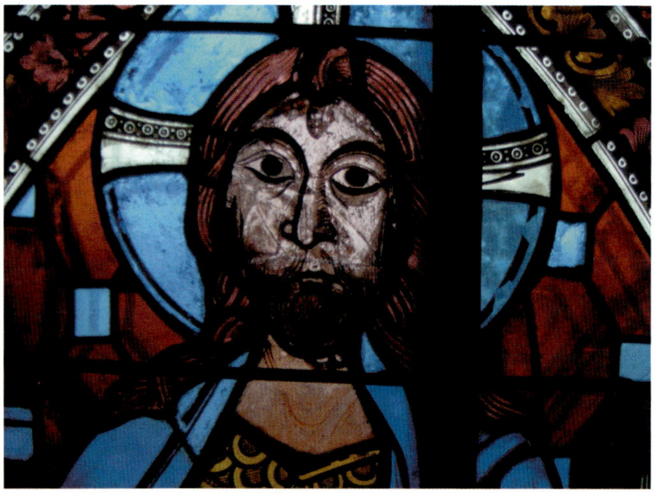

Fig. 5. Le visage du Christ après la restauration

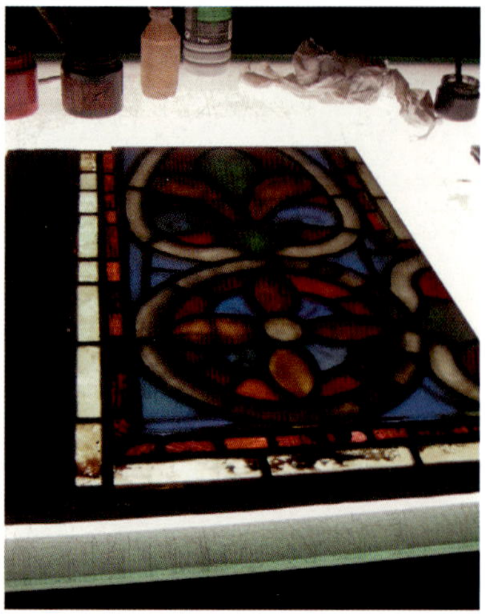

Fig. 6. Thermoformage d'un panneau

d'un verre de doublage extérieur thermoformé[25]. Pour remédier aux attaques de la pollution urbaine et des pluies « acides », ce doublage assure une protection réelle et efficace, qui ne nuit pas à l'esthétique de l'édifice. Cette technique est proposée pour l'ensemble des baies historiées de la cathédrale.

4. La protection et la restauration de la verrière de la Crucifixion

La restauration et la protection de la verrière de la crucifixion de la cathédrale, verrière axiale de la cathédrale et qui passe pour être l'un des vitraux les plus anciens de France, s'inscrivait dans un programme général de restauration de l'ensemble des vitraux de l'édifice. Une étude préalable nous avait été confiée en 1997 pour aborder le programme d'une telle opération. Les verrières de la cathédrale étant datées du dernier tiers du XIIe à la fin du XVe s., nous avons établi notre analyse sur la base de fiches de synthèse regroupant les différentes informations relatives à chacune des baies et présentant des renseignements d'ordre descriptif, historique, constitutif, iconographique et sanitaire, débouchant sur les propositions des travaux à réaliser. Il nous manquait toutefois dans cette étude, une analyse détaillée des vitraux qui n'était possible qu'à l'aide un échafaudage pour chacune des baies à étudier.

Nous avons pu constater que la majorité des vitraux avait fait l'objet de restaurations, même récentes, sauf pour les vitraux losangés. Globalement, l'état sanitaire de cet ensemble est satisfaisant ce qui n'est pas le cas des structures en maçonnerie qui les portent ni des serrureries, notamment des protections.

Les travaux de restauration de la verrière de la Crucifixion ont pu commencer au mois de juin 2003. Profitant de la dépose de la verrière, les maçonneries attenantes à la baie ont été nettoyées par brossage et les feuillures ont été reprofilées en vue de la pose du verre de doublage.

Puis en atelier, le maître verrier[26] a effectué un désencollage des 47 panneaux. Une couverture photographique générale du vitrail constituant un état avant restauration, a été faite au 10e. Le vitrail a ensuite été nettoyé. Puis, après un changement des plombs périphériques des

25. Le thermoformage est un procédé qui a été mis au point par l'Atelier Debitus à Tours. Ce procédé consiste à réaliser une empreinte de la verrière complète dans un lit de plâtre et d'y appliquer un verre spécial qui, dans un four pendant un certain nombre d'heures va par la chaleur intense, épouser la forme du moule. Ce panneau est ensuite mis en œuvre sur une structure métallique rapportée à l'extérieur de la structure d'origine qui elle supportera la verrière ancienne. Ainsi, cette dernière se trouve-t-elle protégée par ce doublage. Cette technique de doublage a été mise en œuvre avec succès à la cathédrale de Tours sous la direction de l'architecte en chef Arnaud de Saint-Jouan. Voir : *Cathédrale Saint-Gatien*, Tours, Indre et Loire, Arnaud de Saint-Jouan, dans Monumental n° 03, Direction du Patrimoine, 1993. et bien d'autres exemples depuis. La double verrière maintient un espace ventilé entre les deux parois ce qui permet d'éviter les problèmes de condensations très nuisibles à la conservation des verrières anciennes. Des capteurs hygrométriques peuvent être installés entre la verrière de protection et le vitrail, dont les mesures sont renvoyées sur un ordinateur pour le suivi et la maintenance du procédé.

26. Le maître-verrier Philippe Rollo des Ateliers Barthe-Bordereau à Angers.

panneaux, l'ensemble a été transporté dans les ateliers Debitus pour la réalisation des panneaux de doublage en verre thermoformé (fig. 6).

La serrurerie, probablement d'origine, déposée et restaurée pour être réutilisée, a été nettoyée et protégée d'un anti-corrosion avant de recevoir les armatures de fixation des panneaux de doublage. Il est à noter que nous nous sommes interrogés sur la présence et donc la conservation, de deux barrelotières verticales qui coupent les panneaux supérieurs représentant la mandorle. Elles ont finalement été conservées.

La restauration du vitrail[27] s'est réalisé ensuite après un travail de critique d'authenticité permettant de révéler l'importance des pièces anciennes conservées et la quantité modeste de pièces de restauration. Toutefois, de nombreux éléments avaient souvent fait l'objet de réparation par plombs de casse, nuisant à la lisibilité des détails notamment dans les drapés et les visages. Notre travail a donc consisté à supprimer certains de ces plombs de casse, les plus gênants visuellement, et les remplacer par des collages plus satisfaisants pour la lisibilité de l'œuvre. Mais d'une manière générale, les plombs ont été conservés.

Les verres des restaurations précédentes ont également été conservés. Quelques patines ont dû être faîtes sur ceux ci, car teintés au manganèse, ils donnaient une coloration rosée au milieu de verre de teinte plutôt ocrée (fig. 5). Ce fut le cas du traitement des chaires et notamment du Christ, centre de la composition.

La campagne de restauration du début du XXIe s. de cette œuvre majeure pour l'histoire de l'Art du vitrail a été très enrichissante pour notre connaissance du vitrail et de sa technique. Elle s'est volontairement limitée à un nettoyage, et encore celui-ci était-il peu important compte tenu de l'excellent état de conservation de la verrière, mais qui lui a redonné sa lisibilité et sa puissance colorée. Sa protection par le doublage extérieur en verre thermoformé était essentielle pour lui assurer une bonne conservation. Les travaux étaient terminés en fin d'année 2004.

5. La restauration des charpentes et couvertures

Constatant le mauvais état des charpentes et couvertures de l'ensemble de l'édifice, état perpétuellement dénoncé par les différents architectes depuis le début du XIXe s., le Service des Monuments Historiques décide enfin une grande campagne de restauration qui allait durer de 1980 à 1988. Ceux-ci firent l'objet de plusieurs rapports et devis établis par l'architecte en chef Pierre Bonnard qui mena cette superbe restauration[28].

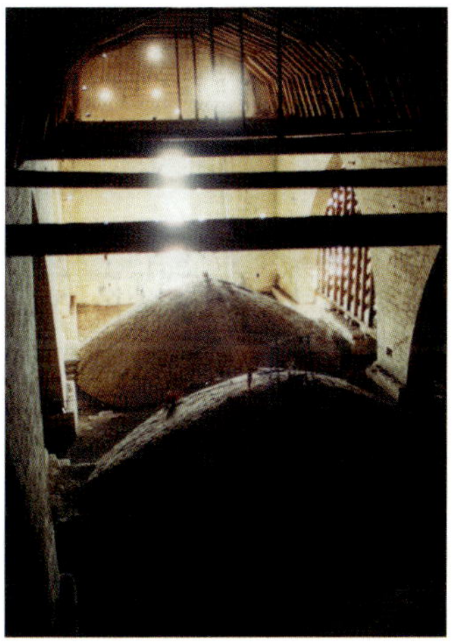
Fig. 7. Charpente du chœur

Si sur le transept et le chœur (fig. 7) subsistent d'admirables charpentes à chevrons formant ferme du XIIIe s.[29] qui furent restaurées à l'identique, les charpentes de la nef et de ses bas-côtés plus tardives (fig. 8), et très reprises au XVIIe s., avaient subi des désordres plus importants justifiant plusieurs solutions de renforcement[30] dont celle retenue, traditionnelle en bois. Le choix du matériau de couverture fut également important compte tenu

27. Le travail de restauration a été suivi par un Comité scientifique comprenant outre l'inspection générale des Monuments Historiques et le conservateur régional des M.H., la directrice du LRMH, M. Herold et K. Boulanger, tous deux membres du Corpus Vitrearum.

28. Angers, Archives de l'Agence ACMH, Dossier *Poitiers, Cathédrale Saint-Pierre*, devis et rapports de Pierre Bonnard.

29. Voir Christophe Perrault, Olivier Girarclos, *Essai de datation par dendrochronologie de bois provenant de la cathédrale Saint Pierre à Poitiers*, Besançon, CNRS, Laboratoire de Chrono-écologie (UMR 6565), 1999. Note tirée de la Thèse de Bénédicte Fillion, Poitiers 1999.

30. Archives de l'Agence ACMH, Dossier *Poitiers, Cathédrale Saint-Pierre*, rapport de P. Bonnard, Angers, 1984.

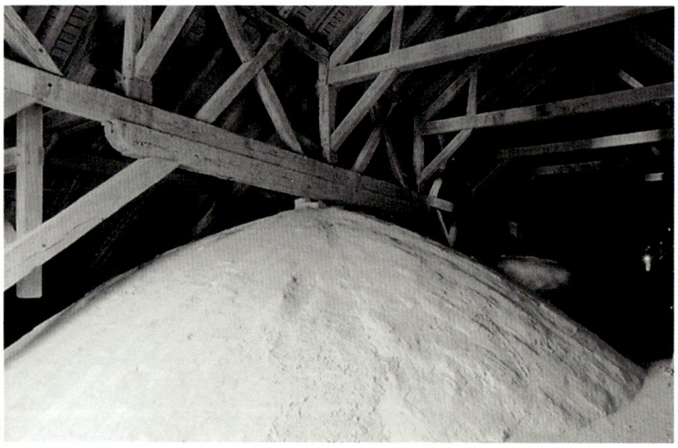

Fig. 8. Charpente de la nef

de l'aspect général qu'il confère à l'édifice. L'architecte proposa très judicieusement l'emploi d'une ardoise épaisse de 9 mm[31], et qui donne aujourd'hui à cet ensemble cette remarquable vibration.

6. La restauration des deux premières travées de la nef

Dans le même temps, des désordres dus aux poussées des charpentes étaient constatés dans les deux premières voûtes du collatéral sud, justifiant la restauration qui allait être réalisée, d'autant que l'on projetait de restaurer l'orgue Clicquot. Ainsi les deux premières travées de la nef furent-elles programmées dans de brefs délais.

C'est peu après la restauration des deux premières voûtes du collatéral sud et la première du vaisseau central, réalisé par Pierre Bonnard, que nous prenions en charge la suite des travaux, notamment la restauration des deux voûtes du collatéral nord et la deuxième du vaisseau central. Lors de cette opération qui se réalisa en 1991 et 1992, nous avons supprimé la coque de béton mise en œuvre par Formigé au début du siècle sur la première voûte du collatéral nord. Nous constations alors que l'angle sud-est de la tour occidentale nord débordait sur la

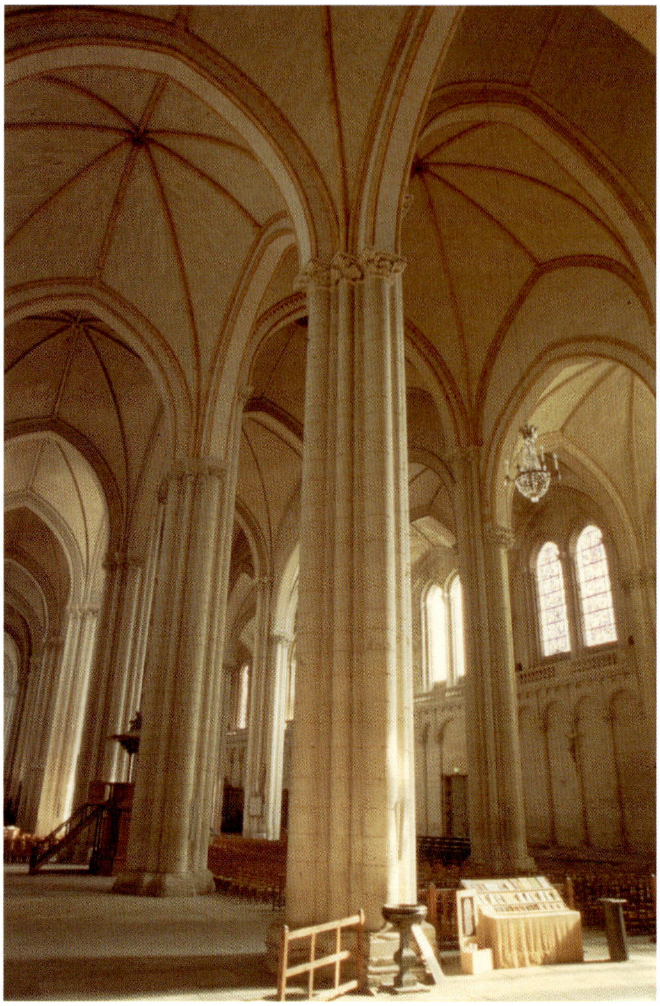

Fig. 9

voûte paraissant reposer sur elle. En fait, un arc de décharge assure le report des charges ce que peut-être nos prédécesseurs n'avaient pu voir[32].

Mais la grande surprise de cette campagne de travaux fut la découverte et la restauration des décors originaux qui couvraient ces trois voûtes et qui très probablement se trouvent encore sous le badigeon blanc du XVIIIe recouvrant l'ensemble des voûtes de l'édifice. Ce décor de tonalité ocre-jaune et rouge est porté sur les nervures des voûtes, renforçant les lignes dynamiques de l'architecture. Il est accompagné sur les aplats, de frises de feuilles sur fond vert ou de frises de trilobe rouge. On trouve également des

31. Extraite et taillée spécialement pour ce chantier par les Ardoisières d'Angers-Trélazé.

32. Cette découverte de chantier permet de comprendre les désordres survenus dans cette voûte et repris partiellement par Formigé. Elle permet aussi de mieux comprendre les phases de constructions des parties occidentales de l'édifice, les parties hautes des tours ayant visiblement été édifiées après les voûtes.

petites croix ou des fleurs de lys peintes sur les nervures déjà recouvertes de jaune ou de rouge. Mais le plus étonnant, ce sont ces personnages peints comme des trompe-l'œil associés à des têtes en ronde bosse qui forment le cul-de-lampe des retombées des arcs.

Les prochaines campagnes de travaux devraient précisément concerner la restauration des voûtes et du décor intérieur de la cathédrale, menée en parallèle avec la restauration des vitraux. On peut s'attendre à de nouvelles découvertes quant au décor intérieur.

7. La restauration des portails sculptés

En 1992, une étude préalable[33] nous a permis d'établir un diagnostic détaillé de l'état des superbes portails du XIIIe s. et de leurs sculptures, puis d'en comprendre le développement historique, notamment les diverses modifications et désordres intervenus depuis leur conception. Il apparaissait ainsi que les portails n'avaient guère été touchés et leur état de stabilité, malgré l'absence curieuse de trumeaux comparativement à des œuvres de la même époque, était satisfaisant. Toutefois, on constatait un encrassement généralisé, des altérations de la sculpture notamment dans les voussures extérieures et des traces d'infiltrations d'eau, le tout suffisamment préjudiciable à la bonne conservation de cette œuvre monumentale méconnue.

Les travaux de restauration ont été exécutés de mars 1995 à décembre 1999, en trois tranches en commençant par le portail central du Jugement dernier, puis en poursuivant par le portail de la Vierge (fig. 10) et en terminant par le portail de saint Thomas.

Pour les trois portails, les travaux se sont déroulés d'une même façon. Après un dépoussiérage de la sculpture effectué selon le procédé de la micro-abrasion[34], nous avons pu apprécier et constater l'état sanitaire de la sculpture, le degré d'altération et l'étendue d'une couche brunâtre récalcitrante déjà perceptible dans les essais effectués lors de l'étude préalable. Nous avons constaté que cette coloration hétérogène était plus ou moins prononcée selon l'exposition aux intempéries et la place de la sculpture dans les voussures du portail : les parties saillantes et orientées vers l'extérieur étaient les plus atteintes ; les sculptures de gauche (orientées sud-ouest) plus affectées que les sculptures de droite ; les sculptures des voussures extérieures plus atteintes que les sculptures protégées de l'intérieur du portail...

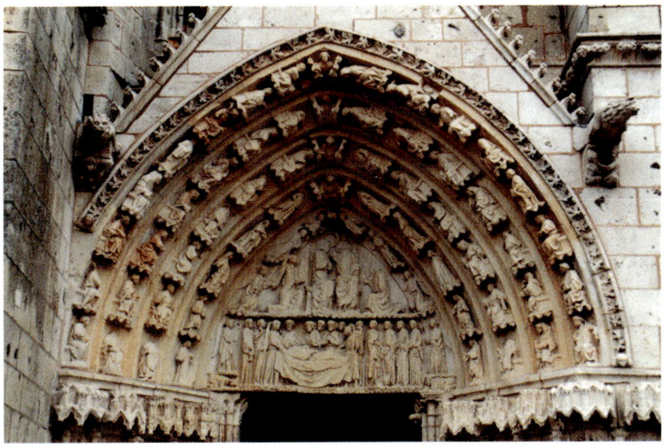

Fig. 10. Portail nord de la façade occidentale (portail de la Vierge)

De ce fait, le nettoyage envisagé risquait de créer des disparités visuelles importantes et préjudiciables à la vision globale de l'œuvre et à son esthétique. C'est pourquoi, avec l'aide des restaurateurs, nous avons jugé qu'il convenait d'éliminer cette couche d'altération selon, après essai de plusieurs procédés, la méthode de nettoyage par désincrustation photonique au laser[35], apportant seule un excellent résultat car

33. François Jeanneau, ACMH, *Étude préalable à la restauration des portails sculptés de la façade occidentale de la cathédrale de Poitiers*, oct. 1992.

34. Pulvérisation sur l'œuvre d'une poudre d'alumine de 15 à 30 microns.

35. La désincrustation photonique consiste à projeter sur le matériau un rayonnement laser qui entraîne une photo ablation confinée. L'impact laser provoque une ionisation ou plasma qui se traduit par une évaporation des salissures à la surface du matériau, et une micro-onde de choc, sans dommage pour lui, éjectant la salissure sous forme de poussière. René Dinkel, *Encyclopédie du Patrimoine*, Paris, 1993, p. 273.

permettant d'obtenir une élimination extrêmement minutieuse, sans « toucher » à l'épiderme de la sculpture.

Le nettoyage ainsi réalisé, il convenait d'intervenir sur les altérations diverses de la sculpture : micro-ragréage pour combler les microfissures et écaillages, consolidation des parties de sculpture altérées au silicate d'Éthyle...

Lors de la construction de la tribune occidentale du très bel orgue F. H. Clicquot de la fin du XVIIIe s., des tirants et chaînages métalliques avaient été mis en place au travers des portails afin de soutenir cette tribune et le bel instrument qu'elle porte. La conservation de ces tirants n'étant pas mise en cause, un traitement particulier du métal a été mis au point par le L.R.M.H., selon un protocole de restauration précis et ce, pour empêcher leurs altérations et les désordres qu'ils pourraient provoquer dans la pierre, et en diminuer l'impact visuel par une coloration discrète. Ce même protocole a été appliqué sur d'autres éléments métalliques repérés dans les portails, des goujons en fer scellant certaines sculptures remplacées au siècle dernier.

Ce travail sur les agrafes métalliques nous a permis de dater les différents joints des portails selon leur coloration et selon qu'ils apparaissaient dessous ou sur celles-ci. Cette datation a été mise en corrélation avec l'histoire de la cathédrale. Aucune trace de polychromie n'ayant été repérée, nous avons émis l'hypothèse soit que les portails avaient pu être nettoyés au XVIIIe lors du blanchiment des murs intérieurs, soit qu'ils n'avaient jamais été achevés. La mise en œuvre de la tribune d'orgue et de l'instrument a de toute façon entraîné une intervention sur la façade occidentale repérable par ces joints différenciés. Les plus anciens ont pu être conservés dans la mesure où leur état était satisfaisant.

Parallèlement, étaient effectués le lavage et brossage des parements non sculptés, le changement de pierres altérées de parement ou de crochets sculptés des gâbles[36]. Le linteau du portail central légèrement fissuré fut consolidé par insertion de barres en fibre de verre.

Enfin, la structure de ces porches hors-œuvre entraînant leur soumission directe aux intempéries, les couvrements en pierre n'en étaient que plus fragilisés. De plus, les gargouilles latérales qui devaient assurer l'évacuation de l'eau étaient souvent bouchées, ce qui entraînait un ruissellement sur la façade ou des infiltrations nuisibles. Afin d'améliorer cette évacuation pluviale, nous avons recreusé les rigoles qui, derrière les gâbles, sont prévues à cet effet, puis aménagé les chéneaux et gargouilles latérales par une protection en plomb. Lors de ces travaux, nous avons supprimé les massifs de maçonnerie qui avaient pour but d'améliorer les écoulements d'eau de part et d'autre des pans des couvrements, mais masquaient des portions de la façade. Nous retrouvions ainsi des fragments de bandeaux sculptés de la façade primitive, probablement antérieurs aux portails eux-mêmes.

La restauration s'est achevée par la remise en teinte des très beaux vantaux de porte[37], remarqués par E. Viollet-Le-Duc, et datés récemment par une analyse dendrochronologique du milieu du XVe s. Une protection de l'œuvre contre les pigeons a été mise en place, selon un procédé italien électrostatique.

François Jeanneau

36. Les gâbles avaient été restaurés par L. MAGNE en 1888.
37. Nous avons retrouvé un texte du XVIIIe sur la coloration des portails en vert olive à l'extérieur et gris perle à l'intérieur – A.D. 86, G191, marché passé avec Vétault pour la réfection de la peinture des vantaux, du 4 septembre 1781.

BIBLIOGRAPHIE SYNTHÉTIQUE SUR LA CATHÉDRALE DE POITIERS

A. Barbier, *Chroniques de Poitiers aux XVe et XVIe siècles*, 2e partie : *Première guerre civile à Poitiers (1562)*, *M.S.A.O.*, 2e série, t. XIV, 1891.

Abbé Auber, *Histoire de la cathédrale de Poitiers*, *M.S.A.O.*, Poitiers-Paris, 2 vol., 1849.

Alfred Richard, *Histoire des comtes de Poitou*, 778-1204, II, Paris, 1903.

André Mussat : *Le style gothique de l'ouest de la France, XIIe-XIIIe siècles*, Paris, 1963.

Anne Granboulan, « De la paroisse à la cathédrale une approche renouvelée du vitrail roman dans l'ouest », *Revue de l'art*, 103, 1994.

Bénédicte Fillion, *Deux chantiers cathédraux du premier gothique de l'Ouest, la nef de Saint-Maurice d'Angers et le chœur de Saint-Pierre de Poitiers*, Thèse de doctorat d'Histoire de l'art, dir. M.-T. Camus, soutenue à l'Univ. de Poitiers, 1999.

Bernard Brochard, dir., *Cathédrale de Poitiers 1787 à 1790 L'orgue de François-Henri Clicquot Facteur d'Orgues du Roy*, Poitiers, 1994.

Brigitte Boissavit-Camus, *Le quartier épiscopal de Poitiers. Essai de topographie historique d'un secteur urbain*, (IVe-XIIe siècle), Thèse de doctorat d'Histoire, dir. N. Gauthier, soutenue à l'Univ. de Tours en déc. 2001.

Carnet de Villard de Honnecourt. Introduction et commentaires par A. Erlande-Brandenburg, Régine Pernoud, Jean Gimpel, Roland Bechmann, Paris, 1986.

Cartulaire de l'évêché de Poitiers ou Grand-Gauthier, éd. L. Redet, Poitiers, 1881 (Arch. Histor. Poitou, 10).

Ch. de Chergé, *Guide du voyageur à Poitiers et aux environs*, Poitiers, 1872.

Chiara Piccinini, *Les portails occidentaux de la cathédrale de Poitiers. Réflexions sur l'ouvrage*, Thèse de doctorat d'Histoire de l'art en cotutelle, dir. M.-T. Camus, E. Castelnuovo, Scuola Normale Superiore de Pise - Univ. de Poitiers, 2003.

Claude Andrault-Schmitt, « Les églises cisterciennes du Poitou. L'invention architecturale et l'émergence d'un réseau européen (1129-1277) », *Revue historique du Centre-Ouest, t.* I, Poitiers, 2002.

Collection de documents rassemblés par le bénédictin Dom Fonteneau, conservée à la Médiathèque François Mitterrand de Poitiers.

Corpus des inscriptions de la France médiévale. I. Poitou-Charentes. 1. Ville de Poitiers, éd. Robert Favreau et Jean Michaud, Paris et Poitiers, 1974.

Elisa Maillard, *Les sculptures de la cathédrale Saint-Pierre de Poitiers*, Poitiers, 1921.

Françoise Perrot, « Étude archéologique [des trois verrières du XIIe s. de la façade occidentale] », *Les Monuments historiques de la France*, 1977-1.

Françoise Perrot, « Le portrait d'Aliénor dans le vitrail de la *Crucifixion* à la cathédrale de Poitiers », *303. Arts, recherches et créations*, juin 2004.

J. Salvini, *Statues classées du département de la Vienne*, *B.S.A.O.*, 4e série, t. V, 1959-1960.

Jean Bouchet, *Annales d'Aquitaine*, Poitiers, 1524.

La Liborlière, *Vieux souvenirs du Poitiers d'avant 1789*, 1846 (rééd. Poitiers, 1983).

Louis Grodecki, « Les vitraux de la cathédrale de Poitiers », *Congrès archéologique de France.* Poitiers 1951, Paris, 1952.

René Crozet, « Le vitrail de la Crucifixion à la cathédrale de Poitiers », *Gazette des Beaux-Arts*, 1934-1.

René Crozet, *Textes et documents relatifs à l'histoire des arts en Poitou (Moyen Age-Début de la Renaissance)*, Poitiers, 1942 (Arch. histor. Poitou, 53).

Robert Favreau, « Orgues et psallettes à Poitiers à la fin du Moyen Age », *B.S.A.O.*, 4e série, t. 12, 1973.

Robert Favreau, dir., *Le diocèse de Poitiers*, Paris, 1988.

Robert Grinnell, « Iconography and Philosophy in the Crucifixion Window at Poitiers », *Art Bulletin*, 28, 1946.

Yves Blomme, *La construction de la cathédrale Saint-Pierre de Poitiers*, Bulletin monumental, t. 152-1, 1994.

Yves Blomme, « La construction de la cathédrale Saint-Pierre de Poitiers », *Bulletin monumental*, 1994; du même auteur, *Poitou gothique*, Paris, 1993.